문학과 철학의 향연

문학과 철학의 향연

제1판 제1쇄_2011년 7월 25일
제1판 제2쇄_2013년 3월 27일

지은이_양운덕
펴낸이_홍정선
펴낸곳_㈜문학과지성사
등록번호_제10-918호(1993. 12. 16)
주소_121-840 서울 마포구 서교동 395-2
전화_02)338-7224
팩스_02)323-4180(편집) 02)338-7221(영업)
전자우편_moonji@moonji.com
홈페이지_www.moonji.com

ⓒ 양운덕, 2011. Printed in Seoul, Korea.
ISBN 978-89-320-2215-4

* 이 책의 판권은 지은이와 ㈜문학과지성사에 있습니다.
  양측의 서면 동의 없는 무단 전재 및 복제를 금합니다.

문학과 철학의 향연

양운덕 지음

문학과지성사
2011

들어가며

문학과 철학의 향연,
또는 문학과 철학의 아름다운 만남을 위하여

1

  몇 명의 현대철학자들이 문학 마을을 찾았다. 철학자들은 공들여 작품을 읽으면서 자신들이 제기하지 못했던 문제를 던지고, 자신들이 고심하던 문제를 다르게 배치하여 구체성의 모험을 즐기는 작품들에 경탄한다. 과연 철학은 문학에서 무엇을 배울 수 있을까?
  문학과 철학.
  그런데 '문학'과 '철학'이라는 두 명사가 아니라 '과'에 눈을 돌려보자. '문학' '철학'이라는 두시무시한 두 명사 사이에 있는 보잘것없는 '과'는 도대체 무엇을 하고 있는가? 문학과 철학을 잇고 있는가, 아니면 떼어놓고 있는가? '과'는 한편으로 양자가 서로 다름을 두드러지게 드러내지만, 다른 한편으르는 그런 차이를 존중하면서 (피아노와 바이

올린이 서로 어울려 바이올린 소나타의 화음을 낳듯이) 차이가 맞물린 조화를 노래할 수는 없는지 조심스레 묻고 있지는 않은가?

도대체 문학과 철학은 어떤 관계를 맺을 수 있을까? 칸트의 관계 범주를 참고해서 가능한 세 경우를 살펴보자.

둘 가운데 하나가 원인이 되고 다른 하나가 결과가 되는 경우가 있고, 한쪽이 실체로서 본질적 지위에 있고 다른 한쪽이 있으나마나한 것인 경우가 있다. 이런 두 경우는 어쨌든 한쪽이 다른 한쪽을 지배하거나 사실상 부정한다. 그러나 바람직한 것은 양자가 서로 공존하고 상호작용하는 경우일 것이다. 문학과 철학의 만남에서 어느 한쪽이 주도하고 다른 한쪽이 끌려간다거나 어느 한쪽이 본질과 진리를 지니고 다른 한쪽은 그것의 그림자나 가상에 지나지 않는다면, 문학과 철학이 서로 얼굴을 마주할 리도 마주할 필요도 없을 것이다. 그래서 서로 상대를 인정하고 상대의 장점을 통해서 자기를 보충하려는 조화와 화해의 틀을 제안할 수 있다. 하지만 이런 아름다운 제안을 과연 어느 쪽에서 먼저 시도할 것인가? 또한 그것이 가능한가? 지금까지 이런 시도가 그리 많지도 않았고 그리 성공적이지도 않았던 역사를 무시하지 않는다면, 이런 함께 살자는 구호만으로 양자를 화해시키고 더 큰 통일을 추구하기는 어려울 것이다.

헤겔처럼 상호인정을 위해서 양자가 스스로를 먼저 부정해야 한다고 하더라도 문학과 철학이 무엇이 아쉬워서 그렇게 자신을 타자의 발밑에 내던질 것인가? 이런 달콤한 제안이 오히려 상대를 무장해제하고 노예로 삼는 방식일 수도 있지 않은가?

이런 난처한 맞섬을 그냥 두는 것을 안타깝게 여긴 필자는 몇 사람의 철학자들과 작가들의 은밀한 만남을 지켜본 뒤에 이들에게 한 가지 제안을 했다. 일단 시작하자고. 그래서 문학과 철학의 대화 마당을 마련하자고. 이 모임이 향연이 될지 혹은 싸움판이 될지는 알 수 없지만, 항상 잘되기만을 바랄 수는 없지만, 그렇다고 무조건 실패하지만은 않을 듯하다고. 이후의 과정에 대해서는 독자들의 눈을 지켜보는 수밖에 없을 것이다. 이런 만남이 앞으로 계속 이루어질지, 아니면 한두 번에 그칠지, 아니면…… 이런 막연한 희망을 안고 용감한 철학자 몇 명이 자기 방식으로 문학작품을 읽어 내려가며 문학의 지평에서 새로운 밭을 일구는 시도에 앞장섰다. 이런 경작의 결과로 문학의 대지에 어떤 꽃이 피고 어떤 열매가 열릴지는 알 수 없지만, 적어도 황무지를 면할 수는 있을 것이다. 독자들이 이 만남의 지평에 함께 모여 씨앗을 뿌리고 김을 매고 논밭을 갈면서 아직 보지 못한 새로운 그 무엇을 산출할지 알 수 없지만, 문학과 철학은 우리가 첫걸음을 내딛은 사실만은 잊지 않을 것이다. 설사 우리가 실패하더라도 그것이 이후의 만남을 거부하는 평계가 될 수는 없을 것이고, 한두 번의 성공으로 문학과 철학이 하나가 되었다고 우겨서도 안 될 것이다. 하지만 양자는 서로 다르면서 상대를 존중하는 법을 조금씩 배울 것이다.

2

그러면 서로 마주 보고 미소를 교환했으니, 예를 들어 이야기를 풀어나가 보자. 몽테뉴는 슬픔을 탐구하면서 한 예를 든다.

이런 이야기가 있다. 이집트의 왕 프삼메니투스가 페르시아의 왕 캄

비세스에게 패해서 포로로 잡혔을 때, 사로잡힌 자기 딸이 노예 복장으로 물을 길어 오기 위해 그의 앞을 지나가는 것을 보고, 주위에 있던 친구들이 모두 울부짖는데도 그는 땅바닥을 응시한 채 말없이 꼼짝 않고 있었다. 그리고 조금 후에 자기 아들이 죽음의 길로 끌려가는 꼴을 보고도 똑같은 모습을 하고 있었다. 그런데 그의 부하 한 사람이 포로들 무리에 섞여 끌려가는 것을 보더니 머리를 치면서 대성통곡하더라는 것이다.

그는 왜 마지막 경우에 슬픔을 터뜨렸을까?

캄비세스가 프삼메니투스를 보고는, 어째서 그가 아들, 딸의 불행에는 마음이 격하지 않고 있다가 부하의 불행은 참아내지 못했느냐고 묻자, "이 마지막 불행은 눈물로 마음을 표현할 수 있지만, 앞의 두 사건은 마음을 표현할 모든 수단을 넘어선 것이오"라고 답했다고 한다.

몽테뉴는 이 글에서 다양한 슬픔을 비교하고 탐구하면서 슬픔에 대해서 질문한다. 나는 '슬픔'이 무엇인지 알고 있는가?
슬픔이란 무엇인가? 이런 질문에 철학적으로 답하기 위해서는 '무엇'에 해당하는 본질, 즉 현상들의 차이 너머에 있는 불변적인 것을 찾아야 한다. 그래서 개별적인 것들의 다양성 밑에 있는 보편적인 것인 '슬픔 자체'는 모든 경험을 초월한 곳에서 그 자체로 존재한다. 우리가 그것을 알건 모르건, 체험하건 말건 상관없이. 그래서 슬픔은 언제, 어디서나, 누구에게나 동일한 그 무엇이다. 그런데 표현할 수 있는 슬픔과 표현할 수도 없는 슬픔이 같은 슬픔인가? 이 슬픔과 저 슬픔, 나의 슬픔과 너의 슬픔은 같은 것인가?

몽테뉴는 슬픔의 고정된 본질에 의문을 제기한다. 슬픔은 구체적인 개인, 개별적인 상황, 유일한 사건에서 특정한 슬픔으로만 나타나기 때문이다.

이런 시도에 대해 두 가지 평가가 있을 수 있다. 하나는 이런 태도가 슬픈 경험들을 혼란스럽게 나열할 뿐이며, 슬픔 자체나 슬픔의 본질을 제대로 파악하지 못했다고 평가하는 것이다. 그래서 몽테뉴는 회의주의자라고, 그가 슬픔에 대해서 참되게 알지 못하고 슬픔의 본질을 의심한다고 우려할 것이다. "나는 무엇을 알 수 있는가?"라는 몽테뉴의 질문은 기껏 '나는 아무것도 참되게 알지 못한다'를 확인할 뿐이라고.

이와 달리 문학 마을의 친구들은 슬픔의 다양한 차이들에 주목한다. 이 슬픔과 저 슬픔의 차이를 강조하고 모든 슬픔이 저마다 다르다고 보기에 하나하나의 슬픔은 낱낱의 것이 된다. 문학적 공간에서 슬픈 사건들은 독자적 가치를 갖는다. 이곳에서는 슬픔의 본질을 앞세워 참된 슬픔과 거짓된 슬픔을 구별하지 않는다. 춘향의 슬픔과 줄리엣의 슬픔은 다르다. 한 슬픔과 다른 슬픔은 교환할 수 없고, 이 슬픔이 저 슬픔보다 더 참되거나 완전할 수도 없다.

문학은 슬픈 사건들의 장에서 '단일한' 슬픔을 창조한다. 슬픔 하나하나는 본질 없이 차이들의 연대를 형성하면서 슬픔의 나라를 가능하게 하는 시민이다. 슬픔들의 차이는 나름의 분포를 이루면서 어떤 경우에도 동일성의 틀로 환원되지 않는다. 하나의 슬픔이 아니라 '슬픔들'이 있을 뿐이다. 오늘의 슬픔은 어제의 슬픔을 되풀이하지 않으며 예견된 내일은 슬픔으로 연장되지 않는다.

이런 맥락에서 문제는 '슬픔은 무엇인가'라기보다는 '슬픔은 어떻게 표현되는가'이다. 셰익스피어와 라신은 자신의 주인공들의 슬픔을 어떻게 다르게 표현하는가? 문학적 공간에서 슬픔은 본질의 무게가 아니라 독특한 상황에서 얼마나 구체적으로 형상화되는가에 따라서 생명력을 지닌다. 단 하나의 슬픔을 되풀이할 뿐인 슬픔의 본질주의는 얼마나 따분하고 고집스러운가? 문학적 '슬픔들'은 서로 어울려 차이들의 장을 조직하고 각자의 고유한 능력을 표현함으로써 자신의 존재를 얻는다.

3

근대 문학의 출발점에 선 두 주인공이 '신이 없는 세계'에서 어디로 가야 할지도 모르면서 정의와 사랑을 찾아 문학의 길을 방황하고 있다. 바로 우울한 얼굴의 기사 돈키호테와 그의 천진난만한 종자 산초의 무훈담은 대단한 인기를 끌고 속편으로 이어지는데, 그 가운데 한 장면(51장)을 보자.

산초는 한 지방의 영주를 맡는다. 그는 우려한 바와 달리 비교적 성실하고 유능하게 통치한다. 영주 산초가 재판을 맡게 되는데, 다른 영주가 보낸 사자가 까다로운 문제를 해결해달라고 호소한다.
"영주님, 이 강에는 다리가 하나 있는데, 그 한쪽에는 교수대와 재판소가 있고, 그곳에서 네 명의 판관이 군주의 법에 따라 판정을 내립니다. 그 법률은 다음과 같습니다." "만일 다리 이쪽에서 저쪽으로 건너가려는 자는 먼저 어디로 가며 무슨 목적으로 가는지를 선서하지 않으면 안 된다. 그 선서가 진실이라면 건너가도 좋지만 만일 거짓말을 하는 자라면 그 죄를 물어서 어떠한 경우에도 용서함이 없이 교수형에 처한다." 이 법률과 엄격한 조건이 알려진 이후로도 수많은 사람들이 그곳을 지나갔지만 그들의 선서가 사실임이 판명되면 판관들은 자유롭게 통과시켜주었습니다. 그런데 한 사나이가 나서서는, 자기는 저기 있는 교수대에서 죽고 싶다고 선서를 합니다. 판관들은 이 선서를 여러모로 검토한 끝에, "만일 이 사나이를 무사히 통과시켜준다면, 그는 자기 맹세에 거짓말을 한 것이 된다. 따라서 법률에 의해서 죽어야 한다. 그러나 만일 우리가 그를 교수형에 처한다면, 이자는 저 교수대에서 죽고 싶다고 맹세했으므로 사실을 맹세한 것이다. 따라서 이 법률에 의해서 석방하지 않으면 안 된다."

난처해진 판관들은 이 사건을 어떻게 처리하면 좋을지 몰라서 그곳 영주에게 하소연했다고 한다. 영주는 그 사건을 오랫동안 처리하지 못하고 있다가 산초 영주에게 어떻게 하면 좋을지를 여쭈어보라고 사자를 보냈다고 한다.

얘기를 들은 산초는 자신이 머리가 우둔하니 그 얘기를 다시 들려달라고 명한다. 그 얘기를 몇 번이나 되풀이하게 한 뒤에 산초는 내용을 확인하고 판결을 내린다.

"그 사나이 가운데 진실을 맹세한 부분은 무사히 통과시켜주고, 거짓말을 맹세한 부분은 교수형에 처하시오. 그러면 법조문을 문자 그대로 이행하는 것이 될 것이오."

사자가 질문한다. "그렇다면 영주님! 그자를 거짓말을 한 부분과 진실을 말한 두 부분으로 나누어야 하옵니다. 만일 그렇게 둘로 나눈다면

들어가며 11

그는 싫으나 좋으나 죽어야 하지 않사옵니까? 그렇게 되면 법률이 요구하는 사항은 전혀 지켜지지 않사옵니다."

산초가 다시 답한다.

"자네가 말한 그 통행인은 내가 우둔하건 그렇지 않건, 죽을 만한 이유도 있고 살아서 다리를 건널 만한 이유도 있는 셈이오. 왜냐하면 진실이 이 사나이를 구한다면 마찬가지로 거짓이 그를 벌하기 때문이오."

산초는 (논리학을 배운 적이 없기에 '딜레마'라는 말은 모르지만) 이러지도 저러지도 못하는 경우임을 파악한다. 서로 부딪히는 두 원리는 그 두 뿔을 동시에 줄 수밖에 없기 때문에 어떠한 해결책도 허용하지 않는다. 하지만 그는 나름의 해결책을 제시한다. 어떻게 했을까?

산초는 돈키호테가 가르친 자비의 원리로 이 딜레마를 뛰어넘는다.

"사정이 그러하다면 내 의견으로는 그대를 보낸 분에게 그 사나이를 처벌하는 이유와 그냥 자유롭게 통과시키는 이유가 (저울에 달아보면) 같은 눈금이므로 그냥 자유롭게 통과시켜주는 편이 좋을 것이라고 전하도록 하라. 나쁜 짓을 하는 것보다 좋은 일을 하는 편이 언제나 칭찬을 받으니 말이다. 만일 내가 서명할 수 있다면〔산초는 글자를 배운 적이 없어서 서명을 할 수 없다— 필자〕서명하겠다만, 나는 이 사건에 대해서 내 생각대로 말하고 있는 것이 아니다. 이 섬의 영주가 되기 전날, 우리 주인 돈키호테 님께서 내게 하신 충고 가운데 문득 한 교훈이 머리에 떠올랐는데, 정당한 판단이 의심스러우면 포기하고 자비로운 쪽으로 받아들이라고 하셨다."

사자는 라케다이몬인들에게 법률을 시행한 리쿠르고스도 위대한 판사 Panza 님 같은 판결을 내리지는 못했을 것이라고 추켜세운다. 산초는 이 사건을 해결하고 나서야 그렇게 기다리던 식사를 할 수 있게 되어 너무나 기뻐한다. 굶어서 정신이 어지러운 가운데서도 산초는 유쾌한 해결책을 제시한다. 아마 곁에 서 있던 철학자는 이 문제의 완전한 해결책을 찾기 위해서 '지금까지도' 고민하고 있을 것이다. '아! 진리는 아득한 저곳에 있을 뿐인가?'

우리는 산초의 '유쾌한 판결' 앞에서 여전히 심각한 얼굴로 영원한 진리를 우러러보는 이들에게 『돈키호테』를 통해 (어리석지만) 유쾌함과 (완전함이 없음에도 불구하고) 충만함을 누리는 지상의 경험들을 가로지르는 문학적 모험을 권하고 싶다. 문학은 기원, 원리, 본질, 근거, 궁극목적 없이도 나름의 진리를 창조하면서 스스로의 삶을 충만하게 누리는 힘을 지닌다.

개념과 보편성만을 추구하며 무너지지 않을 진리의 성을 쌓지단 말고, 문학 마을에서 다채로운 사건과 상황의 질문들에 나름대로 답해보자. 이를 통해 삶의 성을 쌓고 허무는, 그러면서 울고 웃는 문제적 주인공들의 잔치에 한몫 낄 생각은 없으신지?

4

두 선택지 가운데 하나를 고르는 까다로운 문제 앞에 선 인간의 고습을 문학적으로 흥미롭게 형상화한 작품을 한 편 읽어보자.*

---

* S. Mrozek, "L'Arbre," A. Kozimor(tr.), *Oeuvres complète* I, Les Editions Noir sur Blanc 1990, pp. 139~40.

"차를 드릴까요? 커피를 드릴까요?" 안주인이 나에게 물었다.

나는 차도 커피도 똑같이 좋아한다. 그런데 하나를 선택하라고 한다. 커피나 차 둘 중 하나를 아끼려는 것이다.

나는 그런 탐욕을 혐오하는 것을 겉으로 드러내서는 안 된다고 교육받았다. 마침 나는 옆자리에 앉은 어떤 교수와 토론을 하던 중이었다. 그에게 유물론보다 관념론이 우월함을 확신시키려던 나는 그 물음을 못 들은 체했다.

"차 주세요." 그 교수는 전혀 망설이지 않고 답했다. 당연히 유물론자였던 그 바보는 여물통만 한 찻잔을 재빨리 내밀었다.

"손님은요?" 안주인은 나에게 물었다.

"잠깐 실례할게요."

나는 냅킨을 탁자에 내려놓고 화장실로 향했다. 급한 일도 없었지만 숙고할 시간을 얻고 싶었다.

내가 만약 차를 마시기로 결정하면 커피를 마시지 못할 것이고, 그 반대로 결정해도 마찬가지 결과를 낳는다. 만약 인간이 자유롭고 평등하게 태어났다면, 커피와 차도 마찬가지이다. 내가 차를 선택하면 커피가 권리를 박탈당할 테고, 반대의 경우 역시 그러하다. 차의 자연권을 침해하거나 커피에게도 그렇게 대하는 것은 그보다 '상위 개념'인 내 '정의'의 감정에 어긋난다.

그렇다고 무한정 화장실에 앉아 있을 수만은 없었는데, 그곳은 화장실의 '순수함의 이념'에 맞지는 않았지만 타일을 제대로 붙인 특정한 화장실이자 그저 그런 화장실이긴 했다. 다시 식당으로 갔을 때, 모두들 차나 커피를 마시고 있었다. 나의 존재 따위는 완전히 잊은 것이 분명했다.

나는 강한 충격을 받았다. 개인에게 어떠한 관심도 기울이지 않고 관용도 베풀지 않는구나. 영혼 없는 사람들의 모임이라는 생각에 거북했다. 나는 '인간의 권리'를 요구하기 위해서 부엌으로 갔다. 탁자 위에 있는 차 끓이는 주전자와 커피 메이커를 보고는 최초의 딜레마에서 아직 결정을 내리지 않았음이 기억났다. 차인가, 커피인가? 커피를 마실까, 차를 마실까? 물론 그 둘을 절충하는 것이 아니라, 둘 가운데 마음에 드는 것 하나를 요구해야 한다. 그런데 나는 제대로 교육받았을 뿐만 아니라 매우 섬세한 성격을 지니고 있다. 그래서 부엌에서 일하고 있던 안주인에게 정중하게 부탁했다.

"저는 반반씩fiftyfifty 할 겁니다."

그런 다음 큰 소리로 말했다. "맥주도 한 캔 주시고요!"

— 그로젝S. Mrozek

"작가의 허락을 얻을 수 있다면" 두어 글자만 고치려고 한다. '커피'와 '차'를 '문학'과 '철학'으로 바꾸면 어떨까?

그래서 문학과 철학을 "반반씩" 달라고 요구하면서……

문학의 이름으로 철학을 거부할 필요도 없고, 철학의 명예를 앞세우면서 문학을 밀쳐낼 필요도 없다. 문학과 철학의 아름다운 만남, 문학과 철학의 향연에서 그 가운데 하나만을 배타적으로 고르는 단식주의자가 아니라 이질적인 두 가지를 골고루 맛보고 자기 나름의 맛을 만들고 즐기는 혼합식을 권하고 싶다. 철학인가요? 문학인가요? (예, 저는 문학과 철학을 6.5:3.5로…… 아, 철학을 적당히 곁들인 문학 요리를 좋아하시나 보군요. 취향이 섬세하시네요.)

물론 이 작품에서 눈여겨볼 것은 그 내용이 아니다. 이런 주제를 전개하는 기묘한(평범하면서도 핵심을 찌르는) 방식과 문체이다. 우리가 하루에도 수십 번 부딪히곤 했던 사소한 문제가 사실은 이런 유형의 문제였고, 매번 선택할 때마다 자신이 문학적 주인공이었음을 놓치지 않았던가?

물론 우리는 자유의지를 지닌 인간의 선택에 관한 형이상학적 논의를 무시하고 싶지는 않다. 하지만 철학자들이 오늘날까지도 커피와 차 앞에서 망설이면서 자유의지의 존재론을 논하며 갈증을 참고 있을 때, 문학도들은 나름의 창조적 실험으로 삶의 난제를 해결할 뿐만 아니라 그것을 작품의 무대에 올려놓아서 수많은 개인을 문학적 주인공으로 삼는다. 그렇다면 이는 괴로운 주제라기보다는 즐거운 주제가 아닐까? 철학자들이여 분발하시라! 진리가 당신들을 자유롭게 할 때까지!

5

복잡성의 이론가인 에드가 모랭은 인간을 '이성적이면서 동시에 미친 인간homo sapiens/démens'으로 본다. 인간은 한편으로는 이성적이지만, 다른 한편으로는 예술을 즐기고 이미지와 허구 세계를 창조하고 놀이를 하며 축제에 열광하고 꿈을 꾸고 사랑한다는 점에서 미친 인간이다.

인간은 선의와 악의를 동시에 지닌다. 인간은 약점, 무가치한 결점, 잔인성, 배려, 우아함, 파괴와 창조의 가능성, 의식과 무의식을 안고 있는 양면적 존재이다.

  이렇게 복잡한 존재인 인간에게 문학과 철학을 한꺼번에 권하는 것은 어떨까? 이성과 비이성을 고립시켜 그 하나만 주장하는 것이 단순화하는 모델이라면, 문학이나 철학 하나만으로 삶과 사고를 단순화할 수는 없지 않은가?

2011년 7월
양운덕

| 차례 |

들어가며 5

1. 주체들을 길들이는 기표, 뒤팽도 벗어나지 못한 기표의 질서 21
   라캉의 포 읽기: 「도난당한 편지」에 관한 세미나

2. 다가갈 수 없는 법/텍스트 앞에서 81
   카프카의 「법 앞에서」에 선 데리다, 해체 앞에 선 카프카의 텍스트

3. 시인에게 무엇을 내울 것인가? 127
   궁핍한 시대의 시인과 존재를 찾는 사상가의 만남

4. 사랑과 진리가 어떻게 만날 수 있는가? 179
   소년에 대한 사랑에서 진리 사랑으로

5. 진리의 얼굴과 그 이면: 자이르, 장미의 그림자 229
   보르헤스의 「자이르」 읽기

6. 늑대의 전략, 데카르트의 진리 게임 259
   세르의 라퐁텐, 데카르트 읽기: 근대 이성의 전략은?

7. 지혜의 그림자와 어두움의 지혜 303
   소포클레스의 「오이디푸스 왕」 읽기: 베르낭, 지라르, 구스의 경우

라캉의 포Poe 읽기는 「도난당한 편지」를 프로이트의 반복강박의 틀로 재해석하면서, 각 장면에서 기표들의 상징질서에 사로잡힌 주체들의 모습을 부각시킨다. 상징질서는 각 요소를 일정한 자리에 배치하고 나름의 의미와 역할을 부여하기에 각 요소에 대해 우월한 주인, '타자l'Autre'의 위치에 있다.

이런 상징계에서 기표들의 연쇄가 주체를 자리매김하고, 욕망을 배당하고, 그들에게 행위 동기를 준다. 주체들은 이런 메시지를 전달하는 자, 우편배달부facteur에 해당된다. 주체는 자신이 기표들의 주인이고 능동적인 존재라고 착각하지만, 이런 주체는 기표들의 작용에 따른 산물/효과에 지나지 않는다. 라캉은 이런 차이들의 관계망이 왕-왕비-장관의 구조로, 이어서 동일하게 반복되는 경찰-장관-뒤팽의 구조로 나타남을 보여줌으로써, 동일한 인물인 장관이 편지-기표를 손에 쥐고 상이한 자리에 배치되고 상이하게 행위하는 점을 부각시킨다. 이처럼 (상호주관성에 사로잡힌 주체들은) '양-보다 온순하게' 자기들이 지나가는 기표 연쇄 속에서 자리 잡는다.

1
주체들을 길들이는 기표, 뒤팽도 벗어나지 못한 기표의 질서
──라캉의 포 읽기: 「도난당한 편지」에 관한 세미나

문학작품을 정신분석학적으로 읽는다고 하면, 두 가지 극단적인 반응이 나타나곤 합니다. 어떤 이는 작가의 사생활이나 숨겨진 뒷얘기를 찾아내어 작가의 욕망과 '무의식'으로 작품의 내용을 환원시키려는 것이라고 하고, 어떤 이는 정신분석학의 공식을 잘 적용하면 어떤 작품이건 투명하게 해석할 수 있기 때문에 모든 작품을 정신분석학의 사례에 지나지 않는 것으로 봅니다. 자크 라캉Jacques Lacan은 이런 극단적인 태도들과 달리 독특한 분석 솜씨로 에드거 앨런 포E. A. Poe의 단편을 섬세하게 정신분석학으로 해부하면서 상징적인 질서로 재구성합니다.

눈앞에서 편지를 훔치다

포의 「도난당한 편지The purloined letter」는 아주 매력적이죠. 물론 라캉은 작품 자체보다는 정신분석의 위력을 드러내는 대상으로 삼는 데 주력합니다.

라캉의 태양에 눈이 멀기 전에 달빛 어린 호수를 구경하는 기분으로 포의 작품을 살펴보기로 하죠.

첫머리에 인용된 구절을 봅시다. "지나친 정밀함보다 지혜에 더 적대적인 것은 없다"(세네카).* 도난당한 편지를 찾는 경찰의 무능함과 관련된 이 인용문은 이 글이 적절한 지혜가 무엇인지를 다루고 있다는 암시겠죠.

이 단편은 두 개의 대화 장면으로 이루어져 있습니다. 첫 장면은 문제를 제기하는 장면이죠. 파리의 어느 가을 저녁 화자가 뒤팽의 서재에 있을 때 파리 경찰청장이 찾아와서 '단순하면서도 기묘한' 사건을 소개합니다(뒤팽은 그 사건이 너무 단순하기 때문에, 그 비밀이 너무 자명하기 때문에 도리어 해결되지 않을지도 모른다고 하죠).

경찰청장은 애매한 말투로 사건을 감싸면서, 왕실에서 편지가 도난당했으며 훔쳐간 자가 편지를 훔치는 장면이 목격되었고, 그자가 아직도 편지를 지니고 있다고 설명하죠.

이런 이상한 상황을 설명하면서 편지가 도둑의 수중에서 떠나면 일어날 결과, 곧 편지를 이용하면 생길 수 있는 결과가 아직 일어나지 않았다고 합니다. 그렇다면 편지를 지닌 사람은 (그것을 이용하지 않음으로써) 특별한 힘을 지닐 수 있다는 얘기가 되죠(편지를 지니고 있기만 해도 특정인의 명예를 위협하고 그 사람에 대한 주도권을 쥐고 있다는 거죠).

* 주석자들은 이 구절을 세네카의 저작에서 찾을 수 없다고들 합니다. 어떻게 된 일일까요?

묘하게도 '도난당한 사람이 훔친 자가 누구인지 안다는 사실을 훔친 자가 알고 있는the robber's knowledge of the loser's knowledge of the robber' 상황이죠. 그러자 청장은 견지를 훔친 자가 'D__' 장관임을 밝힙니다 (뒤팽Dupin의 이름도 D로 시작한다는 점을 기억해두면 좋겠습니다. 어쨌든 D 장관은 뒤팽과 무관하지 않습니다. 흔히 사용하는 '분신'을 생각해도 되지 않을까요?).

이 유명한 사건에 대해서는 잘 아시죠. 왕비가 편지를 읽고 있는데 갑자기 왕이 방에 들어오는 바람에 그 편지를 숨기지 못하고 펼쳐놓은 채로 책상 위에 둘 수밖에 없었습니다. 편지를 숨기지 않음으로써 의심을 피하고 이것을 모르는 왕의 눈을 피한 상태입니다. 그 편지는 주소만 보일 뿐 내용이 드러나지 않아서 눈에 띄지 않은 채로 놓여 있었죠. 그때 D 장관이 살쾡이 같은 눈으로 그 겉봉의 주소와 필체를 알아보고는 당황한 왕비가 보는 앞에서 그것을 비슷한 다른 편지와 바꿔칩니다. 그러고는 왕비의 눈앞에서 문제의 편지를 들고 사라집니다.

다시 한 번 확인할 점은 '훔친 자가 누구인지를 도난당한 사람이 알고 있다는 사실을 훔친 자가 알고 있다'는 점입니다. 여기에서 훔친 자와 도난당한 자가 서로 마주 보고 있다고 할 수 있습니다. 문제는 이렇게 훤하게 드러난 상황에서 어떻게 편지를 숨기느냐, 또 훤하게 드러나 있는 편지를 어떻게 찾느냐가 될 겁니다.

이렇게 훔친 자와 도난당한 자가 서로를 알고 있는 상황에서 편지를 훔친 장관의 정치적 힘은 그 편지를 이용하지 않고 다만 그것을 소유하고 있는 데서 나오죠. 편지를 사용하면 이 힘은 없어집니다. 재미있는 관계죠.

이제 경찰이 편지를 찾을 차례죠.

보면서도 보지 못하는 경찰의 눈

경찰은 장관의 집을 샅샅이 수색합니다. 장관은 때때로 밤새 집을 비워서 편지를 수색할 기회를 줍니다. 경찰은 3개월 동안 밤마다 장관의 집을 수색합니다. 그들은 집 '안'에 편지를 숨겨둘 만한 곳을 모조리 뒤집니다. 혹시 장관이 편지를 몸에 지니고 다니는지 확인하기 위해서 가짜 강도도 동원하죠. 장관은 원할 때 편지를 사용할 수 있어야 하므로 다른 곳에 둔 것도 아닐 겁니다.

경찰은 집을 이 잡듯이 뒤집니다. 가구 윗부분도 떼어보고, 의자 등의 이음매도 현미경으로 검사합니다. 거울 사이, 침대나 침구, 커튼, 양탄자 등을 찾아보는 것은 물론이고, 집 전체를 1제곱인치 간격으로 수색합니다. 그들이 이런 수색에서 비밀 서랍 같은 것을 놓칠 리는 없을 겁니다. 서류와 책들도 남김없이 들춰보고 책의 표지도 바늘로 찔러봅니다. 양탄자, 벽지, 지하실까지 수색하죠. 1인치의 50분의 1도 놓치지 않도록 정밀 수색을 한 거죠. 그들은 만약 자신들이 숨기는 처지라면 숨겼을 만한 곳을 모조리 찾아본 거죠. 그런데 '바보 같은 시인'이 도대체 어디에 숨겼기에 편지의 한 귀퉁이도 찾지 못할까요? 물론 편지는 분명히 집 '안'에 있죠. 하지만 찾을 수는 없습니다. 있으면서 없는 편지, 분명히 있으면서 눈에서 벗어난 편지! 왜 그 편지가 경찰의 눈에는 띄지 않을까요? 청장은 편지가 눈에 띄지 않으니 집 안에 없는 것이 확실하다고 하면서 자신의 수색 방식을 정당화합니다. 짓궂은 뒤펭은 경찰청장에게 한 번 더 잘 수색해보라고 권합니다. 이렇게 문제가 제기되고 이 장면은 끝나죠.

홀짝 게임

이제 두번째이자 마지막 대화 장면이 나옵니다. 뒤팽은 다시 찾아온 경찰청장을 꼼짝 못하게 몰아세운 다음, 거액의 사례를 받고 되찾은 편지를 넘겨줍니다. 여기에서 편지를 되찾은 뒤팽의 놀라운 솜씨뿐만 아니라 보수를 받는 점에도 주목할 필요가 있습니다.

어쨌든 '단순하고도 묘한' 사건은 해결되었습니다. 이제 뒤팽이 편지를 찾기 위해서 어떤 추론을 했고 어떻게 편지를 찾았는지를 들려줄 차례죠. 두번째 대화 장면은 문제를 해결하는 장면, 아니 해결된 문제를 설명하면서 경찰의 수색으로 대변되는 사고방식이 지닌 문제를 지적하는 장면이죠(이 내용은 단순히 추리소설 독자에게 궁금증을 풀어주는 것에 그친다고 볼 수만은 없습니다).

뒤팽은 이 문제를 푸는 기본 틀을 소개합니다. 경찰은 숨기는 자의 능력을 고려하지 않고 자신들의 방식대로 지나치게 깊이 들어가거나 (앞에서 본 세네카의 구절과 연결되죠) 지나치게 피상적으로 접근한다는 거죠. 즉 숨기는 자의 능력에 자기 눈을 맞추어야 하는데도 불구하고 자기 방식대로만 상대를 평가할 뿐이죠. 그러면 숨기는 자의 능력을 어떻게 알 수 있을까요?

그래서 여덟 살쯤 된 홀짝 게임의 대가인 한 초등학생을 예로 듭니다. 이 친구는 학교 전체에서 홀짝 게임에 관해서는 두적입니다.

이 똘똘이는 멍청한 친구와 상대할 때 그 친구의 추론 방식을 쉽게 예측합니다. 이런 친구는 한 번은 홀, 다음번은 짝을 쥐면서 나름대로 변화를 시도하지만 이 패턴의 단조로운 변화를 알아챈 똘똘이에게 번번이 질 수밖에 없습니다. 또한 조금 더 영리한 친구는 한 번 홀을 쥔 뒤에는 다시 홀을 쥐어서 상대의 허를 찌르려고 하죠. 똘똘이는 이런 패턴도 금방 예측하죠(우리는 이런 예를 「모르그 가(街)의 살인」에서 뒤팽이 상대방의 머릿속에 든 느낌이나 생각을 몇 단계의 세심한 추론을 통해서 알아차리는 놀라운 장면에서도 볼 수 있습니다).

다시 정리하면 똘똘이는 놀이 상대가 얼마나 영리한지를 관찰하고(자신도 그 친구와 같은 표정까지 지어가면서) 그 친구의 머릿속을 들여다봅니다. 상호주관적인 일치를 만드는 거죠(마치 어떤 텍스트를 읽을 때 저자의 의도와 자신의 해석이 상호주관적으로 일치하는 것과 비슷하죠). 그래서 결정적인 순간의 분석에서 자기 지능을 상대의 지능에 맞추는 '동일화' 전략으로 문제를 해결하죠. 이때 상대방과 똑같은 표정을 지으면서 그런 표정에 어울리는 생각, 감정을 만들죠(이것을 보통 '상대의 마음을 꿰뚫어본다'고 하겠죠). 이것은 추론을 통해 상대의 내적 상태와 하나가 되어서 상대의 지력을 측정하는 것이죠. 여러분도 한번 시험해보세요.*

설명을 듣고 보니 경찰들은 이런 동일화를 무시하고 적수를 이해하지 못한 채 자기들의 방식을 억지로 상대의 머릿속에 집어넣으려 했다는 것을 알 수 있죠. 그러니 자기들이 숨기는 방식대로 찾았을 뿐이죠. 그들은 숨기는 것을 뒤집으면 찾는 것이라고 보고, 자기들이 숨기듯이 장관도 숨겼을 것이라고 생각하면서 그렇게 숨길 만한 곳을 '평소보다 좀더 철저하게' 뒤졌을 뿐입니다.

이런 동일화의 틀로 볼 때 상대가 경찰보다 더 영리하거나 우둔하면 그들은 허공을 쳐다볼 수밖에 없을 겁니다. 경찰은 찾는 원칙을 고수

---

* 추리자의 지능과 상대의 지능을 동일화하는 것은 상대의 지능을 얼마나 정확하게 측정하는가에 달려 있음을 말하는 것이죠.

한 채로 (문제가 중요할수록) 그런 관습을 좀더 부풀려서 적용하는 식으로 문제에 접근하죠. 같은 원칙을 고수하면서 좀더 주의하고 끈기 있게 매달린다고 해서 문제가 해결되는 것은 아닌가 봅니다. 문제를 바라보는 눈을 바꿔야 하겠죠.

경찰은 장관이 시인이라는 점 때문에 그를 바보로 보았죠(시인을 현실적으로 무능한 자로 보는 것은 이곳이나 저곳이나 마찬가지인가 봅니다. 하기야 약은 사람들이 들끓는 세상이니 멀쩡한 정신을 가지고 시를 쓴다고 생각할 리는 없겠죠).

사실 그는 '시인이고 수학자'입니다. 이때 시와 수학이 각각 무엇을 대변하는지를 생각해보면 이 결합이 기묘함을 눈치 챌 수 있습니다.

포는 이 부분에서 추리소설과 어울리지 않는 듯한 묘한 주제를 내세웁니다. 뒤팽을 통해서 바로 수학적 이성과 그것에 연결된 사고방식을 비판합니다. 포의 다른 작품들에서 이성과 감성의 대립은 중요한 주제 가운데 하나죠.*

추리소설은 일종의 진리 찾기죠. 누가 범인인가? 어떻게, 왜 범행을 저질렀는가? 등을 추리를 통해서 발견하는 것이죠.**

---

* 예를 들어서 「아몬틸라도의 술통」에는 한 술꾼을 좋은 술로 유인해서 지하실에 생매장하는 이야기가 나오죠. 그런데 이것을 동일인이 자기 분신을 매장한 것으로 볼 수도 있습니다. 바로 이성적 자기가 현실에 적응하기 위해서 감성적인 자기를 매장하는 것으로 볼 수 있습니다.

** 추리, 추론이 무엇인지 아시죠. 개념들을 결합하면 판단이 되고, 그 판단들을 다시 결합해야 추론이 됩니다. 나무, 꽃, 사람은 개념이고, "꽃은 붉다" "사람은 죽는다"가 판단이죠. '사람은 죽는다"는 전제에서 "특정한 사람이 죽는다"는 결론을 이끌어내는 것이 추론의 예죠.

사람은 죽는다.   진리는 선하다.
A는 사람이다.   2+5=7은 진리이다.
그러므로 A는 죽는다.   그러므로 2+5=7은 선하다.

공인된 어리석음, 수학적 이성의 진리?

추리소설이라고 범인 찾기에만 몰두해서는 안 되죠. 흔히 수학적 추론을 가장 뛰어난 논리라고 여깁니다. 뒤팽은 반대로 널리 받아들여지는 생각이나 관습들이 어리석은 것일 수 있다고 보죠. 수학도 그런 것들 가운데 하나일 수 있습니다.

그는 분석analysis이라는 용어를 대수algebra라는 뜻으로 쓰는 것이 이상함을 보여주기 위해서 몇 가지 다른 예를 듭니다. 이상하게도 라틴어 ambitus(돌아다니다)가 ambition(야망)으로, religio(꼼꼼하게 예절이나 규칙을 지킴)가 religion(종교)으로, homines honesti(고귀하고 영예로운 사람)가 honorable man(훌륭한 사람)으로 쓰이고 있다는 거죠.

그는 일정하게 체계화된 논리는 기껏 추상적인 논리를 위해서만 쓸모가 있을 뿐이라고 보죠. 수학은 형태와 양에 관한 학문이므로, 수학적 추론은 형태와 양에만 작용합니다. 그렇다면 순수한 대수를 보편적인 진리로 볼 수는 없죠. 2+3=5라는 논리는 '사과 두 개'와 '배 세 개,' 또는 '두 남자'와 '세 여자'를 양적 측면으로만 보고 서로 더해서 5를 만들죠. 서로 사랑하는 한 남자와 한 여자를 더하거나 전쟁터에서 서로 총을 겨누고 있는 두 사람을 더하면 2가 나올까요?

예를 들어서 형태와 양에서 참인 것이라고 하더라도 도덕의 측면에서는 틀릴 수 있죠. 윤리학에서 부분들의 합이 전체가 되지 않을 때가 많죠. 이를테면 개인들 한 사람 한 사람의 선을 합한다고 해서 전체의 선이 마련되지는 않죠? 또한 서로 다른 두 가지 동기를 합친다고 그것의 합이 나오지는 않습니다. 이것은 화학에서도 마찬가지겠죠.

뒤팽은 이런 점에서 수학은 단지 양과 형태의 '관계'에 관한 진리일 뿐이라고 봅니다. 이런 얘기는 근대적 이성에 대한 비판으로 이어집니다. 수학자들은 자신들의 진리가 제한된 것임을 모른 체하고 마치 그것이 절대적 보편성을 지닌 것처럼 주장합니다. 뒤팽은 '신화학'을 예로 들면서, 서구인들이 이교도들의 신화나 우화를 경멸하면서도 자신들 역시 이런 수학이라는 신화, 이성의 전능함에 대한 우화를 믿고 있다고 지적합니다. 좀더 덧있고 고상한 신화를 믿으면 낯설고 우둔한 신화를 믿는 것보다 우월한 것인가요? (이성이 단지 '유한한 진리 finite truth'를 지닐 뿐이고 그 자체도 다른 신화를 비웃는 또 하나의 신화에 지나지 않는 것일 수 있죠.)

단적인 예로 뒤팽은 '$x^2 + px = q$'가 아닐 수 있다고 하죠. 이것은 수학이 항상 '=(동등성)'에 매달리는 것을 문제 삼습니다. 우리는 수학에서 식의 좌변과 우변을 항상 같게 만들려고 애를 쓰죠. $y = f(x)$, $3x + 6y = 1$ 등에서 양쪽은 항상 같아야 합니다($y > 3x$나 $2 + 6 > 1 + 6$도 비슷한 경우죠). 그렇다면 수학자 앞에서 $x^2 + px \neq q$가 될 수도 있다고 하려면, 생명을 보전하기 위해서 재빨리 도망쳐야 하겠죠. 양적 동등성의 세계에 대한 이런 비판은 세계를 보는 '하나의' 눈이 마치 세계를 보는 유일한 눈인 것처럼 믿는 태도를 문제 삼죠.

이런 점을 볼 때 경찰의 사고방식에 대한 비판은 단순히 그들의 어리석은 수색에 대한 비판에 그치지 않습니다. 이들이 대변하는 '사물을 보는 방식' '수학적 논리' 나아가 '합리적 사고 자체'에 대한 문제 제기처럼 보이죠. 포가 다른 작품들에서 형상화한 세계도 바로 이런 '논리 바깥의 현실,' 수학으로 접근하면 아무것도 볼 수 없는 세계가 아닐까요? 「어셔 가의 몰락」 같은 작품의 기묘한 분위기가 품고 있는

함축성을 한번 살펴보시기 바랍니다.

다시 우리 맥락으로 돌아옵시다. 이제 수학자이자 시인인 D 장관을 이해할 준비를 했죠. 뒤팽은 그의 능력과 상황을 고려해서 자신을 장관과 동일화하면서 문제를 풀어나갑니다. 이 가운데 가장 중요한 것은 장관이 철저한 수색에 노출되어 있기 때문에 어쩔 수 없이 '단순함'으로 그 상황에 대처할 수밖에 없다는 거죠. 그는 편지를 숨길 수 없죠. 그래서 그는 편지를 숨기지 않습니다. 하지만 경찰과 같은 시선으로 보면 그 편지는 그들의 예상을 벗어난 곳에 있으므로 보이지 않습니다. 숨기지 않았으니까 찾을 수 없는 것 아닙니까?

뒤팽은 계속해서 (물질세계와 정신세계의 유비를 통해서) '지도 찾기 놀이'로 설명하죠. 잘 알다시피 이 놀이의 고수는 작은 글씨로 된 지명을 찾으라고 하지 않죠. 큰 글씨로 뚜렷하게 씌어서 작은 글씨만 찾는 눈에는 들어오지 않을 만한 지명을 찾아보라고 하죠. 그것은 너무 뚜렷해서, 바로 눈앞에 있어서 도리어 눈에 들어오지 않습니다.

여러분도 과학이나 철학의 중요한 이론들을 보면서 "저건 나도 아는 건데"라고 할 때가 많죠. •하지만 그것이 이론으로 제시되기 전에는 사람들의 눈에 띄지 않았던 것이죠. '콜럼버스의 달걀'과 비슷한 원리입니다. 그러니 여러분이 소설이나 시를 쓸 때면 어디 구석에 숨어 있는 기이한 것을 찾으려 하기보다는 누구의 눈에나 보이는 것, 모두가 다 알고 있는 것을 소재로 삼아 뛰어나게 형상화하면 되죠. 소재 없어서 글 못 쓴다는 사람처럼 한심한 사람은 없죠. 지혜로운 자는 우리 주변에 씌어 있는 큰 글씨를 읽을 수 있는 자죠.

중요한 것은 숨어 있지 않고 모두의 눈에 띌 정도로 드러나 있는 경우가 많죠. 책의 경우에도 큰 글씨나 제목이 잘 틀립니다.

수학자들이나 이성주의자들이 생각하는 것처럼 '자명한self-evident' 것이 자명하게 눈에 잘 보이는 것은 아니죠.

앞에서 뒤팽은 이런 추리를 통해 이 사건이 너무 자명하기 때문에 문제라는 점을 환기시켰죠. 이제 답은 바로 코앞에 있죠. 그래서 그 편지를 바로 찾는 사람 코앞에 놓았을 것이라고 추론합니다. 즉 통상적인 수색의 범위 안에 편지가 없으므로 장관이 편지를 '감추지 않는 방식으로' 편지를 '숨겼다'고 추론하죠.

그다음 얘기도 잘 아시죠. 뒤팽은 녹색 안경을 쓰고 장관을 찾아가 엉뚱한 얘기를 주고받으면서 방 안을 살피다가 싸구려 판지로 만든 카드꽂이에 대여섯 장의 카드와 편지 한 통이 아무렇게나 꽂혀 있는 것을 봅니다. 그 편지는 때가 묻고 구겨진 것입니다. (나중에 확인한 바에 의하면) 반쯤 찢어진 편지는 겉봉에 D__라는 까만 봉인이 찍혀 있고, 가느다란 여자 글씨로 장관 자신의 주소가 씌어 있었습니다.

장관의 깔끔한 면과 어긋나는 이 편지는 더럽고 찢어진 상태로 있어서 보는 이가 무가치한 것으로 오인하게 하려는 의도를 숨기고 모든 방문객 앞에 노출된 채로 있었습니다.

뒤팽은 장관이 이 편지를 뒤집어서 다시 수신인 성명을 쓰고 새로 봉인을 찍은 것으로 짐작합니다. 그는 일부러 담뱃갑을 두고 그 방을 떠납니다.

다음 날 담뱃갑을 찾는다는 핑계로 장관 방에 들른 뒤팽은 얘기를 하면서 시간을 끌죠. 이때 바깥에서 총소리가 들리고 소란이 일자 장관이 그것을 보려고 창으로 가는 사이에 그 편지를 자신의 가짜 편지와 바꿔칩니다(물론 바깥의 소란은 뒤팽이 고용한 사람이 일으킨 것이었습니다). 이 장면은 앞에서 한 번 본 것 아닙니까?

이처럼 편지를 바꿔치는 수법이 장관이 왕비 앞에서 하던 것과 비슷하죠. 또 장관이 편지를 사람들이 보이는 곳에 내놓은 것도 왕비가 왕 앞에 편지를 방치한 것과 비슷하죠.

그리고 이때 편지를 바꿔친 것은 뒤팽이 다른 의도를 지니고 있음을 보여줍니다. 화자가 굳이 편지를 바꿔칠 필요가 있었냐고 묻자, 뒤팽은 장관에게 보복하고 싶었다고 밝히죠. 만약 이 바꿔치기가 없었다면 글이 끝날 자리에 의미심장한 한마디를 보탭니다.

뒤팽은 자신이 왕비의 지지자라고 밝히죠. 그는 자신이 과거에 당한 모욕을 갚기 위해서 18개월이나 장관이 편지를 지니고 위세를 부린 상황을 역전시키죠. 편지가 자기 수중에서 없어진 것을 모르는 장관이 마치 편지를 지닌 것처럼 왕비를 위협하다가 정치적으로 파멸하도록 만듭니다.

뒤팽은 장관이 일을 그르친 뒤 그 편지를 확인할 때 볼 수 있도록 한 문장을 써넣습니다. D 장관이 뒤팽에게 한 나쁜 짓을 되돌려주려는 거죠. 물론 장관은 뒤팽의 글씨체를 잘 알고 있습니다(또한 뒤팽도 장관의 글씨체를 잘 알고 있습니다. 이 점이 이상하죠).

어쨌든 뒤팽은 편지에 크레비용의 『아트레우스와 티에스테스』에 나오는 구절을 (라틴어로) 써넣습니다.

"이토록 무서운 계획은/ 아트레우스에게는 어울리지 않지만, 티에스테스에게는 마땅할 것이다."

이 내용은 잘 아시듯이 그리스 신화에 나오는 저주받은 가문을 소재로 한 것이죠. 아트레우스 왕은 편지를 하나 훔칩니다. 그 편지는 자신의 왕비가 자신의 동생이자 정부인 티에스테스에게 보낸 편지죠. 편지에는 아트레우스의 아들로 알려진 프리스테네가 티에스테스의 아들임이 드러나 있었습니다. 아트레우스 왕은 20년간 이 편지를 지니고 있다가 이들에게 복수하기 위해서 음모를 꾸미죠. 옳은 프리스테네를 시켜 그의 아버지 티에스테스를 죽이려고 하다가 실패하자 부인을 유혹해서 프리스테너를 죽인 다음, 티에스테스에게 요리로 대접합니다. 아트레우스는 티에스테스에게 그의 것을 되돌려준 셈이죠.*

　복잡하게 뒤얽힌 이 얘기의 의미가 이 맥락에서 어떻게 연결되는지는 더 말하지 않겠습니다.

　그보다도 만약 첫 장면의 주인공 D__ 장관과 두번째 장면의 주인공 뒤팽Dupin이 맞물린다면 한 인물의 두 모습, '분신'을 형상화한 것일 수도 있습니다. 물론 뒤팽이 장관의 탈을 쓰고 행동하고 자기의 범죄를 자기가 밝힌다는 엉뚱한 이야기가 아니라 인간의 이중성을 드러

---

* 이 내용을 좀더 살펴볼까요? 아가멤논 가문의 시조는 탄탈르스Tantalos입니다. 그는 신들을 시험하기 위해 아들 펠롭스Pelops를 조리하여 대접하다가 신들의 노여움을 사서 타르타로스에 떨어져 영원한 형벌을 받습니다. 신들은 다시 펠롭스를 살려서 가문의 대를 잇게 해주죠. 그래서 펠롭스는 형제 아트레우스Atreus와 티에스테스Thyestes를 낳았죠. 펠롭스가 죽은 후 두 형제는 번갈아가며 미케네를 통치하기로 합의하지만, 아트레우스는 티에스테스에게 권력을 넘겨줄 생각이 없었죠. 그러다가 아트레우스는 티에스테스가 자신의 아내(아에로페)를 유혹했다는 이유로 티에스테스를 추방합니다. 그러나 방랑 생활에 지친 티에스테스가 애원하여 아트레우스는 할 수 없이 그를 받아들이죠. 아트레우스는 티에스테스를 열렬하게 환영하는 척하며 많은 음식을 차려놓고 융숭하게 대접하고, 아무것도 모르는 티에스테스는 외로운 추방 생활에 지쳐 있다가 자신을 다시 불러준 형에게 감사하며 즐거운 마음으로 음식을 먹었습니다. 그런데 그것은 복수와 저주의 음식이었죠. 아트레우스는 잔인하게도 (자기 부인과 정을 통해서 낳은) 티에스테스의 사랑하는 두 아들을 죽여서 요리하고 그것을 동생에게 먹였던 거죠. 탄탈로스의 잔혹한 피가 아트레우스에게 흘렀던 것일까요? 티에스테스는 비명을 지르고 먹은 것을 토하며 형을 저주합니다. 겨울하게 국외로 추방되어 오랫동안 보지 못했던 사랑하는 자식들을 이제야 볼 것이라 생각했는데, 잔인하게 살해되고 만 거죠. 그는 아트레우스 가문을 저주하며 복수를 맹세합니다. 그 후 그는 우연히 자신의 딸인 펠로피아Pelopia와 관계하여 아이기스토스Aigisthos를 낳습니다(이 아이기스토스가 나중에 클리타임네스트라와 공모해서 아가멤논을 죽입니다). 펠로피아는 나중에 자신이 낳은 아이가 아버지의 자식이라는 것을 알고 자살하죠. 아이기스토스는 티에스테스의 아들이자 손자이기도 하죠.

내기 위한 놀이로 볼 수 있다는 거죠. 이렇게 보는 경우에 몇 가지 재미있는 생각을 할 수 있을 겁니다. 실제로 포의 작품 가운데 분신을 다룬 작품들이 있습니다.*

정신분석의 진리

이제 라캉의 분석을 살펴봅시다. 그는 『에크리Ecrits』 서문에서 포의 「도난당한 편지」를 자신의 (구조주의적) 정신분석 틀로 재조명합니다. 그는 뛰어난 솜씨로 이 단편을 '반복강박'으로 재해석하면서 상징적 질서의 힘을 드러내고자 합니다.

프로이트에게 '반복강박Wiederholungszwang; repetition automatism'이란 강박적으로 어떤 행위를 반복하는 증상을 말하죠.

강박증 환자는 별로 관심을 갖지 않는 것에 마음을 빼앗긴 채, 이상한 충동에 이끌려서 특정한 행위를 반복합니다. 하지만 정작 그렇게 해도 별로 즐겁지는 않죠. 그러면서도 그렇게 하지 않으면 불안해합니다. 이처럼 강박증 환자는 행위를 반복하고 그 동작들은 일정한 리듬에 따르죠. 이런 의식儀式화된 행위들은 무의미한 관념과 목적 없는 행위로 나타나지만, 그 배후에는 의식에서 가려진 과거의 외상적인 상황이 있습니다. 이런 '원 장면'을 반복하는 것을 과거 무의식에 의해서 '억압된 것이 되돌아온다'고 할 수 있습니다(그리고 반복의 문제

---

* 추리소설은 일종의 진리 찾기라고 할 수 있습니다. 숨겨진 범인을 찾는 것을 현상의 외피에 숨겨진 본질을 찾는 것으로 본다면 말이죠. 그러면 추리소설에서 범인을 찾는 경우에 모든 불투명한 혼란은 투명한 질서로 바뀝니다. 그런데 이 작품의 경우에는 꼭 그렇지만은 않습니다. 그리고 포는 추리소설의 기법을 이용해서 이성이 볼 수 없는 세계, '유한한 진리'에 지나지 않는 논리적 이성의 한계를 지적하죠.

는 프로이트가 「쾌락원칙을 넘어서」에서 손자 아이가 엄마가 외출했을 때 실패를 던지면서 포르트-다fort-da 놀이를 하는 것을 통해 분명하게 제시합니다).

그런데 라캉은 왜 이 단편에서 '반복강박'을 문제 삼을까요? 라캉은 두 대화 장면에서 인물은 바뀌지만 그 '구조가 반복된다'고 봅니다. 그리고 이런 반복은 (각 인물이 선택한 것이 아니라) 구조에 의해서 강요된 것이죠. 즉, 그는 각 주체들을 움직이는 무의식적 욕망의 질서를 보여주고자 합니다.

이 두 삼각형에서 인물들은 바뀌지만 그들의 자리는 '같은' 구조를 유지합니다. 재미있는 것은 장관의 자리가 두번째 장면에서 바뀐다는 점이죠. 자세한 얘기는 천천히 합시다.

라캉은 자신의 작업을 철저하게 프로이트에 대한 주석이라고 주장합니다. 라캉을 숭배하는 이들 앞에서 그는 공공연하게 자신이 '프로이트주의자'임을 밝히죠. "여러분은 라캉주의자가 되어도 좋지만 저 자신만큼은 '프로이트주의자'입니다."

라캉은 구조주의 언어학의 틀로 욕망의 구조를 재해석하는데, 이런 작업은 만약 프로이트가 구조주의 언어학을 알고 있었다면 얘기했을 바를 자신이 대변할 뿐이라고 생각합니다. 프로이트의 무의식 이론을 구조주의 언어학으로 번역하는 셈입니다.

그리고 이 강의에서는 특히 '반복강박'을 통해서 기표가 주체를 좌우한다는 점을 밝히고자 합니다. 다시 말해 개인들은 기표들로 짜인 판에서 '양처럼 순하게' 적응하고 있음을 보여주려고 합니다. 물론 여기에서는 우리를 대신해서 왕, 왕비, 장관, 경찰, 뒤팽 등이 배역을 맡습니다. 이들의 뒤얽힌 행동들을 이끌고, 그 의미를 마련하는 감독격인 (기표들의) 구조는 어떤 것일까요? 그리고 이들의 움직임을 가능하게 하는 편지는 어떻게 이들의 행동을 틀 지을까요?

기표들 안에 배치된 욕망

라캉은 강의 첫머리에서 반복강박을 기표들에 연결시킵니다. 그래서 기표의 연쇄가 이루어지는 심급에서 반복강박이 나타난다고 봅니다.

그리고 이런 반복강박을 l'ex-sistence, 즉 '탈중심적인 자리'와 연결시키죠. 그래서 이 구조상에 무의식적 주체(또는 무의식이라는 주체)를 자리매김합니다.

여기에서 반복강박을 '바깥ex에 머물러 있음sistence'으로 해석하는 것은, 주체가 일정한 행위를 반복하는 것이 (주체가 의식하지 못하는) 무의식적 충동이 일정한 행위를 강요하기 때문이죠.

개인들이 행동하지만 사실상 그 동기는 무의식에서 나오죠. 이것을 라캉의 유명한 정식에 따라서 '나는 내가 생각하지 않는 곳에 존재하고, 내가 존재하지 않은 곳에서 생각한다'고 표현할 수 있습니다.

그래서 라캉은 기표의 구조 안에 무의식적 주체를 배치합니다. 이것은 프로이트가 무의식을 의식과는 '다른 무대'라고 한 것을 탈존l'ex-sistence, 곧 의식의 중심에서 벗어난 엉뚱한 자리에 있다고 번역한 것이죠.

라캉은 (기표들의) '상징적인' 연쇄가 의미를 마련한다고 봅니다. 상징적 매개나 기표 없이는 어떠한 기의도 자기를 표현할 수 없죠. 모든 것은 기표들의 관계 안에서 '어떤 것'이라는 값이나 의미를 (잠정적으로) 갖습니다.

혹시 기표, 기의, 상징계란 말 때문에 어리둥절한 분이 없기를 바랍니다. 사실 이런 용어들이 그리 쉬운 것도 아니고 기호에 대한 유일한 설명 틀도 아니지만, 구조주의가 제시한 중요한 이론적 틀이므로 그 사고방식을 알 필요는 있습니다. 그럼 간략하게 상징계에 대해서 살펴보는 시늉을 할까요?

라캉은 '상징계'가 주체를 구성한다고 지적합니다. 이때 상징계le symbolique; the Symbolic는 차이가 작용하는 영역이죠.** '상징'은 대상

---

* 라캉은 정신분석학적 경험에서 상상계로 파악되는 것이 사실상 상징적인 차원에 사로잡혀 있다고 지적합니다. 그리고 상징계를 통해서만 상상계가 나타날 수 있다고 보죠. 즉 상상적인 것이 기표들의 옷을 입고 나타납니다.

** 라캉은 우리가 경험하는 현실을 상상계, 상징계, 실재계로 설명합니다. 이 세 영역은 상호작용하죠. 상징계가 차이와 구별의 영역이라면 상상계는 차이나 구별이 없는 영역이죠. 상상계가 차이의 영역과 어떻게 다른지 간략하게 정리해봅시다. 상상계는 주체 자신이 만든 이미지와 자기를 구별하지 못하는 체계죠. 라캉은 거울 단계에 대한 설명을 통해 6~18개월 정도 된 유아가 (자기 신체가 하나의 유기적 총체를 이루고 있음을 모르던 상태에서) 거울 속의 자기 이미지—총체성을 지닌 자기의 이미지—에 매혹되어 그 이미지를 '이상적인 자기Ideal Ich; je-ideal'로 오인한다고 주장합니다. 라캉이 강조하는 바는 주체가 상상을 실재로 오인 méconnaissance하는 메커니즘의 효과라는 것이죠. 그런데 이런 오인을 통해 자기-탄생me-connaissance이 마련됩니다.

이처럼 상상계는 어린이가 거울에 비친 자기 이미지를 자기의 이상적인 모습이라고 (잘못) 인식하는 영역이죠. 여기에서 자기와 타자(거울에 비친 자기 이미지)는 구별되지 않는 '하나'입니다. 이 영역에서 차이나 구별은 없고 통일이나 조화로운 상호보완 관계만 있습니다. 거울에서 자기를 보는 아이나 서로 사랑하는 남녀 관계에서 두 항은 동일시되기 때문에 같이 움직이고 같은 욕망을 갖습니다. 사랑하는 사람들이 흔히 얘기하듯이 나와 너는 다른 존재가 아니라 '나는 너고, 너는 나다.' 엄마와 상상적 관계를 맺는 아이의 욕망은 곧 엄마의 욕망입니다. 아이는 자기가 엄마의 욕망 대상(남근)이라고 상상하죠. 이런 의미에서 상상적 대상은 주체

을 대신하는 기호죠. 예를 들어 '강아지'는 실제의 강아지를 대신하죠. 그래서 '기표-강아지'가 있는 곳에 실제 강아지는 없습니다(상징은 사물의 부재/죽음이기도 합니다).

그리고 '강아지' 기호는 다른 기호들('송아지' '망아지' '호랑이 새끼' 등)과 관계 맺습니다. 이 관계에서 한 기표는 다른 기표들과 다르기 때문에 자기일 수 있죠. 기표 '사랑'은 원래 사랑이어서 사랑인 것이 아니라 기표 '사탕' '사람' '자랑' '사탄'이 아니어서 '사랑'이죠. 이렇게 차이——소쉬르는 대립이라고 합니다——를 통해서 각 기표는 자기 의미-동일성을 마련합니다. 한 기표는 이런 관계에서 특정한 자리를 차지합니다.

상징질서는 각 요소를 일정한 자리에 배치하고 그것에 고유한 의미와 역할을 부여하죠. 이것은 구성 요소들을 뛰어넘는 전체이고 의미를 배당하는 우월한 주인입니다. 그래서 이런 상징질서는 그 개별적 요소들에게 낯설고 넘볼 수 없는 '타자l'Autre'로 여겨집니다.

이런 상징계에서 기표들의 연쇄가 주체의 갈 길을 마련하죠. 달리 말하면, 상징계의 기표들이 주체를 자리매김하고, 욕망을 배당하고, 그들에게 행위 동기를 줍니다. 그래서 주체들은 이런 메시지를 전달하는 자, 우편배달부facteur에 해당되죠. 하지만 상징계 안에서 주체는 자기가 기표들을 탁월하게 사용하기 때문에 '충분히' '제대로' 자신을 표현한다고 오해합니다. 주체는 자신이 기표들의 주인이고 능동적인 존재라고 착각하지만, 이런 주체는 기표들의 작용의 산물, 효과에 지

와 구별되지 않고 주체에게 완전한 충족을 약속합니다. '너는 모든 것이(어야 한)다.'

나지 않습니다. 그래서 라캉은 (상호주관성에 사로잡힌 주체들은) '양보다 온순하게' 자기들이 지나가는 기표 연쇄 속에 자리 잡는다고 봅니다. 주체는 기표들의 관계망에서 규정되고 기표를 통해서만 자기를 표현할 수 있기 때문이죠. 그래서 라캉은 "한 기표는 다른 기표들과 관계 맺으면서 주체를 대표한다représenter"(또는 '한 기표는 다른 기표를 위해서 주체를 대리한다représenter')고 표현할 수 있다고 합니다.

요컨대 기표들이 관계 맺는 장에서 의미를 만드는 주체는 (인간이 아니라) 기표들의 '차이 체계'죠. 차이들이 만드는 관계망인 언어 구조가 의미를 낳고, 사람들을 말하게 하고, 그들의 욕망을 표현하도록 합니다.

그래서 라캉은 주체들이 상징계의 차원과 관계 맺지 않고서는 어떤 일관성도 마련할 수 없고, 어떠한 상호관계도 맺을 수 없다고 지적합니다. 상징계는 말하는 인간 말로 욕망을 표현하는 인간의 벗어날 수 없는 조건이기 때문이죠.

이런 상징계의 법칙들이 주체에게 일정하게 작용한다고 보죠. 그래서 욕망의 부정, 억압, 배제가 생기죠. 이때 재미있는 것은 이런 무의식적 작용들이 기표들의 왜곡Ent-stellung; dé-placement 때문에 생긴다고 보는 점입니다. 라캉은 이런 왜곡을 글자 그대로 해석해서 기표들이 자리를 옮기는 측면, 곧 항상 엉뚱한ent 자리를 차지하는stellung 것으로 이해합니다.

어쨌든 '프로이트주의자'인 라캉은 '프로이트의 진리'를 예증하는 것을 자신의 목표로 삼습니다. 라캉식으로 번역하면 '상징계'가 주체를 구성합니다.

프로이트가 무의식을 발견함으로써 주체가 자기의 주인이 아님을 밝혔다면, 라캉은 더 철저하게 주체가 기표들의 관계 안에서 제 나름의 자리를 찾지 못함을 지적합니다. 이런 지적은 구조주의가 주체를 구조 안의 한 사건이나 효과로 설명하는 것과 크게 다르지 않습니다. 이에 대해 감정적으로 반응하는 이들은 주체들이 기껏 상징계의 위대성을 몸으로 보여주기 위한 꼭두각시에 지나지 않느냐고 흥분하죠. 그래서 "우리는 구조의 위대함을 보여주기 위한 사명을 띠고 태어났다"라는 구조주의 헌장에서 구조 자리에 '주체'를 기입하려고 합니다. 어느 쪽이 마음에 듭니까? "우리는 주체의 위대함을 보여주기 위해서 태어났다." 잠깐 흥분을 가라앉히고 주체들의 현실을 냉정하게 바라보는 구조주의의 설명을 좀더 들어봅시다.

각 인물들(의 시선)은 어느 자리에 있는가

라캉은 이런 기표와 주체의 관계에서 허구fiction가 필요하므로 우화fable(포의 작품)를 통해서 상징계의 중요성을 드러내고자 합니다.*

라캉은 포의 작품에서 먼저 극적인 사건drame과 그것을 이야기하기narration, 또 이런 이야기하기를 가능하게 하는 조건을 구별합니다.**

또한 라캉은 두 장면을 구별하고 각각을 '원 장면'과 그 '반복'으로 봅니다(물론 '원 장면'은 신경증 환자가 무의식 속에 감추어두었던 외상

---

* 주체는 허구적으로 자신이 기표의 주인이라고 여깁니다. 이런 허구, 오인이 상징계를 부드럽게 작동하도록 하는 조건이기도 하죠. 상징계가 작용하기 위해서는 주체의 자발성, 주체 자신의 욕망, 언어의 주인 같은 허구가 필요합니다. 지젝 S. Zizek은 이런 오인을 이데올로기와 관련시켜서 도착적인 사고, '나는 알아, 하지만……'으로 설명합니다.
** 이 작품은 두 개의 이야기 장면으로 이루어져 있죠. 그는 이런 이중적 이야기하기 narration double가 극적인 사건을 보여주며, 행위를 드러내고 대화에 의미를 부여한다고 봅니다. 그는 여기에서 사건과 그 이야기를 구별해서 이야기하기가 제시하는 '관점'에 주목하죠.

적인 장면이죠).

그는 무엇보다도 이 두 장면이 반복되는 점에 초점을 맞추고, 이것을 반복강박으로 설명합니다. 물론 이 두 장면은 '내용상' 똑같이 반복되는 것이 아니라 서로 다른 인물들이 (다른 때와 곳에서) '구조적으로 같은' 상황을 연출하죠.

이 두 장면에 대한 묘사는 이미 보았으니까 라캉이 강조하는 점만 살펴보겠습니다. '원 장면'에서 편지를 읽던 왕비가 왕의 출현으로 당황하고, 장관이 당황하는 왕비 앞에서 편지를 바꿔쳐서 '난처해하는 편지la lettre embarrassante'를 가져가죠. 이후의 사건은 '이상적인 관찰자'의 눈에 보이지 않는 가운데 진행되는데, 그 '몫'(라캉은 훔치는 행위를 나눗셈으로 표현합니다)은 장관이 편지를 훔친 것을 왕비가 알고 있고, 훔친 자도 도둑당한 자가 훔친 자를 알고 있다는 것을 알고 있다는 것이죠. 그러면 그 '나머지'는 무엇일까요? 바로 잃어버린 '편지'죠.

이것을 반복하는 다음 장면은 장소를 바꿔서 뒤팽이 '원 장면'에서 한 '장관의 방식을 되풀이해서' 편지를 찾는 장면이죠.

라캉은 이 두 장면이 구조적으로 동일하다고 보죠(물론 그렇다고 두 장면의 작은 차이를 무시해서는 안 됩니다). 그는 두 장면, 두 행위를 구조로 이어주는 상호주관성과 그것에 필요한 '세 항'에 주목합니다.

이미 언급했던 삼각형에서 보듯이 세 항은 '세 순간'과 주체들의 '세 자리'를 지정합니다. 라캉은 이때 각 인물들이 어떤 자리를 차지하는가를 '시선regard'의 문제로 설명합니다.

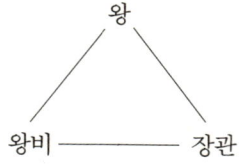 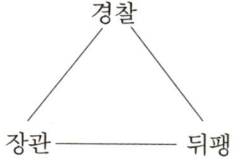

그러면 서로 다른 인물들이 연출하는 두 장면을 이해하기 쉽게 두 삼각형으로 정리해봅시다. 우선 각 인물들의 시선을 살펴봅시다.

첫번째 삼각형에서,
① 왕은 아무것도 보지 못합니다.
② 왕비는 왕이 아무것도 보지 못하기 때문에 자신이 (드러내놓고) 숨긴 것이 왕에게 드러나지 않으리라고 착각하죠.
③ 장관은 이런 두 시선 앞에 누구나 볼 수 있도록 내놓는 것이 참으로 숨기는 것이라고 믿죠.

이것은 두번째 삼각형에서 다른 인물들에 의해 같은 시선의 구조로 반복됩니다.
① 경찰이 '왕의 자리'에 서 있는데, 그들 눈에는 아무것도 보이지 않습니다.
② 그런데 신기하게도 똑똑하고 잔혹한 장관은 편지를 지닌 까닭에 (편지를 숨겨야 하는 까닭에) 이제는 '왕비의 자리'에 있습니다. 왜 같은 사람이 다른 자리에 서 있을까요?
③ 앞에서 장관이 차지하던 자리에 뒤팽이 있고 그는 장관이 (왕비처럼) 누구나 볼 수 있도록 편지꽂이에 아무렇게나 내던져놓은 채로 편지를 숨길 수밖에 없음을 압니다.

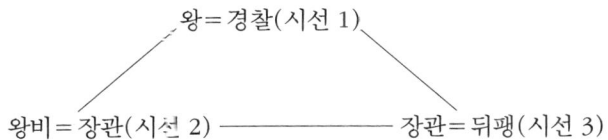

이것을 인물이 아니라 시선들의 '구조'로 정리할 수 있습니다.
① 아무것도 보지 못하는 시선 1
② 시선 1이 아무것도 보지 못하기 때문에 자신이 (드러내놓고) 숨긴 것이 드러나지 않으리라고 착각하는 시선 2.
③ 이런 두 시선들로부터 누구나 볼 수 있도록 내놓는 것이 참으로 숨기는 것이라고 믿는 시선 3.

그리고 이 각 시선들의 자리에 적절한 인물을 배치하면 되죠(각 인물이 시선의 배치를 결정하는 것은 아닙니다). 라캉은 이처럼 시선들의 관계가 이루는 구조를 인물이 아니라 그들이 차지하는 '자리'와 그 자리에서 가능한 시선의 문제로 '구조화'합니다.

이렇게 구조를 파악할 수 있다면 복잡해 보이는 사건을 간명하게 정리할 수 있겠죠. 그렇다면 문제는 '각 인물이 어떤 성격을 지니는가'가 아니라 '그들이 어느 자리에 있는가'가 될 겁니다. 그리고 '그 자리에서 어떤 시선이 가능한가'를 고려하면 인물들의 행동 배후에서 그들을 움직이는 틀을 볼 수 있습니다.

예를 들어서 뒤팽이 뛰어난 지성의 힘으로 편지를 찾는다고 하기보다는 그가 이런 반복의 질서를 알고 있다고 하면 어떨까요? 그는 왕-왕비-장관의 첫 장면을 재구성하고 반복합니다.

이런 반복 구조의 내용을 정신분석학으로 채운다면 D 장관이 겪은 원 장면을 되풀이하는 자리(신경증 환자의 자리)에 뒤팽이 있는 셈이죠. 물론 아직은 이 두 인물이 신경증과 관련이 있는지는 알 수 없습니다만, 그런 (신경증의) 구조를 반복하긴 하죠.

장관의 경우를 보면, 그는 두번째 장면에서 편지를 훔치는 자에서 편지를 숨기는 자로 자리를 바꾸었죠. 그는 편지를 왕비와 같은 방식으로 숨깁니다. 그래서 만약 뒤팽이 앞에서 장관이 있던 장소에 있다면, 편지는 (자동적으로) 보이게 되어 있죠. 따라서 두 삼각형의 구조적 상동성相同性을 이용하는 뒤팽은 '구조주의자'인 셈이죠(신기하게도 포는 라캉이 이런 해석을 하리라고 예견했나 봅니다). 그는 개별적인 사건과 인물을 따로따로 보지 않고 편지를 중심에 두고 앞에 있었던 그 장면을 다시 반복하는 위치에 섬으로써 문제의 편지를 볼 수 있습니다.

라캉은 재치 있게 이런 상호주관적 관계를 타조들이 숨는 것에 비유하죠. 첫번째 타조가 모래에 머리를 파묻고 있어서 두번째 타조는 자기가 그 타조의 눈에 띄지 않을 것이라고 믿지만, 불행하게도 세번째 타조가 두번째 타조의 꼬리털을 뽑습니다. 이런 타조들 각각에 정치적 의미를 부여하면 더 재미있을 겁니다.

어쨌든 반복되는 행동이 상호주관성의 모듈에 따른다면 (프로이트적 의미에서) 반복강박을 지적하는 것은 자연스러울 겁니다. 라캉은 여기에서 다양한 주체의 상호주관적 관계망이 자신의 공식, 즉 '무의식은 큰 타자의 담론이다l'inconscient, c'est le discours de l'Autre'를 잘 보여준다고 합니다.

편지가 정하는 주체의 자리

라캉은 여기에서 주체들이 릴레이를 하듯이 자리를 바꾸는 점에 주목하죠. 그런데 이런 자리 배치, 자리 바꿈을 결정하는 것이 바로 '편지'입니다. 편지가 문제 해결의 열쇠를 쥐고 있죠.

앞에서 보았듯이 라캉은 구조에 관심이 많습니다. 등장인물이 누구인지가 아니라, 그 인물들이 편지와 관련해서 어떤 위치에서 어떤 역할을 맡는가를 묻죠. 곧, 이런 삼각형 구조를 만드는 주인공이 바로 '편지'입니다. 편지는 사물이지만, 주체의 자리에 있죠.

편지를 사이에 두고 세 사람이 일정한 역할을 맡고 (보다 정확하게는 세 항이 각각 자기 자리에서) 각자의 시선을 갖습니다. 여기에서 중요한 것은 그 시선의 주인공이 아니라 그 주인공을 이끄는 시선, 곧 구조화된 자리입니다. 이 구조는 인물들을 가로질러서, 사건들을 이러저러하게 조직하면서 같은 틀을 되풀이하도록 합니다.

그래서 라캉은 '순수한 기표'인 편지—그 내용을 알 수 없는 편지라는 기호—의 자리, '편지가 어디에 있는가'가 상호주관적 구조와 자리 바꾸기, 반복을 결정한다고 보죠.

만약 구조주의란 말을 처음 듣는 사람이 있다면 좀 놀랄지도 모르겠습니다. 개별적인 요소와 구조가 있을 때 요소 하나하나는 그것 자체로 의미를 갖거나 고유성을 지니는 것이 아니죠. 그것들이 구조 안에서 어떤 자리에 있는가에 따라서 일정한 의미, 기능, 역할이 지정되죠.

간단한 예로 아버지의 자리를 생각해보세요. 어떤 개인이 원래 아버지이거나 아버지의 능력을 갖추고 나서 아버지 자리에 앉게 됩니까? 아니면 아버지 자리에 있는 까닭에 아버지다워지고 그렇게 부과

---

* 세번째 삼각형을 그린다면, 그리고 계속해서 네번째 삼각형을 그린다면 어떻게 될까요? 뒤팽은 어느 자리로 가고, 또 뒤팽 뒤에서 웃고 있는 라캉은 어디로 갈까요?

된 자리에 따르는 역할과 의미에 걸맞도록 자기를 갈고 닦을까요? 교사의 자리, 팀장의 자리, 연인의 자리, 도둑의 자리 등을 생각해보세요.

개인 주체들과 구조의 관계도 마찬가지죠. 주체들은 원래 자기의 고유성을 갖거나 독립적인 존재라기보다는, 구조가 마련한 자리에 배치되고 그 자리에서 각자에게 부과된 기능과 의미를 받아들이고, 그에 따르는 욕망을 갖고 일정하게 행동합니다. 그런데 여기에서 재미있는 것은 이렇게 구조화하고, 또 구조를 반복하게 하는 힘을 지닌 것이 바로 '편지'라는 점이죠. 도대체 그 녀석은 무엇이기에 사람들을 '이리 오라'거나 '저리 가라'고 할까요?

진리는 어디에 있는가?

라캉은 포 작품에 대한 몇 가지 있을 법한 오해—탐정소설이나 도덕적인 교훈을 보여주는 소설로 보는 견해—를 지적합니다. 그는 내용보다는 구조에 초점을 맞춥니다.

라캉은 보완적인 두 장면을 지적합니다.* 첫번째 대화에서 뒤팽은 자기 말을 전혀 알아듣지 못하는 경찰청장과 얘기를 나누죠. 경찰청장이 뒤팽의 얘기를 이해하지 못하므로 그 말은 무의미한 것이 되고 말죠. 이런 예에서 우리는 단순한 의사소통에 숨어 있는 복잡한 면을 엿볼 수 있습니다. 대화는 단지 정확하게 서술하는 보고 기능에 국한

---

* 첫번째 극은 파롤paroles(words) 없이 서술되고, 두번째 극은 이것을 보완하는 담론의 고유성les propriété du discours으로 이루어져 있다고 봅니다. 그래서 두 장면이 다르게 서술되고, 대화가 두 장면을 구별한다고 보죠.

되지 않죠. 이 장면이 독자에게 전달되려면 왕비-경찰청장-뒤팽-친구인 이야기하는 자narrateur; narrator로 이어지면서 몇 번의 여과 과정을 거쳐야 합니다.

여기에서 라캉은 '다시 전달함re-transmis'에 주목하죠. 인간 언어의 이런 측면은 꿀벌의 언어와 다릅니다. 벌들은 자기들이 찾는 굴이 있는 위치를 단순하게 신호할 뿐이므로(대상 세계를 기호 체계로 전달함) 아무런 매개가 없는 상상적인 것일 뿐이죠.

● 이를테면 꿀벌은 8자 모양의 기호 체계를 통해서 벌통이 어디에 있는지를 정확하게 알려줍니다. 그런데 문제는 이 기호가 대상에 대한 정보를 전달하지만, 어떤 꿀벌도 한 번 만들어진 기호를 다시 다른 꿀벌에게 전하는 능력은 없습니다. 즉 간접화법을 쓸 수 없다는 거죠. 인간들은 상호주관성의 세계에서 주체와 대상의 관계뿐만 아니라, 주체와 주체의 상호관계를 맺는 점에서 꿀벌과 다른 언어를 사용하죠.

물론 인간 언어에도 대상을 기술, 지시하는 (의사소통의) 측면이 있습니다. 예를 들어서 A, B 두 사람이 C를 미워할 때(C는 참 얄미워, 그렇지? 맞아, 너도 그렇게 생각하니?) 이들은 C라는 하나의 같은 대상을 놓고 자신들이 거부할 만한 어떤 점이 있다고 여기지만, 실제로 서로 같은 대상의 같은 면을 얘기한다고 믿으면서 상상적인 허구를 만들죠.

이런 의사소통은 상징적인 것이 아니죠. 집단 안에서 주체들 사이의 의사소통은 일정한 관계에 의해서 매개되어야 하기 때문입니다.

이때 라캉은 담론의 반복repéter le discours에서 증상이 반복됨repéte- le symptôme을 보려고 합니다.

첫 장면에서 간접적인 관계를 통해 언어langage 차원에서 접근하죠.

이야기하는 자는 아무것도 (가설에 의해서) 덧붙이지 않지만 두번째 대화에서 간접적인 관계는 달라집니다. 첫번째 대화에서 두번째 대화로 옮겨갈 때, 첫번째가 정확함의 영역인 데 반해 두번째는 '진리의 등록소registre de la verité'가 되죠.

• 첫번째 세계는 현실 세계나 외부 대상에 대한 묘사이고, 두번째는 진리를 등록한 곳입니다. 즉 진리는 객관적인 실재가 아니라 인간들이 언어를 통해서 만들어놓은 등록 장소, 기표의 관계망 속에 들어 있죠.

진리는 상호주관성의 영역, 기표들의 관계망에 바탕을 두고 있는데, 여기에서 주체는 '(대문자) 타자'에 의해 규정됩니다.

라캉은 유대인의 농담을 예로 들죠. (매번 사실과 다르고 엉뚱하게 얘기하는 버릇을 지닌) 어떤 사람이 친구에게 자신이 A로 갈 생각이어서 A로 간다고 말했더니 상대방이 펄쩍 뜁니다. "넌 왜 거짓말을 하는 거냐? 그래, 너는 A로 갈 때 A로 간다고 말해서 B로 가는 것처럼 믿게 하려는 거지? 왜 거짓말을 하냐고?" 한 사람이 실제로 A로 가는 것과 그와 다른 사람 사이의 상호관계에서 (서로 엉뚱하게 얘기해서 상대방을 어지럽히는 것을 즐기는 사이에서) "A로 간다"고 하는 의미는 다르죠.

카드놀이에서 테이블 위에 자기 카드를 제시하는 것이 사람들을 설득하는 좋은 방식이고, 이렇게 자기 속임수를 설명하는 과정에서 우연 놀이에 참가한 자들을 뛰어넘는 숨겨진 질서를 보여줄 수 있습니다. 라캉은 전적으로 우연에 내맡겨진 것처럼 보이는 홀짝 놀이가 반복되는 과정에서 일정한 메커니즘(이 세미나 후기에서 제시하는 내용입니다)이 드러난다는 점을 염두에 두고 반복의 법칙을 슬쩍 화제로 올립니다.

그는 이것을 '주체에서 기표의 우월함la suprématie du signifiant dans le sujet'으로 표현합니다. 그리고 뒤팽이 홀짝 게임의 멫수를 소개하는 것과 연결시키죠. 앞에서 보았듯이 아이는 상대와 자신을 '동일시하는' 방식으로 게임에서 이깁니다. 라캉은 이것을 단순히 상대방의 얼굴이나 상태를 자기와 똑같이 만드는 것으로는 부족하고 상호주관적인 교체가 '회귀retour' (또는 반복)를 통해서 이루어진다고 보죠.

라캉은 아이의 이런 솜씨가 유명한 라로슈푸코나 마키아벨리보다 뛰어나다고 합니다. 그리고 뒤팽이 사람들이 동의하는 개념과 관례가 어리석다고 주장하고, 나아가 이런 '분석'을 산수에 적용하는 점을 못마땅해 하는 데 의구심을 표하죠. 그보다는 앞에서 든 라틴어 용례들(ambitus, religio, homines honesti)의 쓰임으로 말놀이를 하는 재미에 주목하죠. 라캉은 이런 놀이에서 포가 혼자서 즐기고 있다고 봅니다.

라캉은 이 점이 이 작품에서 가장 중요할 수 있다고 합니다. 그래서 마술사의 비밀보다는 허구적 존재를 이용해서 '참으로 우리를 속이는' 것에 주목해야 한다고 합니다. 이런 방식은 별다른 악의 없이 상상적인 주인공을 현실적인 인물로 등장시키기 때문이죠. 이런 얘기는 허구를 창조하는 문학작품의 일반적인 특성이죠.

---

* 홀과 짝을 집을 수 있는 가능한 숫자들을 체계로 만들면 일정한 방식이 나온다는 거죠. 그래서 인간들은 자기 마음대로 홀짝을 집는 것이 아니라, 가능한 홀짝의 조합들 중에서 정해진 틀에 따라 집게 된다는 말을 하고 있습니다 그래서 포 이야기는, 한 인물과 자기를 동일시하는 겁니다. 달리 말하면, 그 사람의 자리에 대신 서는 경우를 보여주고 있고, 라캉은 한발 더 나아가서 홀짝이라는 우연의 세계 속에도 필연적인 법칙이 존재하고 있음을 보여주고 있습니다.

어디에도 없는 편지—존재하지만 부재하고, 부재하지만 존재하는 것은?

여기에서 라캉은 하이데거의 진리관을 독특하게 재해석합니다. 곧 진리는 스스로를 숨길 때 가장 참되게 드러난다고 하죠.

원래 하이데거는 진리를 아레테이아aletheia, 즉 비은폐성으로 보죠. a-letheia는 은폐되지letheia 않은 것, 스스로 모습을 드러내는 거죠. 종래의 진리관은 개념과 그것이 가리키는 대상이 일치하는 것으로 보아서, 주체와 객체의 관계에서 주체를 중심에 두는 데 반해 하이데거는 존재가 스스로 드러나고 그것을 주체가 받아들여서 인식할 수 있다고 보죠. 그런데 이처럼 존재는 스스로를 드러내지만 자신을 한 존재자에게 온전하게 드러낼 수는 없습니다. 그래서 존재의 드러남은 동시에 스스로를 숨기는 것이기도 하죠. 또한 숨기면서 드러나는 것이기도 합니다. 서구의 진리관이 모든 것이 온전하게 드러남을 강조하고 어떠한 그늘도 없음을 강조한다면, 하이데거는 이런 드러남이 숨길 수밖에 없는 면을 지적하죠. 진리의 밝은 빛으로 투명하게 밝힐 수 없는 어둠이 진리와 공존함, 진리와 오류가 맞물려 있음을 강조합니다.*

이런 지적은 편지가 드러나 있으면서 그것을 볼 수 없는 자에게는 숨어 있는 면, 숨긴 편지가 바로 그 숨김 속에서 자신을 스스로 드러내고 있음에 연결되겠죠.

이것을 염두에 두고 뒤팽의 설명을 따라가 보죠. 뒤팽은 경찰이 실패한 이유는 문제가 너무 간단하고 명백해서 오히려 그들에게는 애매

---

* 이런 하이데거의 존재론을 라캉은 프로이트의 무의식, 또는 자신의 실재계 문제를 해명하는 중요한 틀로 이용합니다. 하이데거가 존재와 존재자를 구별하는 것처럼 무의식과 무의식의 표상을 구별하는 것이 연결됩니다.

했기 때문이라고 지적하죠. 경찰청장은 뒤팽과의 첫번째 대화에서 뒤팽의 비웃음을 눈치 채지 못합니다. 뒤팽의 암시에 미련하게 웃을 뿐이죠. 이런 경찰의 우둔함은 수색에서도 잘 드러납니다. 이미 얘기했듯이 그들은 편지를 숨길 만한 곳을 모조리 수색하지만, 그것은 기껏해야 자기들의 처지에서 숨길 만한 곳을 확인했을 뿐이어서 스스로 만든 틀에 갇혀 있다고 볼 수 있죠.

청장은 장관이 시인이라는 이유로 바보라고 여기죠(모든 바보가 어느 정도 시인이라고 해서 모든 시인이 바보는 아닙니다). 그러면 시인이 이런 통상적인 사고를 벗어나서 어떻게 보다 우월한 방식으로 편지를 숨겼을까요?*

텍스트에는 합리적으로 사고하는 경찰이 모든 곳을 수색했다는 점이 잘 나타나 있습니다. 1인치의 50분의 1까지 샅샅이 조사했으므로 경찰의 눈을 벗어날 만한 곳은 없습니다. 그러면 편지가 어디에서도 발견되지 않았다는 사실을 어떻게 설명할 수 있을까요? 우리는 더 이상 편지가 '숨겨져 있다'고 말할 수 없습니다. 실제로 뒤팽은 이처럼 편지가 없는 곳에서 편지를 찾아내죠. 그렇다면 뒤팽의 발견은 무엇을 보여줄까요?

다른 것들은 '어딘가'에 있지만 왜 편지만은 '어디에도 없음nullibiété'이라는 성격을 지닐까요? 왜 편지는 존재하지만 부재하고, 부재하지만 또한 존재한다는 역설을 보여줄까요?

---

* 이때 라캉은 포가 수학적 추론을 무시했다는 얘기를 하는 것에 못마땅해하죠. 그는 수학 공식을 이성 자체와 똑같다고 보지 않기에 포와 '다르게' 생각하고자 합니다. 그래서 그는 (포와 달리) $x^2+px=q$를 무조건 받아들이지 않습니다.

라캉은 이 점을 재미있게 해석하죠. 그는 편지가 '기표'이기 때문에 어느 곳에도 없지만 그렇다고 '없지도 않다'고 합니다. 이런 맥락에서 라캉은 편지와 그것이 있는 장소가 '이상하다odd'고 하죠(이때 odd를 단순히 '기괴하다'고 할 수만은 없습니다).

그는 lettre, 편지 또는 글자의 물질성을 문제 삼습니다. 일찍이 라캉은 기표가 "죽음의 심급을 물질화한다matérialiser l'instance de la mort"고 했습니다. 예를 들어서 '불'이라는 기표는 뜨겁지 않고, '종이' 위에는 아무것도 쓸 수 없죠. 다시 말하면 (뜨겁지 않은) '불'이라는 기표가 (뜨거운) 불을 대신한다면, 기표 '불'이 있는 곳에 뜨거운 불은 없습니다. 기표는 사물을 대체하고 사물을 숨기죠. 극단적으로 표현하면 (헤겔처럼) 기표는 '사물의 죽음'을 드러냅니다.

라캉은 이런 '기표의 물질성'이 그 '나뉘지 않음' 때문에 이상함을 지닌다고 설명합니다. 아무리 작은 조각으로 잘라도 글자, 편지는 그대로 남아 있죠.*

그래서 lettre라는 기표가 어디에 놓이고, 어떤 것과 연결되느냐에 따라 의미가 움직이는 예를 보여주죠. 그래서 lettre라는 기표는 à la lettre(글자 그대로) 이해되어야 하고, 우체국에서 누군가를 기다리는 une lettre(한 통의 편지)이기도 하고, 여러분처럼 '교양을 갖추거나 문학에 조예가 깊은que vous avez des lettres' 경우에도 쓰입니다.**

이런 경우에 다른 기표들과 관계 맺지 않고 그 자체로 의미를 갖는

---

* 이것을 이해하기 위한 예로서, 관사 de가 다양하게 결합하면서 그 의미를 다양하게 만드는 경우를 보여줍니다. 이 예는 프랑스어를 알아야 이해할 수 있는데, 관사 de가 다양한 맥락에서 다른 의미들과 어울리지만 그 경우에도 그 나름의 값을 지니고 있음을 보여주죠.

'lettre 자체'는 없죠(곧 고정된 의미를 지닌 어떤 실체와 같은 lettre는 없고 기표들의 연결을 통해서 다양한 값을 갖습니다).

왜냐하면 기표가 '부재의 상징'이기 때문입니다. 그래서 기표를 다른 대상들처럼 어떤 장소에 있거나 없는 것으로 볼 수 없습니다. 그러면 기표는 있는 것도, 없는 것도 아니라는 말인가요? 그럴 수도 있죠.

기표 '강아지'는 실제 강아지를 가리키지 않죠. 강아지-기표는 망아지-기표, 송아지-기표가 아님을 가리키죠. 이런 '아님'을 가리키는 강아지-기표는 기표들의 관계망에서 차이를 통해 값을 갖습니다. 곧 한 기표와 다른 기표 '사이'에 있습니다. 그런데 소쉬르를 공부한 적이 없는 경찰들은 기표를 사물처럼 여기고 그것을 눈으로 보고 손으로 만지려고 합니다.

다시 어떤 장소에도 없는 편지 얘기로 돌아갑시다. lettre, 편지, 아니 도난당한 편지는 (다른 대상들과 달리) 그것이 있는 곳에서 있을 수 있고 '그리고' 없을 수 있는 것it will be and not be where it is, wherever it goes; elle sera et ne sera pas là où elle est, où que qu'elle aille입니다. 즉 '동시에' 현존과 부재를 지니고 있다고나 할까요? 설마 편지-기표가 '있으면서 없다'는 말을 이해하지 못하는 것은 아니겠죠?

경찰들은 편지-기표를 찾기 위해서 바늘로 모든 곳을 찔러보고, 현미경을 사용하고, 책들도 남김없이 펼쳐보죠. 하지만 편지-기표를 찾기는 어려울 겁니다. 경찰은 '실재적인 것le réel'을 대상으로 여기기 때

** 편지는 '어떤 것'이 아니죠. 위치에 따라, 랑그에서 어느 자리를 차지하느냐에 따라 달라지죠. 그런 면에서 고정된 고유한 값을 갖지는 않습니다. 우리가 쓰는 모든 기표는 욕망을 가리키지만, 가리키고 있는 그 순간에 의미들 사이에서 미끄러져서 적절한 욕망 표현에서 어긋나죠.

문에 실패할 수밖에 없습니다. 소박한(우둔한) 리얼리스트들은 대상을 있는 그대로 보려고 하지만, 그것은 바로 그들 스스로 만든 허상에 지나지 않습니다.

또한 경찰들은 '숨기는 것'을 뒤집어놓으면 '찾는 것'이라고 보죠. 그러면 가장 잘 숨기는 자가 가장 잘 찾을 겁니다. 그러니 그들은 아무것도 숨길 수 없다고 생각하죠—모든 것을 찾을 수 있다! 어쨌든 숨겨진 것은 그것이 숨겨진 자리에 있다고 여깁니다. 하기야 보통 잃어버린 물건은 내 눈에 띄지 않더라도 그것이 있는 '바로 그 자리'에 있겠죠. 그런데 그게 어디인가요?

라캉은 재미있는 예를 들죠. 도서관의 책 가운데 제자리에 꽂혀 있지 않은 책은 어떨까요? 누군가가 장난삼아 A32-2345라는 책을 K53-6456 자리에 꽂아놓으면, 책을 찾지 못하겠죠. 물론 책이 없는 게 아니라, 분류번호에 따른 제자리에 없기 때문이죠. 그것은 분명히 도서관 어딘가에, 그것이 있는 바로 그 자리에 있긴 하죠. 하지만 못 찾는 사람에게는 없는 것이나 마찬가지입니다.

또한 라캉의 지적처럼 설령 경찰이 '편지를 찾았다고 하더라도' 과연 그것이 문제의 편지인지 알 수 있었을까요?* 장관이 조금 구기고 되접어서 모양을 바꿔놓은 편지를 손에 집어 들었다고 하더라도 그런 이상한 것을 그냥 던져버리고 말았을 겁니다.

게다가 편지는 이제 봉인의 색깔이 다르고 그 필적도 바뀌었죠. 그들은 그렇게 뒤집힌 편지 뒤쪽에 있는 수신인의 주소를 찾고 있죠. 그

---

* 그래서 제임스 조이스가 동음이의어 '편지a letter, 잡동사니a litter'라고 한 것을 이해하기 어려울 겁니다.

들이 편지, 편지라는 기표, 떠다니면서 모습이 끊임없이 바뀌는 기표를 찾기를 기대하는 것은…… 차라리 이제부터라도 소쉬르 선생의 강의를 듣는 쪽이 나을 겁니다.

또한 라캉은 여기에서 메시지 전달에 중점을 두는 사이버네틱스 이론을 문제 삼으면서 편지 내용에 초점을 두는 경우도 비판합니다(경찰은 편지의 메시지를 알고 있었을 수도 있죠).

만약 정보를 전달하는 데 주안점이 있다면 편지를 잃어버렸다고 하더라도 그 정보는 이미 수신자에게 전달된 것 아닌가요? 그러면 그렇게 제 할 일을 다한 편지를 왜 찾아야 할까요? 하지만 장관이 아무렇지도 않게 구겨놓은 편지는 정보 전달에 주목하는 이런 틀을 구겨놓은 셈이죠.

이 틀이 주장하듯이 편지가 (메시지) 전달에 성공한다고 제 할 일을 다한 것은 아니겠죠? 편지의 메시지가 어떠한 방해(정보 이론에서는 소음) 없이 글자 그대로 전달되었다는 것만이 중요할 리는 없습니다.

이런 단순한 주장은 연애편지를 받아서 고이 간직하거나 돌려주는 데 얽혀 있는 복잡한 문제를 설명할 수 없습니다. 특히 고이 간직하던 사랑의 편지들을 돌려주는 눈치 없는(또는 용기 있는) 행위는 사랑을 깨뜨리는 것이죠. 편지를 돌려줄 때, 편지에 들어 있는 글자들이 그대로 있고(정보 내용에는 아무런 변화가 없죠) 그 내용과 의미가 그 편지와 함께 단순히 옮아간다고 생각하는 둔한 사람이 있을까요? 이미 다 읽은 편지를 불태우면서 그 글자를 다 읽었다는 점만 무심하게 강조하는 사람이 있을까요?

또 이렇게 물을 수도 있죠. 우리가 보내고 받는 편지를 누가 '소유'할까요? 메시지 전달자일까요, 아니면 수신자일까요? 아니면 애매하게 양자의 공동 소유일까요?

 사람들이 연애를 파기할 때, 편지를 다시 돌려달라고 하는 경우가 있습니다. 만약 내가 썼기 때문에 '내가 소유자'라면 내가 갖는 것이 맞고, 글자가 내 것이라고 해서 그 편지까지 내 것일까요? 게다가 이 편지는 이미 상대방이 본 것이죠. 편지를 받은 사람이 내용을 다 알고 있는데 굳이 달라는 이유는 또 뭘까요?

 편지의 소유에 얽힌 이런 애매함을 볼 때, 편지란 기표이기 때문에 누가 소유할 수도 없고, 가지고 있다고 해서 자기 것이라고 하기도 어렵죠.

 이처럼 편지-기표를 단순히 기능적인 것이라고만은 할 수 없습니다. 편지가 의미를 갖는다고 해도 왕비의 야단법석과 그 주변의 부산한 움직임을 진정시킬 수는 없죠. 편지의 내용이 중요하다면 경찰이 그 내용은 물론이고 그런 편지가 있다는 것을 아는 것 자체가 심각한 문제가 될 겁니다.

 또한 편지가 돌아다닌다면 그 의미뿐만 아니라 텍스트까지 위협받죠. 편지를 지닌 자들 가운데 누군가에 의해서 무심코 비밀이 누설될 위험이 있기 때문입니다. "말은 날아가지만, 글은 남는다 Verba volant scripta manent"라는 서양 속담처럼 말이죠.

편지가 가는 길, 주체가 가야 하는 길

 그러면 편지를 가운데 둔 주체들 사이에는 어떤 관계가 형성될까요? 제목 "도난당한 편지"를 보죠. 편지를 '도난당한' 것이라고 하기 전에 먼저 그 편지가 누구의 소유인지를 물어보아야 할 겁니다. 편지는 왕비의 소유물인가요? 아니면 그것을 보낸 사람의 것인가요?

그런데 작품에는 누가 편지를 보냈는지, 그 내용이 무엇인지에 대해서는 전혀 나타나 있지 않습니다. 단지 이 편지가 제3자의 손에 들어가면 위험하고 정치적 목적으로 사용될 수 있다는 것만 알 수 있죠. 편지의 권력은 엄청나지만 그 내용을 전혀 알 수는 없습니다(상상을 통해 연애편지, 공모 편지, 배반, 특별한 임무, 설교, 고통의 편지 등으로 추측할 수는 있죠).

편지를 왕비와 왕의 관계에서 볼 수 있습니다. 왕비는 성실할 것을 약속하는 협약pacte으로 왕에게 구속된 존재입니다. 그녀는 배우자의 역할과 신하의 역할을 부여받습니다.

그런데 문제의 편지가 존재한다는 점은 왕비가 왕과의 명예로운 관계를 깨뜨릴 수 있음을 보여주죠. 왕비는 비밀을 지켜야 하고, 이 비밀이 왕비의 명예를 지켜줍니다.

이런 관계에서 누가 편지를 '지니고' 있는가에 따라서 편지를 쓴 자의 책임이 달라지죠. 라캉은 편지를 '지닌 자'는 편지를 '소유한 자'가 아니라고 주의를 환기시키죠(편지의 수신인이 편지를 소유할 수 없기 때문입니다). 그리고 왕이 있어야 편지에 관련된 항들이 자기 자리를 찾을 수 있죠. 편지 때문에 왕은 특권을 침해당하지만, 그 편지를 판단할 권한 또한 지닙니다. 우둔한 왕이더라도 구조 안에서 나름의 자리와 역할을 맡죠. 또 알고 보면 왕이 원래 우둔해서가 아니라 그 자리에 있는 까닭에 그런 성질을 부여받는 것이겠죠.

• 일정한 관계망에서 어떤 항도 고정된 자리를 갖지는 않습니다. 서로의 관계 속에서 각자의 힘과 의미가 정해지죠. '왕의 자리'도 다른 항들과 무관하게 그 자체로 있는 것이 아니어서 신하들이 그를 왕으로 인정해야만 합니다. 그렇다면 '왕이 됨'은 왕과 신하들 간의 사회적 관계망이 만든 효과라고 할 수

있습니다. 물론 이 관계가 물신화되면 왕의 지위가 왕의 자연스러운 속성처럼, 왕이 원래 그런 권위를 타고난 것처럼 보일 겁니다.

라캉은 작품에 나오는 라틴어 용례를 이용하여 말놀이를 하면서 (보들레르가 번역하듯이) '도난당한'이란 표현이 적절하지 않다고 지적합니다(명예로운 사람homines honesti은 쉽게 지내려고 하지 않고, 그들에게는 엄격하게 지켜야 할 예의religio가 있어서 신성한 연대를 무너뜨리지 않을 것이고, 둘러가기ambitus도 반드시 야망 때문에 생기는 것은 아니라는 거죠). 편지는 도난당한 것이 아니라 길을 에둘러가고 있는 것이죠.

purloin의 뜻을 살피면 이런 점이 드러납니다. 이 말은 앞pro을 뜻하는 접두사 pur와 고古프랑스어인 loing, loigner, longé의 합성어죠. pur는 근거나 보증, 담보나 징표로서 뒤, 배후를 전제하죠. 그리고 loigner는 장소를 나타내는 동사로서 (멀리 떨어져 있다는 뜻이 아니라) 어떤 것과 '나란히 있다'는 뜻이죠. 또한 '젖혀두다'나 '일이 잘못되다'를 뜻하기도 합니다.

그래서 주체들은 (그들을 끌어당기는 대상에 이끌려서 곧바로 가지 않고) 우회하게ambitus 되죠. 이것은 그가 한눈을 팔기 때문이 아니라 편지가 제 길을 잃고 우회하기détourné; diverted from its path 때문이죠. 곧 편지 때문이죠. 여기에서도 라캉은 편지에 따라서 움직이는 주체들의 모습을 부각시키죠.

이렇게 주체들을 엇길로 가게 하고 지연시키는 것은 바로 행로가 지연된prolongé 편지, 또는 우체국에서 쓰는 말처럼 '배달이 늦어진 편지 la lettre en souffrance; a letter in sufference'입니다.*

라캉은 편지의 이런 특성을 '단순하고 묘한odd' 점에서 찾습니다.

58

그리고 편지의 이런 특이성singularité이 바로 이 이야기의 참된 주제(주체)라고 봅니다. 이는 편지가 우회détour하면서 자기 나름의 궤도를 가기 때문이죠. 이렇게 우회하면서 제 길을 간다는 것은 헤겔이 정신이 소외를 거쳐서만 자기를 회복한다고 한 점과 연결되겠죠.

기표들의 질서에 순종하는 양들처럼

라캉은 (프로이트의 이론을 따라서) 주체가 상징적인 절차la filière du symbolique를 거쳐야 함을 강조합니다. 우리는 기표들로 이루어진 상징계를 거치지 않고는 아무것도 표현할 수 없죠. 즉 욕망을 날것 그대로 표현할 수 없으므로 반드시 상징계가 마련한 길을 따라 '우회해야' 합니다. 편지가 우회하는 것처럼 욕망이 기표들의 망을 둘러갑니다. 그래서 편지의 행르는 곧 기표가 마련한 상징의 회로 속에서 움직이는 욕망의 길과 같습니다.

여기에서 라캉이 핵심을 제시합니다. 작품에서는 상호주관성에 사로잡힌 주체들이 등장하죠. 그리고 이들은 앞에서 본 타조들처럼 줄을 맞추어 서서 '양보다 온순하게' 자기들이 지나가는 기표 연쇄 속에서 각 순간(계기)마다 자기를 만들고 있습니다.

라캉은 우리가 (욕망에 따라 사는 경우에도) 기표들의 질서 안에 살 수밖에 없음을 순순히(기꺼이) 받아들이라고 권하죠. 그 안에서 기표들을 통해서 욕망을 표현할 수밖에 없는 점이 억울하더라도 그것을

---

* la lettre en souffrance를 글자 그대로 옮겨서 '고통받는 편지'라고 해서는 안 되죠. 물론 지연된 편지가 수신인의 안타까운 기다림과 발송인의 조급함을 담고 있어서 우체국에서 끙끙 앓고 있는 소리를 들었다면 '고통스러워하는 편지'라고 옮길 수 있겠죠.

'억울하다'라는 기표로 나타내야 하죠.

라캉은 이미 프로이트가 기표의 '자리바꿈déplacement'이 주체를 규정한다는 점을 강조했다고 말합니다. 기표들의 연쇄는 주체들을 이렇게 또는 저렇게 규정해서 그들의 행위, 운명, 거부, 맹목적 추종, 목적, 파멸을 배당하죠.

다시 반복하면, 기표들의 운동에서 우리는 기표를 사용하는 주인이 아니라 기표가 정해준 욕망에 따르고 기표들을 운반할 뿐입니다.

우리가 양이라면 기표가 우리를 인도하는 목자牧者님이죠. 우리는 기표에 순종할 때 길을 잃지 않은 양일 수 있습니다. 물론 기표가 이끄는 대로 말하지 않는 길 잃은 양도 있겠죠.

앞에서 보았듯이 편지-기표가 주체들을 이끕니다. 첫 장면과 둘째 장면뿐만 아니라 앞으로 나올 수많은 장면들처럼, 수많은 반복강박들 속에서 인간들은 계속해서 '순진한 양 노릇'을 할 겁니다. 사실 경찰보다 기표가 더 무서울 수도 있죠. 사회적 관계, 상호주관적인 관계가 가능한 바탕이 바로 기표들의 관계망이죠.

이런 바탕에서 마련된 사회관계가 바람직한지, 이 사회질서를 지키는 경찰이 제대로 질서를 보호하고 있는지에 대한 평가도 기표들의 질서 '안에서' 말해야만 하죠.

여러분처럼 반골反骨 기질이 강하고 자유를 사랑하는 사람들은 이 자리에서 떨쳐 일어나고 싶을 겁니다. "아니 기표들에게 우리의 모든 것을 맡긴다는 것이 말이 되나?" 하지만 여러분의 이런 반항적인 의지, 자유를 추구하는 말들을 소통 가능한 기표 없이 어떻게 전할 수 있을까요? 이런 '기표들의 전제'를 무너뜨리고, 지금의 경찰들이 지키는 체제를 새로 세우고 싶다면 보다 자유로운 질서를 만들기 위해서 기표들의 체계, 언어를 어떻게 할 겁니까? 완전히 새로운 언어 체계, 인간이 언어를 완전히 지배하는 세계, 기표들의 차이관계가 아니라 기의들의 동일성을 표현하는 새로운 세계 질서가 가능할까요?*

주체들의 자리(바꿈)

라캉에 따르면, 포의 작품은 편지와 편지의 우회가 주체들을 나타나게 하고 주체들에게 일정한 역할을 부여함을 보여줍니다.

라캉은 주체가 '편지의 그늘'에 들어가기 때문에 주체는 편지의 반영물reflet이 되고, 주체들이 편지를 소유하는 것이 아니라 편지가 주체들을 소유한다고 봅니다.

이런 점을 주체들의 자리로 설명할 수 있죠. 편지-기표가 주체들에게 어떤 자리를 마련할까요? 앞에서 본 삼각형들과 함께 주체들의 자리를 다시 살펴보죠.

가장 눈에 띄는 것은 대담함으로 위기를 불러일으키고 위기에서 승리했던 자(이 인물이 누구인지는 아시겠죠)가 다음 장면에서는 똑같은 상황을 반복해야만 하는 자리에 놓인다는 점입니다. 그를 꼼짝 못하게 하는 이 상황은 이 인물이 처음 삼각형의 세번째 자리(편지를 훔치는 자리)에 있다가 '편지 때문에' 두번째 삼각형의 두번째 위치를 차지해야 했기 때문이죠. '편지 때문에'를 다르게 표현하면 '편지의 명령에 따라서' '편지가 정해준 자리에 서 있어야 하기 때문에'가 되겠죠.

---

* 포스트구조주의자들은 이런 언어 구조에 맞서려고 하죠. 예를 들어서 푸코는 담론에 대한 고고학적 분석이나 권력pouvoirs의 계보학을, 들뢰즈는 차이의 존재론이나 욕망의 동학을, 데리다는 디페랑스의 전략을 제시하죠.

이 인물이 아무리 교묘한 자라고 하더라도 편지를 지니고 있는 이상 달리 어떻게 할 수 없습니다(장관이 자신의 상황을 자각한다면 더 비극적이죠. 편지의 저주에 사로잡혀서 자기가 초래한 비극을 한탄할 겁니다). 기묘하고도 재미난 상황이죠.

라캉은 이 인물이 타인들의 눈으로부터 편지를 지키기 위해서 첫번째 삼각형에서 왕비가 사용했던 방식을 똑같이 사용할 수밖에 없다고 지적합니다. 즉 편지를 앞 장면처럼 잘 보이도록 그냥 두어야만 하는 거죠(물론 주관적으로는 그렇게 해야 가장 잘 숨긴다고 생각합니다).

라캉은 의태나 죽음을 가장하는 동물의 예를 듭니다. 이 친구들은 주변 상황과 분간되지 않도록 보호색을 사용하거나 죽은 체하면서 자기가 보이지 않을 것이라고 상상하죠. 그래서 실제 상황에서 그가 (타자에게) 보인다는 점을 보지 못하죠. 라캉은 상징적 상황을 보지 못한다고 지적할 겁니다. 그는 그 자신이 보이지 않는다고 생각하지만 (사실은) 누군가에게 보여집니다 le voilà vu se voyant n'être pas vu; he is now seen seeing himself not being seen.

이 인물(장관)은 경찰이 집을 수색하도록 방치하는 방식으로 숨길 줄 알죠. 하지만 그는 수색을 벗어난 지점에서 그가 안전하지 못하다는 점을 깨닫지는 못하죠.

그는 타조처럼 숙련되고 재기가 넘치지만 스스로에게 속는 순진함을 보여줍니다. 물론 이런 지적은 왕비의 경우에도 그대로 적용되고, 장관은 자기의 적인 왕비의 역할을 (구조적으로) 반복합니다. 한마디로 왕비와 장관은 편지와 관련해서 같은 자리에 놓입니다. '이제야 왕비의 심정을 이해할 수 있겠군.'

라캉의 지적이 타당하다면, 왕비와 장관의 자리는 그들만의 자리가 아니죠. 누구든 편지를 지닌 자는 편지의 명령에 따라서 '그 자리에서' 그 자리에 어울리도록 위임받은 역할을 해야 합니다.

편지를 손에 쥐면 왜 수동적이 될까?

라캉은 이런 맥락에서 장관이 왕비의 편지를 가져감으로써 왕비의 역할을 떠맡는 동시에 편지를 감추는 데 유리한 '여성적' 특질을 모방한다고 지적합니다. 장관의 '여성되기'는 흥미롭죠.*

라캉은 장관이 떠맡은 이런 수동성을 '기호의 저주' 때문이라고 합니다. 물론 이 기호는 여성의 기호죠. 편지는 왕비가 법이 부여한 자리를 벗어나게 하죠. 그녀는 이제 이 기호의 힘을 위해 어둠 속에서 움직이지 않으면서 지배력을 가장합니다(물론 장관은 그것을 알아차리죠).

이제 도난당한 기호와 그것을 지닌 남자가 연결되죠. 이 기호의 저주는 그것을 지닌 자의 명예를 손상시키고 죄, 벌을 마련합니다. 이 기호에는 만지면 안 되는 무엇인가가 있나 봅니다.

편지로부터 벗어나지 못하는 장관은 편지를 달리 어떻게 할 수 없습니다. 편지를 사용하는 문제에서 장관은 전적으로 편지에 의존하죠(그가 편지에 의존하는 것은 편지를 어떻게 사용하는가와 관련되므로 편지 자체는 문제가 되지 않습니다. 극단적으로 편지 내용을 제3자에 대한 사건 기록 정도로 보아도 별 차이가 없습니다).

우리의 관심은 편지를 사용하지 않을 경우에 어떤 일이 생길지에 있

---

* 라캉은 음/양의 대립 요소를 그 고정된 의미로 대립시키는 것이 아니라 서로 교체될 수 있는 자리로 보려고 합니다.

죠(이 때문에 장관이 여러 가지 행동을 할 수 있으면서도 왜 전혀 행동하지 않는지를 알 수는 없죠).

라캉은 문제가 편지의 의미(또는 내용)보다는 그 사용에 있다면, 권력을 얻기 위해서 편지를 사용하는 형태는 잠재적potentiel이어야 한다고 지적합니다.

그래서 편지는 그 과정에서 현실화되기 위해서 사라져야만 하죠. 이는 기표가 작용하기 위해서 기표의 관계망에서 한 기표가 다른 기표를 가리키면서 자기 의미를 잃어야, 곧 기표가 그 의미하는 바를 지워버려야 하기 때문입니다.

라캉은 이 점에서 편지가 '순수한 기표'가 되었을 때에만 비로소 권력을 행사하는 수단이 될 수 있다고 지적합니다(앞서도 언급했듯이, 권력관계도 기표들로 이루어진 상징질서를 바탕으로 삼아서만 가능한 것이죠).

이처럼 편지는 우회하면서 의미를 지연시키고 누구도 소유할 수 없도록 옮겨 다닐 때 '기표'가 됩니다. 또한 이런 기표 때문에 배신들이 덧붙여지고, 편지의 무게를 예측할 수 없을 정도가 되고, 편지의 의미를 지워버리는 데서 그 의미가 드러난다는 점에서 편지-기표는 역설적인 것입니다.

장관이 갖는 우월성은 바로 편지가 준 것입니다. 물론 이때 장관이 그 역할을 알고 있는가는 문제가 되지 않죠. 경찰청장의 말처럼 장관은 '신사다운 일이건 아니건 간에 서슴지 않고 감행하는 사람'인데, 이런 점은 장관의 본성이 아니라 편지가 그에게 부여한 태도 때문이죠(기표들의 질서는 특정한 주체에게 힘을 부여하죠. 이 주체가 그것을 자기 힘으로 오인할 수도 있습니다. 이런 기표의 위력을 아는 자는 무의식의 동학을 꿰뚫어볼 수 있죠).

라캉은 이런 측면에서 인물들이 갖는 '상상적인' 의의를 살핍니다. 여기에서 그는 정신분석학자답게 장관의 '자기애적인'(나르시시즘적인 narcissique) 태도에 주목합니다. 앞에서 보았듯이 왕비와 장관의 관계에서 장관의 우월성은 '편지를 잃어버린 사람이 편지를 훔친 사람을 알고 있음을 편지를 훔친 사람이 알고 있다'는 점에 있죠. 이미 몇 번 보았죠. '도난당한 사람이 훔친 자가 누구인지 안다는 사실을 훔친 자가 알고 있다.'

중요한 것은 편지를 훔친 사람 스스로가 왕비로부터 편지를 훔쳤다는 사실을 인식하고 있다는 점입니다. 보다 중요한 점은 왕비가 자신이 어떤 도둑을 상대하고 있는지 알고 있다는 것이죠. 그녀는 그가 무엇이든 할 수 있다고 믿기 때문에 그에게 절대적인 지배자의 지위를 부여하죠.

장관이 스스로 힘을 지니고 있다고 여기고 왕비 또한 그런 믿음을 공유할 때 장관은 상상적인 힘을 갖습니다(실제로 장관의 힘은 편지-기표가 만드는 관계망에서 편지를 지닌 자에게 부여된 힘일 뿐이죠. 장관이 지닌 힘은 왕비가 그 힘을 인정하기 때문이므로 그 힘은 상호주관적인 관계에서 나온 것입니다).

그러면 장관은 어떻게 행동할까요? 그는 자신에게 주어진 역할에 따라서 게으른 존재가 됩니다. 라캉은 장관이 신경증 증세를 보인다고 말합니다. 장관은 편지를 사용하지 않음으로써 그것을 잊으려고 합니다. 그는 끈기 있게 편지를 사용하지 않고 버티죠. 그런데 (신경증에서 드러나는 억압된 무의식처럼) "편지는 그를 잊지 않습니다 la lettre ne l'oublie." 갑자기 분위기가 서늘하지 않습니까?

편지는 장관이 그것을 망각하더라도 왕비의 경우처럼 그를 바꿔놓습니다. 장관은 (편지에 굴복하고) 왕비처럼 편지에 사로잡힙니다. 이런 변화와 관련된 점들은 프로이트의 표현에 따르면 '억압되었던 것이 되돌아옴'이라고 할 수 있습니다. 원 장면이 반복되는 것처럼 처음의 삼각형 구조가 (다른 인물들을 배치하면서) 반복되죠.

하지만 (왕비가 서두르는 것과 달리) 장관은 사려 깊게 행동하죠. 그는 (옷을 뒤집어 입듯이) 편지를 뒤집어놓습니다retourné. 그리고 새로운 주소를 써넣습니다. 재미있는 점은 장관이 쓴 새 주소가 바로 장관 자신의 것이라는 점이죠. 자기가 자기에게 보낸 편지가 된 셈이어서 '자기애'와 연결되겠죠.

게다가 섬세한 여성의 필체로 주소를 쓰고 작고 빨간 봉인 대신에 크고 까만 봉인으로 바꿔서 자기 소인을 찍었죠. 라캉은 (뒤팽이 소홀하게 다루는) 수신인의 소인이 찍힌 편지가 지닌 기묘함이 편지를 이해하는 데 중요하다고 봅니다.

다시 한 번 정리하면, 이제 장관이 스스로에게 보낸 편지가 여성에게 온 것으로 바뀌었습니다. 라캉은 장관이 때때로 여성스러움을 가장할 때 냉담한 분위기가 풍기고, 대화에 권태가 배어 있다고 봅니다.*

물론 뒤팽은 장관의 교묘한 술책을 꿰뚫어보고 그런 가장 뒤에서 먹이를 잡으려고 도사리고 있는 야수의 경계심을 간파하죠. 그런데 라캉은 이런 장관의 가장된 태도가 장관의 의식적인 태도가 아니라 편지를 지닌 자의 어찌할 수 없는 태도(무의식의 효과)라고 봅니다. 장관

---

* 『가구철학』의 저자인 포는 세부 묘사를 통해서 남성적인 특성들을 보여주지만, 그런 것들은 기묘한 여성성을 드러내기 위한 것일 뿐이라는 거죠.

의 꼴 보기 싫은 모습은 그 자신으로서도 자기답지 않다고 할 만하죠. 상징계 안에서 사는 주체들의 모습에서 그들의 자유로운 선택보다는 기표들이 지정한 자리에 따른 효과가 그렇게 나타난 것이니 누구를 탓하겠습니까?

• 일정한 역할, 곧 교사, 과장, 판매자, 어머니, 장난꾸러기 역을 맡은 개인들은 무대 위의 배우들처럼 자기 역할을 잘 소화해야 하겠죠. 큰 타자가 "네가 원하는 것이 무엇인가"라고 물으면 자기에게 맡겨진 명령mandate이 자기의 천직이자 소명이라고 여기고 바로 그것을 욕한다고 알아서 답해야 합니다. 학생만을 위하는 교사, 부하 직원처럼 생각하는 과장, 점잖은 장난꾸러기, 손해 보고 파는 판매자는 연기력이 없는 배우들이죠.

그래서 무의식은 개인이 기표의 질서에 따라서 살아가도록 하죠. 라캉은 포가 뒤팽의 업적을 두드러지게 보여주는 부분이야말로 무의식의 이미지를 가장 잘 나타낸다고 봅니다.

라캉은 이것을 지도에서 지명 찾기 놀이와 연결 짓죠. 이 놀이에서 초보자를 어렵게 만드는 것은 바로 지도의 한 끝에서 다른 끝까지 커다란 글자로 된 지명입니다. 너무 크고 훤히 드러나 있어서 도리어 눈에 잘 띄지 않습니다.

여러분은 훤히 드러나 있는 지명이 바로 '무의식'을 빗댄 것임을 짐작할 겁니다. 무의식은 눈에 잘 띄는 것이죠. 그것을 볼 수 있는 사람에게 말입니다. 비록 편지가 숨겨져 있는 것처럼 보여도 그 편지는 무의식의 얼굴을 분명하게 드러내고 있습니다. 라캉은 무의식이 대낮에도 훤하게 드러나 있다고 하면서, 뒤팽이 경찰을 비웃듯이 무의식의 공개된 모습을 잘 보지 못하는 우둔한 자들을 비웃고 있을지도 모르죠.

라캉은 도난당한 편지도 여성의 거대한 육체처럼 장관의 방을 가로질러 길게 뻗어 있다고 비유하죠. 물론 경찰은 여전히 작은 글자를 찾느라고 그것을 보지 못하고 뒤팽만이 그 육체, 편지를 발견할 수 있죠. 그래서 뒤팽은 편지가 숨을 수밖에 없는 그곳으로 달려갑니다. 편지가 드러낸 무의식을 찾아내는 뒤팽은 바로 정신분석학으로 무장한 자, '무의식의 탐정'이 아닐까요?

편지는 누구든 볼 수 있는 '바로 그곳에' 있습니다. 마치 자기를 보아달라는 듯이 말입니다.

흥분한 뒤팽은 어디에?

앞에서 주체들은 그들을 자리매김하는 상징질서, 제도들의 무의식적인 힘에 의해서 자기 갈 길이 정해진다고 했죠(이처럼 상징계는 주체들을 먹여주고, 입혀주고, 말하게 하고, 알맞은 자리를 정해주지만 주체들은 그 숨은 '공까'을 잘 모르죠). 이런 상징계의 유효성이 끝나는 곳에서 주체가 상징에게 진 빚은 어떻게 될까요? 라캉은 이제 상징계에 포착되지 않는 잔여들을 살핍니다.

그는 두 가지 문제가 남아 있다고 봅니다. 하나는 뒤팽이 편지를 찾아준 대가로 보상금을 받는 점입니다. 라캉은 이런 태도로 뒤팽이 상징적 회로로부터 물러서고, 돈이 모든 의미 작용을 파괴하는 기표가 된다고 봅니다.

그래서 이제 우리가 도난당한 편지의 전달자(기표를 전달하는 배달부)가 되고 편지들은 '전이'관계에서 당분간 배달이 지연됩니다.

또한 뒤팽이 자신이 바꿔친 가짜 편지에 『아트레우스와 티에스테스』의 한 구절을 써넣음으로써 장관에게 보복하는 점은 주목할 만합니다. 뒤팽은 속임수를 써서 그를 조롱하고 싶어 하죠. 장관이 왕비를 꼼짝 못하게 했다고 생각하지만, 바로 그 순간에 뒤팽은 그를 '지옥에 떨어지게' 하는 극적인 효과를 연출합니다. 자신의 필적을 알고 있는 장관에 대해서 명예훼손의 위험을 무릅쓰고 '영광 없는 승리'를 누리려고 하죠. 라캉은 이런 보복으로 이야기가 어두워진다고 지적하면서 이런 감정 폭발을 눈여겨보죠.

숨겨진 편지를 발견한 순간에 감정을 억누르지 못한 뒤팽은 편지를 자신과 분리시키지 못합니다. 그러면 흥분한 그 역시 편지가 만드는 회로에 들어서고 편지의 하인이 되는 게 아닐까요? 뒤팽은 여전히 앞서 본 두번째 삼각형의 자기 자리를 지키고 있을까요? 그는 자리를 옮기죠. 그 역시 편지를 손에 쥐는 순간, 다시 왕비가 있던 그 자리에 서게 됩니다. 이제 세번째 삼각형을 그릴 수 있습니다. 장관은 아무것도 보지 못하는 자리로 가고, 뒤팽은 자기의 속임수로 장관이 보지 못한다고 믿으면서 그 편지와 자기 욕망을 드러냅니다.

● 우리끼리 하는 얘기지만 그다음 삼각형에서는 라캉이 세번째 자리를 차지하고 있지 않을까요? 또 그다음은 어떻게 될지 짐작이 가죠. 여러분이 라

* 전이 현상은 환자가 원 장면에서 겪은 경험을 의사와의 관계에서 다른 방식으로 반복하는 저항 현상이죠. 의사에 대한 환자의 애정이나 증오로 나타나는 이 현상은 원 장면에서 특정인에게 투입했던 리비도를 이제는 의사로 대상을 바꾸어서 투입하는 것이기 때문에 치료의 장애물이면서 동시에 치료의 정점이 됩니다. 전이 현상으로 무의식을 불러오는 작업은 지연되죠.

캉 뒤에 있는 세번째 자리를 차지한다고 해도 마냥 즐거워해서는 안 됩니다.

이제 진지한 표정으로 라캉 얘기를 들어보죠. 사정이 이렇다면 뒤팽의 도움으로 편지가 다시 법의 질서에 들어갔기 때문에, 편지를 제자리에 가져온 뒤팽이 도달한 곳은 앞에서 왕이 있던 자리가 되고 맙니다. 그래서 질서는 (잠시 흔들릴지 모르지만) 결국 다시 제자리를 찾게 됩니다. 그것도 뒤팽 같은 사람의 도움으로 말이죠. 그래서 사람들은 바뀌고 그들은 여전히 같은 자리를 지키면서 그 (새로운) 질서에 활기를 부여합니다.

뒤팽이 새로 옮겨간 자리가 어떤 자리인지는 아시죠? 왕이나 경찰이 있었던 자리로, 즉 그 자리가 만든 맹목성으로 인해 편지를 볼 수 없었죠. 이 점을 생각하면 더 흥미롭죠.

라캉은 뒤팽이 선 자리, (왕의 옷을 입을 수 있기 때문에 얻은) 왕의 자리가 '바보의 상징'이라고 지적합니다. '벌거벗은 임금님'을 생각하면 될 겁니다. ●꾀보 직공이 '어리석은 자'와 '자기 지위에 걸맞지 않은 자'에게는 보이지 않는 요술 옷감이라고 했으니 어느 장관, 무슨 장군, 어떤 임금이 감히 그것이 보이지 않는다고 할 수 있겠습니까?

기표의 우위──이 구조에서 저 구조로 바뀌어도

어쨌든 그 똑똑한 뒤팽도 편지의 독기를 감당하지 못하고 편지를 쥐는 순간에 편지에 이끌려 이렇게 뒷걸음친다면, 정말 편지가 짜는 질서는 만만치 않은가 봅니다. 물론 뒤팽 같은 탁월한 자, 질서의 변방에 있거나 비판적인 사람이라 하더라도 구조를 벗어날 수 없겠죠. 만약 다른 이들은 멍청해서 법, 구조 안에 있지만, 뒤팽 같은 사람이 그 바깥에 있다면 도리어 이상하겠죠. 국외자처럼 보이는 뒤팽의 지혜도 구조 바깥에 있는 것은 아니죠. 도리어 그는 구조의 빈틈을 꿰매는 역할을 할 수 있습니다.

라캉의 이런 해석은 왕이 지닌 우둔함을 통해서 우둔한 주체들을 대변한다고 봄으로써 뒤팽뿐만 아니라 우리 모두를 (언어를 사용하는 개인들 모두를) 기표에 의해 조정되는 존재로 봅니다.

라캉은 경찰이 법에 무지한 것이 아니고, 지배자들이 경찰의 경솔함에 무관심하다고 지적하죠. 이런 점에 대해서 무책임하고 무능하다고 흥분할 수 있겠죠. 그러면 제대로 질서를 수호할 보다 더 공정하고 유능한 사람들에게 맡기는 것이 좋겠군요. (그런 사람은 누구일까요?) 그러면 그들은 더 좋은 질서와 틈새 없는 상징체계를 만들 겁니다. 그러는 쪽이 더 바람직하다고 하실 건가요?

라캉은 (자유의 지배를 열망하는 자유주의적 휴머니즘과 그것에 대한 비판적 태도들을 문제 삼더라도) '주체에 대한 기표의 우위'를 인정할 수밖에 없다고 봅니다.

정치적인 장에서 보통 지배계급과 피지배계급의 대립을 문제 삼죠. 그런데 지배계급이건 피지배계급이건, 자본가건 노동자건, 자본의 질서건 이런 대립항들은 그것을 가능하게 하는 질서의 바탕 위에 있죠. 그것이 바로 '기표의 질서'입니다.

기표들의 질서는 단순히 언어의 문제에 그치는 것이 아니라 삶의 문제이고, 그 기표들을 질서 짓거나 얽어매는 무의식적인 구조에 관한 것이죠. 비판적인 태도를 지닌 사람들이 이 질서 대신에 다른 질서를 요구할 수 있습니다. 그렇다고 하더라도 낡은 질서를 대체하는 새로운 질서를 근거 짓는 바탕이 필요하겠죠. 그것이 기표들의 상징질서 없이 가능할까요?

이런 맥락에서 라캉을 비롯한 구조주의 이후에는 구조 전복에 관한 이야기를 하기가 어렵게 되었죠. 그래서 구조 없는 세계, 상징질서가 없는 세계를 꿈꾸는 것이 아니라면, A라는 구조를 B나 C로 대체하는 것이 결국 구조를 다른 방식으로 재건하는 것임을 인정해야 합니다. 만약 완전한 해방이나 자유만으로 이루어진 세계를 창조한다면 꼭 그렇진 않을 겁니다. 그처럼 기표들의 질서로부터 완전히 벗어난 자유로운 언어의 질서를 꿈꿀 수 있을까요?

이런 점에서 프랑스 68세대들은 구조주의를 벗어나려고 하죠. 어떻게 그 방식을 마련할 수 있을까요? 일시적이지 않고 영속적으로 자유를 누리는 세계, 어떠한 억압도 없으면서 자율성만으로 이루어진 세계 말입니다. 어쨌든 이런 추구에서 어떻게 하면 구조가 작동하지 못하게 할지를 모색할 수는 있겠지만, 현존 구조보다 '더 뛰어난 구조'를 '완전히 새롭게' 만들겠다고 생각하기는 힘들죠.

이런 지적은 구조주의가 무의식적인 상징질서와 제도의 힘을 자각하도록 만든 점을 강조하는 것입니다. 그래서 이 구조를 잘 모시고 '철든' 생활을 하든가, 그것이 아니라면 구조의 한계 영역을 비판적으로 탐색하면서 구조와 질서를 가능하게 하는 무질서, 혼돈의 영역을 새롭게 살피는 길이 있을 겁니다. 기표들로 포착되기 전의 X를 무엇으로 보는가에 따라서 모색 방향이 달라지겠죠(물론 라캉은 이것을 실재계의 문제로 다룹니다). 이 글은 이런 문제를 해결하기 위한 것이 아니므로 이 정도에서 얘기를 마무리하겠습니다.

초대받은 석상石像

다시 (우리를 잊지 않고 있는) 편지를 봅시다. 뒤팽이 경찰에 넘긴 편지는 이제 비밀 편지가 아니라 공개된 편지가 되고 간 셈이죠. 이때 편지에는 (왕비의 메시지를 제거하고 나서) 무엇이 남아 있을까요? 편지가 더 이상 의미 작용을 갖지 않을 때 기표의 어떤 점이 남아 있을까요?

이 질문은 뒤팽이 편지를 맹목성이 두드러진 위치로 되돌리면서 생긴 문제와 같은 것이 됩니다. 반복의 힘을 지닌 편지는 무엇을 보여줄까요? 여기에서 프로이트가 제시한 '쾌락원칙 너머에' 있는 반복강박, 유기체가 안정된 원초적인 상태로 되돌아가려는 충동, 죽음과 공격성의 문제가 나타나지 않을까요?

라캉은 여기에서 '죽음이라는 형상figure'을 문제 삼습니다. 내가 운명과 우연히 마주칠 때 떠오르는 죽음은 무엇일까요? 라캉은 죽음 앞에서 우리의 삶을 하루씩 유예하는 예를 소개하죠. 바로 세헤라자데가 1,001일의 밤 동안 그렇게 했듯이 '이야기하기'는 죽음의 발걸음을 하루씩 늦추는 것이죠. 이런 죽음의 지연은 기표 때문에 생긴 의미의 지연과 연결되겠죠. 그리고 이것 때문에 잃어버린 편지를 찾을 때까지 기호의 지배력ascendant de signe이 주는 고통을 겪기도 합니다.

라캉에 따르면, 뒤팽은 자신이 있는 자리에서 '여성적인' 분노를 느끼면서 이 문제를 제기한 장관에 맞섭니다. 시인의 창조성과 수학자의 우아한 속임수를 갖춘 장관은 무서운 괴물monstrum horrendum이 되죠. 이때 뒤팽은 지조 없는 sans principes 천재가 됩니다.*

---

* 여기에서 공포가 그 얼굴을 드러내고, 그것을 회피하려는 뒤팽은 왕비의 편에 서죠. 하지만 왕비나 뒤팽의 매력은 이미 보았듯이 기표가 갖는 신비함에 의존합니다. 뒤팽은 우리에게 기표가 갖는 메두사의 얼굴을 보여줍니다. 이 두 얼굴의 기표에서 한쪽은 왕비만이 읽을 수 있습니다. 뒤팽이 편지에 써넣은 구절은 점잖은 얼굴로 고통받는 자들을 지켜보는 자의 예언과 같아서 비극의 기원이라고 할 만하죠.

라캉은 여기에서 우리를 쥐고 흔드는 기표의 막강한 힘을 간략하게 제시합니다. 이 글 전체를 요약하는 표현이라고나 할까요?

모든 의미 작용을 넘어선 곳에서 기표가 답합니다. "내가 너의 욕망들을 묶는 매듭으로 너를 흔들어놓을 때 너는 네가 행동한다고 생각한다. 그것들의 힘이 커지고 대상들이 증식되어서 [이것을 감당하지 못하는―필자] 너는 네 산산조각 난 어린 시절의 단편들로 뒷걸음치게 된다. 좋다. 네가 불러들였기 때문에 너를 위해서 온 돌처럼 냉담한 손님l'invité de pierre*이 돌아올 때까지는 너의 축제가 될 것이다."

분위기가 좀 음산하지 않나요? 어떻든 나의 욕망이 펼쳐지는 축제에서 내가 주인이라고 생각할지 모르지만 그건 오해죠. 프로이트는 무의식 때문에 '나'라는 집의 주인이 정작 내가 아니라고 지적했죠(『정신분석 강의』). 나 안에 있는 무의식이라는 타자가 나를 움직이는 힘이죠(물론 사람들은 이 말이 지닌 심각한 뜻을 잘 이해하지 못하죠. 그래서 라캉은 보다 정교하고 분명하게 그 의미를 제시합니다). 이것을 라캉은 '안'이 아니라 기표의 상징질서가 짜놓은 그물망의 한 지점이라고 하겠죠.

라캉은 보다 간략하게 다음과 같이 제시합니다. 모든 질문에 대한 기표의 답은 바로, "너의 현존재를 먹어라Mange ton Dasein ; Eat your Dasein"입니다. 현존재는 기표들 안에서 배치되고 기표들이 운동하는 공간에서 기표 밑으로 미끄러져 들어가서 은폐된 채로, 숨죽인 채로 기다리

---

* 모차르트의 오페라 「돈 조반니」에서 극의 마지막에 돈 조반니에게 그의 죄악을 심판할 장군 형상을 한 석상이 방문한다(푸시킨의 「초대받은 석상」 참조).

고 있습니다. 그것은 기표들의 빈틈을 뚫고 나올 기회를 기다리면서 자기를 되돌아가게 할 힘에 이끌려 반복을 만들어냅니다.

장관을 기다리는 것이 운명이라고 뒤팽이 확신할지 모르지만, 이 장난에 넘어가서는 안 되겠죠. (뒤팽까지 포함해서) 등장인물들은 자신의 맹목성을 드러내죠. 이것은 인간의 운명을 가리키는 글자들이 인간과 맺는 관계와 같습니다. 그러면 그것들을 마주하는 효과가 단지 왕비를 화나게 하는 것일 뿐일까요? 그 효과는 사랑이나 미움이죠. 사랑하는 이는 눈이 멀 것이고, 무기를 내려놓을 겁니다. 미워하면 정신을 차리고 의심하겠죠. 그런데 그가 참된 도박가라면 카드를 내려놓기 전에 손에 든 것을 읽으면서 자기 카드에게 충고를 구하고 치욕을 면하기 위해서 알맞은 때에 자리를 떠날 것입니다. 물론 사랑과 미움이라는 효과를 간드는 욕망의 질서가 부릅뜬 눈을 피해서 말입니다 (기표와의 게임에서 누구도 기표를 이길 수 없겠죠).

라캉은 독자가 뒤팽의 덫을 벗어날 수 있다고 봅니다. 그렇다면 뒤팽은 어둠 속에서 생각하지만 라캉을 따르는 자들은 밝은 대낮에도 문제를 알아볼 수 있습니다. 포의 작품 제목을 보기만 해도 그 점은 분명하다는 거죠. 편지를 보낸 자는 자신의 메시지를 전도된 형태로 다시 받습니다. 'purloined letter,' 곧 '지연된en souffrance 편지'라는 제목은 편지가 항상 그 목적지에 도달함을 알려주죠. 그래서 '잃어버린 편지'는 라캉의 해석이나 정신분석을 통해서 제자리를 찾고 그 숨겨진 의미를 온전하게 드러냅니다.

지연된 편지, 지연된 의미는 바로 기표가 걸어가는 길이죠. 주체들은 그것이 우회한다고 생각하지만, 기표는 그렇게 다른 기표들을 가리키면서만 자기 자리를 마련하죠(라캉은 이것을 한 기표가 다른 기표로 대체되면서 사슬을 만드는 환유로 설명하죠)..

어떻게 생각하십니까?

이제 우리의 '라캉 뒤따라가기'를 매듭지어야 할 시간입니다. 라캉은 작품의 두 주인공인 장관과 뒤팽의 이면을 읽음으로써 포의 작품에서 잘 드러나지 않았던 무의식의 움직임을 보여줍니다. 여기에서 라캉은 두 마리 토끼를 쫓고 있는 것이 아닐까요? 하나는 기표들의 상징계가 주체들의 상호주관적인 관계를 규정한다는 일반 원리와 반복강박이라는 특수한 원리로 포 작품을 해석할 수 있음을 보여주는 것입니다. 그는 등장인물들의 신경증까지 찾아내죠.

그리고 그가 단순히 일반 원리를 강압적으로 적용하는 것이 아니라 포의 작품 같은 특수한 경우까지도 섬세하게 읽음으로써, 정신분석적 원리의 힘뿐만 아니라 텍스트의 무의식과 그 구조를 읽는 독특한 능력을 보여줍니다.

그렇다고 하더라도 혹시 그런 원리 세우기와 그 응용에 포가 희생된 것은 아닐까요? 흔히 비평적 읽기가 작품보다 우월한 지위에서 작품을 재단하거나 작품의 풍성함과 다양한 뉘앙스를 몇 개의 개념들이나 원리로 환원시키는 경우를 많이 봅니다.

과연 라캉의 해석이 다른 방식의 읽기로는 잘 드러나지 않는 작품의 구조를 드러내고, 텍스트의 기표들이 엮는 구체적인 수手들을 포착한 점을 긍정적으로 볼 수 있을까요? 과연 라캉이 포의 작품을 읽으면서 다시 쓰는, 즉 포의 작품을 새롭게 창조하는 작업을 했다고 할 수 있을까요? 그래서 단순한 읽기나 재생을 넘어선 창조에 성공했다고 할 수 있을까요?

좀 다른 얘기입니다만, 데리다는 「우편엽서」에서 정신분석학을 해체하는 작업의 하나로 이런 라캉의 독해를 라캉이 정신분석의 진리-의지를 지니고 '또 하나의' 진리를 세운다고 비판하죠. 그래서 이런 라캉, 데리다 논쟁을 무시할 생각은 없지만, 아마 새로운 무대에서 논의해야 할 겁니다. 그리고 이런 논의에서 '라캉'이냐, '데리다'냐를 택일하는 어리석음을 범하지 않아야 정신분석과 문학을 둘러싼 재미있고 풍성한 논의의 장을 마련할 수 있을 겁니다.

● 편지를 배달한 뒤의 소감을 대신해서 질문을 하나 덧붙일까요?
과연 라캉은 뒤팽(포)과 겨루는 홀짝 게임에서 이길 수 있을까요?
그리고 라캉의 설명처럼 프로이트의 틀이야말로 포에 앞서서 포의 작품을 가능하게 한 것이고 포의 글쓰기는 이런 원리를 입증하는 것에 지나지 않을까요?
또한 (우리가 아직 해명하지 않았지만) 차이들의 관계에서 그 운동을 고정시킬 수 있는 '차이 자체'를 구현하는 순수한 기표, 기의 없는 기표는 역설적인 존재죠. 이처럼 구조를 가능하게 하는 무의미이면서 동시에 모든 의미를 떠받친다고 여겨지는 '편지'의 성격을 좀더 분명히 살피고 그것을 다르게 설명할 수는 없을까요? 들뢰즈는 이것을 기표들의 계열을 안정시키는 역설적인 '빈 칸'의 문제로 제기하죠.
기표들은 항상 다른 기표를 가리킬 뿐 자기를 가리킬 수 없죠. 그리고 이런 차이관계에서 그 의미를 잠정적으로 고정시킬 뿐 고유한 자리가 없죠. 따라서 우리 자신이나 욕망도 이런 기표들의 움직임을 따라야 하죠.
이 얘기가 여전히 낯선 분들을 위해서 기표들의 관계망을 다시 한 번 정리할까요? 상징질서는 그것을 이루는 각 요소들의 차이에 의해서 구성됩니다.

소쉬르가 지적하듯이 언어의 의미는 단어나 상징 '자체'에서 주어지는 것이 아니라 단어와 단어, 상징과 상징 '사이'에 있습니다. 상징계를 이루는 각 항의 동일성은 다른 항과의 차이, 부재를 통해서 마련됩니다.

예를 들어서 '사랑'과 '미움'의 짝을 봅시다. '사랑'이 무엇이냐고 물을 때 그저 '사랑은 사랑이다'라고 할 수는 없죠. '사랑은 미움이 아니다(사랑 기호는 미움 기호와 다르다)'라고 할 수밖에 없습니다. 물론 미움이 무엇인가를 물어도 같은 방식으로 '사랑이 아님'으로 답해야 하죠. 이처럼 '사랑'은 '미움'을 우회해서만 자기를 확인할 수 있습니다. 그래서 '사랑(기호)의 동일성'은 고정된 것이 아니라 다른 것에 의존하기 때문에 엄격하게는 동일성이 없다고 할 수 있죠.*

따라서 이런 관계를 한 기호의 의미가 그것이 다른 기호와 갖는 차이에 의해서 주어진다고 하죠. 이 틀에서 기호들 사이의 차이는 개별적인 기호나 그들이 갖는 의미보다 앞섭니다(차이가 있고 차이에 바탕을 두고서야 각 기호들이 자기를 세울 수 있기 때문이죠). 그런데 이런 바탕에 있는 차이(자체)를 나타낼 수 있는 그런 훌륭한 기호는 있을 수 없습니다.

이처럼 기표들의 체계에 내재하는 결핍 자체를 표현하는, 그래서 의미를 최종적으로 단단하게 고정시키는 '초월적인 기표'는 없습니다. 이 때문에 기표들의 상징질서는 어쩔 수 없이 공백, 빈틈을 지닙니다. 달리 표현하면, 상

---

* 이렇게 서로 자기 아닌 것을 지시하는 관계에서 마련되는 전체는 안정되고 조화로운 것이라기보다는 순환적으로 서로에게 의존하고 흔들리는 '비전체pas-tout'라고 할 수 있습니다. 이런 사정으로 상징계에 속하는 각 요소들은 자기의 결핍을 상대방을 통해서 채우려고 하지만, 상대방 역시 결핍을 지닌 점은 마찬가지입니다. 결국은 서로를 통해 자기를 충만하게 하기는커녕 서로가 상대방의 결핍을 비추는 거울이 되고 말죠. 그래서 '나는 너의 온전한 의미이다'가 아니라 '나는 너의 존재상의 결핍manque-à-être을 고스란히 보여준다'라고 씁쓸하게 얘기할 수밖에 없습니다.

징계는 공백을 가운데 두고 일정한 관계를 조직할 수밖에 없습니다. 그래서 그것은 '전체'가 아니고 온전하지 않습니다. 라캉은 이런 상징질서의 결핍을 실재계le réel의 문제로 다룹니다.

데리다의 카프카 읽기는 해체의 틀로 카프카의 「법 앞에서」를 독해하면서 텍스트의 접근 불가능성, 접근할 수 없는 것에 접근하려는 시도의 의미를 법과 텍스트 해석의 차원에서 겹쳐 읽는다. 법 안으로 들어가려다가 문지기의 금지에 가로막힌 채 끝없이 기다리는 한 인물의 이야기인 「법 앞에서」는 (그 어떤 것도 지시하지 않고) 오로지 자기만을 서술한다. 이런 텍스트의 자기 서술은 '텍스트를 읽을 수 없음'을 나타낼 뿐이다. 법이 자신에 대해서 침묵한 채 단지 '법'이라는 기표로 존재하는 까닭에 법과 텍스트는 같은 구조를 지니고, 이 텍스트 '앞'에 서 있는 독자들은 시골남자와 같은 운명에 놓인다. 이 텍스트는 우리를 그 앞에서 끝없이 기다리게 한다.

데리다는 문지기의 금지('지금은 안 되오 jetzt aber nicht')를 디페랑스 différance라고 해석한다. 법에 대한 현재의 금지가 주인공을 법 앞에 머무르게 한다는 점에서 시간적 지연, 시간적 간격 temporisation을 만들고, 법 '앞'의 문은 공간적 경계의 표시로서 공간적 간격 만들기 espacement를 보여준다. 이런 디페랑스의 작용은 법에 접근하거나 표상하지 못하도록 한다. 데리다는 이런 진리 없는 진리 verité sans verité인 법의 진리 앞에서 문학과 법의 관계, 문학적 제도, 텍스트와 주석의 관계 등을 재해석하는 바닥 없는 장기판의 놀이를 제시한다.

2
다가갈 수 없는 법/텍스트 앞에서
—— 카프카의 「법 앞에서」에 선 데리다, 해체 앞에 선 카프카의 텍스트

    이번 글에서는 자크 데리다Jacques Derrida가 카프카의 「법 앞에서」를 어떻게 읽는지 살펴보겠습니다. 카프카의 글은 아주 짧지만 해석을 시작하면 의미의 사슬처럼 끝없이 이어집니다. 그런 사슬 가운데 하나인 데리다의 해석을 보기로 하죠.
    먼저 이 글의 제목인 '법 앞에서vor dem Gesetz'를 글자 그대로 프랑스어로 옮기면 devant la loi이기도 하고, 선입견이란 뜻의 préjugé가 될 수도 있습니다. 데리다는 이 두 낱말의 겹침에 주목합니다. 그래서 법 앞에 있는 것은 동시에 선입견Vorurteil; préjugé 앞에 있는 것이기도 합니다. 어떤 '선입견들'이 '법, 심판 앞에' 생기며, 또 우리는 어떻게 '법 앞에' 설 수 있을까요?
    데리다는 해체-구성déconstruction 이론가입니다. '해체'란 말이 마치 무엇을 부순다는 인상을 주지만, 이것은 전통적인 형이상학——그는

현전présence의 형이상학이나 로고스 중심주의logocentrisme라고 부릅니다——이 세운 구조물이 구체적인 세계를 숨기고 있음을 드러내면서 새로운 사고 가능성을 제안하려는 것이죠. 물론 은폐된 가상을 벗겨서 원래의 모습이나 더 참된 본질을 찾자는 것은 아닙니다. 정확하게 표현하기 어렵지만, 본질과 동일성으로 세운 구조물 대신에 차이들의 구체성으로 새로운 틀을 구성하려고 합니다. 본질이 현상들의 다양한 차이를 뛰어넘은 '항상 같은 것,' 동일성이라면, 그런 본질을 추구하는 사고는 구체적인 차이들을 가리거나 지우려고 합니다. 그런 시도가 어떤 점에서 차이들에 대한 억압을 정당화할까요?

여기에서는 카프카의 글을 어떻게 해체-구성하는지 보면서 이런 작업의 한 측면을 엿보기로 하죠.

법 앞에서

법 앞에 한 문지기가 서 있다. 이 문지기에게 한 시골 사람이 와서 법 안으로 들어가게 해달라고 청한다. 그러나 문지기는 그에게 지금은 입장을 허락할 수 없다고 한다. 그 시골 사람은 곰곰이 생각한 후에 그렇다면 나중에는 들어갈 수 있겠느냐고 묻는다. "가능하오"라고 문지기가 말한다. "그러나 지금은 안 되오." 법으로 들어가는 문은 언제나 그렇듯이 열려 있고 문지기가 옆으로 비켜서 있기 때문에 그 시골 사람은 몸을 굽히고 문을 통해서 그 안을 들여다보려고 한다. 그것을 본 문지기가 큰 소리로 웃으며 말한다. "그렇게도 끌린다면 내 금지를 어기고서라도 들어가 보시오. 하지만 내가 힘이 장사라는 걸 알아두시오. 게다가 난 말단 문지기에 지나지 않소. 그러나 홀을 하나씩 지날 때마다 문지기가 서 있는데 갈수록 힘이 센 문지기들이오. 나조

차도 세번째 문지기의 모습을 쳐다보기 힘겨울 정도라오." 시골 사람은 그런 어려움을 예상하지 못했다. 그는 법이란 정말로 누구에게나 그리고 언제나 들어갈 수 있어야 한다고 생각한다. 그러나 모피 외투를 입은 그 문지기의 도습, 그의 큰 매부리코와 검은색의 길고 가는 타타르족 콧수염을 뜯어보고는 차라리 입장을 허락받을 때까지 기다리는 편이 훨씬 낫겠다고 결심한다. 문지기가 그에게 의자를 주며 앉으라고 한다. 그곳에서 그는 여러 날 여러 해를 앉아 있다. 그는 들어가는 허락을 받으려고 다양한 시도를 하고 자주 부탁을 하여 문지기를 지치게 한다. 문지기는 가끔 그에게 간단한 심문을 한다. 그의 고향에 대해서 자세히 묻기도 하고 여러 가지 다른 것에 대해서 묻기도 한다. 그러나 그것은 지체 높은 양반들이 건네는 질문처럼 별 관심 없이 그저 물어오는 질문들이고, 문지기는 마지막엔 언제나 그에게 아직 들여보낼 수 없다고 말한다. 그 시골 사람은 여행을 위해서 많은 것을 장만해왔는데, 문지기를 매수할 수 있을 만큼 가치 있는 것이라면 무엇이든 이용한다. 문지기는 주는 대로 받으면서도 "나는 당신이 무엇인가 소홀히 했다는 생각이 들지 않도록 하기 위해서 받을 뿐이라오"라고 말한다. 수년간 그는 문지기를 하염없이 지켜보고 있다. 그는 다른 문지기들은 잊어버리고, 이 첫 문지기야말로 법으로 들어가는 데 유일한 방해꾼인 것처럼 생각한다. 그는 처음 몇 년 동안은 이 불행한 우연에 대해서 무작정 큰 소리로 저주하다가 나중에 늙자 그저 혼잣말로 투덜거린다. 그는 어린애처럼 되었고 문지기에 대해서 수년간이나 열성적으로 관찰한 탓에 모피 깃에 붙어 있는 벼룩까지 알아보았으며, 그 벼룩에게까지 자기를 도와서 문지기의 마음을 돌리도록 해달라고 부탁하기까지 한다. 마침내 그는 눈이 침침해진다. 그는 자기의 주변이 더 어두워진 것인지, 아니면 그의 눈이 착각한 것인지 알 길이 없다. 그러나 그는 이제 그 어둠 속에서 법의 문에서 꺼질 줄 모르는 광채가 흘러나오고 있음을 알게 된다. 이제 그는 더 이상 살지 못할 것이다. 죽기 전에 그의 머릿속에는 그 시간 전부에 대한 모든 경험이 여태까지 문지기에게 물어보지 않았던 하나의 물음으로 집약된다. 그는 문지기에게 눈짓을 한다. 그는 이제 굳어가는 몸을 더 이상 똑바로 일으킬 수 없기 때문이다. 문지기는 그에게 몸을 깊숙하게 숙일 수밖에 없다. 키 차이가 그 시골 남자에겐 매우 불리하게 벌어졌기 때문이다. "아직도 무엇을 더 알고 싶은 거요?"라고 문지기는 묻는다. "당신은 끝없이 바라는군." 시골 남자는 말한다. "모든 사람은 법을 절실히 바랍니다. 그런데 왜 지난 수년간 저 이외에 아무도 입장을 요구하질 않았습니까?" 문지기는 그 시골 사람이 이미 임종 가까이 왔음을 알고 희미해진 그의 귀에 들리도록 소리친다. "이곳에서는 당신 이외에는 아무도 입장을 허락받을 수 없다오. 왜냐하면 이 입구는 오로지 당신만을 위한 것으로 정해져 있기 때문이오. 이제 가서 문을 닫아야겠소."

이 문이 무슨 문인지 의미를 확정하기가 어렵고 그 의미 또한 다의적이죠. 극단적으로 얘기하면 어떠한 내용도 담을 수 있는, 그 바닥과 깊이를 알 수 없는 그릇인지도 모릅니다. 이처럼 다의성을 지닌 「법 앞에서」라는 텍스트를 어떻게 풀어낼/읽을 수 있을까요?

카프카의 「법 앞에서」에 관한 몇 가지 평이 있습니다. 종교적 해석, 정신분석학적 해석, 사회학적 해석, 실존주의적 해석 등등 다양하죠. 이런 해석들 가운데 어느 것이 완전하거나 유일한 해석일까요?(이런 해석에 대한 소개는 다음 기회로 미룹시다.)

기표 너머에 있는 의미와 기표로 표현된 의미

해체-구성을 낚싯대로 삼아서 어떻게 물고기를 낚을 수 있을지 봅시다. 서두르지 말고 먼저 낚시하기에 좋은 자리를 찾아보죠. 어디가 좋을까요? 텍스트 안에 앉을까요, 아니면 텍스트에서 멀리 떨어진 곳이나 '저 높은 곳'에 앉을까요?

보통 텍스트를 읽을 때 텍스트에 있는 글자들을 무시합니다. 즉 글자가 아니라 그것이 담고 있는 의미를 읽으려고 합니다(물론 졸릴 때는 글자가 들어올 뿐이겠죠. 제가 얘기하는 중에 엉뚱한 생각을 하는 분도 '소리'나 어지러운 글자들을 마주하고 있겠죠). 글자들은 저자의 사고가 물질화된/표현된 것이기 때문에, 단순히 의미를 전달하기 위한 도구나 수단에 지나지 않죠. 수단은 그 목적을 달성하면 더 이상 쓸모가 없을 테니, 텍스트의 기표들 자체는 나름의 의미를 지니지 않을 겁니다. 그렇다면 의미는 '글자 너머에' 있겠군요. 곧 의미는 텍스트 '배후,' 텍스트 '바깥'에 존재하나 봅니다.

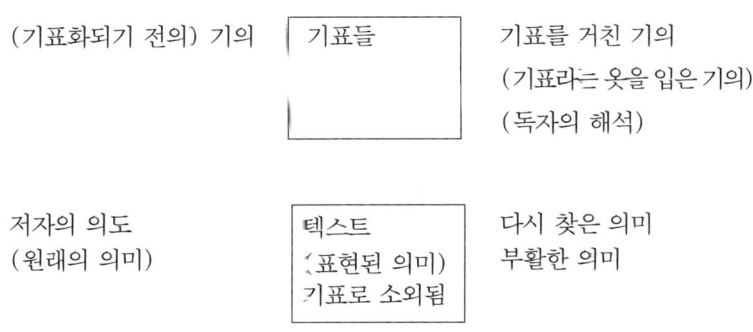

한 작품의 뜻은 '무엇'이고, 그 숨겨진 뜻은 '어디에' 있을까요? 의미는 글자들 속이 아니라 글자들 '사이'에 숨어 있다고들 하죠. 그래서 '행간을 읽는다 read between the lines'고 합니다. 즉 글자 안에는 아무 것도 없고, 글자들 '배후에,' 그것들 '바깥에' 원래 저자의 의도나 의미가 있다고 봅니다. 그렇다면 의미는 텍스트 '너머'에, 저자 '안' (저자의 의도)에 있나요? 그렇다면 이런 '텍스트-바깥'은 저자의 의도, 텍스트의 기표로 나타나기 이전의 (순수한 상태로 있는) '기의'겠죠.

물론 이렇게 보고 싶으면 (억지스러운) 몇 가지를 전제해야 합니다. 먼저 저자는 자기가 전하려는 의미(기의)를 글을 쓰기 전에 이미 완성된 형태로 지니고 있어야 합니다. 그리고 의미가 완성된 형태로 표현의 세계로 나가기를 기다리고 있다가 '제대로' 표현되어서 (글자들을 통해서) 객관화되리라고 상정합니다.

물론 저자는 그 의미를 표현할 때 단 한 치도 어긋나지 않도록 정확하게 객관화해야 하겠죠. 이렇게 저자의 완전한 능력의 산물인 '의미라는 것'이 글자-기호라는 이질적인 수단의 힘을 빌려서 '원래대로' 표현될 수 있을까요? 믿기는 어렵지만, 어쨌든 안에 있는 의미를 바깥에 '표현'할 때, 의미를 전혀 왜곡하지 않고 '원래대로' 표현하는 능력이 필요합니다.

그다음에 그렇게 '표현된' 언어들에 다시 생명의 기운을 불어넣는 것은 독자들의 몫이죠. 독자의 '이해'는 자기 아닌 것(글자-기표)의 몸을 빌렸던 의미가 되살아나서 원래의 내용을 그대로 재생산하는 것이어야 합니다. 부활하는 의미! 이런 과정을 거쳐서 무덤 바깥으로 걸어 나온 원래의 의미는 최초의 의미와 '똑같은' 것이어야 합니다. 재현된 의미!

이 과정을 요약해봅시다. 의미는 이미 완결된 것으로 저자 안에 존재하다가, 말이나 글로 정확하게 번역되고, 독자가 이 기표의 껍데기들을 이해하는(또는 죽은 기표에 원래의 생명을 부여하는) 과정을 거쳐서 최초의 의미가 되살아나죠. 의미는 불확실하그 모호한 기표의 바다를 가로질러서 '의미의 고향에 되돌아온' 것입니다(고향-떠남-돌아옴의 3박자).

의미의 오디세이아

이런 틀은 기포를 매개하는 기의의 신비스러운 은동을 '표현'과 '이해' 과정으로 보면서 '유일한' 의미에 대한 '참된' 해석을 주장하겠죠.

"의미는 어느 날 아침, 자신이 몇 개의 꼼짝하지 않는 글자들로 바뀌어 있음을 발견한 채로 잠에서 깨어난다."

이런 '의미의 변신'을 쓴 작가에게 물어보고 싶군요. '의미 씨'가 이 상황에서 소외, 좌절감을 느낄까요, 아니면 낯설지만 자기 형태를 갖추었다고 기뻐할까요?

의미는 '글자'라는 수단을 이용하지만, 그럼에도 불구하고 그런 수단에 의해서 변질되지 않은 채로 순수하게 보존되어야 합니다. 글자라는 불순한 보충물을 이용하면서도 여전히 그 순수함을 유지, 표현하는 지극히 어려운(불가능한) 작업이 필요하죠.

그러면 글로 표현된 것은 온전히 제 모습을 유지할까요? 의미, 정신적인 것을 형태화하는, 형태 없는 정신에 글자들의 조합이라는 형태를 부여하는 과정에서 '그것'이 '다른 것'으로 바뀔 수 있죠. '정신적 의미'가 소리라는 몸을 지닌 '말로 표현된 의미'로 바뀌는 것도 모자라서, 다시 물질적 기호들로 이루어진 '글자들의 의미'로 바뀔 때, 이것들이 모두 동일할까요?

사랑으로 불타는 마음은 뜨겁지만, 그것을 표현한 글자들에는 '온기'라곤 전혀 없습니다. 사랑하는 이의 가슴을 화학적으로 변화시킬 따스함은 차가운 종이 위에서 무표정한 글자들로 늘어서 있을 뿐입니다. (자기만의 감정을 모두가 쓰는 글자들로 옮기는 것도 이상하지만) 그렇게 쓰인 것이 '원래 쓰고자 한 마음/열정'과 같을까요? 아니면 비슷하기라도 할까요? 물론 솜씨가 뛰어난 사람은 그런 글자들로 타버린 사랑의 재를 다시 타오르게 합니다. 그대를 그리워하며 이렇게 보내지 못하는 편지를 쓰는 것은 "그대가 앉아 있는 배경에서 해가 지고 바람이 부는 일처럼 사소한 일"일 것입니다. 하지만 언젠가 "그대가 한없이 괴로움 속을 헤맬 때" 이 사소한 기표들이 조용히 그대의 이름을 부를지도 모릅니다.

글쓰기의 세계는 그 나름대로 존재하는 언어 세계이고, 주체와 대상 세계 사이에 있는 독자적인 고유한 공간, '사이' 공간이죠.

그런 공간에서 동일성은 항상 제 모습을 잃지 않을까요? (텍스트가 지닌 고유성을 인정하더라도) 표현하고 이해하는 과정에서 그 동일성이 조금도 손상되지 않은 채로 항상 자신을 유지하는 그 이상한 힘은 도대체 어디에서 나오는 것일까요? 이러한 동일성은 그것이 글자로 있을 때나, 텍스트 속에 있을 때나 항상 제 모습 그대로라고 합니다. 신기하군요!

그러면 읽는 과정에서는 어떻게 될까요? 완전히 똑같이 읽는 것이 가능할까요? 독자가 글자만 보고, 어떻게 그 저자의 의도를 정확하게 되살려낼 수 있을까요? 어려운 일이죠.* 데리다는 불가능하다고 봅니다.

통상적으로는 이런 어려움을 모른 체하고 간편하게 동일성의 철학을 내세우곤 하죠. 주체가 그의 사고, 그의 말, 타인과의 생생한 대화, 글쓰기 등에서 의미를 완벽하게 표현할 수 있고, 주체가 (자신을 객관화하는) 글쓰기를 매개로 삼아서 다른 주체와 온전하게 서로 이해하고, 소통하고, 합치한다는 신화를 만듭니다(그래서 '글쓰기 중개소'에서는 소개받은 주체들이 의기투합해서 곧잘 성공적인 만남에 이르거나 결혼하곤 한다는 소문이 무성합니다).

이런 방식은 글쓰기에 신비한 힘이 있고, 말은 살아 있는 영혼이며, 우리가 그 영혼을 그대로 접할 수 있고, 말과 의도가 글자로 표현되기 전부터 이미 정신 속에 온전한 모습으로 현전現前, presence한다고 보죠. 전통적인 독서법은 텍스트 상에서 글쓴이의 의도가 원래 모습과 한 치의 오차도 없이 글쓴이 앞에 그대로 서 있고, 읽는 이는 그것을 다시 원래대로 파악할 수 있는 능력을 가지고 있다는 것을 인정합니다.* 쓰고 읽으면서 상호이해가 마련되고 상호주관적인intersubjective 일치가 가능하다고 믿으려면, 이러한 신비한 초능력을 전제해야 합니다.

데리다에 따르면 보다 현실적으로는 '텍스트'가 있고, 텍스트는 그 바깥과 관련되지 않고도 스스로 의미를 산출하고, 텍스트의 의미란 그 배후의 존재가 아니라 텍스트 속에 있는 글자들(기표들) 간의 차이 체계, 구조에서 마련되고, 우리가 이 차이의 관계망을 어떻게 읽느냐에 따라서 그 의미(기의)가 다양하게 규정됩니다. 이렇게 현실적인 독서와 현실적인 글쓰기, 현실적인 차이 체계로 전통적인 동일성 철

---

* 물론 해석학에서는 이것이 가능하다고 보고, 또한 저자의 체험이 표현된 것을 '이해Verstehen'를 통해서 원래의 체험과 공감하고, 나아가 저자보다 그 의미를 더 잘 이해할 수도 있다고 주장합니다.

학을 문제 삼을 수 있습니다.

그 결과 가운데 하나가 텍스트의 절대적인 의미, 즉 '정답' 같은 것은 있을 수 없다는 것이죠. 이처럼 '단 하나의 의미'가 없다면, 텍스트는 그 의미와 관련하여 카오스 상태를 만들어냅니다. 현실적으로 시험도 보고, 평가도 해야 할 텐데, 답들이 이처럼 사이좋게 늘어서 있다면…… •현실적인 필요 때문에 다양한 답들 가운에 하나가 선택되고, 그것이 해석의 유일한 기준이 되면서 권위나 힘을 행사할 수 있습니다. 이 경우에 진리와 오류는 분명하게 구별되고 진리는 우월한 지위를 갖습니다. 이런 위계질서가 다양한 방식으로 만들어지고, 이것은 자연스럽게 진리와 본질의 위세를 허위와 현상에 마주 세우고 그 구분을 영속적인 것으로 만들려고 할 겁니다.

데리다에 따르면, 누구든지 고정된 해석 틀에 따라 텍스트의 동일한 의미를 계속적으로 동일하게 재생산하는 방식의 읽기는 가능하지 않죠. 모든 의미는 열려 있고, 해석은 다양성의 바다에서 표류합니다. 이때 전제되는 것은 모든 의미가 확정 불가능하다는 것입니다.

이처럼 텍스트의 의미는 고정될 수 없고 특정한 값을 갖지 않습니다. 그래서 해석의 자유가 보장되며, 독자가 그 의미를 생산할 수 있기 때문에 저자가 될 수 있습니다. 그래서 읽는 것은 쓰는 것이기도 하죠.

텍스트 안에서

그러면 「법 앞에서」의 의미가 무엇이고, 카프카가 '원래 어떤 의미로 썼는가'를 질문해볼까요? 그런데 이런 질문에 제대로 답할 수 있을까요? 카프카를 불러올 수도 없는 상태에서 말입니다.

우리 앞에 기표들의 집합체인 텍스트가 있고 원래의 의미가 텍스트 '배후'나 '바깥'에 있다면, 우리는 어떤 방식이든 카프카와 다시 만나야 합니다. 죽은 카프카를 불러와야 하죠. 살아 있는 자들이 카프카 귀신에게 해석의 사례들을 보여주고 그것을 승인받아야 합니다. 그러나 카프카 자신이 자기 작품들을 불태우라고 부탁한 점으로 보아서 이런 우리의 부름이 응하지 않을 겁니다. 우리끼리 알아서 하는 수밖에 없죠.

데리다는 이처럼 '텍스트-바깥'이 아니라 '텍스트-안'을 보자고 권합니다. 무슨 말일까요? 그는 "텍스트-바깥은 없다"라는 유명한 주장을 했죠. 이것은 텍스트 '바깥'에 있다고 여겨지는 저자의 원래 의미를 지우자는 것이죠. 이처럼 원래 의미를 지우면 어떻게 될까요? "이것은 내가 이러저러한 의미로 쓴 것이다"라고 주장하는 저자의 정답, 텍스트 해석의 진리를 지우면 어떻게 될까요? 한 텍스트에 대한 고정된/단일한 해석까지 지워지겠죠. 그렇다면 단일한 의미를 잃어버린 텍스트는 독자가 어떻게 읽느냐에 따라 달라질 겁니다. 저자도 수많은 해석자들 가운데 한 사람일 겁니다.*

이처럼 (텍스트 바깥에서) 텍스트를 지배한다고 상정된 저자의 의미를 지우면 고정된 의미 대신에 '다의성'이 부각됩니다. 물론 다의성이라는 개념에 만족하지 못하는 데리다는 '뜻이 많다'보다는 '뜻이 무한히 많다'라고 말하고 싶겠죠. 뜻이 무한하게 많음은 고정된 뜻이 '없

---

* 저자 자신은 텍스트로만 말하되 해석의 다툼 한가운데서 자신의 원래 의도를 밝힐 필요가 없습니다. 작가는 '글로만 말해야 하므로,' 텍스트 자체가 말을 해야 하죠. 자신의 의도를 텍스트로 표현하지 못한 채, 그것에 덧붙여 '말로 말하는' 저자가 해석의 심판자일 수는 없겠죠.

다'는 말과 같습니다. 그는 해석에 무한한 자유를 부여하려고 합니다(데리다는 어떤 방식으로도 해석을 고정시키려는 시도에 저항합니다. 그런 시도는 진리의 지배로 해석자들을 꼼짝 못하게 하려는 것이라고 봅니다).

사정이 이렇다면 한 작품을 무수한 방식으로 읽을 수 있겠죠. 달리 말하자면 「법 앞에서」는 고정된 의미를 갖지 않기 때문에 얼마든지 다양하게 의미를 찾아낼/만들어낼 수 있습니다. 데리다는 각자가 자기 나름대로 해석할 의미를 고안할 수 있기를 바랍니다(해석계의 랍비들이 하나의 권위 있는 해석으로 다른 모든 해석을 억누르거나 의미의 자유로운 여행을 가로막는 것을 못마땅하게 여기죠).

전통적으로 텍스트에 '고정된' 의미가 있었고 그 의미를 지키는 진리의 파수꾼이 있었는데, 이제는 그런 의미도 그것을 지키는 진리 수호자도 없어야 한다는 것입니다. 그가 왜 독자들에게 무한한 자유를 주고, (어떤 비평가의 표현처럼) '저자의 죽음'과 '독자의 탄생'을 외치는지를 설명하기는 어렵지만, 어쨌든 그는 텍스트 안에서 자유롭게 운동하는 기표들의 의미를 고정시킬 수 없다고 봅니다.

● 독자의 권리 선언: 이미 짐작한 분들도 있겠지만 이런 주장에는 정치적 함의가 들어 있습니다. 자유로운 해석이 어떤 정치적 함의를 지닐까요? 고정된 의미와 동일성을 주장하는 이들은 현실을 완전하게 설명할 수 있다고 주장하고, 그런 설명에 바탕을 두고 일정한 권력관계를 만들고 그것을 고정된 것으로 여겨서 위계질서를 만들 겁니다. 이런 질서에 충실하게 따르는 이들에게는 의미, 권력, 행복의 보상이 주어집니다. 그런데 이런 질서가 억압적이라고 보는 쪽에서는 이런 고정된 질서의 바탕인 의미가 다의적인 것이거나 불확정적임을 밝히고, 동일성이 고정된 것이 아니라 운동과 흐름의 한 모습임

을 드러내려고 하겠죠. 공인된 질서에 대해서 창조적인 무질서를 마주 세웁니다—요즘은 자연과학에서도 혼돈, 카오스를 부정적인 것으로만 보지 않습니다. 공인된 권력을 지닌 자들은 이런 카오스에 대경실색하죠. 그래서 공인된 해석권으로 무장한 심판관과 경찰을 불러들입니다. "모든 카오스를 완전히 없애시오!" 하지만 이런 카오스를 완전히 없앨 수는 없습니다. "그러면 모든 카오스를 일정한 틀이나 정해진 길로만 가도록 감시하시오!" 여러분은 이런 체제가 어떤 방법들을 사용해서 카오스를 길들이고 '생산적인' 것으로 만드는지 잘 알 겁니다. 이런 현실적 위력을 지닌 틀에 맞서서 '해석의 자유'를 주장하는 급진적인 입장이 어떤 싸움들을 벌이고, 우리 삶과 의미를 어떻게 다양하게 가꿀까요? (물론 현실과 의미의 세계를 바꾸려는 이런 노력은 어떤 일정한 틀과 조직의 이름을 내세우지 않습니다.) 실제로 우리 주변에는 이런 싸움들이 많습니다. 카프카의 글을 읽고 해석하는 이 자리도 공인된 해석의 권위와 그에 따른 권력관계 앞에서 다른 가능성을 모색한다는 점에서 이런 싸움의 자리, 또는 권리 선언이라고 할 수 있을 겁니다. 의미를 누가 차지하는가? 의미는 소유할 수 없는 것이었지만 누군가가 그것에 말뚝을 치고 자기 것으로 등기한 까닭에 의미의 소유와 그에 따른 불평등이 생긴 것은 아닐까요?

데리다는 법의 문제에서, 곧 「법 앞에서」의 경우에도 이런 불확정성이 초점이 됨을 보여주고자 합니다. 그가 카프카를 해석하는 모델은 법의 접근 불가능성, 또는 디페랑스différance로 본 법과 문학의 관계라고 할 수 있습니다.

(도덕)법칙에 들어 있는 허구

데리다는 '법에 접근할 수 없음'을 보여주기 위해서 칸트의 도덕률, 프로이트의 법의 근원에 대한 논의를 재해석합니다. 먼저 칸트의 경우를 보죠.

칸트는 정언명령이라는 도덕적 명제를 제시하는데, 이것은 모든 사람을 도덕으로 인도하는 '무조건적인' 명제입니다.

먼저 이런 명령이 나온 맥락을 살펴봅시다. 칸트는 보편적인 도덕원리가 있다고 봅니다. 곧 우리 행위와 의지를 선한 것으로 만들기 위한 원리가 있다는 것이죠. 그래서 그는 도덕법칙에 따르는 의지를 '선하다'고 봅니다.

그러면 어떤 명령을 제시하면 행위가 필연적으로 선한 행위가 될까요? 인간은 이성적일 뿐만 아니라 동시에 감성적이기 때문에 의지의 준칙準則, Maxime(개인의 행위 원칙)이 반드시 도덕법칙과 일치하지는 않습니다. 그래서 도덕법칙은 마땅히 실천되어야 하는 것을 명령Imperativ 형식으로 제시합니다.

그런데 명령에는 두 종류가 있습니다. 가언명령假言命令, hypothetischer Imperativ과 정언명령定言命令, kategorischer Imperativ입니다. 전자는 '만일 성공하고 싶으면, 열심히 공부하라!' '하느님께서 매기는 인생 평점을 올리려면 착한 일을 하라!'와 같이 어떤 목적을 이루기 위해서 필요한 수단을 지시하는 조건적 명령입니다. 이와 달리 후자는 무조건적으로 명령합니다. "거짓말하지 말라!" "사람을 죽이지 말라!" "네 이웃을 네 몸처럼 사랑하라!"와 같이 명령된 행위의 목적이나 결과와 무관하게 (그 자체가 가치 있기 때문에) '무조건적으로unbedingt,' 곧 '절대적으로' 명령합니다.

칸트는 도덕명령이 정언명령이라고 봅니다. 그래서 모든 도덕명령을 포괄하는 근본 법칙을 제시합니다. "네 의지의 준칙이 항상 보편타당한 입법의 원리가 되도록 행위하라."

이 명령은 추상적이지만, 개인이 자신의 행위를 선택하는 준칙이 보편적이 되도록, 즉 '모든' 사람이 인정할 수 있는 객관적이고 보편적인 법칙이 되도록 행위하라는 것이죠. 이 원리에 따르면, 나에게 옳은 행위는 누구에게나 옳은 행위이고, 모두에게 그른 행위는 나에게도 그른 행위입니다.

흔히 어른들은 어린아이들에게 "착하게 살아야 한다"고 합니다. 그런데 아이들은 그 내용을 잘 모르죠. 그래서 그것들을 구체적으로 나열할 필요가 있죠. 부모님 말씀 잘 듣고, 스스로 숙제하고, 밥투정하지 말고, 어른들께 인사 잘하고, 어른들의 나쁜 행동은 보기만 하고 따라 하지는 말고 등등 끝없는 목록을 제시해야 합니다.

칸트는 이처럼 미련하게 내용들을 끝없이 제시하기보다는 보편 '형식'을 제시해야 한다고 보죠. 즉 모든 인간이 '그것에만 따르면' 보편적인 도덕적 내용을 지닐 수 있는 '그러한' 명령 형식을 제안합니다. 바로 자기가 행위하는 기준이 다른 모든 사람이 행하는 경우에도 항상 타당한 것이 되도록 하라는 것이죠. 즉 보편타당한 기준에 따르라는 것이죠. 다른 사람이 물건을 맡아달라고 했는데 그것을 자기가 취해도 되나요? 남의 물건을 훔치는 일을 나도, 너도, 다른 이들도 모두 한다면 어떻게 될까요? 거짓말을 할 것인가? 뇌물을 받고 특정인에게 특권을 줄 것인가? 흑인들을 노예로 삼을 것인가? 내 성욕을 만족시키기 위해서 다른 사람을 성적 도구로 삼거나 상품으로 취급할 것인가? 나(또는 자기 집단)에게만 유리하고 다른 이들에게 불리한 법을 만들 것인가?

칸트는 어떤 행위를 모두가 똑같이 하더라도 문제가 없다면(또는 있다면) 그렇게 해야(또는 하지 않아야) 한다고 주장하죠. 이처럼 칸트는 (내용이 아닌) '형식'에서 보편타당성을 찾습니다.

칸트는 이 정언명령을 기본으로 삼아 세 가지 명령(실천원리)을 이끌어냅니다. 그 가운데 하나만 볼까요?

"네 행위의 준칙이 네 의지를 통해 마치 보편적인 자연법칙이 되어야 할 것처럼 그렇게 행위하라 Handle so, als ob die Maxime deiner Handlung durch einem Willen zum allgemeinen Naturgesetze werden sollte."

이 명령은 우리가 행위를 선택하는 기준이 예외 없는 자연법칙'처럼' 객관적이고 보편적이기를 요구합니다.

그런데 데리다는 이런 명령에 문제가 있다고 지적합니다. 바로 이 명령에 '마치 ~처럼als ob, as if'이란 가정법이 포함되기 때문입니다. 엄격한 도덕명령에 '가정'이 들어 있다면 이상하지 않습니까? 혹시 자연법칙처럼 보편타당한 것도 아니지만 그것이 필요하다는 이유만으로 '마치 그것이 있는 것처럼' 그것을 요구한다면 곤란하지 않을까요? 법칙을 가정한다면, 그렇게 가정된 법칙이 원래부터 있는 것이라고 하기는 어렵겠죠.*

도덕법칙이라는 무조건적인 명령이 '마치 ~처럼'이라는 가정(또는 요청要請, Postulat)을 품고 있다면, 과연 그것이 보편적으로 타당할 수

---

* 이런 점은 칸트 철학에서 요청의 문제와 연결됩니다. 나중에 파이잉거Hans Vaihinger는 칸트의 철학을 쉽게 설명하기 위해 '마치 ~처럼Als ob의 철학'이란 용어를 쓰기도 합니다. 예를 들어서, 『순수이성 비판』에서 보듯이 그는 신이 존재함을 증명하려는 형이상학적 논의들을 모두 오류로 물리칩니다. 그리고 『실천이성 비판』에서 도덕의 완전한 보증인이 필요하기 때문에 '마치' 신이 있는 것'처럼' 생각합니다. 즉 신의 존재를 요청합니다. 이런 요청으로 인간의 도덕 세계가 지닌 한계를 극복하고 완전한 도덕의 가능성을 마련합니다. 마찬가지로 자연에 합목적적 질서가 있는지 인간이 알 수 없지만, 마치 자연 세계가 합목적적인 것처럼 합목적성을 요청할 수 있습니다. 그런데 이것은 자연에 그런 질서가 있기 때문이 아니라, 그런 질서가 '필요하기 때문에' 그런 질서를 '가정'합니다.

있을까요?

이처럼 '허구'가 (도덕)법칙의 핵심에 들어 있습니다. 법칙/법 자체와 순수한 도덕성은 그것이 정언적(무조건적)이어야 하기 때문에 어떤 다른 원리에서 도출되어서는 안 되죠. 만약 그것이 다른 원리로부터 나온다면 바르 그 원리가 '법의 법'이 되어야겠죠. 또한 그것이 역사, 발생, 이야기를 포함해서도 안 되죠. 역사적 발생이나 이야기가 포함되는 경우도 법의 순수함, 법의 보편성이 훼손되기 때문입니다. 법에 관한 역사/이야기 hi-story (역사는 이야기란 뜻을 지닙니다)는 법 바깥의 상황, 사건에 지나지 않죠(여기에서 도덕법칙 das moralische Gesetz을 법 das Gesetz으로 바꿔 쓰겠습니다).

● 예를 들어, 단군 할아버지께서 널리 인간을 이롭게 하기 위해서 법을 만들었다고 합시다. 이렇게 만들어진 법에는 기원이 있고, 이런 역사/이야기가 법에 포함됩니다. 이 경우에 법보다도 그 법을 만든 할아버지나 법의 이념이 더 중요하겠죠. 법은 그 자체로 근거를 지닌 것이 아니라 단지 파생된 것에 지나지 않습니다. 법의 기원/원천에 그 할아버지와 그분에게 얽힌 이야기들이 있습니다.

법이란 어떠한 기원이나 발생을 지니지 않아야 하고, 어떠한 역사/이야기와도 관련을 갖지 않아야 합니다. 따라서 법은 그 자체로 설명되어야 하고, 스스로가 목적이어야 하죠. 법이 원래 어디에서 생겨났다거나, 어디에서 왔다거나, 법을 만든 사람과 그 의도가 있다면 법보다는 그런 기원, 역사, 창조자 들이 중요할 수밖에 없습니다. 그 법과 관련하여 다툼이 있을 때, 법의 기원/법을 제정한 자의 의지 등에 '여쭈어보아야' 하지 않겠습니까?

어쨌든 법은 그 발생/기원을 숨겨야 하죠. 하지만 그런 기원이 없는 법은 없습니다. 제헌절은 법을 처음 제정한 날을 기념합니다. 법과 법을 만든 사람 가운데 누가 더 근본적일까요? 법의 규범력은 어디에서, 누구로부터 비롯될까요? 이런 문제들 때문에 법은 그 특정한 발생, 기원에 관해서 침묵해야만 법의 보편적 권위를 지닐 수 있습니다. 그렇다고 해서 그것에 대해서 침묵할 수도 없습니다. 그래서 법은 기원과 역사에 대해서 이중적인 태도를 취함으로써만 보편타당성을 지닐 수 있습니다.*

마찬가지로 법이 '이야기'와 관련을 가져서도 안 되겠죠. "옛날 옛적에 호랑이가 곶감을 무서워하던 시절에…… ○○가 처음 법이라는 걸 만들었는데……"와 같은 이야기로는 법의 신성함과 타당성을 마련할 수는 없겠죠. 이야기라는 허구에 근거를 둔 법이 권위나 규범력을 보장받을 수는 없을 테니까요. 법은 역사/이야기와 엄격하게 구별되어야 하고 어떤 이야기적 요소를 가져서도 안 됩니다. 이런 이유들 때문에 법은 그 자체로 정당화되어야 하고, 어떤 다른 것(타자성)을 지니거나 그런 것과 관계 맺어서도 안 됩니다.

이처럼 법은 어떠한 허구나 상상력도 배제해야만 하고, 그 기원도 없어야 합니다(마치 법이 역사를 지니지 않았거나 법의 역사적 형태들과 무관한 것처럼 주장하고, 이런 역사를 은폐하거나 부정해야만 그 신성한 힘이 보장됩니다). 그럼에도 불구하고 데리다가 보기에는, 실제로 법에는 허구, 상상력, 역사/이야기, 기원이 들어 있죠. 이런 점에서 법

---

* 법 자체는 역사가 없다고 주장하죠. 그렇지만 그런 법 자체는 역사 속에, 특정한 시기에 있을 수밖에 없죠. 법 자체는 역사와 무관해야 하지만, 역사 속에 존재하는 특정한 어떤 것으로 나타낼 수밖에 없죠. 법에는 역사가 없어야 하는데, 법은 역사 속에 있습니다.

은 법답지 않은 것입니다. 법은 보편성을 지녀야 하면서도 특정한 시점에 생겨난 것이어서 시간적 한계를 갖고, 특정한 상황의 산물이란 점에서 공간적 한계를 갖습니다.

• 보편타당성普遍妥當性, All-gemein-gültigkeit이란 모든 것all에 빠짐없이 두루gemein 타당한gültig 것을 말합니다. 어떤 것이 보편타당하다면, 이곳에서건 저곳에서건 어디에서나 타당하고, 또 어제나 오늘이나 내일이나 항상 타당하고, 이 사람이 얘기하거나 저 사람이 얘기하거나 똑같이 타당해야 합니다. 단 한 번의 예외도 있어서는 안 됩니다. 이와 달리 특정한 장소에서만 타당하거나, 어제는 타당하지만 오늘은 더 이상 타당하지 않거나, 명예롭거나 권력을 지닌 사람이나 잘 차려입은 사람이 얘기할 때만 타당하다면, 부분적으로 타당한 것에 지나지 않죠.

이처럼 법에 들어 있는 타자성 때문에 법은 법이면서 법일 수 없지만, 그러면서도 법으로 존재하고 자격을 부여받고 법의 힘을 행사합니다.

법에 다가가기와 '법에 다가갈 수 없음'

이처럼 법의 보편타당성이 확보되려면 그것에 어떠한 경험적 내용도 포함되어서는 안 됩니다. 칸트의 정언명령이 '형식적' 보편성을 주장하는 것도 이 때문이죠. 시골 남자는 법에 다가가려고 하죠. 그런데 법이 그것에 접근하거나 다가갈 수 있는 그러한 성격의 것일까요? 우리가 말한 순수한 법에 경험적인 내용이 들어 있을까요? 또 누군가가 그 안에 들어가고 나갈 수 있는 그러한 것인가요? 시골 남자는 법의 보편적 '형식'을 잘 모르는지, 마치 법이 '어떤 것quelque-chose ; some-thing'이거나 어떤 장소에 있는 '무엇'이라고 생각합니다.

그런데 이 법의 문을 두드리면 열릴까요? 법의 문이 열리지 않는 까닭이 열심히 두드리지 않아서라고 생각하는 사람도 있겠죠? '열려라 참깨'라는 주문을 몰라서 문이 열리지 않을까요? 어떤 주문이 효력이 있는가를 따지기에 앞서서, 먼저 문이 존재하는지 살펴야 하겠죠. '문이 있어야만' 두드릴 수 있으니까요.

그런데 시골 남자는 마치 누군가가 법을 가질 수 있거나, 법과 경험적으로 관계 맺을 수 있는 것처럼 그것이 어떤 것이어야 한다고 여기죠. 그래서 그는 어떻게든 법에 다가서려고 하고, 법을 현전présenter 하도록, 자기 눈앞에 세워두려고vor-stellen(표상表象하려고) 하고, 이 법과 어떤 관계를 맺으려고 합니다.*

과연 우리는 순수한 도덕, 법과 어떤 관계를 맺을 수 있을까요? 그래서 '법 앞에서' 그 법과 어떻게든 관계를 맺고 그 문 안으로 들어갈 수 있는데, 문지기가 권력의 힘으로 가로막아서 법과 바람직한 관계를 맺을 수 없는 것인가요? 곧 법의 실현이 권력의 소지자나 그 하수인에 의해서 방해받는다고 볼 수 있을까요? 그래서 문지기의 권력을 무너뜨리면 법을 만날 수 있거나 법을 실현시킬 수 있을까요?**

---

* 법 말고도 사랑, 희망, 진리와 경험적으로 관계 맺을 수 있다고 생각하는 경우가 많습니다. 그래서 사랑을 만지고, 희망을 손에서 놓치고, 진리를 눈으로 보려고 하죠.
** 잠깐 법과 관련된 문제를 살펴봅시다. 두 경우가 있겠죠. ① 특정한 법이 문제가 되는 경우. '이' 법에 문제가 있기 때문에 '저' 법으로 바꾸어야 하는 경우. ② 이 법, 저 법이 아니라 '법 자체'를 문제 삼는 경우. 그런데 ①에서 볼 수 있듯 이 법을 비판해서 저 법으로 바꾸는 경우에 저 법이 보다 완전한 법이라고 본다는 점에서 법에 이의를 제기했다 하더라도 완전한 법에 대한 믿음의 바탕이 되는, 법 자체에 대한 믿음을 전제해야 합니다. 곧 바람직한 법을 위해서 이 법이나 저 법을 문제 삼거나 고치거나 고수합니다. 하지만 이처럼 특정한 이 법이나 저 법에 대해서만 관심을 갖는 데 그치지 말고 법 자체에 관심을 가지면 어떻게 될까요?

우리가 법을 '특정한 내용을 지닌 어떤 것'으로 정의한다면, 이 '특정한' 내용은 그로 인해 그 자체로 보편타당할 수 없습니다. 곧 어떤 개별적인 법으로는 (그것이 아무리 완전하더라도) 법의 보편성을 온전히 담을 수 없습니다.

• 법만 그런 것이 아니죠. 모든 보편성은 어떠한 경우에도 특수한 것으로 온전하게 나타날 수 없습니다. 우리는 '대학'에 들어가는 것이 아니라 '특정한' 대학에 들어가고, '교회'에 가는 것이 아니라 '이' 교회에 가고, '책'을 읽는 것이 아니라 '저' 책을 읽습니다. 작가는 어떤 소설을 쓰는 것이지 소설 자체를 쓰는 것은 아니죠. 물론 그 소설이 뛰어나다면 소설을 대표한다고 여길 수 있지만, 그렇다고 해도 그것이 소설 자체일 수는 없습니다. 그것은 소설의 모든 것을 담고 있는 것도 아니고, 모든 시대의 모든 소설을 대신할 수 있는 것도 아니죠.

그런데 시골 남자는 '법 안에' 들어가고 싶어 합니다. 하지만 이 시도는 실패할 수밖에 없고, 법 '앞에' 머물 수밖에 없습니다. 어떠한 경

법은 항상 특정한 법으로 나타날 수밖에 없습니다. 그리고 이 법이나 저 법이 법 자체를 대표하게 마련입니다. 우리는 항상 특정한 법을 만들고 그것을 실행하지, 법 자체와 관계 맺을 수는 없습니다(카프카나 데리다가 법을 문제 삼는 것도 이처럼 구체적이고 실정적인 법이 이상적인 법을 대표하기 때문일 겁니다).

시골 남자가 법(또는 문지기가 지키는 해당 법) 안에 들어가려는 노력이 의미가 있으려면, 먼저 법을 '어떤 것'으로 보아야 하고, 그것이 누군가가 지니고 있고, 누군가가 그것을 빼앗기지 않으려고 지키고 있고, 그 법이 어떤 곳인가에 있어야 할 겁니다. 이렇게 보아야만 (좋건 나쁘건 간에) 법과 관계 맺을 수 있습니다. 과연 그럴까요?

그래서 카프카의 작품이 '좋은 법을 만들자!' '시골 남자에게도 법 안으로 들어가게 하자!' '보다 친절하고 문을 잘 열어주는 문지기로 바꾸자!'와 같은 주장을 하려는 것일까요? 그래서 이 작품이 악법이 지배하는 시대의 법에 대한 항변을 상징하는 것이기 때문에, 좋은 법이 지배하는 세상이 되면 이 작품은 과거의 이야기로 여겨질까요?

데리다는 이 작품이 법과 '관계 맺을 수 없음,' 곧 법 안으로 '들어갈 수 없음'을 보여준다고 해석합니다.

우에도 '법 안으로' 들어갈 수 없습니다.

● 이렇게 생각한다면 문 앞에 서 있는 심각하고 진지한 표정의 문지기는 무엇을 지키고 있을까요? 혹시 '이' 법의 문 안에 '법'이 없음을 알지 못하게 하려고 지키는 것은 아닐까요? 그렇게 지키고 있으면 사람들이 그 안에 무엇인가가 있으리라고 기대하거나, 중요한 그 무엇이 있기에 열심히 지킨다고 생각하게 되지 않나요?

법에 이르는 길이 없다니!

이처럼 법 자체는 (순수한 형식이므로) '어떠한 내용으로도' 완전하게 채울 수 없죠.* 법 안으로 들어가려는 시도는 실패할 수밖에 없습니다. 카프카의 이야기는 법에 접근하려는 노력이 실패할 수밖에 없으며, 그러한 실패 자체가 하나의 지난하고 기이한 과정임을 보여주죠.

데리다가 보기에 「법 앞에서」는 법에 접근할 수 없음에 관한 이야기l' histoire de cette histoire impossible 입니다. 법에 접근하려면 그것에 이르는 길이나 방법이 필요할 텐데, 그런 방법도 없고 법으로 나 있는 길도 찾을 수 없으니 어떤 경우에도 '법에 접근할acceder à la loi' 수 없습니다.

시골 남자는 법이란 항상 모든 사람에게 열려 있다고 생각하고, 보

---

* 보편성과 특수성의 문제를 해결하지 않고서는 이 문 앞에서 영원히 서성거릴 수밖에 없습니다. 예를 들어 우리가 ○○ 대학을 보러 갈 때, ○○ 대학 자체를 볼 수는 없고 학생들, 교수들, 대학 건물, 도서관, 강의실의 책상, 벤치나 잔디밭 등을 볼 수 있을 뿐이죠. 그런 개별성들에 보편이 나타나 있다고 하더라도 어떤 것에 그것이 완전하게 나타날 수도 없고, '○○ 대학'이란 보편성은 보지 못합니다. 그것은 대학 문 안에도, 도서관 안에도, 강의실 안에도 존재하지 않습니다. 또 그것들을 더한다고 해서 사정이 나아지지도 않습니다. 그 '대학 자체'는 신입생들이 입학하고 졸업해도, 어떤 교수가 그 학교를 떠나더라도, 새로운 건물이 생기거나 기존 건물이 낡더라도, 총장이 학교 운영 방침을 바꾸더라도 근본적인 동일성을 유지합니다.

편적인 것이라고 믿습니다. 그런데 그것이 자기에게만 허용되지 않는다고 생각하죠. 시골 남자는 (법의) 보편성이 구체적인 어떤 것으로 나타날 수 있다고 여기기 때문에, 법에 접근할 수 없음에 주목하지 못합니다.

비슷한 예를 카프카의 장편소설 『성城』에서도 볼 수 있습니다. 측량기사 K(카)가 들어가려는 '성'은 분명히 근처에 있지만, 그가 아무리 다가가도 여전히 '저곳 어딘가'에 있고, 조금도 가까워지지 않습니다. 가까워지는 듯하면서도 여전히 멀리 있고, 아득한 듯하지만 그렇게 멀리 있는 것도 아닙니다. 성에서 '카' 자신을 측량기사로 임명한 사실도 확인할 수 없고, 그것에 항의하기 위해 성에서 나온 관리를 만나려고 할 때마다 서로 어긋나고, 그 만남을 도와줄 사람이나 또 그 사람의 조력자를 만날 뿐이거나 그들마저 정당한 권한이 있는지 의심스러워서 모든 것이 혼란에 빠집니다. '카'는 성에 접근할 수 없지만, 작품의 모든 과정은 그가 성에 접근하려는 노력을 보여줍니다. 『성』은 '성에 접근할 수 없음'을 보여줄 뿐이죠. 『성』은 '성에 접근할 수 없는' 과정을 주제화하고, 그런 성에 접근하려는 무한한 노력이 갖는 의미를 다양한 각도에서 제시합니다. 그런 실패는 무의미한 것이 아니며, 실패의 과정 자체가 나름의 의미를 지니며……(여기에서 '성'이 도대체 무엇인지 알 수 없지만, '성'은 접근할 수 없다는 점에서, '성'에 대한 욕망을 주제화한 것으로 볼 수도 있습니다. 손에 잡힐 듯이 가까운 곳에서 유혹할 때, 그 사소한 틈새를 메우려는 욕망의 불길은 사그라지지 않습니다.)

법의 기원에서 어떤 사건이 생겼는가? — 죽은 아버지의 부활

데리다는 법의 기원에 관한 프로이트의 설명을 검토합니다. 프로이트는 『토템과 터부』에서 사회의 최초 상태에 관한 가설을 제시합니다. 그는 토템의 금기 체계를 원시인의 강박증적 태도와 연결 지으면서 토템 향연의 기원을 아버지 살해와 관련짓습니다. 그는 원초적 군거 집단에서 모든 여자를 독점하고, 성장한 아들들을 추방하는 폭력적이고 질투심이 강한 아버지를 상정합니다. 추방된 형제들은 힘을 합쳐서 아버지를 죽입니다. 동시에 아버지를 함께 먹으면서 (그 신성한 힘을 공유하고) 이 사건을 기념하기 위해 토템 향연을 정기적으로 되풀이합니다.

원초적 아버지는 형제 집단에게 부러움의 대상이자 동시에 두려움의 대상입니다. 프로이트는 이 살해 행위가 사회조직, 도덕적 제약, 종교의 기원이 된다고 봅니다.

프로이트는 형제 집단이 아버지에 대해서 모순된 감정을 지닌 점에 주목합니다. 그들은 (어린이나 신경증 환자처럼) 양가적兩價的, ambivalent인 아버지 콤플렉스를 갖습니다. 그들은 자기들의 권력욕, 성욕을 방해한 아버지를 미워하지만, 또한 아버지를 사랑하고 찬미합니다. 그들은 아버지를 죽여 증오감을 만족시키고 아버지와 일체가 되려는 소망이 충족되고 나자, 그때까지 억눌려 있던 아버지에 대한 애정 때문에 자책감과 죄의식을 느낍니다. 뒤늦은 복종nachträglicher Gehorsam이 생긴 거죠.

형제들이 아버지를 살해한 까닭은 성적 욕망을 충족하고, 더 좋은 사회를 만들고, 아버지의 권위를 누군가가 차지하기 위해서였죠. 아버지를 죽임으로써 여성들을 소유할 수 있으리라고 기대했지만, 막상 아버지를 죽이고 나서는 형제들 간의 분열이 두려워서 처음에 의도한 대로 할 수 없게 됩니다. 이전에 아버지 때문에 방해받았던 일들을 아들들 스스로가 금지합니다. 그들은 아버지를 대체하는 토템에 대한 살해를 금지하고, 자유롭게 된 여자들을 단념하여 그 살해 행위의 결실을 포기합니다(프로이트는 이것이 오이디푸스 콤플렉스의 억압된 두 가지 소망과 일치한다고 봅니다). 왜 이런 기이한 결과가 생겼을까요?

이는 성적 욕당이 남자 집단을 분열시킬 가능성이 있기 때문이겠죠. 형제들은 아버지를 쓰러뜨리기 위해서 단결했지만, 여자들 앞에서 서로 경쟁 상대가 된다면…… 그래서 각자는 아버지처럼 여자들을 독점하기를 바랐지만, 그들이 공동생활을 유지하려면 근친상간을 금지하는 법을 스스로 제도화해야만 합니다. 이런 금지에 의해서만 공동 조직을 유지할 수 있습니다. 하지만 그것은 스스로가 원했고, 아버지를 죽인 주요한 동기였던 여성들을 단념한다는 대가를 치러야만 가능한 것이죠.

이처럼 원초 집단에서 형제들은 아버지를 죽임으로써 모든 것을 얻으려고 했습니다. 그런데 아버지를 죽이고 나서 그들은 후회할 뿐만 아니라 죄의식에 시달립니다. 더 중요한 것은 아버지가 죽은 뒤에, 그들이 새로운 권위를 세우고, 근친상간을 금지하고, (아버지를 대신하는) 아버지의 권위보다 더 강한 권위를 다시 만들어낼 수밖에 없다는 점입니다. 이제는 아버지라는 인물 없이도 그 자체로 작용하는 법이 세워집니다. 그래서 도덕, 법은 바로 아버지를 죽임으로써 나타났고, 그 질서는 더 엄격해집니다.

사건 없는 사건

데리다는 여기에서 '사건 없는 사건'을 봅니다. 아버지 살해에서 (현실적) 아버지는 죽었지만 '아버지'를 죽이는 데는 실패했습니다.

살해된 아버지가 죄의식과 함께 되살아나서 엄격한 금지가 새롭게 만들어지기 때문이죠. 죽은 아버지가 금지 체계와 함께 부활하죠. 이제 죽은 아버지는 살아 있을 때보다 더 강해집니다. 죽은 아버지의 부활은 유령이 찾아온 것이 아니라 아버지의 권위가 보편적인 것으로 바뀜을 보여줍니다.*

결국 형제들은 아무도 살해하지 못하고, 어떤 권력도 막지 못한 셈이죠. 이 범죄로는 아무런 소득도 얻을 수 없었습니다. 도리어 죄의식과 후회를 떠안고 그들 스스로 도덕을 창설합니다. 곧 근친상간을 금지하는 명령, 법이 만들어집니다. 여기에서 바로 문명 집단이 창설되고, 법과 도덕이 세워지는 기원을 찾을 수 있습니다. 법, 도덕은 외부에서 주어진 것이 아니라 집단 내부에서 스스로 만들어낸 것입니다 (게다가 개인의 행위에 대한 평가가 아니라 의도라는 내면세계를 문제 삼고 내면화된 금지를 부과합니다).

그런데 아버지를 죽인 형제들이 죄의식을 느낀다면, 죄의식은 살해 행위 이전에 이미 있어야 합니다. 즉 죄 이전에 죄책감이 먼저 있어야 한다는 역설이 생깁니다. 그래서 데리다는 이 사건이 실제로 있었는지 물어봅니다. 이 사건이 일종의 '비-사건' '유사 사건' '아무것도 발생하지 않은 사건'이 아닌지 묻습니다. 즉 '사건 아닌 사건,' 허구의 사건이 발생합니다.

---

* 유대인들에게는 산 모세보다 죽은 모세가 더 강하고 무섭습니다. 죽은 모세는 살아서 이루지 못했던 일신교—神教의 완벽한 권위로 부활합니다. 살아 있던 박정희 대통령보다 죽은 박정희 대통령이 더 위력적이고 존경스러울 수 있습니다. 정치적·경제적 위기 때마다 그의 강력한 지도력을 그리워하는 자들은 이제는 아무런 증오의 기억도 없이 자랑스러운 존재를 불러들이려 합니다. 산 자들이 죽은 자에게 몸을 빌려주려고 애쓰는 모습이 재미있습니다.

도덕은 "아무도 죽이지 않은 데서 생겨난다…… 이런 행위나 범죄가 유효하기 위해서는 그것이 어느 정도 허구로 짜여야 한다. 모든 것은 '마치 ~인 것처럼' 발생한다. 누구도 아버지 살해가 일어난 '고유한/바로 그' 장소에서 아버지 살해를 만날 수 없고, 누구도 아버지 살해 과정을 볼 수 없다."

프로이트는 이런 방식으로 법의 발생, 기원, 역사를 설명하지만, 데리다는 법에 관한 역사적인 설명이 가능하지 않다고 봅니다. 법은 역사가 없고, 있다고 하더라도 제시할 수 없고, 이야기할 수 없기 때문이죠.

이런 문제는 기원을 찾는 문제와 연결됩니다. 기원이 무엇일까요? 모든 후손을 낳아주신 '최초의 조상님'이 있다면, 이 조상님 역시 부모가 계셔야 하지 않을까요? 이런 경우에 기원을 따져 거슬러 올라간다면, 설명할 수 없는 (숨겨진) 부분이 드러납니다.

우리를 낳았던 최초의 조상에 관한 이야기도 마찬가지입니다. 1대 할아버지라는 모든 자손의 기원이신 분은 현존하셔야 하지만, 사실은 그렇지 않습니다. 그 자리는 '빈자리'입니다. 후손들의 존재를 설명하기 위해서 가정한 자리일 뿐입니다. 왜 족보 첫머리에 계시는 1대 할아버지의 부친은 아니 계실까요? 만약 아버지가 계시다면, 왜 그분께 1대 조상의 자리를 양보하지 않을까요? 이 얘기를 더 하면 생경이 위험할지 모르니 이쯤에서 덮추겠습니다.

이처럼 족보를 따라가 보아도 든든한 뿌리가 나오지 않는 것처럼, 법도 그 근원을 찾아 거슬러 올라가면 최초의 지점에 아무것도 없습니다. 기원, 뿌리를 찾는 작업은 역설적으로 모든 자손이 나올 수 있는, 즉 모든 것을 담고 있는 어떤 원천이 아니라 텅 빈 자리를 마주할 뿐입니다. 데리다는 기원에 어떤 충만한 것이 있는 것이 아니라 '흔적,' 아니 '흔적의 흔적'이 있다고 봅니다.

법과 도덕의 역사적 기원을 찾는 작업은 아무것도 찾을 수 없지만 그 빈자리에서 법과 도덕이 생깁니다.

법은 그 발생을 설명할 수 없죠. 법은 어떤 역사/이야기와 관련된 것이고, 그것은 불가능한 것을 이야기하는 불가능한 이야기le récit impossible de l'impossible가 되죠. 이처럼 법이 허구적이라면 법은 접근할 수 없는 것이 됩니다.

● 법의 기원이 없으면 법을 따를 필요도 없고, 그 규범력도 사라질까요? 그렇지는 않습니다. 법은 자신의 기원을 찾지 못하지만, 그럼에도 불구하고 규범력을 지니고 있습니다.

스스로 금지하고 우회할 수밖에 없는가? 대리자 앞에 있는 법?

'법 앞에서' 법의 문은 항상 열려 있습니다. 시골 남자가 들어갈 수는 없지만 열려 있습니다. 시골 남자는 '법 앞에서' 문지기의 허락을 기다리면서 자기 스스로 결정을 유보합니다. 그가 들어갈 수 없는 것이 아니라 스스로 포기하죠. 이것은 타인에 의한 금지가 아니라 스스로에게 금지하는 것, 즉 금지의 내면화를 보여줍니다.

보다 흥미로운 점은 법에 이르는 길이 우회하는 길일 수밖에 없다는 점입니다. 법과 마주하기 전에 먼저 문지기라는 대리자와 마주해야 합니다.

어떤 목적을 이루려면 그 수단을 찾아야 합니다. 특정한 수단 없이는 어떠한 목적도 이룰 수 없죠. 그런데 그 수단에는 또 다른 수단이 있어서 곤란할 뿐만 아니라 그 수단 자체가 목적이 됩니다. 잘 아는 얘기지만, 돈을 적당히 벌어서 잘살려고 했는데 돈을 버는 과정에서 돈이 목적이 되면서 돈을 벌려고 살다 보니 잘살지도 못하고 또 정작 돈을 벌더라도 그 목적을 잊은 상태가 되곤 합니다. 카프카 작품에 자주 등장하는 주제인데, 예를 들어 법에 접근하려고 그 접근 수단이나 조력자를 찾아야 합니다. 그런데 이런 수단의 수단이나 조력자에게 접근하도록 도와주는 사람을 찾느라고 계속 우회하게 되고 그 우회하는 과정에서도 계속 미끄러짐이 이어집니다.

데리다는 시골 남자가 법 자체가 아니라 그 대리자/문지기 앞에 나아갈 뿐임을 지적합니다. 법 자체는 보이지 않습니다. 또한 작품에서 문지기는 법을 등지고 있습니다. 그는 법을 보고 있는 것이 아니라 시골 남자를 보고 있기 때문에, 주인공은 실제로 문이 아니라 문지기를 보고 있는 셈이죠. 데리다는 이런 배치를 통해서, 법 자체가 아니라 법의 대리물, 법의 특정한 형태, 법의 경험적 내용, 법조문에 쓰인 글씨, 법이 실행되는 구체적인 사건들, 또는 바른 판결이나 그른 판결 등의 경험적 사례들을 마주하고 있다고 지적합니다.

이런 이유로 이 두 사람 모두 법과 떨어져 있습니다. 이들은 법과 아무런 관계도 맺고 있지 않습니다. 이런 점에서 제목을 '법 앞에서 devant la loi'가 아니라 법의 '대리자 앞에서 devant la représentans'라고도 할 수 있을 겁니다.

• 이처럼 시골 남자는 존재하지도 않는 법으로 가는 길을 찾으면서 계속 '우회'합니다. 게다가 이 우회도 계속 미뤄집니다. 그래서 '법으로 가는 길'은 '없는 길'이고, '스스로 유보하는' 길이죠.

데리다는 이런 '법과 관계 맺을 수 없음' '비-관계'를 지적합니다. 시골 남자는 법에서 (은유적으로) 멀리 떨어져 있고, 위계질서의 가장 낮은 자리에 있는 가장 약한 하급관리 앞에서 자기 결단을 유보합니다. 그가 문지기의 말을 듣고 무엇을 결단했나요? 법을 향해 '들어가지 않기'를, 허락이 있을 때까지 '기다리기'를 결단합니다. 그것은 '결단하지 않기를 결단'한 '비결단의 결단'입니다. 그리고 이런 비결단 때문에 기다림이 시작되고, 이야기가 진행됩니다.

디페랑스

바로 이 근처가 데리다가 노렸던 지점. 디페랑스différance가 가장 뚜렷하게 드러나는 곳이겠죠. 어떤 점일까요? 문 안으로 들어가도 좋다는 허락은 '지금은 안 되는jetzt aber nicht' 까닭에 금지된 것은 아니고, 다만 지연·유보될 뿐입니다.

데리다는 이런 법에 대한 현재적 금지는 금지가 아니라 디페랑스라고 봅니다. 문지기의 금지는 나중에 들어가는 것을 금지한 것은 아닙니다. 현재에도 문은 열려 있고, 어떻게 보면 시골 남자는 문지기의 말에 상관없이 안으로 들어갈 수 있는 자유를 지니기 때문입니다(이때의 문은 장애나 폐쇄보다는 경계를 표시할 뿐이고, 문지기도 직접적으로 안에 들어가는 것을 막지 않습니다).

이처럼 법에 대한 현재의 금지는 법 안에 들어가는 것이 '현재는' 불가능하지만 '나중에는' 가능할 것이라고 암시함으로써 시골 남자를 계속 법 앞에 머무르게 하는 점에서 시간적 지연, 시간적 간격temporisation을 만듭니다. 그리고 법 '앞'의 문은 공간적 경계의 표시로서 공간적 간격 만들기espacement를 보여줍니다. 이런 점에서 '법 앞에서'는 공간적 간격과 시간적 지연을 동시에 보여줍니다. 신기한 일이죠. 카프카가 데리다의 디페랑스를 설명하기 위해 오래전에 이 작품을 써두었으니 말이죠.

법은 금지된 것l'interdit이고 안 된다고-말함inter-dit으로써 금지된 장소로 나타납니다. 사람들은 법에 이를 수 없고, 법을 존경하기 위해서 법과 어떠한 관계도 맺어서는 안 되고, 법에 대한 이야기를 해서도 안 됩니다. 그리고 단지 법의 대리자나 예들을 통해서만 법과 관계를 맺을 수 있습니다. 이들을 통해서 '법이 무엇인지' '어디에 있는지' '어디에서 오는지' '어디에서 말하는지'를 알아서도 안 됩니다.

데리다는「법 앞에서」에 나타난 문지기들의 권력도 디페랑스로 해석합니다. 시골 남자에게 나중에 주어질 허락이 미래의 정하지지 않은 시간으로 연기되는 것이라면, 이러한 연기는 끊임없이 존재할 무수한 문지기와 그들의 연기시키는 능력과 연결됩니다. 이런 힘이 바로 디페랑스죠. 그런데 이 연기는 시골 남자가 죽을 때까지 지속되는, 즉 끝이 없는 것입니다.

그런데 기이하게도 이처럼 끝없이 연기되는 것은 바로 연기를 명령하는 법 자체입니다. 법은 관계férance; relatio를 거부하고, 지시를 방해하고, 지연시킵니다en différant.

데리다는 여기에서 디페랑스 놀이가 사람들이 접근하지 못하게 하고, 표상representer하지 못하게 하고, 침입하지 못하게 한다고 봅니다. 이것은 사람들이 법이 '여기 있다'라고 말할 수 없도록 하는 '법의 법la loi des lois'이고, 법 절차입니다. 그리고 이것은 자연적인 것도, 제도적인 것도 아닙니다(그것은 있는 것도, 없는 것도 아닌 일종의 유령입니다).

데리다는 이런 디페랑스의 기원이 현전하지도 않고 제시할 수도 없으며, 어떠한 본질도 지니지 않는다고 봅니다(디페랑스는 의미를 갖지도 않고 존재하지도 않습니다. 그것은 어디에도 속하지 않고, 어떤 것도 유지maintenance하지 않습니다. 또한 어떤 심층profondeur도 갖지 않으며, 그것은 존재가 그 위에서 노는 '바닥 없는 장기판échiquier sans fonds'입니다).

따라서 데리다는 법의 진리가 비-진리non-verité, 진리 없는 진리 verité sans verité라고 봅니다. 그렇지만 법은 법으로부터 떨어져 있는 맹목적인 지킴이가 지킬 수밖에 없다는 점에서 역설적입니다. 따라서 문지기가 법을 지키고 법이 어떤 본질을 지닌 것으로서 그로부터 권력이 나온다는 '편견préjugés'이 '법-앞에서pré-jugés' 마련되죠(문지기는 법을 지키는 것이 아니라 법이 없음을 은폐하려고 지키고 있습니다. 이런 부재의 지킴이가 법의 권위를 만들고 법의 현존에 대한 일정한 기대와 욕망을 만듭니다).

법 '앞'에 있는 우리는 법 '바깥'에 있으므로 자유로운 것처럼 보이지만, 법은 우리에게 나중에 출입을 허락한다고 '약속 아닌 약속'을 합니다. 그래서 우리를 기다리게 하고 붙잡아둡니다. 항상 열려 있는 문은 우리의 욕망을 자극하고 우리를 법 앞에서 기다리게 합니다. 우리는 법의 이름, 이미지, 기표와 그 효과에 사로잡혀 있는 셈이지요.

법과 문학의 관계

데리다는 텍스트에 대한 몇 가지 전제를 지적합니다. 이런 점과 관련하여 법과 텍스트, 문학의 관계를 어떻게 설명할 수 있는지 살펴봅시다. 우리는 보통 텍스트가 지닌 자기동일성을 전제합니다. 즉 텍스트는 고유한 의미가 있고 항상 동일한 것이어서, 다른 장소에 놓이거나 다른 사람이 보더라도 항상 똑같다고 전제하죠. 또한 텍스트의 유일성, 수미일관된 통일성이란 개념들, 원본 텍스트가 불가침적不可侵的이라는 믿음도 전제합니다.

또 저자에 대한 믿음도 있습니다. 우리는 법과 관습의 체계상 독립된 저자를 상정합니다. 저자는 작품의 처음부터 끝까지 일관된 태도를 견지하면서 자신의 원래 의도를 고스란히 표현한다고 믿습니다. 글 쓰는 중간에 한눈을 팔거나 과격한 감정 때문에 흐트러지는 경우란 없겠죠. 그런데 예를 들어, 소설 작품을 출판하는 과정에서 특수한 목적 때문에 편집자가 일부를 수정하는 경우 소설의 작가는 누구일까요?* 그리고 전집을 간행하는 경우에 어떤 글들을 포함해야 할까요? 그의 편지나 메모도 출판된 책과 같은 의의를 지닐까요? 어쨌든 '저자'는 작품에 완결성, 등일성을 부여하는 특권적 장치라고 할 수 있습니다. 우리는 「법 앞에서」란 작품에 카프카가 서명했기 때문에 그것을 카프카의 소유로 생각하고, 책의 인세를 카프카의 유족들에게 지급해야겠죠.

그리고 문학 텍스트에 하나의 이야기가 존재하고 그것이 문학에 속한다는 믿음이 있습니다. 이대 이야기가 무엇인지, 문학이 무엇인지에 관해 설명해야 합니다. 한 작품을(예를 들어「법 앞에서」『율리시스』『안네 프랑크의 일기』) 문학작품에 포함시킬 것인지를 '누가' 결정

---

* 『자본론』 같은 경우에 1권은 마르크스 자신이 교정까지 본 상태로 출판했기 때문에 문제가 없지만, 2권의 경우에 엥겔스가 알아보기 힘든 마르크스의 초고를 10여 년에 걸쳐 나름대로 정리한 것이죠. 3권의 문제는 더 복잡한데 엥겔스가 늙고 시력이 약한 상태에서 카우츠키에게 마르크스의 필체를 읽는 법을 가르쳐서 걸리하도록 했죠. 마르크스와 엥겔스는 서로의 의도를 누구보다 잘 아는 사이였기 때문에 2권은 마르크스와 엥겔스의 공동 저작으로 본다 하더라도, 3권의 경우는 어떨까요? 카우츠키도 이른가인데, 마르크스의 초고를 단순히 있는 그대로 옮겨 썼을까요? 그렇다면 3권의 저자는 누구일까요?

할까요? 그런 결정권을 지닌 이가 누구인지 궁금하군요. 혹시 지적 재산권에 관해서 판결하는 판사가 그 작품의 본질과 권한을 결정하는 것은 아닐까요?

또한 제목에 대한 믿음이 있습니다. 우리도 「법 앞에서」라는 텍스트에서 (작품 바깥에서) 작품을 지시하는 제목의 몇 단어를 중요하게 생각하죠. 작품 속의 모든 의미가 제목에서 하나로 종합된다고 생각하는데, 실제로 그럴까요? 또한 이 경우에는 '법 앞에서'가 제목이기도 하지만, 첫 구절이기도 하죠. 이 둘이 어떻게 다를까요? 과연 이런 제목이 작품 전체를 조망하는 특권적인 관점일까요? (데리다식으로 제목이 텍스트 안의 모든 기표를 질서 짓는 선험적/초월적 transzendental 기의라고 볼 수 있을까요?)

우리는 책을 앞에 두고 그 작품이 통일되고, 전개가 일관되고, 적절하게 구성되었다고 여깁니다. 모든 부분은 전체와 유기적 연관을 지니고, 이것들을 하나로 모으는 저자라는 중심이 있고, 이야기의 성격이 문학의 고유성을 잘 보여준다고 믿습니다. 이런 것들은 해석에 전제될 뿐만 아니라, 문학을 둘러싼 관습, 제도, 소유권을 비롯한 법률 문제와도 연결됩니다.

법 안에는 법이 없다?

데리다는 「법 앞에서」라는 텍스트에서 '법이 무엇인지 알 수 없다'고 봅니다. 카프카의 텍스트에서 법이 침묵한 채 이름만 지니므로, 그것에 관해서 아무것도 알 수 없다는 거죠. 그는 폼페이 일화를 인용하면서, 한 지배자가 어떤 본질을 찾으러 사원의 가장 은밀한 장소에 가서 신성한 존재를 모시는 장막 뒤에서 찾은 것이 '텅 빈 공간'에 지나지 않은 예처럼, 법이 보이지 않고 비어 있는 것임을 보여줍니다.

데리다는 이러한 '알 수 없음'의 성격에서 문학과 법의 관련을 찾습니다. 그는 문학의 특수성과 관련하여 법의 문이 지닌 특수성, 일회적인 면singulière을 문제 삼습니다. 이것은 다른 것이나 다른 사람으로 대체할 수 없음irremplaçabilité을 말합니다. 이 작품의 마지막 장면을 다시 보죠. "이곳에서는 당신 이외에는 아무도 입장을 허락받을 수 없다오. 왜냐하면 이 입구는 오로지 당신만을 위한 것으로 정해져 있기 때문이오. 이제 가서 문을 닫아야겠소"라고 하는 점에서, 법의 문은 보편적인 것이 아니라 단일한 것입니다. 문지기가 '시골 남자만을 위한' 문을 닫음으로써 이야기는 끝나고, 법의 문은 닫힙니다. 이 (법의) 문은 텍스트의 문인데, 이것을 이해하기 위해서는 이 닫힌 문에서 시작해야 합니다. 그런데 텍스트의 문 뒤에는 아무것도 없습니다.

텍스트는 그것이 기표를 통해서 기표 안에 숨어 있는 무엇인가를 지시하고, (기표들을 질서 있게 배치하는 일정한 목적이나 형상에 해당되는) 의미를 지시하야 합니다. 물론 이런 지시가 항상 자명한 것은 아니고, 시골 남자가 본 「법 앞에서」의 경우처럼 그것이 무엇을 지시하는지, 지시할 수 없음을 지시하는지 애매한 경우가 있습니다. •잘 알려진 예로 말라르메의 '꽃'의 예가 있습니다. '꽃'이라는 말은 꽃을 가리키지 못하고 다만 그 말을 가리킬 뿐이지요. 아무것도 가리키지 않는 말은 그 자체를 지시하고 그 자체로 존재합니다.

데리다는 「법 앞에서」라는 이야기가 (어떤 대상을 지시하지 않고) 단지 자기만을 서술할 뿐이라고 봅니다. 게다가 이런 텍스트의 자기 서술도 어떤 명료함이 아니라 '텍스트를 읽을 수 없음'이나 텍스트의 자기모순을 나타낼 뿐이라고 봅니다. •"텍스트는 법처럼 스스로를 지닌다. 그것은 오로지 자기 자신에 대해서만, 그것도 자기와의 비동일성에 대해서만 말한다. 그것은 발생하지도 않고, 사람들이 자기 자신에 도달하도록 허락하지도 않는다. 텍스트는 법이며, 법을 부여하고, 독자를 법 앞에 버려둔다."

이처럼 「법 앞에서」라는 텍스트는 문지기와 시골 남자의 이야기 외에는 법에 관한 어떠한 것도 나타내지 않으며, 법은 단지 이름, 이미지로서만 존재합니다. 법은 자신에 대해서 침묵하므로, 그것이 어떤 것인지(선인지, 악인지) 알 수 없고, 단지 '법'이라는 기표로 존재할 뿐입니다.

재미있게도 법과 텍스트는 같은 구조를 지닙니다. 그래서 이 텍스트 '앞'에 서 있는 독자들은 시골 남자와 같은 운명에 처합니다(아마 여러분도 처음부터 문지기가 아니라 시골 남자가 여러분과 같은 주인공임을 짐작했을 겁니다). 이 텍스트는 우리를 그것 앞에서 기다리게 하는데, 끝없이 기다리게 할 뿐 어떠한 내용도 제시하지 않습니다. 데리다는 이 텍스트가 다가갈 수 없고, 파악할 수 없으며, 어떤 (고정된) 의미도 갖지 않기 때문에 읽을 수 없는 것, 손댈 수 없는 텍스트라고 봅니다. 보통 텍스트를 읽을 때 그 숨겨진 참된 의미에 대한 믿음을 전제합니다. 읽기는 그렇게 숨겨진 의미를 감싸고 있는 껍질을 벗기는 작업이어야 합니다. 그런데 만약 그 껍질 안에 아무것도 없다면 어떻게 될까요?

텍스트가 법 앞에 서는 점은 법이 텍스트에 일정한 내용과 형식을 부여하는 것이기도 합니다. 그래서 우리가 원본 텍스트에 손을 대거나 변형하는 것은 불법적인 것입니다. 텍스트는 비록 그 의미가 자기동일적이지 않고 본질적으로 읽을 수 없는 것이지만, 일정한 형태를 지닌 것으로 제시됩니다. 이 때문에 그것이 일정한 권리를 지닌 인격적 정체성을 지닌 것처럼 나타납니다. 만약 텍스트의 원래적 동일성을 침해하는 부적절한 해석, 비평, 번역, 편집을 할 경우에는 '법 앞에' 불려 나가야 합니다. "당신은 뭘 믿고 이 작품을 그처럼 형편없이, 무의미하게, 위험하게, 제멋대로, 무책임하게 신의 분노를 살 수밖에 없도록 해석했소?" 텍스트가 이렇게 존재하는 경우에 독자를 비롯해서 비평가, 번역가, 편집자, 해설자 등은 텍스트를 지키는 문지기이자 동시에 시골 남자입니다.

문학적인 것과 법적인 것

데리다는 카프카의 텍스트가 문학에 속하는지, 나아가 문학은 무엇인지를 질문합니다. ●우리는 어떤 것이 그 테두리가 있어야만 어떤 고정된 것으로 규정하고 그것에 정체성을 부여합니다. 어떤 것이 지닌 고유성, 다른 것과 섞이지 않는 순수성, 그 바깥과 구별되는 내면성, 다른 것에 의존하지 않는 자율성, 그것을 그것으로 만들고 다른 것과 구별하게 하는 동일성 등은 어떤 것이 테두리 안에 들어갈 때만 부여될 수 있습니다. 물론 이런 경계가 항상 분명하거나 자명한 것은 아닙니다.

그는 카프카의 텍스트 안에서 명확하지는 않지만 작용하는 어떤 것이 있는데, 그것이 문학작품의 경계 설정cadrage과 관계 맺고, 지시성référentialité의 구조를 드러낸다고 봅니다.

물론 「법 앞에서」라는 텍스트는 지시 대상이 없는 기묘한 지시성을 드러냅니다. 데리다는 법과 문학의 관계를 보편적인 것과 단일한 것의 맥락에서 보면서 양자의 경계를 문제 삼습니다. 문학은 대체할 수 없는 단일한 통로를 통해서 접근해야 합니다. 우리는 이것이 법의 경우에도 (시골 남자의 경우처럼) 마찬가지임을 보았습니다.

"〔……〕 절대적으로 단일한 언어수행 없이는 문학이 존재하지 않는다. 그리고 특수한 것le singulier과 보편적인 것l'universel이 교차하자마자 〔……〕 가장 엄격한 대체 불가능성이 다시금 시골 남자가 제기한 의문들을 환기시킨다. 〔……〕 그는 〔법에 접근하는〕 통로가 보편적이어야 하고, 참된 것이어야 한다고 믿었던 까닭에 그 통로의 단일성을 이해하는 데 어려움을 겪었다. 그는 사실상 문학과 맺는 관계에 어려움을 겪었던 것이다."

우리는 보편적인 것과 단일한 것을 일치시키려 하지만, 단일한 것이 보편적인 것에 결코 포섭될 수 없기 때문에 이런 일치는 불가능합니다. 법과 시골 남자의 관계에서도 법이 보편과 특수를 일치시킬 수 없고, 따라서 법 자체가 무엇을 가리키는지 알 수 없습니다.

그러면 문학이 단일성을 지니면서도 반복을 벗어날 수 없는 기이한 점을 살펴봅시다. 문학은 특정한 시기, 상황에서 단일한 것으로 존재합니다. 그렇지만 문학은 읽혀지고 의미를 갖기 위해서 장르나 관습 같은 법을 필요로 합니다. 따라서 문학은 법에 의해서 문학일 수 있고, 그래서 일정한 규제 안에 있습니다. 하지만 문학은 그 단일성 때문에 철학적 제도나 법의 보편성에 환원되지 않습니다. 데리다는 이렇게 반복되는 특이성을 반복 (불)가능성itérabilité이라고 부르는데, 이것은 다르게 반복하는 것이고 반복하면서 다르게 되는 것입니다(그것은 의미를 갖기 위해서 반복하지만, 그 단일성 때문에 동일하게 반복할 수 없습니다).

저자, 제목, 고유명사의 경우를 보죠. 예를 들어, 고유명사가 갖는 고유성은 (이미 주어진 본질적인 것이라기보다는) 문맥에 의해서 만들어집니다. 고유명사나 제목은 문맥이나 반복에 의존합니다. 고유명사는 언어의 보편성과 구별되는 특이성이지만, 동시에 언어 속에서 반복되어야만 의미를 지닐 수 있습니다. '영진'은 항상 어디에서나 '영진'으로 반복되어야만 '영진'일 수 있는 것이죠.

그래서 데리다는 모든 텍스트가 서명과 같은 운동에 빠져든다고 합니다. 예를 들어, '김강산'이 쓰는 서명 '김강산'은 김강산이라는 주체의 고유성(자기동일성)을 보증합니다. 그러나 서명 '김강산'이 고유한 의미를 지니려면 여러 곳에서, 많은 시점에서 반복될 수 있어야 합니다. 매번 바뀌는 서명은 서명이 될 수 없겠죠. 그런데 이런 반복 가능성 때문에 서명은 위조될 수 있습니다. 따라서 서명의 고유성은 그것이 거부하는 반복이나 위조에서 나온다는 역설을 안고 있습니다. 서명은 반복되지 않으면 의미를 만들 수 없습니다. 반복이나 위조는 서명의 고유성을 가능케 하면서, 동시에 불가능하게 합니다.

데리다는 경계 설정, 제목, 지시성이 문학작품을 가능케 하는 조건이라고 봅니다. 이런 가능성들이 텍스트에게 법을 행사할 faire la loi 힘을 보증합니다. 그렇지만 독자 앞에 서 있는 더 강한 텍스트의 문지기들 — 저자, 편집자, 비평가, 대학관계자, 기록계, 사서, 법률가 등 — 은 독자를 자신들의 법 앞에 세워둡니다. 그래서 이것은 그 텍스트가 더 강한 문지기가 지키는 더 강한 텍스트의 법 앞에 나타날 수 있는 조건이기도 합니다. 또한 이런 문지기들의 법은 "이 모든 합법성에 권위를 부여하는 법과 사회적 관습들의 집합이 이 텍스트를 보증할 때만 합법적일 수" 있습니다.

법 앞에 있는 텍스트

앞에서 법이 허구와 관련되는 점을 지적했듯이, 허구적 문학도 법과 일정한 관련을 갖습니다. 그러므로 카프카의 텍스트에서 문학의 특수성을 가능케 하는 것이 문학 안에만 존재할 수 없으므로, 문학의 역사성을 법의 역사성과 함께 살펴야 합니다. 문학은 늘 법 '앞'에 서 있습니다. 이것은 문학이 법의 조건들을 전제할 때만 확실하게 존재할 수 있기 때문이죠. 작품의 재산권과 관련된 동일성 문제, 서명의 가치, 창조, 생산과 재생산 간의 차이 문제들을 규정하는 법이 있어야 비로소 문학은 문학적이 될 수 있습니다. 따라서 작품이나 문지기들은 모두 법을 근거로 삼아야 합니다.

이처럼 데리다는 카프카의 텍스트가 '모든 텍스트가 법 앞에 존재함/법 앞에 출두함 l'être-devant-la loi de tout texte'을 문제 삼는다고 해석합니다.

이 텍스트는 스스로 법 앞에 있다는 점에서 특정한 법 유형 un certain type de loi의 하나가 되면서 한 시대의 문학에 속합니다. 문학작품도 소유권의 주체가 되고, 시장에서 일정한 가격으로 교환되고, 판매에 따른 수익에 세금이 매겨지고, 그것을 불법 복제하는 것을 법이 금지하는 등 법이 보호하는 대상이기도 합니다. 즉 문학이 지닌 고유성이 문학 이외의 것들에도 적용되는 법의 보편성의 한 항목이 됩니다. 또한 그것은 문학작품이면서 정치적 장에서 특정한 정치적 발언으로 나름의 값을 가질 수밖에 없습니다(예를 들어 카프카의 「변신」을 둘러싼 정치적·비정치적 해석들의 대립에서, 즉 이런 해석의 정치적 시장에서 「변신」은 특정하게 자리매김합니다).

이런 측면들 때문에 문학의 고유성은 '문학 바깥'의 것들에 의해서 규정되고, 그것들과 나란히 서고, 법 앞에서 그 자리를 배당받습니다. 문학은 '법 없는 길'을 추구하지만, 법이 없다면 자기 작품을 그대로 베껴 쓰고 그것을 자기 것이라고 우기는 자에 대해서 아무런 권리도 주장할 수 없겠죠.*

그렇지만 카프카의 텍스트는 이런 관계에 파묻혀 있으면서도 은밀하게 문학을 지시하고, 스스로 문학적 효과로 이야기하는 점에서 법이 정해준 문학을 넘어섭니다. 데리다는 이처럼 문학이 문학을 넘어서는 것, 문학작품이 문학의 영역을 변화시키는 것transformateur du champ으로 작용하는 점에 주목합니다.**

데리다는 이런 점과 관련하여 언어가 고정된 의미의 틀에 따른 억압적인 성격을 벗어나도록 언어적 '다의성'을 중시합니다. 이 점은 그가 의미의 불확정성을 강조한 것과 자연스럽게 연결되겠죠. 그리고 그것을 연장시켜서 언어 없는 언어le langage sans langage, '언어 너머에 있는 언어le langage au-delà du langage'를 추구하기를 권합니다.

그런데 문학이 원한다고 해서 자기 마음대로 법 바깥으로 나가 문학만의 독특한 공간, 법 없는 공간을 만들고, 그 때문에 고유한 특권을 지닐 수는 없습니다. 문학은 기존의 법을 전복하려 하면서도 합법성을 벗어날 수 없어서 어떤 방식이건 합법성과 관련됩니다. 이것을 달리 표현하면 문학은 법에 감싸여 있으면서도 (보편성인) 법을 찌르는 (단

---

* 좀 다른 맥락에서 범속한 관계를 거부하는 고급 문학도 시장에서 그것이 이런 제도와 법의 측면을 용감하게 무시한다는 점 때문에 비싼 값이 매겨지고 더 중요한 보호 대상이 되기도 합니다.
** "문학이 문학 자체일 뿐이라면 문학은 더 이상 문학이 아닐 것이다Elle〔문학〕 ne serait plus elle-même si elle était elle-même."

일성의) 칼날을 숨기고 있습니다. 법 바깥이 존재하지 않으므로 법 안에서 법을 전복시켜야 하고, 그것도 문학적으로 그렇게 해야 합니다.

데리다가 보듯이 "문학은 역사적 조건에서 항상 전복적인 합법성 juridicité subversive을 지향"하지만, "이것은 자기동일성이 보장되지 않거나 불안정한 점 또한 법의 담론들을 언어 행위로 생산하는 힘을 전제"합니다. 그리고 문학은 법 앞에서 문학 자체로 법을 표현합니다.

진리와 그 주석들

데리다는 「법 앞에서」가 『소송』의 9장(「성당에서」)에서 신부가 주인공 요제프 K(카)에게 들려주는 이야기이기도 하다고 지적하면서 다른 맥락을 문제 삼습니다. 신부와 K 간의 해석학적 갈등을 법 앞에서 벌어지는 문지기와 시골 남자의 대립에 연결시킵니다. 신부는 법을 수호하기 위한 지킴이로서, K를 자신의 해석 틀에 가두려고 합니다. 문지기가 법의 존재를 자신의 권력 수단으로 삼듯이, 신부는 「법 앞에서」라는 텍스트가 지닌 진리와 올바른 해석을 통해서 나름의 권력을 보여주려고 합니다. 이렇게 볼 때, 글/텍스트는 법과 마찬가지로 불변적인 진리를 지닙니다. 그것은 독자가 해석을 통해서 그 진리를 추구하도록 하는 힘을 지닌 것으로 여겨집니다. 신부는 (법 앞에 선 문지기와 같은 위치에서) K에 대해서 이 글에 대한 해석권자로 군림하고자 합니다. 진리 앞에 무릎 꿇은 자들에게 진리를 통해서 그들을 자유롭게 하고자 합니다.

성경을 읽을 때, 성경 해석을 공인받은 사람의 해석에 따라 '바르게' 읽어야 하고, 수업 시간에 들은 강의는 시험에서 요구하는 정답을 쓰기 위한 것이고, 삶을 공인된 도덕의 기준에 따라서 해석해야 합니다. 이런 해석에서 오독을 한다면 이단자가 되거나 성적이 나쁘거나 타락한 자가 되는데, 이것은 모두 바른 해석, 텍스트가 숨긴 참되고, 선하고, 신성한 의미를 배반한 데 따른 난처한 결과입니다.

다른 한편, (탈무드의 전통에서) 독해자들은 법이나 글의 보편타당한 진리에 도달하지 못하고 전통적인 '문지기들'의 주석에 매달립니다. 그런 주석에 가로막튼 나름의 해석 통로를 찾지 못하는 경우에 사람들은 다시 시골 남자의 자리에 서게 됩니다.

그러면 주석들은 어떤 것일까요? 그것들은 진리를 지닌 것일까요? 만약 하나의 주석이 진리를 지닌다면 다른 주석들을 물리쳐야 할 것이고, (완전한 주석 이외에 다른 주석들은 불필요하므로) 주석의 역사는 끝날 것이고, 바로 그 주석이 진리로 신성화될 것입니다.

실제로는 그렇지 않습니다. 끊임없이 맞물리고 충돌하는 주석들 사이에서 모든 주석은 올바른 파악의 일부이면서 동시에 또 다른 주석에 의해서 지워지는 것이기도 합니다. 그렇지만 우리는 주석을 통하지 않고서는 텍스트의 본래적 의미를 만날 수 없습니다.

진리는 (텍스트 안에 불변하는 것으로 주어져 있는 것이 아니라) 특정한 장소와 시간 안에 제한된 것으로 존재하면서, 역사적으로 해석되고/만들어지고 다시 다른 해석으로 이어지고 흩뿌려지면서disséminé 연기될 뿐입니다. 이런 주석의 궁극적 의미 찾기는 완결될 수 없습니다. 한 주석은 다른 주석을 가리키고, 그것은 또 다른 주석을 가리키기 때문입니다. 주석자들은 '바닥 없는 장기판'의 놀이자들입니다.

텍스트와 법의 의미는 그것에 대한 해석들 안에 존재하지만, 그 해석들은 모두 선입견Vorurteil; préjugé에서 벗어날 수 없습니다.

장님들의 코끼리 만지기 놀이

우리가 본 데리다의 해석은 코끼리를 둘러싼 장님들이 만진 코끼리의 한 측면입니다. 데리다가 제시한 코끼리의 모습이 진정하고 완전한 것일까요?

이번 시간에 우리가 다룬 것은 '법 앞에서'라기보다는 '디페랑스 안에서'죠. 데리다의 해석이 「법 앞에서」를 가장 충실하고 완벽하게 해석한 것은 아니겠지만, 이런 해석은 다른 해석자들과 다른/새로운 점을 지적합니다. 이런 면에서 이것은 뛰어난 해석이자, 창조적인 독해/또는 창조적 오독誤讀이고, 그의 해체-구성déconstruction이 잘 적용된 예입니다.*

여러분이 데리다의 해석을 어떻게 볼지 궁금합니다. 평가표를 제시하는 데만 몰두하지 말고 데리다의 텍스트를 밀쳐둔 다음, 그 텍스트-양피지에 겹쳐 쓰는 기분으로 텍스트 곁에서 새로운 해석을 창안하는inventer 것은 어떨까요?**

'법 앞에서' 수많은 편견/선-판단/선-이해를 만들어내는 독해들은 서로 관계 맺고, 그것들이 지닌 차이들 때문에 궁극적 해석이 미뤄질 겁니다. 이때 '법 앞에서'가 원래의 고정된 의미를 지니는 것이 아니

---

* 시골 남자는 작품에서 아무것도 하지 않았습니다. 그런데 데리다가 보기에는 아무것도 하지 않는 그의 무위無爲가 디페랑스différance를 가장 잘 보여주는 점에서 '하지 않은 바가 없는 無不爲' 셈이죠.

** 예를 들어서 작품을 어떤 것을 지시하는 '방법'으로 볼 수도 있고, 또 기호들을 다루고 있는 기호로 볼 수도 있습니다. 법이라는 기호는 무엇을 이야기하나요? 우리는 법의 내용을 이야기할 수 없죠. 법이라는 기호는 법의 부재를 이야기합니다. '강아지'라는 말/기호가 있는 곳에 강아지는 있을 수 없습니다. '법'의 기호가 법을 대체한다면, 법이 있는 곳에 법은 없죠. 하지만 더 기묘한 것은 현실의 법은 자기를 주장하기 위해서 법이라는 기표를 필요로 한다는 점이죠.

라면, 「법 앞에서」 역시 이런 해석 가운데 하나일 수밖에 없습니다. 독자의 자리에 서 있던 우리도 법의 문, 진리의 문, 사랑의 문, 의미의 문 앞에서 텍스트의 새로운 해석자이자 저자로서 자신이 기르고 가꾼 의미가 열매 맺을 수 있는 열린 대지를 마주할 수 있을 겁니다.

자! 이제 '법 앞에,' 카프카의 텍스트 앞에, '그 무엇 앞'에 (다시) 서봅시다.

하이데거의 횔덜린 읽기는 궁핍한 시대의 시인의 시적 창조에 기대어 근대의 주체 중심적 사고, 본질주의적 사고를 벗어나려는 새로운 존재 사고를 모색하는 시도이다. 존재론적 사고와 시적 창조의 교류는 특권적인 존재자를 앞세워서 '존재 물음'을 가로막는 서구적 사고에서 은폐된 것을 다시 사고하려고 한다. 이런 존재론적 질문에서 존재하는 모든 세계를 품에 안고 창조와 혼돈을 하나로 모아들이는 자연은 어떤 길을 제시하는가? 왜 존재 사고는 시 짓기와 시인다운 삶의 자세에 주목하는가? 궁핍한 시대의 시인은 왜 존재를 노래하는 시인인가?

3
시인에게 무엇을 배울 것인가?
— 궁핍한 시대의 시인과 존재를 찾는 사상가의 만남

1. 존재 물음과 시 짓기

시인과 사상가의 대화: 시인에게 무엇을 배울 것인가?

이번에는 하이데거가 횔덜린의 시를 읽으면서 어떻게 자신의 존재론을 재조명하고 시적 언어로 존재의 집을 지으려고 했는지 살펴보겠습니다.

철학자는 자신의 사고를 시적 영역에 적용하는 것이 아니라, 사고의 넘을 수 없는 벽 앞에서 시적 언어에 도움을 청하고 시 짓기에서 새로운 길을 찾고자 합니다.

먼저 횔덜린 시의 유명한 한 구절을 볼까요?

……내 비록 무엇을 해야 하고, 무엇을 말해야 할지 모르지만,

이 궁핍한 시대에 무엇을 위한 시인인가wozu Dichter im duerftiger Zeit?
―「빵과 포도주」

우리 시대가 만약 가난한 시대라면 시인은 '무엇을 위해서' 시 짓기를 할 수 있을까요? 시인의 사명은 무엇일까요? 시는 무엇을 할 수 있을까요? 이런 시 짓기가 왜 존재에 관한 철학적 질문과 관련될까요?

먼저 하이데거가 왜 횔덜린과 대화하려 하고, 어떤 대화를 원하는지 살펴봅시다. 하이데거는 철학적 사고와 시 짓기가 같은 길 위에 있다고 봅니다. "사유하는 자Denker는 존재를 진술하고 시인Dichter은 성스러운 것을 명명한다."

철학자는 사고 자체를 더 잘 배우기 위해서 시의 언어에 주목합니다. 철학자는 시를 단순한 문학작품이나 예술 가운데 하나로 보지 않고 진리를 드러내는 것으로 봅니다. 사고하는 자가 존재를 사고하는 것처럼 시인은 시적 언어로 진리를 낳죠. 하이데거는 언어 자체가 본질적인 의미에서 '시'이며, 시는 언어 자체의 본질이 나타나도록 말하는 방식이라고 봅니다.

하이데거는 '시 짓기詩作, Dichtung'가 예술의 본질이라고 봅니다. 시의 본질은 진리를 드러내는 것이죠. 횔덜린에 따르면 "시인은 신들을 명명하고, 그렇게 명명함으로써 모든 사물을 있는바 그대로 본질에 따라서 이름 부른다." 곧 시는 존재자들의 존재를 명명하고, 존재자들의 진리를 드러내는 본래적인 양식입니다.

그리고 시인은 존재를 건설하는 자이고, 언어를 통해서 존재를 찾는 모험에 참여합니다. 이런 시인이 존재의 증인이라면 사고하는 자는 시인의 언어를 통해 존재를 사고하는 막다른 골목에서 시인의 예언에 귀 기울일 필요가 있습니다. 그러면 철학자와 시인의 아름다운 만남이 어떤 결실을 맺을까요?

객체를 지배하는 주체?

하이데거의 횔덜린 읽기를 보기 전에 하이데거의 존재론을 간략하게 살펴봅시다.

데카르트 이래의 근대 철학은 대부분 인식을 중심에 두고 있습니다. 하지만 하이데거는 '존재의 문제'를 가장 근본적인 문제로 보면서 근대 철학 전체를 뒤집으려고 합니다. 근대 철학의 사고 틀, 곧 주체와 객체를 구분하고 주체를 우월한 것으로 보는 주체 중심주의를 극복하려는 것이죠.

데카르트 이후의 근대 철학은 인식하는 '주체'와 인식되는 '대상'을 나눕니다. 이렇게 맞서는 구도에서는 양자 가운데 한쪽이 우선권을 갖겠죠. 인간 쪽에서는 당연히 자신을 우월한 쪽으로 보고 상대를 자신에게 마주 선 것Gegen-stand, '인식되는 것'에 지나지 않는다고 볼 겁니다. 이런 대결 구도에서 주체인 인간은 대상 세계를 인식해서 대상을 자기 목적에 맞게 이용하고 지배합니다. 과연 인간이 대상 세계의 주인이 되는 것이 바람직할까요, 또 가능한 일일까요?

이런 (실천과 일정한 관련을 갖는) 인식에서 인식 주체가 주도권을 지니고 주체는 자신의 인식 틀로 대상을 (바르게 또는 잘못) 인식합니다. 이런 주인공인 주체는 대상이 '존재하는 근거'가 대상 자체에 있는 것이 아니라, 대상을 '인식하는 근거'인 주체 쪽에 있다고 봅니다. 그래서 주체의 인식 능력이 세계를 틀 짓는다고 봅니다. 대상은 주체가 제시한 틀에 종속된 것, 곧 주체의 인식 조건에 따라 개념적인 대상으로 환원/축소되는 비자립적인 것에 지나지 않습니다. 대상은 더 이상 그 자체로 존재하는 것이 아니라 (주체에 의해서) '인식된 것'에 지나지 않습니다. 이런 점에서 근대 철학은 인식 주체, 인간을 중심에 둡니다.

과연 이런 주체성, 주관적인 능력이 세계를 온전하게 드러낼 수 있을까요? 하이데거는 그렇게 생각하지 않습니다. 그는 주체가 아니라 '존재'가 이런 인식을 가능하게 한다고 봅니다. 만약 존재가 인간에게 스스로를 드러내지 않으면, 인간은 대상을 볼 수 없습니다. 존재라는 바탕에서만, 존재가 펼쳐놓은 열린 영역 안에서만 인간이 대상을 볼 수 있다면 인간은 그런 지평에 있는 하나의 구성 요소에 지나지 않습니다.

나무를 예로 들어봅시다. 주관적·주체 중심적 태도는 나무가 인간을 벗어나서 그 자체로 있다고 보지 않습니다. 나무를 인간의 인식 틀에 알맞게 다듬어진 '인식된 나무,' 또는 실천적으로 '이용 가능한 나무,' 인간이 자연을 기술적으로 이용할 수 있는 '자원'으로 틀 짓습니다. 인간은 '무엇이 인간에게 유용한가'라는 관점에서 대상을 봅니다. 인간은 나무를 볼 때 '인간적으로' 보고, 나무에서 '유용한 면'을 찾아냅니다. 인간은 그 자신의 관점으로 나무를 '닦달합니다.' 이런 태도는 나무의 본래 모습에는 관심이 없죠. 이렇게 닦달하는 까닭에 나무는 인간이 제시한 관점에 머리 숙이고 고스란히 자기를 바칩니다. 마치 나무는 인간이 그것에 이름을 부여하고, 그것을 유용하게 사용하고, 그것의 본질을 인간 나름대로 정하고, 그것을 마음대로 조작하도록 봉사하고 순종하는 존재자처럼 보입니다. 이처럼 인간은 나무를 지배합니다. 그러면서 '아낌없이 주는 나무'라는 신화를 만들어내죠. 하이데거는 이런 사고방식을 거부하고 나무를 '그대로 두어야' 한다고 하죠. 인간에게 예속된 나무라는 착한 머슴을 해방시키려는 것이죠. 그러면 이런 문제의식을 어떻게 주제화할 수 있을까요? 하이데거는 주체가 주도하는 인식 틀 대신에 주체가 '존재에 내맡겨지는' 방식으로 존재를 물어보려고 합니다.

'있음은 무엇인가'라는 이상한 질문

하이데거는 자기의 기본적인 철학 물음을 '존재 물음Seinsfrage'이라고 하죠. 그는 이런 '존재 물음'이 제대로 제기된 적이 없고, 자신이 '존재 물음'을 처음 제기했다고 합니다.

이상하지 않습니까? 지금까지 수많은 철학자들이 존재에 대해서 질문했고, 철학의 한 분과가 '존재론'인데 말입니다('존재론'을 형이상학이라고 부르기도 하죠. 형이상학은 존재자 전체를 다룹니다). 그러면 하이데거가 철학이 생긴 이래 존재론(형이상학)이 존자에 대해서 끊임없이 질문했음에도 불구하고, 자신을 처음으로 '존재에 대해서 물은 자'로 기억해달라고 하는 이유가 무엇일까요?

이 점을 이해하기 위해서는 먼저 하이데거가 지적하듯이 '존재存在, das Sein'와 '존재자存在者, das Seiende,' 곧 '있음'과 '있는 것'을 구별하면서 시작해야 합니다. 다시 말해 '존재 물음'은 '존재자'에 대한 물음이 아니라 '존재,' 곧 존재자를 존재자이게 하는 '존재'에 대한 물음입니다.

이런 구별을 대수롭지 않게 생각하거나 말장난 정도로 여겨서는 곤란합니다. 존재자와 존재를 구별하기, 아니 '존재자存在者'에서 '자者'

자를 하나 떼어내는 순간 철학의 역사, 아니 생각하는 틀이 완전히 바뀝니다. 사건이 생깁니다. 철학 신문의 '특종 기사'감이죠.

'있음'은 무엇일까요? '있음'은 '있는 것들' 가운데 하나가 아니죠. '있는 것들을 있도록 하는 X'라고 할 수 있습니다.

지금 당장 '있음'이 무엇인지 답하라고 성급하게 요구해서는 곤란합니다. 이렇게 '있음은 무엇인가'라고 묻는 사람은 마치 있음이 '어떤 것'인 듯이, 곧 '있는 것'이라고 생각하고 그것을 눈앞에 내놓으라고 요구하는 것이죠. 'A는 무엇인가'라는 질문은 'A는 BC이다'라는 답을 원하죠. 하지만 이런 A나 BC나 모두 '있는 것들' 가운데 하나죠. 지금 우리가 묻는 것은 (있는 것을 있을 수 있게 하는) '있음'이므로, 있는 것들 가운데 하나를 골라서 '있음은 이것이다'라고 할 수는 없습니다.*

그런데 우리가 '존재란 무엇인가'라고 물었을 때, '존재는 ○○이다'라고 한다면 존재를 존재('이다')로 옮기는 것이 되고 말죠. 존재에 대해서 물었는데 같은 존재의 일부로 답한다면 동어반복에 지나지 않습니다. 그래서 '존재는 무엇이다'라는 방식으로 존재 물음에 답할 수 없습니다.

이런 사정을 고려하면 '존재 물음'이 만만치 않은, 아니 어떻게 보면 답이 없을지도 모르는 질문일지도 모르겠습니다. 지금 하이데거가

---

* 'A는 B이다(A is B)'라고 표현하거나 'A는 C가 아니다(A is not C)'라고 할 때, 모두 '이다'가 들어 있습니다. 이런 '이다is'는 문법적으로 계사繫辭라고 하죠. 우리말과 달리 인도-유럽어에서는 이런 be 동사가 '있다'와 계사 '이다'로 함께 쓰입니다. 그래서 우리가 '있는 것'과 '있음'을 구별할 때, 있는 것은 '있다'와, 있음은 '이다'와 연결됩니다. 모든 명제에 '이다'가 들어 있다면 모든 '있는 것'에는 '있음-이다'가 들어 있다고 할 수 있습니다. 예를 들어서 '나는 노래한다I sing'는 '나는 노래하고 있다I am singing'로 바꿀 수 있습니다.

제기한 '존재 물음'은 전통적인 철학에서 물었던 것처럼 '존재자에 대한 물음,' 또는 존재자 가운데 어떤 우월한 하나'를 찾는 질문이 아닙니다.

우리는 존재 물음에 대한 답에서 다시 존재 '물음'으로 돌아오게 됩니다. 이제 문제는 '존재가 무엇인가'가 아니라 '존재 질문을 어떻게 할 것인가'입니다. 새로운 질문이 새로운 시각과 새로운 사고의 길을 마련한다고 볼 때 질문의 중요성에 주목할 필요가 있습니다.

하이데거는 답보다도 '문제를 제대로 제기하는' 데 관심이 있고, 이 문제가 안내하는 과정을 추적하지만 최종적인 답을 주지는 않습니다. 아마 서양 철학자 가운데 답 모르고 큰소리치는 몇 안 되는 사람 가운데 하나가 하이데거일 것입니다. 하지만 답보다 질문을 중요시한다면, 이런 결정적인 질문, 기존의 존재자 질문의 불완전성을 보여주는 질문, 서구 철학사 전체를 뒤집어엎는 질문에 주목할 필요가 있습니다.

인간은 질문을 하는 존재자가 아닐까요? 특히 철학자는 답을 찾은 사람이라기보다는 질문을 던지는 사람이 아닐까요? 그리고 문학작품도 사건과 인물을 보여주는 것이 목표라기보다는 독자들에게 질문을 던지는 것이 아닐까요? 작가가 어떤 질문을 던지는가를 보면 작품을 새롭게 볼 수 있을 겁니다. 『돈키호테』의 질문(신이 없는 시대에 인간은 무엇을 해야 하는가?), 『율리시스』의 블룸과 디덜러스Dedalus의 질문……

존재론적 차이── 있음과 있는 것의 다름

하이데거는 '있음'과 '있는 것'을 엄격하게 구별하면서 '있음'과 '있는 것'의 차이, 곧 존재와 존재자의 다름을 '존재론적 차이'라고 합니다.

하이데거는 서구 형이상학이 바로 '존재 물음'을 '존재자에 대한 물음'으로 대체했다고 비판합니다. 그리고 종래 형이상학이 존재가 아니라 '특정한' 존재자, 또는 '최고의' 존재자를 존재로 여겼다고 지적합니다. 이처럼 존재자 가운데 하나에 지나지 않는 것을 '존재'로 보면 정작 '존재'는 시야에서 사라지므로 '존재'가 은폐될 수밖에 없습니다. 또한 그 존재자에 매달리다 보면 '존재' 자체를 망각할 겁니다. 곧 존재와 존재자의 '차이'(존재론적 차이)가 은폐되거나 지워집니다.

• 형이상학은 meta-physica이죠. 말 그대로 'physica 다음/너머meta의 학,' 곧 물리적 세계에 대한 앎인 물리학을 바탕으로 삼아서 물리적·경험적 현상들 전체, 존재하는 것들의 보편 질서를 탐구하는 학문이죠. 곧 상이한 영역들의 존재자를 그 바탕이 되는 '존재'의 지평에서 묻습니다. 그래서 '존재자로서의 존재자'를 다룹니다.

형이상학은 바로 모든 존재자를 일관된 체계로 설명하고 싶어 합니다. 곧 '하나의 질서'나 '보편적 원리'로 모든 존재자를 남김없이 설명하려고 합니다. 그래서 형이상학은 항상 존재자 가운데에서 '최고의 존재자'를 찾아 그것을 본질이나 근거로 삼아서 다른 모든 존재자들을 설명하려고 합니다. 물론 이런 최고의 존재자도 존재자들 가운데 '하나'임은 분명합니다.

하이데거는 특정한 존재자가 아무리 높건, 위대하건, 초월적이건 간에, 이런 최고의 존재자를 마치 '존재'처럼 생각하기 때문에, 즉 존재자를 존재로 바꿔놓는 까닭에 정작 '존재에 대한 질문'이 뒤로 밀려날 수밖에 없다고 보죠. 이런 존재 물음을 은폐한 까닭에 '존재가 망각됩니다.' 그리고 이런 망각까지도 망각되고 맙니다. 이런 까닭에 형이상학은 존재에 대해서 질문할 수 없고 존재는 '사고되지 않는 것'으로 남아 있습니다. 사고의 밝은 빛이 가리고 있는, 깊이를 알 수 없는 어둠 속에서 존재는 그 어떤 것도 아닌 것으로……

존재는 존재자 가운데 최고의 것인가?

'최고의 존재자'(하이데거는 이것을 '신적인 것theion'이라고 부릅니다)에 대해서 잠깐 살펴봅시다. 앞에서 보았듯이 존재자들은 헤아릴 수 없이 많죠. 이런 존재자의 세계를 하나의 틀로 설명하려는 (욕심 사나운) 형이상학은 '본질적인 것'을 세우려고 합니다.

예를 들어봅시다. 플라톤은 이런 본질, 신적인 것을 '이데아'로 봅니다. 삼각형의 경우 우리가 그렸고, 그리고 있고, 앞으로 그릴 모든 삼각형은 불완전한 것이죠. 어떠한 삼각형도 그 내각의 합이 정확하게 180도가 되지 않습니다. 그래서 이런 경험적인 삼각형들 너머에 있는 것을 상정해야 합니다. 곧 이성을 통해서만 알 수 있는 완전하고 불변적인 이상적인 삼각형, '삼각형의 이데아'를 찾습니다. 이 '삼각형의 이데아'는 모든 경험적인 삼각형들, 곧 지금까지 존재했고, 지금 존재하고, 앞으로 존재할 모든 삼각형을 설명할 수 있습니다. 이 이데아는 불완전한 삼각형들이 '원형'으로 삼아야 하는 것이고, 그것과 닮기 위해서 노력해야 하는 목표이기도 합니다(그래서 이런 이데아에 비추어보면 경험적인 삼각형들은 유사물이거나 부분적으로만 삼각형인 것에 지나지 않습니다).

이런 삼각형의 이데아는 '신적인' 삼각형입니다. 물론 이런 이데아는 눈에 보이지도 않고, 머릿속에 있는 것도 아닙니다. 하지만 모든 삼각형이 있다가 없어지는 데 반해 이데아 삼각형은 시간을 뛰어넘어서 영원히 존재합니다.

근대 철학을 정초한 데카르트는 이런 이데아 대신에 가장 확실한 '코기토Cogito'(나는 생각한다)를 고르죠. 그래서 존재하는 모든 것은 '나는 생각한다'에 의해서 검증받아야 합니다. 이런 '사고하는 주체'는 모든 것을 근거 짓는 원리입니다. 정신의 관념뿐만 아니라 연장延長을 지닌 물질을 근거 짓는 보편적 원리입니다. 이런 점에서 존재하는 모든 것은 사고 주체가 부여하는 '확실성의 도장'을 받을 때만 참되게 있다는 판정을 받습니다. 사고 주체는 존재하는 것들을 심사하고 평가하는 보편적인 재판관의 지위에 있는 '탁월한' 존재자입니다.

중세 철학과 신학의 유일한 대상인 '신'이 이런 '최고 존재자'의 전형적인 본보기입니다. 신을 모든 것을 창조한 '1차적인 원인'으로 보건, 모든 것에 원리를 부여하고 그것들을 이끄는 '초월적인 존재자'로 보건, 신이 (자기를 제외한) 모든 존재자를 완전하게 설명할 수 있다는 점에서 신은 최고의 존재자입니다.

이처럼 형이상학이 찾는 본질은 존재하는 것들 가운데 하나가 스스로 최고의 것이 되면서, 다른 모든 존재자의 원인이거나, 근거를 부여하거나, 총체적인 원리를 세우거나 궁극 목적이 된다는 점에서 같습니다.

본질주의의 사고방식

하이데거는 이처럼 많은 형이상학의 내용이 저마다 다르더라도 신적인 것을 찾는 '방식'은 한결같다고 봅니다. 곧 존재하는 것 중에서 최고의 것을 골라 그것으로 다른 모든 것을 포괄합니다. 곧 (신적인) 본질이 원리가 되어서 여타의 비본질적인 것들을 설명합니다.

그러면 이런 '본질주의'를 잠깐 살펴볼까요? 이 관점은 본질과 현상을 뚜렷하게 구분합니다. 사람의 경우에는 무엇이 본질일까요? 육체인가요, 정신인가요?(아니면 정신과 육체의 신비한 결합인가요?) 만약 정신이 본질이라면, 육체는 중요하지 않은 거죠. 이것이 바로 정신/육체를 이분법으로 나누고 그 하나를 본질로, 다른 것을 현상으로 보는 틀이죠. 이런 방식은 여기에 그치지 않고 안/밖, 빛/어둠, 높음/낮음, 남성/여성, 백인/유색인, 이성애/동성애 등으로 모든 것을 나눕니다. 이런 구분으로 세계에 높고 낮은 위계질서를 부여합니다. 이것은 항상 우월한 본질이 열등한 비본질적인 것을 이끌고 규정해야 한다고 봅니다.

만약 '신-본질'이 있고 나서야 비로소 세계가 있을 수 있다면, 세계에 있는 모든 것은 그것이 어떤 형태이고, 어떤 의미를 갖고, 어떻게 기능하든 모두 '신의 피조물' '신의 딸/아들'입니다. 이런 의미에서 신-본질은 존재하는 모든 것을 질서 짓습니다. 이 신 앞에서 설명되지 않는 것이라곤 없습니다. 만약 그런 것이 있다면 그것이 신보다 우월하고 완전한 것이 될 테니까요. 이런 점을 종교적으로 번역하면, '신이 만물을 창조했다' '신이 만물을 주재하는 원리다'가 되겠죠.

이런 본질주의 틀로 인간의 자아를 설명할 수도 있습니다. 자아는 공간과 시간에 따라서 매번 다른 모습으로 나타나지만, 본질-자아는 '항상 같고 바뀌지 않는 하나'라고 봅니다. 그래서 수많은 자아의 모습을 이 본질적인 자아로 완전하게 설명할 수 있다고 봅니다. 본질적인 자아라는 군주가 현상적인 자아들이란 신하 위에 군림한다고 할까요? "수많은 나는 하나의 나에 지나지 않는다."

이런 사고 틀은 사물을 설명하거나 사회, 역사를 설명할 때에도 같은 논리를 사용합니다. 모든 것을 먼저 본질적이거나 비본질적인 요소로 구별하고, 중심에 있거나 핵심인 본질이 다른 모든 비본질적인 것들을 매끈하게 질서 짓습니다. 그래서 사람, 사물, 사회가 아무리 복잡해 보여도 이 본질만 찾으면 어떠한 혼돈이나 의심의 여지없이 완전하게 질서 지을 수 있습니다.*

　이처럼 신적인 것, 신의 자리에 신 대신 다른 본질이 들어갈 수도 있습니다. 예를 들어 이 틀에서 '인간'을 중심에 둘 수도 있습니다. 하이데거는 이것을 형이상학적 인간 중심주의라고 부르죠. 이 관점은 인간을 '최고의 존재자'라는 옥좌에 앉힘으로써 다른 모든 존재자를 인간의 관점에서 해석하고 평가하죠. 이것은 인간이 만물의 주인이고, 모든 것은 인간을 위해서 존재하고, 다른 모든 것의 의미는 인간이 결정한다고 볼 겁니다. 그렇다면 이 세계는 인간과 그 나머지 것으로 이루어져 있는 것이죠. 과연 인간 이외의 것들은 인간의 그림자, 들러리에 지나지 않을까요? 모기나 바퀴벌레 같은 들러리들은 왜 그렇게 인간을 귀찮게 할까요? 창조의 역사에서 모기는 인간의 선배 자리에 있었다고 합니다. 꽃과 저녁놀의 아름다움은 오로지 인간을 위해서만 아름다움을 내뿜고 있을까요?

　이런 본질주의 틀을 비판한다면서 신의 자리에 있는 것을 다른 것으

---

* 복잡한 사회를 단순명료하게 설명하는 예를 볼까요? '토대가 상부구조를 규정한다'라는 주장을 봅시다. 이것은 토대가 본질이고, 그것에 의해서 규정되는 상부구조는 부차적인 것이라고 보는 거죠. 이런 사회-역사 논리에 따르면, 한 사회를 중심, 핵심과 주변으로 나눌 수 있습니다. 이때 중심은 주변에 영향을 미치고 주변을 조직하는 힘을 갖지만, 주변은 단지 영향을 받을 뿐 자율적으로 작용하지 못합니다. 그래서 토대를 생산관계들Produktionsverhältnisse이라고 하건, 생산력들과 생산관계들이 이루는 생산양식들Produktionsweise이라고 하건, 오로지 이것만이 다른 정치, 법, 이데올로기, 문화, 종교 등을 규정하는 힘을 갖습니다. 이런 토대-본질만이 사회-역사를 움직이는 힘을 갖고 다른 요소들은 이것에 의해서 규정될 뿐 어떤 본질적인 영향력도 지닐 수 없습니다. 그리고 이런 본질만 바꾸면 사회-역사 전체가 바뀐다고 봅니다. 물론 이 주장을 비판하면서 경제 대신에 정치, 문화, 종교를 다시 그 중심에 둔다면, 겉보기에만 다를 뿐 이 구성 방식은 여전히 같습니다.

로 바꾸는 것으로는 이 틀이 바뀌지 않습니다. 신 중심의 사고가 인간 중심의 사고로 바뀌거나 돈 중심의 사고로 바뀌는 것은 그 내용이 다를 뿐 틀 자체는 같습니다. 따라서 본질주의를 거부하려면 신을 없애는 것이 아니라 그 자리를 없애야 합니다. 니체가 '신은 죽었다'고 한 것도 이런 뜻으로 한 말이죠. 단순히 기독교적 신을 부정하는 것은 아닙니다.

이렇게 보면 철학자나 이론가들뿐만 아니라 우리들 자신도 형이상학적 사고에 물들었다고 볼 수 있습니다. 하이데거가 본질주의(형이상학적 존재-신학)를 비관한다면, 우리의 이런 사고방식을 전면적으로 문제 삼는 것이죠. 그래서 존재 물음은 우리의 사고방식에 대한 근본적인 물음이기도 합니다.

형이상학을 넘어설 수 있는가?

앞서 얘기했듯이 형이상학은 '최고의 존재자'로 존재자들을 규정하고 근거 짓습니다. 이런 사고 틀은 많은 문제점을 지니지만, 특히 하이데거가 문제 삼는 것은 형이상학에서 '존재 자체의 진리'가 드러나지 않는다는 점입니다.

그래서 하이데거는 존재자가 아니라 '존재'를 문제 삼음으로써 기존의 '존재자론'을 파괴Destruktion하려고 합니다. ●이 파괴와 비슷한 용어가 요즘 많이 듣는 해체déconstruction죠. 데리다의 해체-구성이 이런 맥락에서 나온 것입니다. 이제 하이데거의 '존재 물음'이 무시무시한 것일지도 모른다는 느낌이 드는 분이 있을 겁니다. 물론 그렇게만 본다면 오해할 소지가 있죠.

하이데거는 형이상학을 극복하려고 합니다. 그런데 이런 '극복'에는 묘한 점이 있습니다. 형이상학을 '극복한다'고 해서 형이상학과 결별한다거나 형이상학을 뛰어넘을 수는 없죠. •형이상학을 비판하고 극복하려는 모든 시도는 형이상학의 언어를 빌려서 형이상학 안에서 형이상학을 벗어나야 하는데, 그것이 불가능하다는 난점을 안고 있습니다. 그래서 형이상학과 함께 가면서 형이상학이 지닌 불가피한 한계, 곧 형이상학이 모든 것을 사고할 수 없고, 사실상 자신이 내세운 주장에 충실하지 못하며, 그와 같은 '사고할 수 없는 것'과 난점을 은폐하거나 망각할 수밖에 없다는 점을 드러내려고 합니다.

하이데거는 형이상학에서 은폐된 채로 남아 있는, 사고되지 않은 '존재'를 회복하려고 합니다. 곧 형이상학이 잊고 있던 것을 상기시키고 은폐한 것을 드러내려고 합니다. 또한 형이상학의 문제 틀에서 사고되지 않은 것(사고할 수 없는 것)을 다른 방식으로 사고하려고 합니다(존재자론은 존재를 아예 처음부터 문제 삼지 않았고, 또 문제 삼을 수도 없기 때문에 '존재'는 형이상학에서 사고되지 않은 채 남아 있습니다).

존재는 드러나면서 동시에 숨는다

하이데거는 그리스적 사고의 도움을 받아서 독특하게 존재, 또는 존재의 진리를 '스스로 자기를 드러냄非隱蔽性, aletheia'으로 봅니다.

레테이아 letheia는 잘 아시다시피 '망각' '은폐'란 뜻이죠. 영혼들은 '레테의 강'을 건너면 모든 것을 잊어버린다고 합니다. 즉, 모든 기억이 은폐되죠. 그런데 레테이아 letheia를 부정하는 아레테이아 a-letheia는 이런 망각, 은폐가 가린 것을 드러냄, 곧 어떤 것도 숨겨져 있지 않음을 뜻하죠. 그래서 존재는 자기를 가리지 않고 환하게 드러낸다고 봅니다. 왜 하이데거는 이런 존재, 진리관을 제시할까요?

우리가 존재자를 볼 때/인식할 때, 우리 자신의 보는 능력 덕분에 존재자를 가리는 덮개를 벗겨서 존재자를 분명하게 볼 수 있다고 생각할 수 있습니다. 바로 주체의 인식 능력을 중심으로 설명하는 방식이죠. 그런데 하이데거는 이런 주체 중심의 틀에서 존재(론)의 틀로 바꾸려고 합니다.

주체가 사물을 보는 능력이 아니라, 사물이 자기를 드러내서 주체가 볼 수 있도록 하는 쪽으로 방향을 바꾸자는 것이죠. (적절한 시-공간이 열리고, 빛이 비치고, 일정한 시간적 지속이 주어져 있는 등) 사물이 우리에게 그 모습을 보여주지 않는다면, 아무리 우리에게 보는 능력이 있더라도 그것을 볼 수 없습니다.

이것은 주관적인 능력 대신에 우리가 '어떤 조건에서 보는 것이 가능한가'를 문제 삼는 것이죠. 존재론의 맥락에서 앎의 가능한 지평을 문제 삼음으로써, 우리가 지금까지 주관적 능력이나 주체의 힘에 대해 얼마나 과신했으며 오만했는지 꼬집습니다. 존재자들을 마음대로 쥐고 흔드는 주체에서 '존재의 소리에 귀 기울이는 주체'로 방향을 바꾸려는 것이죠. 이상하게 들릴지 모르지만 휴머니즘적 사고, 인간 중심주의 사고에 의문을 제기합니다.

다시 얘기하면 있는 것들이 스스로를 우리에게 드러냈을 때, 우리는 비로소 볼 수 있습니다. 이 점을 독일어로 살펴볼까요? 독일어에서 'A가 있다'는 'Es gibt A'로 표현합니다. 하이데거는 이것을 보통처럼 '있다'로 하지 않고 말 그대로 해석합니다. '그것Es'이 A를 '준다gibt.' 그것이 A를 선물한다.

여기에서 주어 자리에 있는 '그것'은 우리가 알 수 없는 어떤 것, '존재'라고 볼 수 있습니다. 그러면 A가 있는 것은 존재가 우리에게

'선물한 것'이라고 할 수 있습니다. 우리는 선물을 받는 쪽에 있습니다. "존재님! 감사하옵니다!"

이제 존재에게 감사하는 마음으로 존재하는 것들을 보기로 한 것은 좋지만, 여전히 어려운 문제가 남아 있습니다. 바로 '있음'이 스스로를 '있는 것들'로 드러내고 우리에게 나타나는 경우에, '있음'이 자기를 남김없이 드러낼 수 없다는 점입니다. 하기야 '있음'이 있는 것들로 온전하게 드러난다면 기껏 '있는 것'에 지나지 않을 겁니다(예를 들어 신이 자신의 모습을 세계 속에 온전하게 남김없이 드러낸다면, 그렇게 드러난 세계가 곧 신이 될 겁니다).

'있음'은 자기를 우리에게 온전하게 보여주고 싶어 하지만, 그렇게 나타난 '있는 것들'은 있음 자체가 아니라 그것의 부분에 지나지 않습니다. 있는 것들이 도리어 있음을 가릴 수밖에 없다니 얼마나 안타깝습니까?

어떠한 예술작품도 '예술 자체'를 온전히 다 드러낼 수 없고, '한 권의 책'이 세상의 모든 진리를 다 담을 수 없습니다. 이런 예가 적절한 것은 아니겠지만 존재가 존재자들로 드러남에도 불구하고, 존재가 온전하게 나타날 수 없음을 이해하는 것이 중요합니다.

존재의 드러남(비-은폐)은 항상 드러남이면서 '동시에' 드러나지 않음이기도 합니다. 그래서 '드러남'과 '숨김'이 드러남 속에 항상 같이 있습니다. 이런 이상한 표현, 아니 역설을 받아들여야만 존재가 그것이 드러난 존재자들과 같다는 오해를 벗어날 수 있습니다.

하이데거는 이런 점을 '현전(작용)das Anwesen; presence'과 '현전하는 것das Anwesende; the present'의 틀로 제시합니다. 즉 존재는 스스로 '현전'함에도 불구하고 그렇게 '현전한 것'에서 스스로를 온전하게 드러낼 수 없습니다. 존재는 '현전하는 작용'이지만, '현전하는 것'과는 같지 않습니다.

존재는 항상 자신을 드러내지만, 이런 밝게 드러남에는 항상 어둠이 함께 있습니다. 존재는 자기를 드러내면서도 항상 자기를 숨길 수밖에 없죠. 따라서 비은폐성은 사유 앞에 완전하게 주어지지 않고, 존재 자체는 단지 존재자들로만 나타날 뿐입니다.

그런데 앞에서도 보았듯이 형이상학은 항상 존재 대신에 그것이 '현전한 것'만 봅니다. 그래서 '현전하는 것' 가운데서 영원하고 보편타당한 것을 찾고, 그것으로 다른 현전하는 것들을 모두 설명하려고 하죠. 이처럼 형이상학은 존재의 진리를 '현전하는 것'에 국한시키고, 그것이 지닌 어둠을 지워버립니다. 그래서 순수한 밝음에만 매달려서, 결과적으로 존재 자체를 숨기고 맙니다.

물론 '현전하는 것'에도 존재(의 진리)가 나타나지만, 단지 부분적으로만 나타날 뿐입니다. 사정이 이렇다면 존재와 부재, 진리와 오류는 항상 맞물려 있습니다.

그래서 하이데거는 "존재자의 존재가 존재의 핵심Sache des Seins이다"라고 하죠(「아낙시만드로스의 금언」). 존재로부터 존재자가 생기는 '발생'의 측면에 주목합니다. 그런데 존재의 '현전 작용 자체'가 존재를 숨기므로, 존재는 '사고될 수 없는 것'으로 남게 됩니다. 그래서 '현전 작용 자체'가 '현전하는 것'으로 바뀌고 말죠. '현전하는 것'에서 '가장 보편적이고 최고의 것'을 찾는다면, 현전 작용은 망각됩니다. 이런 망각은 곧 '존재와 존재자의 다름'을 망각하는 것이죠.

존재가 '현전하는 것'에 은전히 나타날 수 없음을 사고의 틀로 표현하면, 존재는 항상 개념적 사고에서 특정하게 '현전하는 것'으로 나타날 수밖에 없지만 동시에 그런 현전을 넘어섭니다. 그러므로 존재를 사고하기 위해서는 개념과 그 체계만으로는 부족합니다. 개념의 그물로는 현전하는 존재만 잡을 수 있을 뿐이므로 형이상학은 존재를 담는 그릇일 수 없습니다.

그래서 하이데거는 형이상학의 역사를 더 발전시키기보다는 그 역사를 거슬러 올라가려고 합니다. 존재 망각의 역사가 비롯되는 최초의 지점인 그리스적 사고의 출발점을 추적합니다. 그는 서구 형이상학에서 존재 망각이 마련되는 지점에까지 '거슬러 올라가서Schritt zurück gehen' 존재를 '회상an-denken'합니다. 이런 '회상'은 사고를 되돌려 처음을 다시 찾고 참되게 사고하는denken 자리에 서는an 것입니다.

사고를 되돌린 처음에서부터 존재의 역사는 존재 망각과 함께 시작됩니다. 이 출발점에서도 '차이'는 망각된 채로 있습니다. 게다가 차이의 '원 흔적die frühe Spur'까지 지워져 있습니다.

하이데거는 형이상학의 처음부터 존재와 존재자의 차이는 잊혀진 것으로 경험될 뿐이라고 봅니다. 그래서 '현전의 형이상학'에서 차이의 '원 흔적'은 지워져 있습니다. 물론 이때 '원 흔적'은 은유적인 표현입니다('흔적'을 존재가 있다가 사라진 흔적이라고 해석하면 오해가 생기죠. 발이 발자국을 남기는 것처럼 존재가 존재의 흔적을 남기는 것은 아닙니다).

출발점에 다시 선 하이데거는 '왜 서구 형이상학이 존재의 흔적을 지울 수밖에 없었고, 왜 존재가 숨었으며, 어떻게 숨을 수밖에 없었는가'를 질문합니다.

횔덜린의 경우도(『히페리온』 등에서) 근대적 사고를 버리고 고대 그리스로 돌아가려고 하죠. 이때 그리스는 근대처럼 주체와 객체가 찢긴 세계가 아니라 아름다운 통일을 이룬 세계를 말합니다. 달리 표현하면 주체가 독자적인 원자로서 다른 개체들과 분리, 고립된 것이 아니라 공동체 속에서 하나로 통일된, 공동체와 개체가 합일된 세계를 이룹니다. 하이데거가 횔덜린에 주목하는 것은 우연이 아니죠. 그는 횔덜린의 「회상Andenken」을 공들여 읽습니다.

횔덜린에게서 자주 나타나는 '귀향'이라는 주제도 마찬가지죠. 철학은 잃어버린 진리를 찾는 것이죠. 달리 말하면 오디세우스가 자기 고향을 찾아가는 과정처럼 고향 상실과 향수는 잃어버린 고향이 있음을 전제하죠. 그래서 귀향은 돌아가는 과정이면서 동시에 잃어버린 고향에 대한 긍정이기도 합니다.

그런데 이 귀향에는 묘한 점이 있습니다. 고향에 들어가는 것은 이미 있던 고향으로 돌아가는 것이 아니죠. 옛 고향, 친숙한 곳으로 돌아가려는 단순한 반복이 아닙니다. 귀향은 '근원 가까이 돌아감'입니다. 그 고향/근원은 잃어버려서 찾을 수 없는 곳이고, 이 고향은 멀리 있기만 한 것이 아니라 항상 가까이 있기도 합니다.

이렇게 보면 하이데거가 존재를 찾아가는 길과 횔덜린이 고향을 되찾는 길은 비슷합니다. 그래서 횔덜린의 귀향 모델을 통해서 은유적으로 고향이라 불리는 '존재'를 찾는 과정을 볼 수 있죠. 왜 존재와 고향은 멀리 있으면서 동시에 가까이 있고, 왜 주어져 있는 것일 수 없으며, 새로 와야 하는 것인지 질문할 수 있습니다. 그리고 '왜 오로지 시인의 본질적인 언어에서만 고향이 도래하는가'라는 문제는 신이 사라진 시대에 새로 와야 할 신을 부르는 것이죠. '사라진 신과 새로운 신의 도래 사이에서 어떻게 시를 써야 하는가'라는 횔덜린의 문제 곁에는 '존재가 망각된 시대에 어떻게 존재를 사고해야 하는가'라는 하이데거의 문제가 있습니다.

……내 비록 무엇을 해야 하고 무엇을 말해야 할지 모르지만, 이 궁핍한 시대에 무엇을 위한 시인인가?

시인은 거룩한 밤에 자기 나라를 떠나서 온갖 곳을 떠도는, 주신酒神 바쿠스(디오니소스)의 성스러운 제관祭官처럼 편력하는 존재입니다.
시인의 이런 방랑과 편력이 어떤 결실을 맺을 수 있을까요? 바쿠스의 축제가 그를 기다리고 있을까요? 아니면 광인이라는 오명이 기다리고 있을까요? 과연 우리는 이러한 시인과 시를 어떻게 받아들여야 할까요?

궁핍한 시대의 시인과 사상가

우리를 이끈 질문을 다시 한 번 되새기기 위해서 시인과 사상가가 부딪히고 있는 문제 상황을 정리해볼까요? 철학자와 시인은 '궁핍한 시대'를 마주하고 있습니다. 횔덜린의 표현처럼 신들이 사라져버린 시대입니다. 그래서 시인은 사라져버린 신들의 흔적을 노래하죠.
횔덜린은 시인이 신들과 가사可死적인 존재(인간)를 매개하는 위치에 있다고 봅니다. 이런 매개의 자리는 '사이'에 있는 것이죠. 이 자리는 인간과 신들이 만나는 자리인가 하면, 인간과 신을 분리하는 경계이기도 합니다. 하이데거는 이 자리를 존재의 '한가운데'라고 하겠죠. 이 자리에서 '존재자들' '불멸의 신들' '죽는 인간들' '대지'의 모든 영역이 열린 곳이 새롭게 마련될 수 있습니다." 또한 이런 존재의 한가운데는 존재와 비존재의 '사이'이기도 합니다. 횔덜린은 이것을 '황금의 꿈'이자 '두렵지만 신성한' 자리라고 표현합니다.

　이렇게 볼 때 시인은 신들이 부재하는 상황에서 은폐된 채로 있는 것, 아직 드러나지 않은 것을 찾는 탐구자입니다. 시인들은 신을 기다리고, 다른 한편에서 사고하는 자는 존재의 질문을 든 채로 서 있습니다.

　신들은 사라졌고 더 이상 신을 명명할 수 없습니다. 시인의 임무는 성스러운 것을 명명하는 것인데, 그에 알맞은 이름이 없죠. 사고하는 자로서는 존재에 붙일 이름이 없습니다.

　물론 이런 신들의 부재가 단순히 결핍만을 의미하는 것은 아닙니다. 하이데거는 신들이 '없는' 상황을 신들이 '가버린' '가고 없는 상태로 서 있는' 것으로 재해석합니다. 그는 이런 부재 상황의 결핍을 견디지 못해서, 꾀를 써서 신을 만들거나 무리하게 결핍을 채우려고 해서도 안 되고 관습적인 신을 불러들여서도 안 된다고 주장합니다.

　이렇게 보면 시인은 신이 없다는 외관을 두려워하지 않고 신의 부재 가까이 머물면서 부재하는 신에 접근하는 자입니다. 그는 지고한 자의 이름을 부르면서 원초적인 언어가 그에게 허용될 때까지 참고 기다립니다.

　　그것이 그의 운명인 듯, 그는 두려움 없이
　　신 앞에 고독하게 머물러 있다.
　　단순함이 그를 지키고,

---

* 하이데거는 이것을 사방(四方, Ge-vier-t)이라고 표현합니다. vier는 4인데 존재자들, 신들, 인간들, 대지를 가리킵니다.

무기도 교활한 꾀도 필요 없이, 그렇게 오랫동안, 신의

부재가 그를 구원할 때까지 ——「시인의 사명」

　이처럼 성스러움을 명명하는 과제가 시인에게 '요구'로 주어집니다. 시인들이 성스러움을 노래하려 하지만, 그것은 불가능합니다. 이런 까닭에 시인은 고통스러워하면서, 결핍된 상황에서 불가능한 어떤 것을 추구합니다.
　마찬가지로 철학자는 존재를 진술해야 합니다. 그런데 존재는 그 스스로를 드러내면서도 자기를 온전하게 보여줄 수 없습니다. 존재는 항상 자기를 보류하기 때문에 '현전하는 것'으로 드러나면서도 또한 스스로를 숨기는 결정적인 순간을 포착할 때만 사고가 가장 진지하고 참된 것일 수 있습니다. 그런데 (형이상학적) 사고는 '존재를 망각'하죠. 이런 까닭에 사고하는 자는 사고의 역사에 나타난 존재의 흔적을 찾아서 그 역사를 거슬러 올라갑니다.
　이처럼 궁핍한 시대는 존재가 물러서는 시기, 즉 신들이 퇴각한 시기와 아직 오지 않은 시기로서, 이 두 시기 '사이'에 있습니다.
　아직 오지 않은 두 '사이' 가운데에서 살아야 하는 이들은 삶의 의미가 무엇인지, 무엇이 바람직한 것인지 알 수 없습니다. 위대한 약속은 물러났지만, 다른 약속은 아직 오지 않았습니다. 우리는 '가고' 또 '오는' 그 사이에 있는 '사이-존재'입니다. 앞서 얘기했던 존재의 한가운데가 '사이'에 있다고 한 것을, 이제는 시간의 한가운데로 바꿀 수 있습니다. 곧 이 사이는 과거와 현재 사이의 이행 지점을 뜻합니다. 따라서 비-존재와 일시적인 것의 흐름에 맞서는 생성을 마련해야 합니다. 그래서 '사이'는 잠정적이고 흘러가는 영역을 가로질러서 지속하

는 것을 세웁니다.

　이처럼 가난한 시대에서 하이데거와 횔덜린은 새로운 사고, 새로운 시작, 새로운 역사를 찾습니다. 시인은 대지에서 시인답게 살면서 시의 언어로 '지속하는 것'을 세우려고 하고,* 이를 따르는 사상가는 사고할 수 없는 존재를 사고할 언어로 '존재의 집'을 세우려고 합니다.

2. 횔덜린의 시를 어떻게 읽을 수 있는가?

이제 시를 한 편 볼까요?

　마치 축제일처럼……

　무덥던 지난 밤 뇌성벽력으로
　지새우고, 아직도 먼 하늘엔 마른 번갯불 번쩍이는데,
　개울물은 또다시 넘쳐흐르고,
　대지는 싱싱하게 푸르고,
　포도송이엔 천혜의 단비가 이슬 맺혀 있고,
　임원林苑의 나무들 고요한 햇빛 받으며 빛날 때,
　이른 아침에 농부가 들판을 살피러 가는,
　마치 축제일처럼.

---

* "그러나 지속하는 것은 시인이 건설한다Was bleibt aber, stiften die Dichter." "공적은 많다. 그러나 인간은 시인답게 세상에 산다doch dichterisch wohnet der Mensch auf diese Erde."

그같이 그들 역시 은혜로운 날씨 아래 서 있으니
그들을 어떤 거장도 홀로 가르칠 수 없건만 경이롭게도
두루 편재하면서 포근한 포옹 가운데 기르는 것은
힘차고 신처럼 아름다운 자연이로다.
그리하여 연륜의 시간에 자연이 하늘 가운데서나
초목들이나 민족들 사이에서 잠든 것처럼 보일 때
시인들의 얼굴에도 슬픔 어리고,
그들 외롭게 서 있는 듯 보이지만 항상 예감하고 있음은
자연 자체도 예감하면서 쉬고 있기 때문이로다.

아, 이제 먼동이 튼다! 노심초사하며 기다리던 이 새벽,
내가 보았던 것, 이 성스러운 것이 나의 말이 되어야지.
저 모든 시간보다도 더 오래되고
서녘과 동녘의 모든 신들을 넘어서 있는
자연은 무기들 부딪히는 소리와 더불어 눈뜬다.
그리하여 저 아득히 높은 에테르에서 저 아래 심연에 이르기까지
확고한 법칙에 따라서 언제나 그렇듯이 성스러운 혼돈에서 aus heiligem
Chaos 탄생하면서,
  모두를 창조하는 자는 다시금
  스스로 새롭게 영감을 느낀다.

  그리고 높은 일을 계획하였을 때
  그의 눈에 불이 빛나듯이,

세상의 징후나 세상의 행적을 통해서
새롭게 시인의 영혼에 불을 댕겼다.
그리하여 일찍이 생겼건만 거의 느껴지지 않던 것이
이제야 비로소 밝게 열렸고
우리에게 미소 지으며 종살이하는 모습으로
논밭을 일구던 자, 그들은 알려졌다
이 활기 넘치는 것die Allebendigen, 뭇 신들의 힘이.

그대는 그것을 묻는가? 노래 가운데 그의 정신은 나부끼나니,
그것이 대낮의 태양과 따뜻한 대지에 의해 눈뜰 때,
또 대기 한가운데나, 달리
시간의 심연에서 더 잘 마련되어 있으면서,
우리들에게 더 의미심장하고 보다 명료하게
하늘과 대지, 민족들 사이를 변전하는 천후의 때에,
조용히 시인의 영혼 가운데 매듭짓는
공통된 정신의 사상 있도다.

갑작스레 경악케 하는 것은, 무한한 것에게
긴 시간 이래 알려져 있고, 추억 때문에
전율하고 성스러운 빛줄기로 불붙고,
사랑 가운데 열매 맺고 신들과 인간의 작품인
노래는 이 둘을 증언하려고 번성하도다.
시인들이 말하듯이 그(그녀)는 분명하게 신을 보길 열망하였으므로,
신의 번개는 세멜레의 집에 내리쳤고

치명적인 타격에 재로 변하며
뇌우의 산물, 성스러운 바쿠스를 낳았다.

그리하여 이제 하늘의 불을 들이마시며
위험도 모르는 대지의 아들들이 있으나,
하지만 시인들이여! 우리에게 마땅한 것은
신의 뇌우 가운데 맨머리로 서서
아버지의 빛줄기를 제 손으로 잡아
이 하늘의 선물을 노래로 감싸서
민족에게 전하는 것이로다.
그 마음 순수하기가
어린이들 같아서, 우리들 손에는 죄가 없기 때문이라네.

아버지의 빛줄기, 이 순수한 것은 그것을 불태워버리지 않고
깊은 떨림으로 감동시키며, 신의 괴로움을
함께 괴로워하면서도, 영원한 마음 das ewige Herz은 확고하게 머물러
있도다.

미완성의 시 한편

「마치 축제일처럼 Wie wenn am Feiertage……」은 제목이 없어서 첫 구절을 제목으로 삼습니다. 언뜻 보면 자연의 아름다움을 목가적으로 노래한 것처럼 보이지만, 하이데거는 (「회상」처럼) 신이 떠나버린 '가난한 시대'에 시인이 어떻게 성스러움을 노래할 수 있는지를 모색하는 시로 읽습니다.

이 시 역시 다른 작품들처럼 자연의 이미지를 노래하면서 시작합니다. 뇌성벽력이 친 후의 아침 풍경에서 대지는 푸르고 포도나무에는 이슬이 방울져 있고 고요한 태양 아래 나무들이 서 있습니다. 뇌우는 (모든 것을 파괴하지 않고) 새로운 생명력을 북돋웁니다. 2연에서 축복받은 날씨는 자연의 신성함은 물론이고 시인까지 감싸고 있습니다. 어떤 거장도 시인을 기를 수 없지만, 힘차고 신적인 아름다움을 지닌 자연은 그를 기릅니다.

'이제' 힘찬 자연은 구기 소리와 함께 깨어나고 하늘 높은 곳에서 심연에 이르기까지 모든 곳에 있습니다. 자연은 시간보다 오래되었을 뿐 아니라 신들 위에 서 있습니다. 자연은 확고한 법칙과 성스러운 혼돈을 함께 지니고 있습니다(이처럼 상반된 자연을 개념으로만 파악하고 틀 지을 수는 없습니다). 이렇게 깨어난 자연은 시인의 영혼에 불을 댕깁니다. 시인이 예감했던 것이 드디어 명료해집니다. 그동안 종의 모습을 하고 있던 자연, 자신을 드러내 알리지 못했던 자연이 비로소 눈앞에 나타납니다. 그러나 이런 눈뜸은 시인에게만 가능합니다.

자연과 시간, 역사의 체험이 시인의 영혼에 흘러들어 노래가 탄생합니다. 이를 매듭짓기 위해서 성스러운 빛이 당겨집니다. 이 하늘의 불길을 두려움 없이 마실 수 있는 자가 시인이죠. 그는 신화의 주인공이 그 불길에 자신을 불태워 신성한 산물을 낳았듯이, 하늘의 불길을 잡아서 그것을 노래로 감싸야 합니다. 하늘의 불길은 순수한 마음을 불태우지는 않으니 그 손으로 불꽃을 형상화해야 합니다.

시인의 영혼이 떨리며 감동하는 순간은 마지막 연에서 불길을 던지는 신의 괴로움과 겹칩니다. 남아 있는 부분만으로는 짐작하기 어렵지만 그 뒷부분에 천상의 것을 바라보고자 다가간 자가 다시 내던져는 내용이 나오므로, 이 영원한 마음을 지닌 시인마저 (세멜레처럼) 불길에 타버리지 않을까 걱정스럽습니다. 마지막 구절인 '저기'에 어떤 광경이 펼쳐질지 궁금합니다. 어쨌든 신성함의 불길을 시의 언어로 빚어내는 일은 자기 영혼을 불태우는 자가 아니라면 불가능할 것 같습니다. 시인의 노래 속에 신성한 정신이 나부끼는 모습을 상상해 봅니다.

모든 것을 품은 자연의 아름다움

하이데거의 해석을 따라가 봅시다. 첫 장면에서 농부는 폭풍우가 지나간 들판을 둘러보면서, 자기가 수확한 열매들을 살피죠. 홍수가 범람해서 자기 논밭을 해치지 않았는지 살펴보고서 안도합니다. 하이데거는 열매와 인간이 자연으로부터 보호받는 점, 자연이 인간을 감싸고 보호하는 점에 주목하죠.

자연은 모든 것 속에 있습니다. 곧 자연은 모든 것을 감싸고 있고 시인도 자기 품에서 기릅니다. 이처럼 자연은 모든 곳에 두루 존재하면서[遍在], 자기가 안고 있는 모든 것을 기릅니다. 이런 점은 놀랍죠. 온갖 다양한 것을 싫다 좋다 하지 않고 모두 품에 안는 어머니 같다고나 할까요? 그래서 각각의 것들은 모두 다르지만, 어머니인 자연 안에서 하나같이 자기를 보존하죠.

이렇게 모든 것이 자연 안에 있다면 자연을 '하나의 개념'으로 온전하게 표현할 수 있을까요? 그렇게 자연을 한 개념 안에 가둘 순 없습니다. 마치 존재가 그렇듯이 말입니다. 그래서 우리는 어떠한 개별적인 것에서도 온전히 자연을 만날 수 없습니다. 그렇다고 그런 것들을 모두 더해서 자연이라고 할 수도 없죠. 오히려 그런 현실적인 것들 하나하나는 모두 자연을 바탕으로 삼고 있습니다(이렇게 보면 자연은 '존재'와 가깝습니다).

하이데거는 자연의 불가사의한 단순성(모든 것을 편안하게 껴안고 있는 점)만 강조하지는 않습니다. 방금 폭풍이 몰아쳐서 고개 숙인 열매들, 거센 비와 흠뻑 젖은 논밭은 다른 양상을 갖지만 자연은 여전히 이들을 모두 보듬어 안습니다. 자연은 이 모든 것, 모든 곳에 두루 있고, 또한 스스로 강한 힘을 지니고 있으면서도 아름답죠.

하이데거는 이 시가 자연의 포근하면서도 힘찬 점을 노래하고, 이 힘이 자연에 고유하다고 봅니다. 자연이 모든 것을 포괄한다면, 가장 높은 하늘에서 가장 깊은 심연에 이르기까지 서로 맞서는 것들을 포괄하겠죠. 대립하는 모든 것을 안고 있는 넉넉하고 현묘한 자연의 품!

하이데거는 자연이 모든 아름다움의 근원이라고 봅니다. 아름다움이란 서로 맞서고 거역하는 것을 품에 안고 있는 것, 곧 통일성이기 때문이죠. 서로 맞선 것들이 불을 뿜고 다투지만 그렇게 갈라진 것들을 하나로 품고 있는 자연은 매혹적이고도 황홀합니다. 서로 다투는 것들을 내치지 않고 하나로 모아서 각각의 것을 저마다 드러나게 하는 것은 아름다움입니다.*

이처럼 하이데거는 (조화뿐만 아니라) 서로 맞서는 것들이 자기를 내세우면서도 자연 안에서 하나로 있는 점을 강조하죠. 모든 것을 포괄하는 이런 자연은 시인까지 포옹합니다. 그래서 시인들을 자연의 품

---

* 헤겔은 이런 미적인 통일성을 고대 그리스의 폴리스와 연결시켜서, 그것을 미적인 공동체라고 일컫죠. 즉 개체가 전체 가운데 평온하게 안겨 있고 개체의 모든 행동이 전체 속에서 미리 규정되어 있어서, 개체가 주어진 행동양식ethos에 따르면 자연스럽게 전체와 조화를 이루죠. 이처럼 부분과 전체가 조화된 상태가 아름답고, 아름다움이 모든 것을 통일시키고 있죠.

에서 기릅니다. 하이데거는 시인의 '수동성'을 강조하죠. 자연 안에 시인이 있고, 시인은 자연의 자양분으로 성장하죠. 거꾸로 (인간을 앞세우는 태도처럼) 시인이 자신의 시라는 그물로 자연을 낚거나 언어의 날줄과 씨줄로 자연을 짜는 것은 아니죠. 시인은 자연을 창조하는 자가 아니죠. 시인은 자연이 주는 선물을 말로 바꾸는 점에서는 자유롭고 능동적이지만, 그 선물을 받는다는 점에서는 철저하게 수동적입니다.

자연의 예감과 앞으로 올 것을 노래하는 시인

2연을 보면 흘러가는 시간 속에서 자연은 잠든 것 같지만 슬픈 모양을 한 채 깨어 있고, 시인의 얼굴에도 슬픔과 고독이 어려 있습니다.

자연은 어떤 슬픔을 지닐까요? 하이데거는 잃어버린 것에 대한 슬픔이라기보다는 지금 없는 것을 다시 오게 하려는 기대라고 보죠. 그래서 시인들도 "언제나 예감하고 있다"라고 하죠. 그런데 이런 예감은 동시에 '회상'입니다. 앞으로 올 것이 기원 속에서 이미 쉬고 있기 때문이죠(시「회상」을 해설하면서 하이데거는 오고 있는 것을 사고하면서 이미 있는 것을 '회상한다'고 합니다).

그래서 자연은 시인이 지금 없는 것들이 앞으로 올 것이라는 걸 알아채고, 그렇게 올 것들을 노래할 것임을 예감한 채 깨어 있습니다. 자연은 예감하면서 쉬고 있고, (이것에 순응하는) 시인들도 그 예감을 공유합니다. 앞으로 올 것들을 노래하는 시인들은 미래의 사람들입니다. 그리고 시인의 본질은 자연의 본질에 상응하죠.

이런 해석에서 시인을 자연에 상응하는 자, 자연의 예감에 따르는 자로 보는 점이 특이합니다. 자연이 예감하면서 미리 마련한 것이 없다면 시인은 미래의 노래를 부를 수 없습니다. 시인은 저 홀로 앞으로 올 것을 창조하는 자가 아니라, 자연의 예감을 '따라서 노래 부르는' 자일 뿐입니다(물론 그런 노래가 없다면 자연은 제 모습을 형상화하는 기회를 놓치겠죠).

자연

하이데거는 자연을 어떻게 해석할까요? 그는 자연을 뜻하는 그리스어 Φύσις(physis)를 라틴어로 natura로 번역하는 것에 이의를 제기합니다.

서구 사상의 초기로 거슬러 올라가 보면, 자연physis; physein을 성장 Wachstum으로 볼 수 있습니다. 물론 양이 증가하고 발전한다는 뜻은 아닙니다. 하이데거는 이것을 나타나서 일어나게 하고(산출Hervor-gehen), 솟아오르고Auf-gehen, 자기를 열어 보임Sich-öffnen으로 해석합니다.

자기를 개방하는 자연은 숨어 있다가 솟아오르면서 스스로를 드러냅니다. 이런 점에서 자연은 현전하는 것들을 열린 공간에 솟아오르게 하고, 열린 영역에서 밝은 빛 속에 환하게 드러나도록 합니다. 이처럼 개별적인 것들은 열린 공간이 주어져야만 비로소 자기 모습을 갖출 수 있습니다. 이렇게 해서 자연 안의 사물은 물론이고 인간까지도 현실적인 것으로 설 수 있습니다(물론 이때 자연은 존재하는 것들을 솟아오르게 하면서 자기에게 되돌아갑니다in-sich-zurück-gehen. 마치 존재가 자기를 드러내면서 동시에 숨는 것과 같죠).

이런 자연은 현전하는 것 하나하나를 모두 나타나게 하면서도 정작 자신을 숨깁니다. 곧 자연이라는 근원은 그로부터 생겨나는 것들을 자기로부터 내보내지만, 그렇게 발생된 가운데 하나로 나타나지 않습니다. 자기가 일으킨 현상들 뒤에 숨듯이, 그 너머에 있는 듯이 스스로를 감춘 채로 있습니다. 우리는 '자연 자체'가 아니라 부분적으로 나타난 모습들, 자연의 조각난 것들만 볼 수 있을 뿐이죠.

자연의 개방성을 존재가 스스로를 드러냄과 연결시켜 이해할 수 있다면, 존재하는 것들은 자연 덕분에 '열린 공간'에 머물러 있습니다. 즉 이 공간 안에서 태어나고 성장하고 죽는 것으로서 머물러 있습니다. 여기에서 인간도 (존재하는 힘을 스스로 갖는 것이 아니라) 자연이 열어놓은 공간 안에서 그 힘을 빌려야만 존속할 수 있는 하나의 존재자에 지나지 않죠. 이처럼 하이데거는 인간을 중심에 두고 사고하기보다는 존재론적으로 사고합니다.

사물들을 밝은 곳으로 이끄는 피지스(자연)는 빛의 출현이고, 또한 빛을 밝히는 불이기도 합니다. 한편으로 빛을 비추어서 사물들이 나타날 수 있도록 하고, 다른 한편으로는 뜨겁게 불태워서 사물들에게 뜨거운 기운과 생명력을 줍니다.

존재하는 것들은 이렇게 밝히면서 뜨겁게 하는 영역에서 나타나고 또 사라집니다. 우리가 이런 나타남과 사라짐에만 주목하지 않고 그 바탕을 본다면, 이런 나타남과 사라짐을 가능하게 하고 그런 변화에 앞서는 '열린 공간'을 볼 수 있습니다. 곧 존재하는 것들의 바탕을 이루는 '그 무엇'—특정한 그 무엇도 아니고 이름 붙일 수도 없는 것—을 생각할 수 있습니다.

이처럼 하이데거는 자연 안에 현존하는 것들을 모두 모아서 그것을 자연, 세계라고 보지 않고, 그 모든 것을 품고 있는 자연에 주목하죠. 그 안에 모든 것이 있고, 그것들은 자연이 마련한 밝은 빛과 열기에 의해서 스스로를 유지합니다. 개별적인 존재자들에서 자연으로 향해

가는 것이 아니라, 자연이라는 바탕에서만 개별적인 것들이 나타나고 사라질 수 있다고 봅니다. 그래서 근대적인 사고방식을 뒤집어 그것을 가능케 하는 근원을 드러내려고 하죠.

이런 자연은 개별적인 존재들이 있기 전에 '미리 앞질러서 주어져 있습니다zuvor schon anwest.' 곧 피지스는 모든 것 속에서 나타나 있죠 gegenwärtige. 횔덜린의 말을 빌리면, 자연은 '모든 것을 창조하는 것'이자 '모든 것을 평등하게 하는 것'이죠. 자연 안에 있는 것들은 저마다 다르지만 자연의 터전 안에 서로 동등하게 있습니다.

자연 안에 있는 것들은 조금 더 크거나 작고, 조금 더 강하거나 약할 뿐이죠. 그런 차이는 본질적인 차이가 아니라 정도의 차이에 지나지 않습니다. 각각의 것이 지닌 차이들은 자연의 같음을 바탕으로 삼고 있습니다. 아무리 잘난 것이라고 해도 '자연 안에서' 그러할 뿐이죠. 어느 것도 자연을 벗어나서 존재할 수 없으니 자신의 우월성을 주장하는 것의 등 뒤에서 자연이 미소 짓고 있을 겁니다. 마찬가지로 자연을 정복한다고 오만하게 굴거나 자연을 보호한다고 생색내는 경우도 마찬가지죠. 자연을 자기 마음대로 이용한다고 해서 인간이 다른 사물보다, 다른 존재보다 더 우월할까요? (그리고 한 인간이 다른 인간보다 더 높거나 낮다고 생각할 수 있을까요? 어쨌든 이 모든 것은 자연 안에서 자신의 집을 마련하고 있다는 점에서 모두 한 가족입니다.)

깨어나서 오는 자연, 예감하며 노래하는 시인

자연이 모든 것을 포용하고 잠들었을 때 그것은 암흑으로 나타납니다. 이렇게 쉬는 밤은 낮을 예감하게 합니다. 곧 먼동이 틀 겁니다.

먼동이 트고 날이 밝아오면, (예감한 대로) 쉬고 있던 자연이 오죠.

"아, 이제 먼동이 튼다!"라는 외침, 부름은 오는 자를 부르는 것이죠. 시인이 초조하게 기다리던 자연을 부릅니다.

이때 시인이 자연의 이름을 부르지만das dichterische Nennen 시인에게 주도권이 있다기보다, 오히려 '불린 것das Gerufene'(자연)이 시인에게 자신을 본질적으로 말하도록 떠밉니다. 그 덕분에 시인은 자연을 '신성한 것'으로 명명합니다.

> 성스럽게 강요되어서 우리는 그대를 자연이라고 부른다./ 그리하여 새롭게 목욕을 하고 나온 듯/ 그대로부터 신성하게 태어난Göttlichgeborne 모든 것이 나온다. ——「도나우 강의 원천」

자연은 잠에서 깨어 빛을 밝히며 고요하게 일어납니다. 그리고 이런 모습이 시인의 말 가운데 울려나옵니다. 이런 시인의 명명은 자연의 본질을 드러냅니다.

시인의 언어는 본질적인 것을 명명하면서, 그것을 비본질적인 것과 떼어놓는 싸움에 뛰어듭니다. 이 싸움 때문에 무기들이 부딪치면서 나는 소리Waffenklang가 들립니다. 자연에서 벌어지는 수많은 투쟁들의 소리죠. 시인도 자기 말을 무기 삼아서 그 싸움에 뛰어들죠.

왜 시인의 말은 성스러운 것일까요? 그가 자연을 명명해야 하기 때문이죠(물론 이에 앞서 자연은 그 고유한 성스러움을 드러냅니다).

자연은 모든 민족과 사물에 앞서서 존재하므로, 가장 오래된 것이죠. 그러면 자연이 모든 것보다 늙었을까요? 그렇진 않습니다. 자연이 '시간'보다 더 늙은 것은 아니죠. 인간이 계산하는 시간으로는 더없이 오래된 것이지만, 그런 자연은 항상 신선합니다. 아무리 오래되어도 자연은 그 힘이 쇠하지 않고, 시간이 아무리 지나도 거듭 신선해지는 힘을 지니고 있습니다. 물론 이것을 (형이상학적으로) '초시간적'이거나 (기독교적으로) '영원한 것'이라고 할 필요는 없습니다.

'자연이 성스럽다'는 자연이 모든 시간보다 오래되고, 신까지 넘어서기 때문입니다. 횔덜린이 말하는 성스러움은 신과 인간을 넘어섭니다. 말을 바꾸면, 신적인 것도 그것이 성스러울 때에만 신적일 수 있습니다. 이런 의미에서 성스러운 것이 자연의 본질이고, 시인의 본질은 이런 성스러움을 노래하는 것이죠.

자연, 존재하는 것들을 이어주는 매듭

깨어난 자연은 빛으로 모든 현실적인 것을 밝혀서 제 모습대로 나타나게 합니다. 이때 존재하는 모든 것을 하나로 묶어주는 힘이 자연입니다. 서로 분리된 것들을 이어주는 이음매인 자연은 모든 것을 하나로 모읍니다.

하이데거는 이런 자연의 모습을 영감을 불어넣는 '정신Geist'으로 보므로, 자연 안에 나타난 것들 하나하나가 나름대로 구별되면서 혼을 부여받는다be-geistern고 봅니다. 이처럼 혼을 부여하는 정신이 자연입니다. 이것은 저마다 구별되게 하면서도 하나로 통일하는 것die einigende Einheit, 하이데거의 용어로는 하나로 모으는 것Versammlung, 즉 공통된 정신입니다(하이데거는 이렇게 모으는 것을 로고스Logos; λογος라 부릅니다).

이처럼 사물들이 나타나고 머무르는 '열린 영역'이 사물들과 그것의 개별 영역에 앞서서 솟아오릅니다. 그래서 위에서 아래까지 모든 곳에 신성한 영감이 가득합니다. 대기이자 빛의 아버지로서 모든 것에 생기를 불어넣는 에테르가 있는 저 위에서 어머니 대지의 품이 모든 것을 품에 안은 저 아래에 이르기까지 영감이 넘칩니다.

개별적인 존재자들이 존재할 수 있는 것은 오로지 자연이 모든 것에 앞서서 열린 영역을 마련하기 때문이죠(이 영역 안에서 비로소 죽는 것과 죽지 않는 것, 각각의 사물이 서로 만날 수 있습니다). 이런 열린 영역은 모든 현실적인 것들이 맺는 관계를 매개합니다. 따라서 현실적인 것은 그 자체로 있는 것이 아니라 매개된 것ein Vermitteltes(간접적인 것)이죠. 물론 열린 영역 자체는 직접적인 것이어서 이런 매개에 의존하지 않습니다.

그래서 간접적인 신들과 인간 모두가 직접적인 것에 의존합니다. 이처럼 하이데거는 자연을 모든 것이 가능한 바탕으로 내세웁니다. 그는 주관과 객관의 대립관계에서 한 항을 고르는 것이 아니라, 이런 대립을 가능하게 하는 바탕을 보여줌으로써 이 대립의 틀을 넘어서려고 합니다.

(어떤 것에도 의존하지 않고 다른 것들이 그것에 의존하는) 자연은 모든 것을 관계 맺도록 합니다. 그리고 모든 관계와 매개는 이런 자연을 바탕으로 삼아야만 합니다.

법칙과 혼돈으로 빚은 질서

신성함이 두루 감싸고 있는 모든 것은 어떤 질서를 지닐까요? 하이데거는 횔덜린이 번역한 핀다로스의 단편을 참조하여 '죽는 것과 죽지 않는 것의 왕인 법칙Nomos'을 나름대로 해석합니다. 자연은 모든 존재자를 매개하는 '법칙'입니다. 자연은 모든 것에 앞서는 원초적인 것이자 확고한 법칙입니다. 그래서 자연은 모든 것을 예외 없는 법칙에 따라서 생겨나도록 합니다 그러면 자연에는 법칙만 있어서 자연은 엄격한 질서로만 모든 것을 지배할까요? 근대 과학의 자연관은 바로 이런 면에만 주목합니다(예를 들어 만유인력의 법칙만 알면 천상의 물체든 지상의 물체든 모든 물체의 운동을 완전하게 설명할 수 있다고 봅니다. 모든 물체가 힘의 법칙에 따르기 때문입니다).

그런데 횔덜린은 흥미롭게도 이런 세계가 '성스러운 혼돈에서' 태어난다고 합니다. 질서가 잡힌 세계가 혼돈의 자식이라면 모든 것이 혼돈에 빠져 있다는 뜻일까요? 그런 뜻은 아니겠죠.

그러면 어떻게 상반된 것인 법칙과 혼돈이 공존할 수 있을까요? 우리는 질서와 혼란의 대립을 함께 사고할 수 있어야 합니다.

하이데거는 혼란을 뜻하는 카오스κάος를 '하품하는 것,' 곧 쩍 갈라진 것, 열려 있어서 모든 것을 삼킨 것으로 해석합니다. 이런 갈라짐 Kluft은 구별된 것을 모두 숨겨서 구별을 지웁니다. 혼란과 차이 없음이죠(현실적인 것들은 모두 카오스로부터 생겨납니다. 모든 것의 원천인 카오스는 질서와 구분이 생기기 이전의 것이기에, 모든 탄생 지점에는 카오스가 있습니다. 이런 의미에서 카오스는 구별을 지우고, 모든 것을 한데 뒤섞습니다).*

이런 카오스는 구별되고 제한된 존재자들을 드러내는 갈라짐입니다. 어떤 현실적인 것도 이런 갈라짐에 앞설 수 없습니다. 오히려 그

---

* 현대의 복잡성 과학은 이런 '혼돈 속의 질서'에 관심이 많습니다. 기존의 사고와 달리 자연법칙이 지배하는 세계는 카오스라는 대양에 떠 있는 작은 섬에 불과합니다. 세계의 질서는 카오스 속에 있는 우연에 지나지 않습니다. ㅇ 질서는 비합리성의 주변에서 요동하고 있습니다. 이때 '창조적인' 카오스는 고도로 복잡한 사태들을 낳습니다. 그래서 카오스를 잠재된 질서로 보고, 카오스의 자기 조직에 관심을 갖습니다.

안으로 흡수되므로 모든 현상은 이 갈라짐에서 비롯된 것이죠. 이런 카오스를 성스럽다고 할 수 있지 않을까요?

카오스 때문에 열린 공간에서 저마다가 그 한 조각으로 만들어집니다. 질서의 한쪽에는 법칙이, 다른 쪽에는 카오스가 있습니다. 한쪽은 직접적인 것이고, 다른 한쪽은 간접적인 것이죠. 두 가지가 서로 맞물려야 합니다.

하이데거는 이런 자연의 모습을 흥미롭게 사고합니다. 곧 모든 것에 앞서고 모든 것을 넘어서는 자연을 일찍이einst 있고 또한 나중에 einst 있다고 합니다(이때 einst는 과거와 미래란 뜻을 모두 지닙니다). 그래서 자연은 모든 것에 앞서서 있기에 가장 어리지만, 모든 것 이후에 있기 때문에 가장 나이 든 것입니다. 곧 자연은 그때에나 나중에나 '항상 그 모습 그대로'죠(자연처럼 항상 같은 모습의 건강함을 지니려면 '자연을 따라서' 살면 되겠죠).

그리고 언젠가의 것/미래의 것das stets Einstiges은 신성한 것das Heilige 입니다. 원초적인 것으로서 항상 그 모습 그대로 건강하게heil 있기 때문이죠. 이런 자연은 현실적인 것들이 그 안에서 건강하게 머물도록 하겠죠.

물론 이런 건강을 보장하는 것은 바로 직접적인 것(독자적인 것)입니다. 모든 것과 그것들 간의 관계 맺음을 포함합니다. 자연은 신이나 인간 같은 개별적인 것들이 접근할 수 없는 것, 성스러운 것das Heilige 입니다. 성스러운 것은 간접적인 것(의존하는 것, 매개된 것, 근거 지어진 것)이 가까이 가려는 노력을 가로막습니다. 그래서 우리는 이 성스러운 자연을 온전하게 경험 안으로 불러들일 수 없죠. 우리는 성스러운 것에 다가갈 수 없고 그것에 대한 경험을 빼앗깁니다. 이런 빼앗음Ent-setzen(빼앗아-놓음)은 우리를 놀라게 합니다. 곧 그것은 놀라운 것das Entsetzliche이죠. 이런 놀라게 함은 앞서 본 포근하게 껴안고 있는 자연의 부드러움 속에 감추어져 있습니다. 그리고 이런 껴안음이 미래의 시인들을 기르고 시인은 자기 나름대로 성스러움을 수용합니다.

성스러운 불이 시인의 영혼에 당겨지다

휠덜린은 성스러운 것이 열릴 때 시인의 영혼이 빛난다고 봅니다. 앞에서 얘기한 저 높은 에케르로부터 저 깊은 심연에 이르기까지 밝게 비치는 영역이죠. 이것이 바로 우리에게 드러난 세계Welt입니다. 시인에게 이런 세계의 기호와 행위들이 밝게 빛납니다. 시인은 이런 세계에서 (정신적으로) 살고 있습니다. 시인이 몸담고 있는 세계에서 겪는 세속적인weltlich 감정, 활동은 시인에게 성스러움을 보는 기호들로 작용합니다. 시인은 세속적인 것들에 빠지지 않고 그것을 기회로 삼아서 성스러움이 올 수 있도록 노래합니다. 그래서 시인은 이런 세속적인 것들을 성스러움의 기호, 오고 있는 것의 기호Zeichen des Kommenden, 또 오고 있는 것을 위한 행위Tat für das Kommende로 받아들입니다. 언젠가의 것, 미래의 것은 모든 것 가운데 현존하고 있었지만, 왜곡되고 망각된 채 있었습니다.

> 그리하여 일찍이 생겼건만 거의 느껴지지 않던 것이
> 이제야 비로소 밝게 열렸고
> 우리에게 미소 지으며 종살이하는 모습으로
> 논밭을 일구던 자, 그들은 알려졌다
> 이 활기 넘치는 것, 뭇 신들의 힘이.

여기에서 '그'는 누구일까요? 하이데거는 자연으로 봅니다. 우리는 자연이 이미 와 있는데도 자연을 느끼지 못합니다. 마치 종처럼 이미 와서 다소곳이 있기 때문이죠. 우리가 종처럼 부리고 있던 그것이 바로 자연의 한 모습이죠. 그런 자연은 일찍이 인간에게 미소 지으며 밭, 삶의 터전을 갈아왔습니다.

하지만 인간은 그것을 느끼지도 못한 채, 자연에서 쓸모 있는 것들만 골라서 받아들였습니다. •즉 우리에게 분명하게, 또는 유용하게 파악되는 것만 자연으로 보고, 그것만 자연으로 포착하여 지배하려 하기 때문에 자연의 모습을 못 보죠. 하이데거는 자연을 이렇게 보는 사고방식이 형이상학과 그것을 세속화한 기술Technik이라고 봅니다. 서구 형이상학이 존재를 존재자로 바꾸는데, 이것을 활용한 것이 과학기술입니다. 그래서 존재하는 모든 것을 인간이 파악할 수 있도록 계산 가능한 것, 유용한 것으로 바꾸어서 그것들을 철저하게 이용하죠. 기술은 인간 중심주의적 사고방식이 관철된 것, 자연을 닦아세우는 것, 짓밟는 것이죠. '기술'이 존재를 존재자로 바꾸면서 인간 유용성의 틀을 가지고 세계를 인간 멋대로 조작합니다. 그래서 하이데거는 기술이 꾸며낸 자연 상을 거부하고 자연을 있는 그대로 풀어놓아야 Gelassen(방면) 한다고 하죠.

자연은 인간이 마음대로 부리더라도, 그 성스러움을 오해하더라도 그냥 둡니다. 그런데 이런 보잘것없어 보이는 자연을 제대로 볼 수 있는 자는 시인뿐이죠(시인은 현실적인 필요에 얽매이지 않고 그것을 넘어서서 볼 수 있습니다). 시인은 자연 속에 포근히 안겨 있으면서 이 모습을 포착하려 하고, 성스러움을 노래 부르면서 자기가 노래한 것들을 (민족에게) 베풀죠.

성스러운 불이 시인의 영혼에만 감추어져 있다면, '대지의 아들들'이 그것을 볼 수 있을까요? 모든 것을 평등하게 하는 힘, 성스러운 것을 경험할 수 있을까요?

("그대는 그것을 묻는가? 노래 가운데 그의 정신은 나부끼나니"에서) 시인의 정신은 노래 가운데에서 성스러운 것의 이음매를 마련할 수 있습니다. 그래서 그 노래가 깨어나게 하는 영감erwachende Begeisterung과 함께 깨어나서 노래 가운데 성스러움이 전해집니다.

시인의 노래가 눈뜨는 자연과 함께 눈을 뜰 때 노래의 근원은 달라집니다. 이 노래는 '하늘과 땅' '민족들 사이에서 바뀌는' '기후' 가운데서 깨어납니다(이런 눈듦은 가장 오랜 시간으로 거슬러 올라가서 오고 있는 것이 이미 마련되어 있음을 깨닫습니다).

그런데 깨어난 자연이 격동함scheitern에 따라서 모든 것이 흔들림 Erschütterung은 '의미심장한' 것이죠.

자연은 시인들에게 원초적인 풍부함을 선물하고 시인은 이 충만한 의미를 언어로 나타내야 합니다. 그래서 시인은 간직해야 할 많은 것을 지니고 그것들을 이야기해야 합니다. 자연에 안겨 있는 시인들의 영감이 다시 한 번 더 명료하게 나타나야 합니다.

이런 성스러움을 맞이한 시인은 자연 자체가 가진 격동을 자기 속에서 가장 평온하고 조용하게 갈무리하고 마무리합니다.

성스러움은 확고한 법칙으로 모든 것을 포괄합니다. 정신은 나누어진 모든 것을 하나로 모아서 모든 것을 주재하죠. 이러한 하나로 모으는 정신은 어떤 모습으로 있을까요? 바로 "조용히 시인의 영혼 가운데 매듭지으며" 있습니다.

여기에서 '매듭지으면서,' 곧 '끝내면서endend'는 단지 소멸하는 것이 아니라, 영감과 함께 보존하는 것이죠. 물론 조용하고 온화하게 보존합니다. 곧 성스러움은 다가오는 것으로서 조용하게 나타나 있습니다. 이때 하이데거는 이런 성스러움을 대상으로 파악하거나 표상할 수 없음을 강조합니다(철학이나 과학이 아니라 시가 필요한 까닭이기도 합니다).

이처럼 노래 부르는 자로서 노래를 존재하도록 하는 시인은 고요한 침묵 가운데 성스러움의 정화된 떨림을 보존합니다. 참된 언어는 침묵 가운데 울려 퍼질 수 있습니다.

성스러운 것이 시인의 영혼에 보존된다면 그 정신에 성스러움을 말하는 언어가 번성할 겁니다. 하지만 이것이 곧바로 노래가 이루어짐을 의미하지는 않습니다. 노래를 빚으려면 시인의 능력뿐만 아니라 행운이 필요합니다.

하늘의 불을 마시는 행운/불운?

왜 행운을 문제 삼을까요? 물론 알맞은 표현을 찾을 행운, 우연한 기회에 시가 문득 찾아오는 행운, 영감을 주는 어떤 소재나 사건과 우연하게 마주침을 뜻하는 것은 아닙니다. 그리고 행운만큼이나 불운이 닥칠 가능성도 있습니다.

행운과 불운이 문제되는 것을 보면 시인이 '자기 힘만으로는' 성스러움을 명명할 수 없음을 알 수 있습니다. 시인의 영혼에 불을 댕길 것이 필요합니다. 성스러움에 보다 가까이 있으면서 이렇게 불을 댕겨줄 신의 번개가 필요합니다.

하이데거는 횔덜린이 말한 신이 성스러움을 받아들여서 그 불길을 인간에게 준다는 점에 주목하죠. 인간이나 신은 스스로의 힘만으로는 성스러움과 직접 관계 맺을 수 없으므로 인간은 신을, 신은 인간을 필요로 합니다. 인간과 신은 성스러움 앞에서 서로 협조합니다. 신과 인간은 서로 도와야 하고 서로를 필요로 하기 때문에 서로 사랑하는 사이가 됩니다.

물론 세멜레의 예에서도 보았지만, 신의 번갯불은 인간을 불태워버릴 수 있습니다. 시인은 자연의 성스러운 불빛과 만날 때 '은총 덕분에' 불길에 휩싸이지 않고 성스러움을 향할 수 있어서 시인의 영혼을 전율케 합니다. 이것은 성스러움이 자기를 열어 보이는 것Sich öffnen des Heiligen이죠. 이런 전율은 침묵을 깨뜨리고 언어로 타갑니다.

이렇게 생겨난 언어 작품은 신과 인간의 합작입니다. 이처럼 공통된 사상이 드러날 때 시인의 영혼에 노래가 꽃핍니다. 시인은 신의 불길과 시인의 만남, 신과 인간이 함께 속하는 신성함을 언어로 빚어냅니다.

물론 횔덜린은 시인에게 언제나 행운만 있는 것은 아니라고 지적합니다.

신의 번개는 세멜레의 집에 내리쳤고

알다시피 아름다운 세멜레는 제우스의 애인이었죠. 세멜레가 제우스를 만나는 것을 못마땅하게 여긴 헤라는 속임수를 씁니다. 늙은 유모로 변신한 헤라는 세멜레를 찾아가서 요즘 가짜 신이 많으니 당신을 찾아오는 자가 진짜 신인지 알고 싶다면 그에게 하늘나라의 휘황찬란한 의상을 갖춰 입고 오라 하라고 부추기죠. 세멜레의 사랑에 의심의 씨앗을 심고 세멜레가 그 의심으로 인해 파멸하도록 유혹합니다. 세멜레는 제우스에게 어떤 부탁이든 들어준다는 다짐을 받고 나서 바로 그 어리석은 요구를 합니다. '아뿔싸! 이를 어쩐단 말인가! 분명 헤라의 장난일 거야.' 제우스는 아차 싶었지만 이미 엎질러진 물! 어쩔 수 없이 올림푸스 신전에서 군림하는 신의 모습으로 (그나마 가장 간소한 복장으로) 무장하고 나타납니다. 물론 세멜레는 그 눈부신 모습을 보자마자 불타서 녹아버리죠. 이처럼 신과 직접 대면한 인간은 그 신성함을 감당하지 못합니다. 신의 선물인 번개는 시인을 불사를 수 있습니다.

이 이야기는 인간의 방식으로 신을 보려는 열망이 어떤 화를 자초하는지 보여줍니다. 곧 받아들이는 자가 성스러움에 따르는 위험을 망각한 경우죠.

그리하여 이제 하늘의 불을 들이마시며
위험도 모르는 대지의 아들들이 있으나,
하지만 시인들이여! 우리에게 마땅한 것은
신의 뇌우 가운데 맨머리로 서서

하이데거는 '마신다'가 인간이 노래에 나부끼는 정신을 이해하는 것이라고 봅니다. 즉 '하늘의 불'을 이해하는 것이죠. 이 불은 단순히 번개라기보다 노래가 태어나기 전에 "시인들의 영혼 가운데 점화된" 불, 곧 성스러움을 의미합니다. 노래는 성스러움이 옴으로써 번성하기에 대지의 아들들과 시인들은 새로운 존재 양식을 갖습니다.

하이데거는 시인이 처한 위협과 불운보다는 그의 노래와 행운에 주목합니다. 그리고 그 바탕을 '순수한 마음'에서 찾습니다. 이런 (유일하고 미래의 사람들인) 시인이 자기 사명을 다할 수 있으려면 '순수한 마음'을 지녀야 합니다.

하이데거는 '순수한' 마음을 (도덕적인 것이 아니라) 어린아이의 마음으로 봅니다. 곧 이런 마음은 두루 있는 자연과 관계 맺고 그것에 호응하죠(시인은 힘이 넘치고 아름다운 자연 안에서 오로지 고유한 것만을 추구합니다). 이들의 손은 죄가 없습니다. 그래서 시 짓기는 "모든 일 가운데 가장 순수한unschuligste" 것이라고 할 수 있죠.

성스러움을 노래로 바꿀 수 있는가?

하이데거는 시를 매듭짓기 위해서 3연의 "이 성스러운 것이 나의 말이 되어야지"의 성스러움을 상기시킵니다. 왜 다시 성스러움이 문제가 될까요?

다름 아닌 성스러운 것이 신과 시인들의 매개에 의해 노래로 탄생하는 바로 그 지점에서 그것이 반대의 것으로 뒤바뀔 위험 때문입니다. 성스러움이 언어로 바뀌면서 그 고유한 본질이 변질되고 법칙은 위험에 처할 수 있습니다.

'존재'와 마찬가지로 성스러움도 말로 표현할 수 없습니다. 그것은 어떠한 매개—간접적인 것—나 객관화도 거부합니다. 그것이 특정한 '어떤 것'이 되면, 그것은 존재하는 것들 가운데 하나가 되고 말죠. 그러한 것으로는 존재하는 다른 것을 모두 포괄할 수 없고 그 자체가 다른 것들과 대립하고 다른 것에 의존하는 간접적인 것이 되고 맙니다. 이 점이 성스러움이 언어로 바뀔 때 생기는 위험입니다. 이것은 말하는 능력이 부족해서가 아니라, 말함 자체가 안고 있는 (벗어날 수 없는) 한계입니다. 물론 이런 한계 때문에 말함을 포기할 수는 없습니다. 시인의 언어는 이름 부를 수 없는 것을 이름 부르기에 내맡겨집니다.

이런 해석은 분명히 하이데거의 고민에 연결됩니다. 곧 존재를 존재자로 추락시키지 않고 사고해야 하는 위험, '존재론적 차이'를 보존해야 하는 존재 사고의 어려움에 연결됩니다. 이런 해석을 통해서 하이데거는 성스러움을 지속하는 것으로 바꾸는 행복한 시 짓기가 이 시의 결말에 있다고 보죠. 그래서 마지막 연에 나오는 '신의 괴로움'에 주목합니다.

> 아버지의 빛줄기, 이 순수한 것은 그것을 불태워버리지 않고
> 깊은 떨림으로 감동시키며, 신의 괴로움을
> 함께 괴로워하면서도, 영원한 마음은 확고하게 머물러 있도다.

'영원한 마음das ewige Herz'을 어떻게 볼 수 있을까요? 성스러움은 본래 확고한 법칙이고, 모든 현실적인 것을 매개하죠. 모든 것은 손상되지 않은 채로 '두루 있는 것'에 모여 있습니다. 곧 그 가운데 내재합니다inne. 횔덜린이 지적했듯이 "모든 것은 내재적innig"입니다. ●횔덜린은 개체와 보편이 나뉘지 않은, 하나이자 전체hen kai pan인 통일을 추구했습니다. 그리고 이 통일의 형식을 시로 형상화하고자 했습니다. 이와 달리 헤겔은 이런 통일을 개념 체계로 표현하고자 합니다. 모든 것은 오로지 내재하는 것의 친밀함Innigkeit에서 나옵니다. 성스러움은 이런 친밀함이고 이것이 바로 '마음'입니다.

앞에서 성스러운 것(자연)이 모든 것을 앞지르는 처음das Erste이자 마지막das Letzte이라고 했습니다. 알파요 오메가인 이것은 모든 것을 자기 안에 지닌 것, 원초적인 것Anfängliche이고, 또한 지속하는 것das

Bleibende입니다. 하이데거는 이렇게 지속하는 것을 영원한 것의 영원성die Ewigkeit des Ewigen이라고 봅니다. 그렇다면 성스러운 것은 변함없는 친밀함einstige Innigkeit, 곧 '영원한 마음'입니다.

그런데 이 성스러운 것의 지속함을 노래하는 시가 성스러움을 위협하기도 합니다. 시에 불을 댕긴 '아버지의 빛줄기'가 성스러움의 직접성을 빼앗아 간접적인 것으로 바꿔놓기 때문이죠.˚(이것을 존재의 드러남과 그 은폐에 따른 갈등을 시적으로 형상화하는 문제로 볼 수 있습니다. 신성함을 담은 시적 형상의 내적 갈등과 긴장을 표현하기).

이런 위협에도 불구하고 영원한 마음은 확고하지 머물러 있습니다. 뒤흔들리는 자연은 여전히 근원에 깊이 뿌리박고 있습니다. 성스러운 빛줄기가 '그것'을 태워버리지 않기에 (신성이 자연의 성스러움에 대항하고 그것을 없앨 수 없기에) 영원한 마음이 여전히 확고하게 존속한 가운데 이 깊은 곳으로부터 성스러움은 '신의 괴로움과 더불어 괴로워'합니다.

이때 왜 신—물론 기독교적인 신은 아니죠—이 괴로워할까요? 휠덜린은 신의 빛줄기가 신성한 것에 속하려고 결단하기 때문에 순수하다고 합니다("하늘의 자비는 스스로를 위하여 성스럽지 않으면 안 되기" 때문입니다). 그리고 이런 귀속Zugehören은 고뇌Leiden를 포함합니다. 휠덜린은 다른 곳에서 "무구한 진리 가운데 고뇌가 머무르지 않으면 안 되는" 것이라고 했습니다.

˚ 불사不死적인 신이 간접적으로 성스러운 것이 되면 성스러움은 간접적인 것이 되고 말기 때문이죠. 인간의 영역보다 높은 신의 영역 역시 보다 높은die höhere 것일 뿐, 지고至高한 것das Höchste은 아닙니다. 신의 영역도 자연이라는 근원에서 나온 것이므로 근원보다 더 근원적일 수는 없습니다.

이처럼 법칙 가운데 머무르는 것은 고뇌, 번민이기 때문에 영원한 마음은 처음부터Wesenanfang 괴로워합니다. 이것은 또한 신의 괴로움과 함께 괴로워함이죠. •성스러움은 번민하면서 스스로를 증여하기sich verschenken 때문에 스스로 빛을 내면서 그 본질의 진리 가운데 머무르고 그래서 원초적으로 괴로워합니다.

그런데 하이데거는 이렇게 처음에서 비롯되는 고뇌는 모든 것을 자기에게로 모으는 친밀함이라고 여깁니다. 그는 신성함이 지속하는 데 따르는 위협을 '원초적 처음에 머무름,' 다시 말해 처음이 오는 것으로 해석합니다. 따라서 이런 처음에 자기를 맡기는 것(또는 처음으로 상승함)은 더욱 훌륭한 처음herrlicherer Anfang이자 더욱 원초적인 친밀함anfänglichere Innigkeit을 추구하는 것이죠. 이것이 처음으로 되돌아감이고 '존재의 원 흔적Urspur'을 찾아가는 것입니다.

그래서 성스러움은 확고하게 머무른 채Festbleiben 말합니다. 이런 머무름Bleiben은 비로소 '처음이 오도록 하는 것Kommen des Anfangs'입니다. 하이데거는 이렇게 오는 것을 지속시킴das Bleiben als Kommen을 '처음이 지닌 처음다움Anfänglichkeit des Anfangs'이라고 봅니다.

이렇게 본다면 이 점은 「회상」에 대한 해석과 연결됩니다. 하이데거는 회상이 근원을 지시하면서 시의 본질 근거 속에 자기를 세우는 것이라고 봅니다. 따라서 시 짓기는 회상이고, 회상은 세움Stiftung이 됩니다. 시인이 (존재를) 세우면서 시인답게 산다는 것은 근원에 접근하면서 머무름이죠. 이것은 근원 가까이에 사는 것이고, 근원이 근거를 확정한 바에 따르는 것입니다. 따라서 회상은 고유한 것 가운데 머무름이자 원천으로 가는 것이죠. 이런 맥락에서 유명한 「회상」의 마지막 구절 "지속하는 것은 시인이 건설한다"를 이해할 수 있습니다.

● 하이데거는 '지속하는 것은 시인이 건설한다Was bleibt aber, stiften die Dichter"라는 구절에서 횔덜린이 시인을 '존재를 세우는 자'로 보는 점에 주목합니다. 시 짓기는 말을 통해서, 말 안에서 건설하는 작업이죠. 그러면 시는 무엇을 세울까요? '지속하는 것'이죠. 지금 있는 것, 지속하는 것처럼 보이는 것들은 시간이 흐르면 사라집니다. 끊임없이 변하는 존재자들 위에 세우는 것은 심연Abgrund 위에 건설하는 것, 곧 일정한 시간이 지나면 '근거가 무너지고 마는Ab-Grund' 것과 같습니다. 그래서 지속하는 것들을 보존하려면, 단순한 것을 혼란스러운 것과 불순한 것으로부터 지켜야 하고 유한한 것들은 보호해야 합니다. 이것은 (시간 속에서 사라지는) 존재자들이 은폐하는 존재의 지평을 열고 밝히는 것이어야 합니다. 곧 존재자들의 변화에 가려진 채로 있는 존재의 지속성을 드러내야 합니다. 시적 언어는 이런 존재의 세계를 세우는 것입니다. 그래서 하이데거는 시가 존재하는 모든 것을 열린 공간에 드러낸다고, 곧 존재를 개방한다고 봅니다.

존재는 특정한 존재자가 아니므로 존재자들을 벗어나서 '자유롭게' 세워야 합니다. 이런 의미에서 시 짓기는 자유로운 창조입니다. 시는 자유롭게 세우지만 사물을 그 본질로 세우기에 가장 단단하게 세우는 것입니다. 존재를 굳건하고 참되게 설립함Wahrhafte Stiftung des Seins입니다. 이처럼 시는 가장 자유로운 활동이면서도 영속적으로 건설합니다.

하이데거는 다시 "아, 이제 먼동이 튼다…… 이 성스러운 것이 나의 말이 되어야지"에서 '이제'가 언제인지를 묻습니다. 이 시간은 (다른 동시대인과 공유하는 시간이 아니라) 바로 횔덜린의 시간, 곧 그의 언어로 노래가 탄생한 시간입니다.

'이제'는 성스러움이 오는 시간이자 그것을 노래하는 시간입니다.

결코 연대기 속의 한 시기가 아닙니다. 하이데거는 역사를 과거 사건들을 모아서 일정한 흐름으로 기술한 것이라고 보지 않습니다. 그런 사건들의 모임은 역사의 전경일 뿐 역사 자체일 수 없죠. 역사는 존재의 '일어남Geschehen,' 존재가 '고유하게 일어나는 사건Er-eignis'으로서만 의미가 있습니다. 그래서 존재가 자기 모습을 '사건'으로 고유하게 드러내는 역사Geschichte는 '드물다'라고 할 수 있습니다.

역사는 진리의 본질이 원초적으로 결단을 내릴 때, 곧 그 처음으로 되돌아갈 때 있을 수 있죠. 앞에서 보았듯이 (시간보다 오래되고 신을 넘어서 있는) 성스러움은 그것이 올 때 다른 역사의 새로운 시초를 세웁니다. 곧 성스러움은 인간과 신에 대해서 그들이 존재하는지, 어떻게 존재하는지, 언제 존재하는지를 앞질러서 결정합니다. 횔덜린의 시는 이처럼 '오고 있는 것'을 부르기에, 그의 언어는 송가頌歌, Hymnos, 곧 성스러움에 대한 찬가讚歌입니다.

여기에서 하이데거는 성스러움과 언어의 관계를 정리합니다. 성스러운 것이 말을 보내고 스스로 말로 나타난다면, 말은 이 '성스러움의 고유한 일어남Ereignis des Heiligen'입니다.

횔덜린의 시는 이렇게 오고 있는 것에 의해 노래가 되면서 이 오고 있는 성스러운 것을 처음으로 부르는 것anfängliches Rufen입니다. 하이데거는 이런 찬가가 '성스럽게' 강요되고, 그래서 시인은 '성스럽게 깨어 있다'고 봅니다.

이처럼 횔덜린의 언어는 성스러운 것을 말하면서 신들과 인간의 다가올 역사, 그 본질 구조에 대해서 원초적으로 결단할 시대를 명명합니다. 이런 시와 함께 새로운 시대가 열립니다. 드문 역사가 일어납니다.*

이 글은 하이데거의 횔덜린 해석의 전모를 드러내려는 것이 아니라 이런 흥미로운 작업을 안내하려는 것입니다. 하이데거와 횔덜린의 본격적인 대화에 관심 있는 분들은 횔덜린의 시에 대한 하이데거의 해석을 두루 살펴보시기 바랍니다. 잘 알려진 「회상」이나 「귀향」 등에 대한 해석은 물론이고, 「이스터 강」 「게르마니엔」 등을 다루는 부분들, 또한 횔덜린뿐만 아니라 릴케와 트라클에 대한 독특한 해석도 참조하시기 바랍니다.**

하이데거의 이 해석을 어떻게 보십니까? 하이데거와 횔덜린의 교류가 시와 철학의 아름다운 만남이라고 생각하십니까? 신성함의 번개가 시인을 신의 불꽃으로 감싸고 그 불꽃으로 궁핍한 시대, 존재의 이름을 모르는 시대를 개척할 새로운 역사를 세우는 것처럼, 사고하는 자에게도 '존재의 집'을 세울 수 있는 기회가 마련될 수 있을까요?

---

* 이런 해석의 연장선에서 시인의 언어가 축제의 노래가 되는 점을 살펴봅시다. 시의 언어는 존재론적 고향 상실 한가운데에서, 신들의 부재에 직면해서, '사이 공간'에서 신들과 가사적인 인간이 서로 귀속된 상태로 만나는 공간과 시간을 창조합니다. 바쿠스의 축제가 펼쳐지는 곳으로 그들을 이끕니다. 시는 가장 고양된 상태에서 '축제'를 노래합니다. 축제에서 신들과 인간이 서로 만나고 서로 인정하고 서로 확정합니다. 예를 들어 결혼 잔치에서 놀고 춤추고 어둠을 밝히는 시간에 일상을 넘어선 환희의 시간-공간이 열립니다. 지고하고 신성한 것으로 고양된 감정이 넘실거립니다. 물론 이때 의식적 주체의 우월성은 사라집니다. 그리고 이런 환희는 단순히 술 취한 상태에서 나오는 혼돈이 아니라 절도 있는 상태를 이룹니다. 축제적인 것에서 인간은 가장 고유한 것이 자신에게 고유하도록 합니다. 이런 축제 사건은 고유한 것을 자기 것으로 만드는 일어남이라고 할 수 있습니다.

** 이 시의 해설에 관해서 M. Heidegger, *Erläuterungen zu Hölderlins Dichtung*, Gesammtausgabe, Bd. 4의 세번째 글의 보다 상세한 내용을 참고하기 바랍니다.

푸코의 플라톤의 『향연』 읽기는 철학의 친구들이 벌이는 에로스의 향연에서 에로스에 관한 다양한 논의와 그것의 함의를 새로운 각도에서 살펴려는 것이다. 푸코는 윤리적 주체의 자기 형성이라는 틀로 그리스의 성 문화를 배경 삼아 철학적 연애술이 지닌 독특한 에로스 혁명을 재조명한다. 이것은 성인 남성과 미소년의 상호 대칭적이지 않은 에로스에 담긴 몇 가지 난점들을 해결하기 위한 것이다. 자제와 금욕주의의 대명사인 소크라테스는 에로스적 지향을 진리를 추구하는 사랑으로 전환시키는 자로서, 기존의 에로스를 새로운 대상을 향한, 새로운 방식의, 새로운 목적을 추구하는 사랑이자 사랑을 넘어서는 것으로 제시한다. 이런 진리에 대한 사랑은 기존의 사랑하는 성인 남성과 미소년의 사랑관계를 새로운 틀로 재구성하려는 일종의 에로스 혁명이 아닐까? 철학이 진리에 대한 사랑이라면, 이런 사랑은 기존의 사랑 문화를 넘어서려는 기획이다.

4
사랑과 진리가 어떻게 만날 수 있는가?
―― 소년에 대한 사랑에서 진리 사랑으로

1. 철학과 사랑은 어떤 관계일까?

철학은 사랑에 대해서 무슨 얘기를 할 수 있을까요? 사랑하는 이들은 철학자들의 충고에 귀 기울일까요? 아니 철학이 사랑과 사소한 관계라도 맺고 있을까요? 지혜/진리sophia를 사랑하는 철학에 대해 '어떤 철학자'가 진리를 여인에 비유하면서, 철학자들이 무서울 정도로 진지한가 하면 지나친 자신감을 내세우곤 하는 바람에 그녀의 마음을 사로잡는 데 실패했다고 지적한 적이 있습니다.

그런데 고대 그리스에서 철학이 원래 '사랑하기'였다면, 독특한 사랑 방식이었다고 하면 믿을 수 있을까요? 그저 딱딱한 진리 찾기가 아니라 진리를 '사랑하는' 것이고, 이런 사랑이 아름다운 육체에 대한 사랑에 그치는 것이 아니라 본질적이고 영원한 것에 대한 사랑이라면 철학에 대한 사랑, 아니 친밀감이 조금이라도 생기지 않을까요? 철학이 태어난 자리에 사랑이 있었다면 철학은 무엇을 사랑하려고 했을까요? 그런 사랑은 우리가 얘기하는 사랑과 어떻게 다르거나 같을까요? 얘기가 조금 엉뚱하게 들렸나요? 그럼 주제는 색다르지만 평범하게 시작해보죠.

오늘은 플라톤의 『향연symposion』을 미셸 푸코Michel Foucault의 독특한 해석과 함께 살펴보겠습니다. 『향연』의 주제는 '에로스'이고, 이 사랑은 그리스적인 '동성애' 문제를 다루고 있습니다.

흔히 플라톤적 사랑이 육체적인 사랑을 가치절하하고, 영속적인 정신적인 사랑을 강조한다고 봅니다. 육체관계를 거부하는 '순수한 정신적 교류'라는 사랑론이 참된 사랑과 저속한 사랑을 나누는 기준일 수는 있지만, 그보다도 어떤 이유 때문에 사랑을 그렇게 보는지 살펴볼 필요가 있습니다. 왜 플라톤적인 사랑은 육체의 측면을 부정할까요?
● 물론 플라톤의 이 대화를 읽은 분들은 사랑이 육체를 무시하지 않지만, 사랑이 아름다운 육체를 추구하는 데 그치지 않고 그것을 넘어서서 보다 높은 가치를 지닌 것, 보편적인 것을 지향하는 것임을 잘 알고 있을 겁니다.

플라톤의 사랑론은 널리 퍼진 소문과 상당히 다를 뿐만 아니라 이때의 에로스가 보통 말하는 남녀 간의 사랑, 이성애를 모델로 삼는 것도 아닙니다. 플라톤은 고대 그리스의 통상적인 관례에 따라 성인 남성과 '아름다운 소년'의 사랑관계를 넘어서는 모델을 '철학적으로' 재구성합니다. 아마 '플라토닉 러브'를 강조하는 이들은 『향연』의 표지만 보았거나, 성문화의 차이를 무시하고 동성애 모델을 적당히 변형해서 '이성애'의 지침으로 삼았을지도 모릅니다.

고대 그리스에서 동성애는 (일반적이라고 할 수는 없지만) 금기 사항은 아니었습니다. 우리가 잘 알고 있는 고대 그리스의 유명한 정치가들의 경우에서 보듯이 후원자가 아름답고 현명한 소년을 사랑하고, 자신들의 동성애를 승화시켜 사랑하는 소년을 훌륭한 정치가로 성장시키는 예를 많이 볼 수 있습니다.

이런 동성애를 긍정하는 태도는 로마 시대에는 일정하게 제한되고, 기독교 시대에는 극단적으로 부정되면서 '소돔과 고모라'의 사랑, 저주받은 사랑이 되죠. 그런데 고대 그리스의 문화는 동성애를 성인 남성의 의미 있는 삶의 양식으로 인정합니다.

푸코는 이러한 동성애를 성적 욕망과 실천의 영역에서 파악하면서 고대 그리스의 남성들이 성적 실천을 통해 스스로를 '윤리적 주체'로 구성하는 측면을 보려고 합니다.

철학을 필로소피아philo-sophia라고 한다면, 지혜'sophia를 사랑하고 추구하는philos 노력이죠. 그런데 이것을 인간과 세계의 진리를 추구하는 태도로만 보아서는 그 맥락을 제대로 알 수 없죠. '지혜를 사랑하는 사람들philosophos'인 지혜의 친구(동료)들은 변증법적 대화를 통해서 진리를 추구하고 진리 공동체를 건설하고자 합니다. 우정philia 공동체이자 (진리를) '사랑하는 집단'이라고 할 수 있습니다.

『향연』에서 (동성애적) 사랑의 진리를 추구하는 지혜의 친구들은 에로스를 주제로 토론을 펼치죠. 이런 진리의 향연은 '함께 먹고, 마시면서 대화, 토론'하는 마당이기도 합니다. 『향연』에서 다루는 주제는 철학적 연애술이죠. 물론 이 사랑론은 고대 그리스 시대의 동성애가 주제입니다. 보통 이 사랑 모델에서 한 부분, 특히 아리스토파네스가 이야기한 부분만 강조하곤 합니다. 신이 인간을 반으로 쪼개놓았기 때문에, 사람들이 자신의 '잃어버린 반쪽'을 찾아다닌다는 얘기죠.

그래서 사랑은 '반쪽 찾기,' 곧 불완전한 존재가 완성을 추구하는 과정이 되죠. 그런데 그 내용을 조금만 살펴보면 뭔가 이상하다는 것을 알 수 있습니다. 반쪽으로 나뉘기 전에 원래 인간의 성은 무엇이었을까요? 원래 남자였던 자를 반으로 나눈다면 '한' 반쪽 남자가 '다른' 반쪽 남자를 찾겠죠. 이 이야기를 지금의 사랑론으로 이해하려면 인간이 원래 '남녀 양성체'였는데, 이를 반으로 나누어놓았기 때문에 반쪽-남자는 다른 반쪽-여자를, 마찬가지로 반쪽-여자는 다른 반쪽-남자를 찾는다고 설명해야 할 겁니다. 이것은 인간이 원래 자웅동체라고 전제하는 것이므로 상당히 어색하죠. 그런데도 이런 사랑론이 많은 사람들을 감동시켰나 봅니다.

우리는 이런 소문에 귀 기울이지 말고 『향연』에 나타난 '그들의' 흥미로운 에로스 이야기를 살펴봅시다. 그들이 어떤 관점에서 사랑 이야기를 했을까요? 그 이야기의 어떤 점 때문에 오늘날까지 우리가 아득한 그때의 사랑 이야기에 관심을 쏟고 있을까요?

2. 왜 사랑이 문제인가?

푸코의 『향연』 읽기를 여러 맥락에서 문제 삼을 수 있습니다. 철학에 대한 통속적 관점을 재검토하거나, 성이 어떻게 윤리적 주체를 만드는 데 관여하는지, 철학의 진리와 동성애가 어떤 관련을 갖는지 등을 살펴볼 수 있습니다.

푸코는 기독교 모델과 다른 틀을 찾고자 합니다. 기독교 도덕은 인간의 사악한 성적 욕망을 위험시해서, 정해진 허용과 금지의 규칙을 지킬 것을 요구하죠. 그래서 욕망을 금지하는 '보편적인 규칙'을 제시합니다. 이 틀은 (성적) 욕망 자체를 나쁜 것으로 보므로 인간의 날뛰는 욕망에 검은 천을 씌워 그 사악함을 가립니다. 하지만 이런 종교적 금욕의 빛이 비치지 않는 뒤쪽에서는 여전히 욕망들의 '소란'이 그치지 않겠죠. ●푸코는 욕망과 금지의 문제에 관해『성의 역사』1권에서 성적 장치가 개인의 내밀한 성적 욕망을 털어놓도록 하면서 '앎의 의지'를 행사한다는 점에서 미시권력의 작용이라고 보았습니다. 지금의 논의는 그런 관점을 바꿔서 윤리적 주체 형성을 문제 삼습니다.

푸코에 따르면, 고대 그리스의 성적 도덕은 (기독교 모델처럼 허용/금지의 도덕 코드를 따르는 문제가 아니라) 스스로가 자신의 성적 욕망을 관리하고 그것을 절제하는 능력으로, 자기를 '윤리적 주체'로 빚어내는 데 관심을 갖습니다. 곧 '어떻게 욕망을 자제할 수 있는 능력을 지닌 윤리적 주체가 될 수 있는가'를 문제 삼습니다. (니체의 표현대로) '존재의 미학'에 관심을 갖죠. 즉 자기를 주어진 특정한 틀 안에서 찾기보다는 자기 존재를 조각품처럼 만들어나가는 기술이나 삶의 전략을 문제 삼습니다.

인간의 성적 욕망 자체를 부정적인 것으로 볼 필요는 없죠. 하지만 그 욕망이 제어하기 어려운 난폭함을 지니기 때문에 그처럼 강한 욕망을 어떻게 조절하고 통제할 것인지, 그리고 주체가 그것과 관련해서 스스로 어떤 실천 양식을 마련할 수 있는지가 중요합니다. 푸코는 특정한 인식과 실천을 통해 자기 욕망을 관리하는 기술로서 자기 육체를 관리하는 양생술, 가정을 관리하는 가정 관리술, 성인 남성과 미소년의 관계를 다루는 연애술이 있다고 봅니다. 우리의 논의는 연애술과 관련됩니다.

3. 어떤 관점에서 성적 실천을 문제 삼는가?

『향연』을 읽기 전에 푸코의 도움을 받아서 고대 그리스의 성적 욕망, 성적 실천이 어떤 맥락에서 문제로 제기되는지 간략하게 살펴봅시다.

이때 사용하는 섹슈알리테sexualité를 성이나 성적 쾌락, 성적 욕망 등으로 다양하게 볼 수 있겠죠. 푸코는 고대 그리스에서는 성적 쾌락을 억제하거나 금기시해야 할 대상으로 보지 않았으며, 다만 "그것을 '어떻게 활용하여' 자제력을 발휘할 수 있는가"라는 관점에서 문제 삼았다고 봅니다. '금욕' 개념은 성적 쾌락과 그 힘을 금지하거나 무절제하게 버려둘 것이 아니라 적절하게 관리하고 활용해야 한다고 보는 사고와 관련됩니다. 이것은 욕망을 스스로 어떻게 관리하고 조절할 것인가를 문제 삼죠. 이런 지혜sophrosune는 성적 무절제에 맞서서 일정한 절도를 지키고 자제할 수 있는 능력을 추구합니다.

푸코는 '자기에 대한 관계로 본 윤리'를 몇 가지 문제 틀로 정리합니다. 그는 사회 구성원들이 자기를 보는 방식이 윤리(자기에 대한 관계)와 관련된다고 보죠. 그는 윤리가 자기에 대한 의식conscience de soi에 그치기보다는 스스로를 도덕적 주체로 구성하는 행위와 연결된다고 봅니다. 이런 도덕적 주체는 주체화 양식mode de subjetivation과 그 바탕이 되는 금욕적 자기 실천la pratique de soi을 중시합니다. 따라서 그는 성적 실천과 관련하여 금욕주의, '개인에게 자기를 확인할 수 있게 하는 자기 실천,' 즉 '다양한 도덕적 주체화 형식들'을 탐구합니다. 얘기가 좀 낯설게 느껴지더라도 주제들을 하나씩 살펴보면 그리 어렵지 않을 겁니다.

그럼 차례대로 살펴봅시다. 먼저 성, 성적 쾌락을 뜻하는 아프로디지아aphrodisia가 문제 영역입니다. 이 말은 사랑의 여신인 아프로디테의 행위erga Aphrodites에서 나온 것이죠. 물론 고대 그리스인들은 성적 행위 자체를 부정적이거나 타락에 연결시키지 않고 자연적 욕망에서 나온 것으로 보므로, 이것을 능동적으로 향유하느냐, 아니면 수동적인 노예가 되느냐 하는 점에 주목합니다. 즉 성적 행위와 도덕을 대립시키기보다는 성적 행위에 대해서 능동적인가, 수동적인가를 구별합니다. 그래서 주체는 성적 쾌락에서 능동적인 주인이 되려고 합니다.

문제는 '어떻게 수동적인 무절제에서 벗어나서 능동적인 절제를 가능하게 할 것인가'입니다. 고대 그리스인들이 부도덕하다고 본 것은 무절제하거나 수동적인 상태로 끌려 다니는 상태입니다. 따라서 도덕적 문제는 '어떻게 과도한 힘을 지닌 성적 욕망과 맞서서 자기 나름대로 그것을 제어할 수 있는가'가 됩니다.

두번째 문제는 이런 욕망을 활용하여 '어떻게 적절한 쾌락을 취하는가'입니다. 즉 어떤 방식으로 절제할 것인가, 욕망이나 행위를 어떻게 배분하고 조절할 것인가 하는 문제죠. 이것은 욕망의 조절, 아프로디지아를 행하는 적절한 시간이나 시기의 선택, 자신을 욕망의 주체로 형성하는 개인적 위상 등과 관련된 전략을 살핍니다. 물론 정해진 규칙이 있는 것이 아니므로 자기 상태에 따라 적절하게 조절할 필요가 있겠죠. 모두에게 동일한 내용을 요구할 수 없으므로 쾌락을 자기 나름의 전략에 따라 조절하고 활용해야 합니다.

세번째는 금욕의 문제입니다. 주체를 만드는 '자기의 실천'에서 금욕enkrateia을 추구하면서 무절제에 맞섭니다. 앞에서도 지적했듯이 금욕은 욕구를 부정하는 방식이 아니라, 주체가 '욕망과 쾌락에 맞서서 얼마나 싸울 수 있는가'라는 형태로 주체화됩니다. 욕망을 싸움 상대로 보면서 얼마나 능동적이고 남성적인 힘으로 그에 맞서서 승리할 수 있는가를 문제 삼습니다. 도덕적 행위를 쾌락에 대한 전투로 여긴다는 점에서, 도덕을 성인 남성의 도덕으로 본다고 할 수 있습니다.

고대 그리스에서 남성성과 여성성을 구분하는 것은 능동성과 수동성을 구분하는 것이죠. 그리스의 성 담론, 특히 소크라테스, 크세노폰, 플라톤 등의 논의에서는 여성의 성을 다루지 않을 뿐만 아니라, 남성/여성의 자연적 구분을 능동성/수동성의 사회적 구분으로 파악합니다. 성적 쾌락에 대해서 수동적인 태도를 취하는 것을 여성의 지위에 머무르는 것으로 여깁니다.

어쨌든 성적 쾌락과 싸우는 과정에서 자기를 지배하는 능동성이 중요합니다. 그런데 이런 싸움에서 성은 어디에 있을까요? 다름 아닌 성이 자기 '안'에 있고, 이 싸움이 자기와 싸우는 것이라고 봅니다. 밖에 있는 상대보다 자신과 싸우는 것이 쉬울까요? (자기를 이기는 자가 가장 강한 자라고들 하죠.)

이런 전투·승리 모델은 성의 영역을 사회적 관계의 지배-피지배 양식과 연결시킵니다. 그래서 자기 욕망을 지배할 수 없는 사람은 타인을 다스리거나 국가 지도자가 될 자격이 없습니다. 쾌락을 지배/예속의 관점에서 고려하고, 개인의 도덕적 능력과 공적·사회적 능력이 같은 원리를 따른다고 여깁니다. 자기 자신을 훈련시켜 자제自制, maîtrice de soi하는 능력을 갖추어야만 자신과 타인에 대해서 주인의 위치에 설 자격을 갖게 됩니다.

이런 의미에서 스스로의 훈련askesis이 중요하고, 타인을 다스리기에 앞서 자기 자신을 다스릴 것을 요구하죠. 즉 '자기에 대한 배려

epimeleia heautou를 통해서 훈련을 쌓은 자만이 가정과 도시 국가를 다스릴 자격을 갖게 됩니다. 이것은 자유인인 남성이 덕성스러운 삶을 익히는 것입니다.

그러면 이런 노력과 훈련은 무엇을 목표로 삼을까요? 지혜, 또는 절제sophrosune입니다. 이러한 절제는 자유와 연결됩니다. 그래서 문제는 쾌락에 대해 자유로운가, 아니면 노예인가가 되죠. 그리고 이러한 자유는 단순히 소극적인 상태, 쾌락의 노예가 아닌 상태를 가리키는 데 그치지 않습니다. •보통 자유를 억압이나 구속이 없는 상태로 규정하지만, 속박에서 해방된 상태만으로 자유롭다고 할 수 없겠죠? 이러한 금욕은 능동적인 상태, 타인과 자신에 대한 권력이라는 (자기 지배) 모델로 스스로를 지배할 수 있는 상태죠.

이를테면 지도자가 타인에 대한 권력을 지니고서 마음대로 자기 욕망을 사용할 수 있는 위치에 있으면서도, 그것을 스스로 조절하고 절제할 때 능동적인 자유를 누린다고 할 수 있죠. 그리고 이렇게 자기에 대한 지배 능력을 갖는 면이 절제하는 '남성적' 성격임을 강조합니다. 곧 이런 틀은 성인 남성들이 어떻게 남성성—능동성—을 유지하고, 여성성과 수동성, 그리고 무절제에 빠지지 않을 것인가를 중시합니다.
•"가정에서 명령하는 자가 남자이듯이, 그리고 도시 국가에서 명령하는 자가 남자이듯이, 남성 각자는 자기에 대한 관계에서 남성적인 자질을 활용해야 한다."

이런 틀에 따라 한 남성이 성적 행위에서 타인에 대한 권력을 행사할 수 있는 것은 자기 욕망에 대해 '남성적'이 될 때(능동적으로 그것을 지배하고 절제할 때)라고 봅니다. 여기에서 사회적 남성성이 윤리적 남성성virilité éthique이 됩니다.

성적 남성다움이 고대 그리스 도덕의 기본이죠. 앞에서도 언급했듯이, 성에 대해서 여성적이라는 것은 바로 무절제하거나 수동적 태도, 노예적인 태도에 머무르는 것을 의미합니다. 따라서 (자유인) 남성의 도덕과 여성의 도덕을 엄격하게 구분합니다. 남성적 덕에는 능동성, 올바른 쾌락 활용인 절제, 배려, 금욕이 배당되고, 여성적 덕에는 쾌락에 대한 수동성, 쾌락에 대한 잘못된 활용인 무절제, 사려 부족, 탐욕이 배당됩니다.

처음 문제로 돌아가면, 이러한 절제는 특이하게도 진리와 연결됩니다. 소크라테스는 인식과 절제를 분리하지 않으므로 무절제한 자가 곧 무지한 자라고 봅니다. 이 틀에 따르면, 스스로를 앎의 주체로 만들지 않고서는 자신의 쾌락을 적절하게 활용할 수 없고 자신을 도덕적 주체로 구성할 수 없겠죠. 아리스토텔레스는 이것을 '욕망에 대한 이성의 우위'로 정식화합니다.

이런 절제-진리관계는 전통적인 기독교 모델과 다르죠. 푸코는 기도교적인 '욕망에 대한 해석학'과 다른 '존재의 미학esthétique de l'existence'(니체)을 제안합니다. '절제하는 삶은 로고스와 이성, 진리와 관계 맺는 존재론적 질서'와 연결되고 '아름다운 광채'를 발하는 것입니다. 이런 남성적인 도덕은 스스로를 아름다운 작품처럼 빚어내는 주체 만들기인 '주체의 존재론'이죠.

4. 왜 연애술이 중요한가?

이와 같이 도덕적 주체의 자제는 성적 절도를 통해서 진리와 만나고, 이는 또한 미적인 것이기도 합니다. 이를 보여주기 위해서 푸코는 성을 주제화하는 세 가지 양식을 살핍니다.

첫째, 자기 지배를 실천하는 것으로서 개인이 자기 몸을 일상적으로 관리하는 기술인 양생술養生術, 섭생법攝生法, diéthétique.

철학자들이 성적 활동과 관련하여 정신적 절도를 강조한다면, (히포크라테스 같은) 의사들은 성적 활동과 육체적 건강의 관계를 문제삼습니다. 이 방식은 병을 피하고 치료하는 방법이라기보다는 건강관리와 올바른 쾌락 활용법을 알려주는 기술, 자기의 행위 규칙을 결정하는 삶의 기술이죠. 육체에 유용한 것은 (지나치거나 모자라지 않는) 알맞은 것입니다. 물론 좋은 건강과 선한 영혼은 구별되지 않습니다.

● 이 양생술은 의사의 권고를 그대로 따르는 것이 아니라 특정한 상황에서 적절하게 행위하는 것이어야 합니다. 스스로 자기 육체에 대해서 적절하게 배려하는 방식으로 주체 만들기에 참여하는 거죠.

둘째, 가정(오이코스o.kos)의 주인인 남성은 어떻게 가정을 관리하는가? 이 가정 관리술은 주체가 자기를 도덕적으로 구성하는 방식으로, 남성은 자신에게 속한 여성을 적절하게 관리하는 것이고 여성 쪽에서는 가정에서 나름의 역할을 담당하되 남편에게 일정한 매력을 지님으로써 남성의 사랑을 유지하려는 노력이죠.

가정에서는 각자가 자기 위치에서 일정한 의무를 다해야 합니다. 남성의 절도 있는 삶은 자기를 지배하는 자유인이자 가정의 주인으로서 스스로 의무를 부과하는 방식이어야 합니다. 가정을 다스리는 남성은 자신에게 충실하게 복종하는 아내를 지배하면서 존중하는 기술을 지녀야 합니다.

마지막으로 성인 남성과 소년의 사랑을 다루는 연애술戀愛術, l'érotique은 우리가 다룰 주제와 직결됩니다. 여기서 사랑하는 자eraste; l'amant는 성인 남성이고, 사랑받는 자eromene; l'aimé는 아름다운 소년입니다. 이런 관계는 윤리적 주체 구성과 관련하여 어떤 방식으로 양식화될까요?

5. 사랑하는 남성과 사랑받는 미소년의 관계는?

앞서 밝혔듯이 고대 그리스에서 동성애는 금지되지 않았습니다. 남성의 경우에 사랑 대상은 (여성이든 남성이든) 별로 문제가 되지 않았습니다. 이런 틀에 비추어서 현대의 이성애가 유일한 사랑 방식인가를 질문할 수도 있겠죠. 그렇다고 해서 동성애가 원형이 되어야 한다는 것은 아닙니다. 그리스 남성들에게는 아름다운 여성이건, 아름다운 소년이건 모두 사랑 대상이 될 수 있었고, 이러한 사랑 대상에 대한 성적 욕망은 자연스러운 것이었습니다. 주된 문제는 대상 선택이 아니라 욕망을 어떻게 관리하는가에 관한 것입니다.

사랑받는 미소년의 경우에 육체적 매력이 없으면 안 되겠죠. 그런데 미소년은 일정한 시간이 지나 성인이 되면, 사랑을 받을 수 없고 사랑하는 자가 되어야 합니다. 따라서 '소년애'는 일정한 범위 안에 있는 '유한한' 사랑입니다. 그리고 이 미소년을 바람직한 시민으로 성장시키는 것이 중요합니다. 즉 처음의 에로스가 우정philia으로 발전해야 합니다. 이것은 도시 국가의 어린 남성을 어떻게 키울 것인가라는 문제와 밀접하게 관련되죠.

그런데 이 과정에서 누가 주인공일까요? 여기서는 사랑하는 자가 능동적 행위의 주체이므로 이 관계는 불평등한 관계입니다. 그런데 사랑받는 소년은 수동적 지위에 있다고 해서 그저 수동적으로 자기 몸을 내맡겨서는 안 되고 어떻게, 언제 사랑을 받아들일지를 선택해야 합니다. 사랑받는 자는 아무나, 아무 때나 사랑을 받아들여서는 안 되죠. 적절하게 저항하고, 나름대로 한계를 세우는 능력이 필요합니다. 그리고 성장하면서 이 관계를 에로스가 아닌 우정관계로 바꿀 수 있어야 합니다.

요컨대 이 모델은 상호성이 아니라 비대칭성에 바탕을 둔 관계인데, 가장 중요한 관심사는 '소년이 적절한 자제 능력을 가졌는가'이죠. 즉 소년이 성인 남성의 유혹을 얼마나 잘 극복하고, 너무 쉽지도 너무 까다롭지도 않게 요구를 받아들이는가, 달리 말하면 언제 적절하게 자기 몸을 허락할 것인가에 있죠. 사랑은 성인이 주도하지만, 묘하게도 결정권은 소년 쪽에서 쥐고 있습니다. 그래서 사랑이 잘못되면 마지막 책임은 소년이 집니다. 소년은 성장 시험을 거치면서 이 과정을 제대로 통과해야만 바람직한 시민이 될 수 있습니다.

이런 연애 문제에서 연애술은 성적 행위와 성적 쾌락을 어떻게 활용하는가와 밀접한 관련이 있습니다. 즉 자기 자신과의 관계, 자신을 어떻게 아름다운 조각품으로 만들 것인가 하는 문제죠. 이것은 단순히 육체적 사랑 문제뿐만 아니라 철학의 문제, 지혜, 자기 성숙과 밀접한 관련이 있습니다. 성관계는 사회관계, 나아가 진리관계와 '동형' 원칙을 가지고 있습니다. 그래서 이 관계에서 제대로 처신할 수 없다면 바람직한 시민으로 성장하거나 인정받기 어렵죠.

유혹하는 성인 남성은 미소년을 보고 어쩔 줄 모르고, 모든 것을 주려 하고, 성관계를 원하면서, 그를 놓치지 않으려고 모든 것을 베풀겠죠. 반대로 미소년은 유혹받는 존재로서 여성의 위치에 서 있는데, 이런 위치에서 어떻게 자신의 남성성을 드러낼 것인가가 중요합니다. 곧 예비 시민이 자신의 능동성과 자제력을 어떻게 보여줄 것인가가 관건입니다. 소년은 자신의 연인에게 애정을 느낄 때만 몸을 허락해야 하죠. 그렇지 않으면 무절제한 자가 되고, 수동적인 위치로 떨어지겠죠.

6. 사랑에 관한 다섯 가지 짧은 이야기들

이처럼 연애술은 사랑받는 소년들이 극복해야 하는 어려운 문제를 다루죠. 지금까지 푸코의 설명을 들으면서 정리한 고대 그리스의 성적 문제 틀을 염두에 두고 『향연』의 사랑론을 살펴봅시다.

여기에는 에로스에 관한 다섯 가지 주장이 나옵니다. 이것들은 당시의 사랑에 관한 다양한 논의와 평가를 정리한 것입니다. 물론 마지막에 (디오티마의 견해를 소개하는) 소크라테스의 사랑론이 결정적인 견해로 제시되는 것 같지만, 그렇다고 해서 다른 주장들이 무의미한 것은 아니죠. 당시의 사랑론은 어떠했고 소크라테스(또는 플라톤)는 어떤 색다른 관점을 제시할까요? 사랑의 문제가 어떻게 진리 문제와 연결될까요? 철학적 연애술은 일반적인 에로스와 어떻게 다를까요?

플라톤의 대화에 나오는 사람들은 대화 공동체의 지혜를 공유하는 친구들 philosophos입니다. 서로 뜻이 맞는 이들이 모여서 밤새 토론합니다. 이들은 편안한 자세로(턱을 괴고 누워 있기도 하고) 먹고 마시면서 진리를 추구하는 맛있는 대화의 잔치판을 마련합니다. 이처럼 편안한 자세로 즐기는 철학놀이가 이런 딱딱한 의자에서 하는 공부보다 더 재미있을까요? 소크라테스 같은 믿음직한 진리 수호자가 있다면 대화가 길을 잃지는 않을 겁니다.

물론 이 대화의 잔치는 서로 공유할 수 있는 진리를 찾으려는 순수한 집단의 것입니다. 이 집단의 영향력은 세월이 흘러도 약해지지 않고 현재까지도 많은 철학자들이 그 모임에 초대받지 못한 것을 안타까워하면서 그 대화들을 재구성하고 검토하느라 여념이 없습니다. 과연 이 잔치가 '우리들의 잔치'로 바뀔 수 있을까요?

그러면 여기 참여했던 사랑학자들을 차례대로 초대합시다. 이야기들이 단계적으로 발전한다고 보기는 어렵지만, 나름대로 일정한 흐름에 따라 서로 비판하고 보완하며 에로스론을 펼칩니다. 어떤 이들은 소크라테스의 마지막 이야기만을 들으려고 성급하게 재촉하기도 합니다만, 여기서는 순서대로 이야기를 들을 생각입니다. 특히 소크라테스의 이야기가 끝나고 등장하는 술 취한 알키비아데스의 이야기까지 열심히 들을 생각입니다.

7. 위대한 에로스여!

처음에 파이드로스Phaidros가 에로스를 예찬합니다. 에로스가 위대하다고 말문을 열죠. 처음에 카오스가 있었는데, 가이아(대지의 신)와 에로스가 가장 먼저 생겨났습니다. 그는 에로스 신이 모든 좋은 것, 즉 선의 근원이라고 합니다.

그래서 사람이 어려서 자기를 참되게 사랑하는 사람을 얻는 것, 또한 사랑하는 자가 사랑스러운 소년을 얻는 것보다 더 좋은 일은 없다고 합니다. 계속해서 파이드로스는 사랑하는 사람을 얻는 것은 좋은 일이고, 사랑을 통해서 가장 바람직한 관계를 만들 수 있다고 봅니다. 사랑이 좋은 점은 추한 것을 부끄럽게 여기고, 훌륭한 일을 지향하는 것입니다. 즉 사랑하는 사람 앞에서 추악한 짓을 할 사람은 없겠죠. 서로 사랑하는 사람들로 국가나 군대를 구성한다면 그 누가 대적할 수 있겠습니까? 그들은 전장에서 나란히 싸울 것이며, 사랑하는 사람이 위험에 처할 때는 목숨을 아끼지 않겠죠. 아무리 겁이 많은 사람도 사랑하는 사람을 버려두고 도망칠 리 없고, 온 힘을 다해서 싸우겠지요. 사랑하는 사람들의 사랑으로 결합한 용맹한 군대를 만들 수 있을 겁니다.

파이드로스는 몇 가지 예를 들죠. 트로이 전쟁 때, 아킬레우스의 친구 파트로클로스는 아킬레우스가 (그리스군의 총지휘자 아가멤논에게 자신의 여자 노예를 빼앗긴 사건 때문에 모욕당해서) 전투에 참여하지 않자 그의 갑옷을 입고 대신 나가서 싸우다가 전사합니다. 그러자 아킬레우스는 친구를 잃은 슬픔과 분노로 무장하고 전투에 나가 수많은 트로이군을 물리치지만, 결국 그의 창과 방패는 주인을 잃어버리고 맙니다. 파트로클로스와 아킬레우스가 연인 사이였다고 보면 어떨까요?

이처럼 파이드로스는 사랑하는 자가 애인을 위해 죽는 예 가운데, 알케스티스(펠리아스의 딸)가 남편을 위해 목숨을 버린 좋은 예와 오르페우스가 지하 영혼 세계인 하데스를 찾아가지만 아내를 위해 죽을 용기가 부족해서 그녀를 찾지 못하는 나쁜 예를 들면서, 신들이 사랑에서 헌신과 용기를 소중하게 여긴다고 봅니다. ●물론 이 두 예는 이성애와 관련되죠. 여기에서 이성애와 동성애가 '자연스럽게' 혼동되고 있습니다.

그는 신들이 '사랑의 덕'을 귀하게 여기지만 (동성애에서) 사랑하는 자가 소년을 사랑하는 것보다는 소년이 사랑하는 사람에게 애정을 가질 때, 더욱 찬탄 받고 존경받는다고 봅니다(그는 성인 남성이 미소년보다는 신의 영광을 더 많이 가지고 있고 더욱 신적인 존재이므로 미소년이 따라서 배운다고 합니다). 이처럼 파이드로스는 에로스가 가장 홀륭하다고 주장합니다.

8. 고귀한 사랑과 천한 사랑

다음에 등장한 파우사니아스Pausanias는 이런 예찬으로는 부족하다면서 새로운 예찬론을 펼칩니다. 그는 아프로디테와 에로스를 연결시킵니다. 그는 신을 두 종류로 나누죠. 지상에 있는 저속한 아프로디테 pandemos와 하늘의 고상한 아프로디테ouranios가 있다고 말입니다. 그러고는 에로스가 구조건 좋은 것이 아니므로 사랑의 종류에 따라 등급을 정하자고 제안합니다. 어떤 행위나 개념이 그 자체로 좋은가를 따질 수 있는 것이 아니라, 그것들이 어떻게 행해지는가에 따라서 아름답거나 그렇지 않을 수도 있기 때문입니다. 사랑 자체에 관한 질문을 '어떤 사랑인가'로 바꾼 겁니다. 그는 올바르고 아름답게 사랑하는 에로스만을 찬미하는데, 재미있게도 남녀를 가리지 않는 사랑을 저속한 사랑으로 봅니다. 즉 성인 남성이 미소년만을 사랑하지 않고 여성도 사랑하는 경우이거나, 영혼만 사랑하지 않고 육체까지 사랑하는 경우입니다. 그러면서 저속한 아프로디테에 속하는 예로, 말을 잘 듣도록 하려고 어리석은 소년을 고르고 자기 목적만을 추구할 뿐, 사랑받는 자가 훌륭하게 되는 데는 별로 관심이 없는 경우를 듭니다. 이와 달리 고상한 사랑(우라니아 아프로디테ourania Aphrodite)은 오직 남성만을 선택하는데, 그중에서도 용맹하고 아름답고 능력이 뛰어날 가능성이 있는 소년을 사랑하죠. 이런 사랑은 어떤 불순함도 섞이지 않고 가장 소박한 에로스를 가지고 있다고 봅니다.

이런 동성애 모델은 사랑을 위해서 소년의 이성이 싹틀 때 사랑을 시작해야 하고, 일정한 시기가 지나 소년이 성숙하면 에로스를 넘어서 평생 우정philia 관계를 유지하는 (영원한) 사랑을 지속해야 한다고 봅니다. 아직 소년이 철도 들지 않았을 때 사랑을 시작해서, 소년을 속이고 조롱하고 다른 소년에게 가버리는 것은 바람직하지 않고, 사랑의 충실성 원리를 배반하는 것이죠.

파우사니아스는 철없는 소년을 마구 사랑하는 사람을 막을 수 있는 법률이 필요하다고 주장합니다. "'올바른 사랑을 위한 법'을 만듭시다!" 물론 이런 주장을 액면 그대로 받아들일 필요는 없지만, 훌륭한 사랑을 추구하는 자들은 이런 규범에 따르는 것처럼 행동해야 한다는 주장이겠죠.

파우사니아스는 문명화된 곳에서는 동성애를 인정한다고 말하며 사랑관계를 정치적 질서와 연결시킵니다. 그래서 사랑하는 사람들(愛者)을 즐겁게 하는 것을 나쁘다고 규정하는 곳에서는 통치자들이 권세욕에 물들어 있거나 비겁한 시민들이 많다고 합니다. 사랑하는 방식과 정치하는 방식은 같은 원리를 따르죠.

그는 몇 가지 예를 들며 공공연한 동성애가 몰래 하는 사랑보다 좋다거나, 또는 외모가 좀 못생겨도 고귀하고 뛰어난 사람을 사랑하는 것이 좋다고 지적합니다. 물론 이 경우 사랑 자체만을 위해서가 아니라, 돈이나 명예를 얻기 위해 혹은 권력만을 목적으로 사랑하거나 사랑받는 것은 바람직하지 않겠죠.

이처럼 사랑 자체가 아니라 그 방식을 보고 아름답거나 추한 사랑을 구별합니다. 아름다운 경우는 선한 사람들을 선하게 만족시키고, 추한 것은 영혼보다는 육체를 더 만족시키는 것이죠. 또한 순간적인 것을 사랑하는 것도 추하죠. 그에 반해서 훌륭한 사람을 사랑하는 경우,

약속을 어기지 않고 충실하고 영속적인 사랑을 추구하기에 바람직합니다.

그는 애자와 소년에게 부과되는 과제들을 이야기하면서, 소년이 너무 빨리 사랑을 받아들이는 것은 추하다고 합니다. 적당한 시간이 지나고 사랑이 성숙할 때까지 기다려야 한다는 거죠. 또한 돈이나 정치권력 때문에 사탕을 요구하거나 사랑을 허락하는 것도 추한 것입니다. 참된 사랑이 싹틀 수도 없고 사랑이 지속되지도 않으니까요.

그는 사랑하는 사람과 사랑받는 사람 중에서 사랑하는 사람 쪽이 더 큰 자유를 누린다고 봅니다. 그렇다면 소년이 사랑하는 사람을 기쁘게 해줄 수 있는 방법은 어떤 것일까요? 바로 비굴한 태도를 취하지 않고, 적절한 단계에서 적절하게 호응하는 것이어야 합니다. 이때 '유덕한 봉사'란 말을 쓰는데, 자신이 사랑하기 때문에 자발적으로 봉사하는 경우는 노예적인 것이 아니라 아름다운 것이죠. 이런 경우 '소년애'에 대한 관습과 '지혜sophia에 대한 사랑'이 하나가 될 수 있고 소년은 소년대로, '애자'는 애자대로 자기 나름의 고유한 행동을 하는 것이 바람직하다고 봅니다.

이런 맥락에서 덕을 위해 남을 기쁘게 하는 것이 바람직하고, 고귀한 사랑은 사랑하는 자와 사랑받는 자 모두의 덕을 증대시키는 것입니다. 이처럼 파우사니아스는 좋은 사랑과 나쁜 사랑을 구분합니다(인간과 인간의 사랑에서 한 인간의 올바른 성장을 밑받침하는 사랑, 마침내 우정으로 연결되어서 지속적으로 덕을 함양하는 사랑이어야 바람직한 애자와 미소년의 사랑이겠죠).

9. 사랑은 조화의 원리

　세번째로 의사인 에뤽시마코스Eryximachos가 사랑론을 펼칩니다. 그는 파우사니아스의 논의를 보충하려고 합니다. 그는 '의학적인 눈'으로 접근해서, 신체를 '건강한' 상태와 '병든' 상태로 구별하고 신체 안에 있는 좋고 건강한 요소를 기쁘게 해주는 것이 아름답다고 봅니다. 그는 사랑의 신이 영혼에만 있는 것이 아니라 존재하는 '모든 것 안에' 있다고 봅니다. 그래서 의학은 몸의 다양한 생리 현상들과 관련하여 사랑 현상을 이해합니다.

　바람직한 의사는 '아름다운 사랑'과 '추한 사랑'을 잘 구별하는 사람입니다. 즉, 의사는 단지 약을 처방하는 사람에 그치지 않고 자기 몸을 잘 사랑하도록 안내하는 자입니다. 그래서 명의는 몸에 사랑이 필요하거나 사랑이 모자라는 경우에 사랑을 불어넣어야 합니다. 몸을 사랑한다면, 몸속에서 서로 불화하는 것들이 잘 어울리도록 해야겠죠. 더운 것/찬 것, 건조한 것/습한 것 등의 대립을 잘 조화시켜야 합니다. 이처럼 '대립을 조화시키는' 사랑의 원리는 의술에만 해당되는 것은 아니겠죠. 음악도 마찬가지인데, 높은 음과 낮은 음이라는 대립항이 처음에는 나뉘어 다투다가도 음악의 기술에 의해 어울리게 되죠. 그것이 바로 사랑입니다. 이런 원리를 우주에 적용하면, '사랑의 천문학'도 만들 수 있겠죠.

　이처럼 사랑은 모든 대립과 화해와 관련되는 일반적인 원리죠. 이런 의미에서 에로스가 확대되어서 정치적 원리, 우주 만물의 원리로 설명됩니다. 그래서 에로스는 전능한 힘을 지니고, 절제와 정의를 갖춘 에로스야말로 바람직하고 위대하고 행복하고 평화로운 사회를 가능하게 한다는 것이죠.

지금까지 나온 서로 다른 관점의 이야기들이 사랑의 본질에 대한 논의를 보완하는 것처럼 보이죠? 아마 이야기를 전하는 사람이 조리 있게 재구성했나 봅니다.

10. 잃어버린 내 반쪽은 어디에?

그다음에 나선 아리스토파네스가 우리가 잘 아는 것처럼, 사랑을 '잃어버린 반쪽 찾기'라고 주장합니다. 그는 원래 인간은 남성(태양), 여성(대지), 남-여성(달)의 세 성을 지닌 존재로서 팔다리도 넷씩이고, 똑같은 얼굴이 둘에다, 음부도 둘이었다고 말합니다. 이들의 몸은 둥글고 아주 빨리 달리는 데다(손발이 자그마치 여덟 개니까요) 무서운 힘을 지녔다고 합니다. 심지어 그들은 신들을 공격하기도 했답니다. 신들은 이 골치 아픈 존재들 때문에 고민하다가 그들을 절멸시키는 대신에 '두 쪽으로' 갈라놓기로 합니다. 그렇게 되면 그 수는 두 배로 늘고 각자 두 다리로 똑바로 걷게 되지만, 훨씬 약해지겠죠. 아마 신들은 만약 인간들이 한 번 더 불손하게 굴면 남은 반쪽마저 다시 갈라놓을 겁니다. 그때는 한 다리로 깡충깡충 뛰어다녀야 하나요?

이런 사연으로 신들이 인간의 몸을 반쪽으로 갈라놓았죠. 반쪽 인간들은 자기의 잃어버린 반쪽을 그리워하며 다시 한 몸이 되려고 애씁니다. 그러다가 마침내 자신의 반쪽을 다시 만나면 서로 부둥켜안고 아무 일도 하지 않을 뿐만 아니라 그렇게 껴안은 채로 죽기까지 합니다. 신들은 다시 고민에 빠졌습니다. 결국 인간의 음부陰部를 몸 앞쪽으로 옮겨놓습니다. 그래서 인간들은 저희들끼리 자식을 낳는데 남자가 여자를 임신시키고, 남자-남자의 경우에는 서로 만나는 것에 만족해서 '욕망을 진정시켜서' 일하는 데 몰두하게 되었답니다.

　이런 신화적 해석에 따르면, 사랑하기는 원래의 반쪽을 찾아서 온전한 하나를 만들려는 노력이죠. 우리 자신은 잃어버린 다른 반쪽을 그리워하는 반쪽에 지나지 않죠. 모두가 자기의 다른 반쪽을 찾아다닙니다. 그런데 원래의 성이 3개였으므로 이를 각 경우마다 나누면 얘기가 복잡하겠죠. ① 남-여성에서 나온 반쪽 남자나 여자는 자기의 반대쪽 여자나 남자를 좋아하겠죠. 아마 지금의 '이성애'가 이런 웃지 못할 사연과 기원을 감추고 있나 봅니다. ② 원래 여성이었던 반쪽들은 남자에게는 관심이 없고 오히려 여자에게 이끌리다가 자기의 원래 반쪽을 찾으면 온전한 여인 공동체를 이루겠죠. ③ 마찬가지로 원래 남성이었던 남자의 반쪽들은 서로 다른 남성을 찾겠죠. 그래서 소년일 때는 어른 남성을 좋아해서 그와 포옹하려고 합니다. 이런 소년들은 용감한 자들이고 청소년 가운데 우수한 자들이라고 하네요.

　이런 설명에 따르면, 자연스럽게 동성애가 인정되겠죠. 혹시 이 기묘한 인간 기원 신화가 우리가 믿는 것과 달리 동성애를 정당화하기 위해서 만든 것은 아닐까요? 물론 아리스토파네스를 비롯한 이들은 남성 동성애 쪽이 더 가치가 있다고 봅니다.

　어쨌든 ③의 경우를 좀더 봅시다. 이런 사랑에 이끌리는 자들은 파렴치하기는커녕 '용기 있는 자들'로 여겨집니다. 그들은 자기를 닮은 사람을 찾고 반깁니다. 그래서 성장해서 정치 생활을 할 수 있는 자는 이들뿐이라고 봅니다. 그리고 이들이 어른이 되면 소년을 사랑하고 결혼이나 가정에는 별로 관심을 쏟지 않습니다(다만 관습의 강요로 결혼할 수는 있겠죠).

그들은 자기와 닮은 자를 사랑합니다. 만약 자신의 잃어버린 반쪽을 찾으면 우정, 친밀감, 사랑에 사로잡혀서 잠시도 떨어져 있지 못하고, 검은 머리가 파뿌리가 되도록……(아니 이건 아니군요. 고대 그리스의 동성애는 미소년이 수염이 나기 전까지만 사랑하는 경우이니까요.)

잠깐 다른 길로 가볼까요? 자기의 반쪽을 찾는 작업의 어려움을 생각해봅시다.

원래 자신의 일부였지만, 지금은 어디에 있는지 알 길이 없는 천생연분을 어디에서 어떻게 찾을 수 있을까요? 어려운 일이겠죠. 그런 반쪽을 찾을 가능성보다는 오히려 실패할 가능성이 더 많습니다.

만약에 단 한 명이라도 이런 자기의 분신을 찾는 데 지쳐서 엉뚱한 반쪽의 손을 맞잡는다면, '자기 반쪽인 줄 알았는데 알고 보니 아니었다'는 불행한 경우가 한 쌍이라도 생긴다면 이 짝짓기는 당사자의 불행에 그치지 않고 전체를 엉망으로 만들겠죠. A354-987이란 친구는 원래 자기 짝이 B453-789인데 그만 잘못해서 B987-231과 하나가 됩니다. 그렇다면 우리의 불쌍한 B453-789는 할 수 없이 자기에게 기회가 올 때까지 마냥 기다리거나, 아니면 홧김에 (또는 모르고) 다른 짝과 결합하는 불행한 경우가 생기고, 이런 어긋남이 또 다른 어긋남을 부르면 무질서한 결합들이 넘칠 겁니다.

그래서 (원래 하늘이 정해놓은) '자기 짝 찾기'는 개인의 문제가 아니라 모든 사람의 문제가 되겠죠. '빛이 없는 어둠 속에서도 찾을 수 있는' 자나 '마주잡은 손끝만으로도 알아볼 수 있는' 사람이 아니라면 그 결과가 어떻게 될지 생각하기조차 두렵습니다. 이런 얘기는 (동성애건 이성애건) 천생연분이 있다는 믿음이 얼마나 아슬아슬한 확률이나 고도의 복잡한 계산을 전제해야 하는지를 지적하려는 것입니다.

원래 얘기로 돌아가 볼까요? 아리스토파네스의 주장은 남성 동성애를 정당화하는데, 우리가 이런 맥락을 무시하고 (설마 이 책을 읽었다면 그런 얘기를 하지 않겠지만) 사랑을 '잃어버린 자기 반쪽 찾기'로 본다면 재미있는 이해/오해라고 할 수 있죠. 물론 이런 엉뚱한 독해의 예는 너무나 많습니다.*

이런 오해에 편승해서 원래의 남-여성이란 존재가 각각 남성과 여성이라는 반쪽들로 헤어진 경우를 좀더 살펴봅시다.

이런 틀에서 이성애도 잃어버린 짝을 찾는 과정으로 보려면, 그 반쪽들이 원래 '자웅동체'였어야 하죠. 반쪽은 그 둘이 하나로 합쳐져야 비로소 하나의 완전한 동그라미처럼 잘 굴러갈 테니까요. 자신과 한 몸이었던 이성異性을 찾아서 산 넘고 물 건너, 이 사람 저 사람 사이에서 어렵게 찾아낸 '바로 이 사람'이 원래 자기와 살을 맞대고 있던 '다른-자기'였다니 이런 반쪽들의 만남은 얼마나 아름다운 일일까요?**

아리스토파네스에 따르면, 에로스는 원래 잃어버린 반쪽을 찾는 것, 곧 불완전한 존재가 '온전함'을 추구하는 것이죠. 이런 면에서 에로스는 '완성을 추구하는 욕망'입니다. 단지 좋아서 상대방을 그리워

---

* 보다 정확하게는 기존의 이성애적 관점으로만 사랑을 보는 경우 이런 두드러진 동성애 주장을 보더라도 그것이 제대로 보이지 않거나 그저 보고 싶은 것을 보는 데 그칠 겁니다. 우리는 어떤 것을 있는 그대로 보지 않고 보고 싶은 대로 보거나 이미 지니고 있는 관점을 앞세워서 그것에 들어맞는 것만 보곤 합니다.
** 그나마 자신의 반쪽을 찾지 못한 자들은 불쌍해서 어쩌죠? 한 사람의 짝에 만족하지 못하고 계속 다른 짝에 사랑을 쏟아 붓는 사랑의 화신인 돈 후안 같은 자는 짝 찾기에 실패한 자인가요, 성공한 자인가요? 실패해서 끝없이 노력하는 불행한 자이거나 원래 자기 몸을 여러 조각으로 쪼갠 실수 덕분에 더 많은 짝을 지니고 있는 자일까요? 아무튼 주변을 잘 둘러보고 자기의 비어 있는 부분과 딱 들어맞는 짝을 찾아서 결핍이라곤 없는 '충만하고 완전한 결합'을 이루려고 노력하는 것은 아름다운 일입니다. 궁합을 보는 것도 감정에 치우치지 않고 보다 냉정하게 이런 짝 찾기를 도와주려는 시도가 아닐까요?

하는 것이 아니라, 완전한 본래의 자기 모습을 찾는 것이죠. 물론 이런 노력이 완전하게 이루어지는 경우는 흔치 않을 겁니다. 그래서 남자 동성애의 경우 사람(남성)들이 행복하게 살기 위해서는 저마다 자기에게 알맞은 소년을 얻고, 본래 지녔던 본성으로 되돌아가서 완전한 사랑을 해야 하죠. 그리고 가장 고귀한 것은 자기에게 알맞은 소년을 잘 찾아서 사랑하고, 자기 반쪽인 소년을 훌륭한 시민으로 잘 키우는 것이죠.

아리스토파네스는 너무 남성 동성애만 칭찬한다는 비난을 의식했는지 이 주장이 모든 남자와 여자에게 해당된다고 하면서도 여전히 인류가 행복해지려면 완전한 사랑을 해야 하는데, 각자가 '자기의 소년'을 얻어 본래 모습으로 돌아가야 한다고 주장합니다. 어쨌든 그는 에로스 신을 경배하는 것이 (남성) 인간의 본래 모습을 되찾는 지름길이라고 주장합니다. ●흠, 저 친구가 단번에 내 눈길을 끄는 것을 보니 나의 옛 반쪽이었단 말인가! 아니 그 반쪽을 무척 닮았단 말인가?

11. 에로스의 손길이 스치기만 하면

앞의 이야기들로 만족할 수 없는 아가톤이 나섭니다. 그가 불만스러워하는 것은 지금까지 이야기한 사람들은 신 자체를 찬미하지 않고, 에로스가 준 선물을 찬미하는 데 그쳐서 본말을 구분하지 못한 점입니다. 그래서 '에로스 신 자체'를 제대로 찬미하고자 합니다. 그런데 사랑을 찬미하기 위해서는 '사랑이 무엇인지'를 알고 난 다음 신이 주는 선물을 찬미하는 것이 이치에 알맞겠죠.

그는 우리가 사랑에 부여하는 온갖 찬사들을 '에로스 신'의 속성이라고 봅니다. 그에 따르면 신은 행복하죠. 신 가운데서도 에로스는 가장 아름답고 훌륭하기 때문에 가장 행복한 신입니다. 에로스는 가장 젊고 부드러운 신이죠. 그는 사람들의 영혼 속에서 살고, 굳은 영혼보다는 부드러운 영혼에 깃듭니다. 그리고 몸의 균형이 잘 잡혀서 맵시 있고 향기로운 곳에만 머무릅니다. 이런 에로스의 '덕'은 부정한 짓을 하지도, 당하지도 않습니다. 이렇게 에로스 신의 성질로 표현된 것이 사랑의 성질에 관한 것임을 염두에 두면, 사랑은 젊고 부드러우며 아름답고 부정하지 않으며…… 등등의 모습을 지니게 되겠죠.

또한 에로스는 절제하는 덕을 지니며, 쾌락과 욕망을 지배할뿐더러 그 어떠한 쾌락도 에로스만큼 강하지 않습니다. 그래서 쾌락과 욕망을 지배하는 에로스는 가장 절제심이 강할 수밖에 없습니다. 욕망을 '절제의 틀'로 보고 있죠. 이는 에로스가 가장 강한 쾌락이어서 이에 사로잡히면 다른 쾌락에는 눈을 돌리지 않으므로, '절제해야 한다'는 것이겠죠. 하기야 사랑할 때는 다른 것들이 눈에 들어오지 않죠. "(사랑에 빠진) 내 눈에는 뵈는 게 없어요."

또한 에로스는 넘쳐흐르는 힘이기 때문에 옆에 있는 사람까지 동화시킵니다. 그리고 모든 생명이 에로스에 의해 생겨나죠(혹시 에로스의 산물이 아닌 분이 있으시면……). 그래서 에로스가 들어가면 질서가 잡히고 아름다움을 사랑하게 됩니다. 예전에 (운명의 여신인) 아난케 Ananke가 지배할 때는 신들끼리 다투었지만, 에로스가 나타나고 나서는 싸움이 사라집니다. 이는 에로스가 가장 우수하고 아름답기 때문이고, 다른 것에까지 영향을 미쳐서 자기처럼 만드는 힘을 지니기 때문입니다. 사랑이 강물처럼 넘쳐서 어색한 감정을 없애고, 따뜻한 우애를 불어넣고, 부드러운 분위기와 선의를 베풀기를 좋아하며, 우아하고 유순합니다. 이처럼 에로스는 아름답고 선할 뿐만 아니라, 다른 이들을 위한 선과 아름다움의 원인이기도 합니다.

에로스는 시인이면서 다른 사람도 시인으로 만듭니다. 누구든 에로스의 손길이 닿으면 예술을 모르던 이도 시인처럼 감성이 풍부해집니다. 이를 보면 에로스는 '시심詩心'을 불러일으키고 그 상대방까지 시의 세계에 초대한다는 것을 알 수 있죠. 어떤 사람도 자기가 지니고 있지 않은 것을 남에게 줄 수는 없으니까요. 혹시 사랑의 시 한 편도 바치지 않고 사랑을 획득한 산문적인 사람이 있을지 모르겠지만……

이런 에로스를 갖지 못한 사람은 그것을 부러워하고, 에로스를 조금이라도 가진 사람은 그것을 소중하게 간직합니다. 이런 면에서 에로스는 인생의 안내자이자 가장 뛰어난 구원자죠. 사랑 없는 인생은 별이 사라진 밤하늘이고, 부재하는 그대 때문에 눈멀고 귀먹고, 온 세상이 무너져 내리고, 허무의 심연에서 헤어 나올 길 없는 세계, 가녀린 촛불의 춤이 더 이상 주변을 밝히지 못하는 고적孤寂한 밤, 남몰래 그의 이름을 쓰고 싶은 빈 노트 같은 것이겠죠. 이처럼 에로스는 인생을 빛나게 하는, 가장 훌륭하고 아름다운 것일 수 있습니다.

앞에서 말한 사랑론이 이성애보다는 동성애에 중점을 둔 것이라면, 지금 아가톤이 서술한 아름다움과 선함의 원인인 에로스에 대한 주장은 이성애나 동성애 모두에 적용될 수 있습니다. 어떤 형태의 사랑이든 사랑은 사랑하는 자나 사랑받는 자를 아름답고 선하게 만들고, 그들을 따뜻하게 감싸며 우아함과 유순함을 베풀어주는 힘이죠.

12. 사랑을 찾는 자에게는 사랑이 없다!

이제 사랑에 관해서는 더 이상 할 말이 없을 것 같습니다. 그런데 드디어 (생김새와 상관없이 뭇 남성들, 특히 미소년들의 선망 대상인) 소크라테스가 말문을 엽니다. 그는 지금까지 한 이야기들의 결점을 지적하면서, 사랑이 예찬 대상이 아니라 어렵고 긴 과정의 노력과 고통의 산물이고, 사랑은 쉽게 설명할 수 없는 지고함을 지닌다고 주장하죠. 특히 사랑과 진리의 관계를 전면에 내세웁니다.

그는 현명한 디오티마Diotima에게 배운 내용을 소개합니다. (어떤 이유에서인지) 초대받지 못한 디오티마는 (남성 화자들의) 사랑에 대한 근거 없는 칭찬들을 반박합니다. 그녀는 먼저 '사랑에 대상이 있는가'를 묻죠. 분명히 사랑은 '어떤 것에 대한' 사랑입니다. 그런데 문제는 사랑을 '이미 가지고 있는' 사람이 사랑이 부족하다고 사랑을 더욱 더 찾을까요? 사랑이 넘치는 사람이 사랑을 찾을 리 없으므로 사랑을 추구하는 것은 사랑이 결핍되었기 때문이겠죠. 나는 당신을 '원해요want,' 당신이 '필요해요need,' 당신을 '그리워합니다miss' 등에서 보듯이 항상 '원하고' '필요하고' '그리워하는' 목적어-대상에 대한 추구는 그것이 지금 자기에게 없음을 말하죠. 따라서 어떤 것에 대한 욕망은 원하는 대상을 지니고 있지 않은 결핍 상태를 드러냅니다.

에로스가 결핍이 아니라 충만한 것이라면 사람들이 에로스를 추구할 리가 없습니다. 어떤 사람이 어떤 것을 사랑하거나 어떤 것을 욕구할 때, 당연히 그것을 소유하고 있지 않아서 그것을 추구하겠죠. 욕망을 갖는 것은 자기가 '현재 갖지 못한 것'을 원하고, '현재의 결핍'을 채우려는 것이죠. 요컨대 에로스가 어떤 것에 대한 사랑이라면, 자기에게 결핍된 것을 추구함이죠. 그래서 앞에서 보듯이 에로스가 아름다움을 추구한다면, 그가 아름다움을 지니고 있지 않거나 그것이 부족함을 드러냅니다. 또한 에로스가 행복을 추구한다면 에로스는 행복이 결핍된 상태에 있기 때문이죠.* 즉 에로스가 추구하는 모든 것이 선한 것이라면 그가 선한 것을 지니지 않았거나 선이 부족해서일 수밖에 없습니다. 이렇게 보면 에로스는 아름다움을 추구하므로 아름답지 않고, 선한 것을 (충분히) 지니지 못하기에 선을 추구하죠.

앞에서 아가톤이 나열했던 온갖 화려한 속성들을 모두 빼앗긴 에로스는 이 질문 앞에서 벌거벗은 모습으로 애처롭게 서 있습니다. 기분이 좋지 않더라도 본래 사정이 그러하고 진리가 그렇다면 할 수 없죠. 소크라테스-디오티마는 '사랑에 대한 화려한 수사학'이 아니라 '사랑의 진리'를 추구합니다. 이렇게 해서 지금까지 나온 휘황찬란한 에로스에 대한 칭찬들이 무색하지죠.

그렇다면 도대체 에로스는 어떤 것이고, 어떤 성질을 가지고 있는가, 그리고 에로스가 무엇을 할 수 있는가를 물어야겠죠. 이제 질문이 바뀝니다.

아가톤은 이런 질문이 결국 에로스를 추하다고 보는 것이냐고 묻습니다. 소크라테스-디오티마는 묘하게 답하죠. 세상에는 추한 것과 아

---

* 이런 사고는 욕망의 문제를 이성적으로 고려하는 틀이라고 할 수 있습니다. 실제로 욕망의 세계는 사물에 대한 소유처럼 일정한 필요가 채워지면 만족하고 더 이상 바라지 않는 계산 가능한 세계가 아닙니다. 욕망은 만족을 모르며 욕망 자체가 결핍과 더 큰 욕망을 낳기 때문에 배가 고픈 상태를 적절하게 먹을거리로 충족시키는 경우와 동일하게 볼 수 없습니다. 욕망은 더 큰 욕망을, 사랑은 더 강한 사랑을 부릅니다. 시험 성적이 50점인 친구보다 90점 맞은 친구가 만점에 대한 욕망이 더 큽니다. 외로운 사람이 모두 사랑을 찾는 것이 아니며, 사랑-욕망이 생길 때 자신이 외롭다는 사실을 견디지 못하죠.

름다운 것만 있는 것이 아니라, 추하지도 아름답지도 않은 '중간 상태'가 있다고 주의를 환기시킵니다. 지식의 경우에도 '모른다'는 것이 아무것도 모르는 것이 아니라 약간 알기도 하고 모르기도 하는 것이듯, '지와 무지의 중간 상태'가 있죠.* 에로스 역시 아름다움을 추구하지만 꼭 추한 상태여서 그런 것은 아니겠죠. 에로스는 아름다움과 추함의 '중간'에 있습니다. 앞에서 느낀 실망감이 좀 약해졌나요? "그러면 그렇지. 에로스가 추해서 아름다움을 추구하는 것은 아니지." 하지만 소크라테스-디오티마의 질문이 끝나기 전까지는 안심해서는 안 되죠. 이제 시작이니까요. 과연 어디까지 상식이 허물어지는지 지켜봐야죠.

13. 두 얼굴의 에로스

소크라테스-디오티마는 신화를 빌려와서 에로스의 이중성을 지적합니다.

방금 보았듯이 지혜와 무지가 있을 때 지혜로 충만한 신은 지혜를 추구하지 않고, 반면에 아무것도 모르는 자(자기가 무엇을 모르는지도 모르는 자) 역시 지혜를 사랑하거나 지혜로운 자가 되려고 하지 않을 것입니다. 지혜를 사랑하는 자는 이 둘 '가운데' 있습니다. 이런 틀로 에로스를 이해해봅시다.

---

* 흔히 참된 앎, 진리인 에피스테메와 진리에 미치지 못하는, 즉 그것을 모방한 의견doxa을 구별합니다. 이런 의견은 세계에 대한 감각적인 지식으로서 참된 앎은 아닙니다. 그런데 의견과 에피스테메 사이에 '참된' 의견이 있습니다. 즉 진리는 아니지만 의견보다는 나은, 진리와 의견의 중간 상태가 있습니다.

예를 들어서 에로스가 선과 악의 중간에 있다면, 에로스는 선하지도 악하지도 않지만 선한 것을 추구할 수도, 혹은 그 반대를 추구할 수도 있습니다. 그렇다면 이처럼 아름답고 선한 것을 지니지 않은 에로스를 신이라고 할 수는 없을 겁니다.

이런 에로스는 가사적可死的인 것도 불사적不死的인 것도 아닌 중간 존재(다이몬daimon)입니다. 에로스는 인간과 신을 중개하는 자, 곧 인간의 기도와 희생 제물을 신에게 전하고 신들의 명령과 보답을 인간에게 전달하는 자입니다. 그것은 중간에서 간격을 메우고 만물을 하나가 되게 합니다.

이런 에로스는 어떤 출생 내력을 지닐까요? 아프로디테가 태어났을 때, 신들은 잔치를 베풀었습니다. 이때 메티스의 아들 포로스(풍요의 신)가 신주神酒에 취해 잠들었는데, 빈곤의 여신Penia이 구걸하러 왔다가 포로스에게서 자식을 하나 얻을 속셈으로 그 곁에 누워서 에로스를 잉태합니다. 저런 얄궂은 일이 있었군요. 신화에 자주 등장하는 사건들 가운데 하나죠(물론 이런 내용은 글자 그대로가 아니라 상징적 의미로 읽어야 할 겁니다). 이처럼 에로스는 풍요의 신과 빈곤의 여신 사이에서 태어났기 때문에 '이중성'을 지닙니다.

에로스는 항상 가난하여 신발도, 집도 없이 떠돌아다닙니다. 그렇지만 아버지를 닮은 면도 있기 때문에 아름답고 선한 것을 추구합니다. 이상한 혼합 존재인 에로스는 용감하고 저돌적이고 열렬하고 힘센 사냥꾼이기도 합니다. 또한 모략을 꾸미는데, 이 점은 사랑의 계략과 치밀한 계산들을 생각해보면 되겠죠. 사랑에 어느 정도의 전략이 없을 수는 없겠죠. 이런 에로스는 마술사이자 독약 제조자이고 궤변가이기도 합니다. 사랑의 수사들은 일종의 궤변이죠. "다시 태어나도 당신만을……" "내 생명 다 바쳐서 당신만……" "나는 당신을 사랑하기 위해서 태어났다오."

그리고 에로스는 풍요와 빈곤 사이의 상태에 있습니다. 그래서 때로는 풍요롭고 생기가 넘치다가 때로는 그 반대 상태에 빠집니다. 그가 얻은 풍요는 늘 사라집니다. 사랑을 얻으면 모든 것을 가진 것처럼 보이지만, 사랑을 잃으면 그 텅 빈 가슴을 무엇으로 채울 수 있을까요?*

14. 정신적인 출산?

인간은 좋은 것을 사랑하고, 가능한 한 그것을 영원히 가지려고 합니다. 따라서 사랑은 좋은 것을 '영원히' 갖고 싶어 하죠.

그러면 어떤 방법으로 그럴 수 있을까요? 디오티마는 육체나 정신으로 아름다운 것을 출산하는 방식을 제시합니다. 어렵지요. 소크라테스도 이해를 못 해서 다시 물어봅니다. 육체뿐만 아니라 정신으로 '임신'한다고 생각할 수 있을까요? 정신의 자식을 육체의 자식처럼 생각할 수 있을까요? 지적인 능력이 있는 사람은 정신으로도 잉태할 수 있다면, 남자도 출산할 수 있겠군요!

남녀의 결합으로 자식을 낳는다면, 자식을 통해서 자신의 형상을 반복(복제)함으로써 영원성을 추구하죠. 그래서 임신할 능력이 있는 사

---

* 지혜를 사랑하는 철학은 바로 지와 무지 사이에 있습니다. 에로스도 마찬가지입니다. 지혜란 가장 아름다운 것들 가운데 하나이고 에로스는 아름다운 것에 대한 사랑이므로, 에로스는 지혜를 사랑하는 것(철학)이며 지와 무지의 중간에 있는 것이죠.

람이 사랑하는 사람 가까이 가면 서로 다정하게 되고, 기쁨에 넘쳐서 아이가 생기고, 출산하죠. 이런 경우 출산의 의미를 넓게 봐야겠죠.

곧 사랑은 맡목적으로 아름다운 것을 향하는 것이 아니라, 아름다운 것을 낳기 위한 것입니다. 이런 출산은 가사적可死的인 것 속에서 죽지 않고 영원한(不死的) 것을 추구하죠.

사랑이 좋은 것을 영원히 소유하고자 하는 것이라면, 사랑은 불사를 위한 것이죠. 그래서 사랑은 그 자체가 목적일 수는 없죠.

이런 의미에서 출산은 낡고 늙은 것을 대신해서 새롭고 젊은 것을 남기려는 것이죠. 자신의 동일성을 시간 속에서 유지하는 방식이죠.

이와 관련된 예로 지식을 봅시다. 우리 안에서 어떤 지식은 사라지고 어떤 지식은 생겨납니다. 그래서 공부는 지식이 사라지는 것을 전제합니다. 우리는 이미 얻은 지식을 오래 간직하고 싶어 하지만, 실제로는 그렇게 되지 않죠. 우리 머리는 어떤 면에서 밑 빠진 독이죠. 그래서 빠져나가는 양보다 더 많은 양을 부어야겠죠. "나는 두꺼비가 도와주지 않는 한 밑 빠진 독에 지식의 물을 붓지 않으리라"고 생각하는 사람의 '지식의 독'에는 믈이 별로 남아 있지 않을 겁니다. 이런 이유로 공부는 잃어버린 지식을 보충하는 것이죠.

이런 식으로 동일성을 유지하기 위해서 인간은 자신의 육체적·정신적 자식을 낳음으로써 '영원의 역사'에 동참하려고 하죠.* 모든 사랑의 노력은 '불사'를 추구합니다.

---

* 셰익스피어는 자신의 비극과 희극 작품들을 통해서 사후에도 존속합니다. 셰익스피어의 작품을 읽고 감동받는 사람들이 그와 그의 글에 생명을 부여하기 때문이죠. 마찬가지로 지식도 보편성을 지닌다면 시간을 뛰어넘어 생명력을 지닐 수 있습니다.

디오티마는 이런 불사를 추구하기 위해서, 불후의 명성을 얻기 위해서 위험을 무릅쓰고 고난을 겪고, 죽음도 불사하는 예들을 소개합니다. 앞에서 보았던 파트로클로스가 아킬레우스를 위해서 죽은 것이나, 코드로스가 도리스족의 침입을 맞아서 아들의 왕위를 지키기 위해 목숨을 바친 예 등을 볼 수 있습니다. 불멸의 덕, 영원한 영광을 위해서 모든 것을 바치는 예들은 '불사적인 것을 사랑하는 예'라고 할 수 있죠. 짧은 생명의 시간을 영원한 명예, 덕 등을 위해서 바칩니다.

정신적 생식력을 지닌 자들은 예지와 덕을 산출합니다. 창조적인 시인이나 독창적인 미술가, 공예가 들이 그런 예죠. 이때 가장 위대하고 아름다운 예지는 나라와 가정의 질서를 바로잡는 절제와 정의입니다. 자기 안에 신적인 성격과 덕을 지닌 자는 (정신적) 자식을 낳을 수 있는 아름다운 것을 찾습니다. 그는 아름다운 육체를 반기고, 아름답고 고상한 영혼을 만나면 그와 가깝게 지냅니다. 즉 그 사람을 사모하고 정신적인 출산을 추구합니다. 그는 육신의 자식들보다 더 굳은 우정을 가꾸고 육신의 자식들보다 더 아름답고 불사적인 자식을 공유합니다. 호메로스나 헤시오도스가 불멸의 명성을 누리거나 리쿠르고스가 훌륭한 법이라는 자식을 남긴 예를 들 수 있죠.

15. 사랑의 길

디오티마는 이런 논의를 매듭지으면서 사랑의 궁극적 단계에 이를 '올바른 길'을 소개합니다. 플라톤 사랑론의 정점을 알고 싶다면 이 부분을 잘 봐두셔야 합니다. 어려서부터 시작해야 하는 이 길은 먼저 육체에 대한 사랑에서 시작합니다. 올바른 지도에 따라 '한' 육체를 사랑하고 아름다운 담른을 낳아야 합니다. 물론 이것은 성인과 미소년의 관계를 전제하죠.

그런데 하나의 육체에 대한 사랑은 영원할 수 없죠. 이 점을 알면, '한 육체'의 아름다움이 '다른 육체'의 아름다움과 별로 다르지 않음을 깨닫게 됩니다. 그래서 '한' 육체에 대한 사랑은 '여러 다른' 육체에 대한 사랑으로 넘어갑니다.

그다음으로 모든 육체의 아름다움이 동일한 것임을 보면서 어리석음을 한 꺼풀 더 벗죠. 그는 모든 아름다운 육체를 사랑하는 자가 됩니다. 이 단계에서 하나의 육체를 가볍게 여길 수 있죠. 육체의 영역에서 '특수성에서 보편성으로' 상승하는 것이죠. 그래서 (지성적으로 파악해야 하는) 보편적 육체를 사랑함으로써 육체에 대한 정욕에서 벗어납니다. 이때 정신의 아름다움이 육체의 아름다움보다 소중하다는 것을 깨달을 필요가 있죠(여기서 육체의 아름다움은 사소하고 사라질 아름다움에 불과합니다). 그래서 정신이 아름다우면 용모와 관계없이 사랑하고 보살펴야겠죠.

나아가 훌륭한 이야기를 들려주어서 여러 제도와 법률에서도 아름다움을 보도록 해야 합니다. ●이 부분은 성인 남성이 사랑하는 미소년을 성숙한 존재로 향상시키려는 노력을 염두에 두고 있는 것이 아닐까요? 대부분의 이성애에서는 이런 제드와 법률의 훌륭함 따위에는 관심이 없죠. 상대방의 눈만 마주보느라고 세상사에는 별로 관심을 갖지 않으니까요. 그런데 고대 그리스의 동성애는 사랑이 정치적 능력을 기르는 훈련 과정이기도 합니다. 또한 모든 아름다움이 하나로 연결되어 있음을 이해하도록 이끌어야 합니다. 이를 통해서 육체의 아름다움이 보잘것없음을 알게 됩니다. 그는 제도나 법률에서 '지혜의 아름다움'으로 나아가고, 이런 아름다움에서 지식이 아닌 '아름다움 자체'를 추구하죠. 이렇게 아름다움을 총체적으로 바라볼 수 있는 눈이 생기면서 '아름다움의 큰 바다'로 나아갈 수 있죠.

이제 그는 '지혜를 사랑하는 마음'이 충만하여 아름답고 순수한 사상을 낳을 수 있습니다. 여기까지 이른 자는 궁극 목표인 하나의 아름다움, 아름다움 자체를 보게 되죠. 그래서 사랑의 길은 '아름다운 것'에서 '아름다움 자체'로 상승하는 길입니다. 같은 얘기지만, 하나의 아름다운 것에서 보다 많은 아름다운 것들로, 계속해서 모든 아름다운 것들을 아름답게 하는 것(아름다움 자체)을 볼 수 있도록 상승하는 길이죠.

16. 아름다움 자체를 찾아서

디오티마는 이런 '아름다움 자체'가 영원하고 변치 않는다고 봅니다. 그것은 특정한 곳에서만 아름답거나 때때로 아름다운 것이 아니죠. 또한 어떤 방향에서 아름답거나 어떤 사람에게만 아름다운 것이 아닙니다. 그리고 그것은 어떤 신체적인 것도 아니고, 어떤 특정한 현상으로 나타나는 것도 아닙니다. ●아름다움 자체가 지닌 이런 '보편성'은 이처럼 어떤 관점에서 보건, 언제 보건, 누가 보건, 항상 아름다움 자체로 자신의 빛을 발하죠.

아름다움 자체는 (어떤 것의 도움 없이) 독립적이고 영원합니다. 따라서 '특정한 아름다운 것'은 '아름다움 자체'의 일부를 지닐 뿐이죠. 그래서 아름다운 것은 '아름다움 자체'에 참여합니다(플라톤의 이데아와 현상의 관계를 생각하면 될 겁니다. 영원한 이데아는 모든 불완전한 현상들의 원형이고 개별 현상들은 이런 이데아를 부분적으로만 지니고—분유分有, participation하고—있습니다).

이런 면에서 아름다운 것들은 사라지기도 하고 생겨나기도 하지만, '아름다움 자체'는 변하지 않습니다. 그런데 흥미로운 것은 이것이 소년애와 관련되고, 올바른 소년애를 통해 여러 아름다운 것들에서 아름다움 자체로 상승한다는 점입니다.

이것이 바로 사랑의 오묘한 진리라면, 이것은 앞에서 보았던 다양한 사랑론과 상당히 다릅니다. 무엇보다도 사랑으로 진리를 추구하는 모델을 보여주기 때문이죠.

이 과정을 다시 정리해봅시다. 이 상승 과정은 마치 사다리를 타는 것처럼, 이 세계의 개별적인 아름다운 것들에서 출발하여 아름다움을 향하여 상승하는 것이죠. 하나의 아름다운 육체에서 다른 육체로, 나아가 여러 아름다운 육체들로, 계속해서 모든 아름다운 육체로 나아가죠. 그리고 이러한 추구는 아름다운 일과 활동으로 전환해서 아름다운 학문을 지향하고, 아름다움 자체만을 알려고 하는 완전한 학문에서 '아름다움의 완전한 모습'을 향해 나아갑니다.

이제 삶은 아름다움 자체를 바라봄으로써 살 만한 가치가 있는 것이 되죠. 아름다운 것들은 변하고 사라지지만, '아름다움 자체'는 영원하고 불변적인 가치를 갖습니다. 죽음을 뛰어넘은 영원한 사랑인 셈이죠. 그래서 아름다움 자체를 '한 번 보기만 하면' 그 어떤 다른 것에 마음이 끌릴 리가 없습니다. 아름다움 자체는 '최고의 유혹자'입니다. 어쨌든 디오티마는 이처럼 아름다움을 관조하고 명상하는 삶이야말로 행복하다고 하죠. 아마 인간의 가장 고유한 가능성을 추구하는 것이고 보편적인 진리를 삶의 바탕이자 궁극 목적telos으로 삼기 때문이겠죠.

물론 아름다움 자체는 순수한 것이고 눈에 보이는 경험적인 것이 아니죠. 이런 아름다움을 관조하고 그것과 함께 있을 때만 (덕의 그림자가 아니라) 덕을 낳습니다. 디오티마는 이처럼 그림자가 아닌 진리, 실재와 함께 사는 자가 불사의 존재가 된다는 지적으로 사랑론을 끝맺습니다.

이에 감동받은 소크라테스는 에로스를 귀하게 여기고 권장하면서 에로스의 위력과 용기를 찬미합니다. 물론 그는 에로스가 아니라 에로스를 통해서 얻을 수 있는 목표, 지고한 행복을 추구하죠. 에로스는 진리에 이르는 사다리처럼 중요한 매개자이죠.

● 이런 디오티마의 주장만이 가장 올바른 사랑이라고 할 필요는 없습니다. 그리고 이야기들에 공통적으로 소년애에 대한 정당화가 들어 있습니다. 아리스토파네스의 경우에는 약간 이질적인 이야기를 하긴 하죠. 또한 신기한 것은 이렇게 일반화된 소년애 가운데, 소크라테스의 연애술은 성인 남성과 미소년 간의 연애술에 머물지 않고 다른 방식의 사랑을 추구한다는 점이죠. 바로 진리를 추구하는 사랑의 변증법으로 사랑 방식을 바꾸려고 합니다.

17. 내 사랑, 소크라테스!

이렇게 이야기가 끝나는 듯하더니 알키비아데스가 나타나면서 색다른 국면이 펼쳐집니다. 소크라테스를 사모하는 미남 청년 알키비아데스는 거나하게 취해서 이야기판에 끼어듭니다.

알키비아데스는 이야기를 시작하면서, 소크라테스에게 달려들 듯이 다가가 그 옆자리를 차지합니다. 이때 소크라테스의 너스레가 재미있습니다. ● "아가톤, 날 좀 도와주게. 아무래도 이 사람의 사랑이 단순치 않게 되었네. 내가 이 사람과 사랑한 후로 나는 단 한 사람이라도 아름다운 사람을 쳐다보아서도, 얘기를 해서도 안 되었네…… 이 사람의 광기와 열정이 질색이야."

알키비아데스는 소크라테스의 매력적이고 황홀한 언어가 자기 혼을 뒤흔든다고 말합니다. "선생님의 말씀을 들으면 정신이 사로잡히고 심장이 격렬하게 뛰며 눈물까지 쏟아집니다." 그는 자기 마음이 노예가 된 듯 초조해서 도망칠 수밖에 없다고 합니다. 만약 이처럼 도망치지 않는다면, 소크라테스 곁에서 죽을 때까지 따라다닐 수밖에 없게 될 거라고 합니다. 소크라테스가 젊고 재질 있는 마음을 물고 늘어져 '지혜를 사랑하는 광기, 열정'에 이끌리게 한다는 것이지요. 그는 누구 앞에서도 부끄러워하지 않지만, 소크라테스 앞에서만은 부끄러움을 느낀다고 고백합니다.

그는 사모하는 마음으로 소크라테스를 방문하여 단둘이서 지낸 얘기를 들려줍니다. 그는 단둘이 있으면 마치 애자가 사랑하는 소년에게 하듯이 소크라테스가 사랑을 베풀 것이라고 기대했습니다. 그런데 소크라테스는 다른 때와 마찬가지로 이야기를 나누다가 '그냥' 돌아가 버린다는 것이죠. 그래서 이런저런 시도 끝에 한번은 만찬에 초대해서 식사 후에 밤늦도록 이야기를 나누고 그를 돌아가지 못하게 붙잡죠. 그런 노력 끝에 그는 마침내 '소크라테스와 함께 누웠습니다.'

그는 소크라테스를 유혹해서 그를 껴안고 하룻밤을 지냅니다. 그런데 소크라테스는 자기를 두시하고 자신의 꽃다운 아름다움을 비웃고 모독했다는 것이죠. 자기는 그날 밤 소크라테스와 함께 잤지만, 아버지나 형과 잘 때와 다를 바가 없었다는 것이죠. 그는 창피를 당했지만, 그 누구도 흉내 낼 수 없는 소크라테스의 '자제력과 용기'를 찬탄합니

사랑과 진리가 어떻게 만날 수 있는가? 217

다. 그는 자신이 지혜를 사랑하는 마음에 심장을 물렸다고 합니다.

● 자세한 논의가 필요하겠지만, 여기에서 무엇보다도 '미소년들이 철학자 소크라테스를 사랑하는 점을 어떻게 볼 것인가' 하는 점에 주목해야겠죠. 당시 문화에서 볼 때 신기한 일이죠. 사랑받은 미소년이 사랑의 주체가 되고 사랑할 성인이 사랑받는 자의 자리에 놓인 셈이니까요. 그렇다면 소크라테스에 대한 사랑은 주체와 대상이 역전된 것에 지나지 않을까요? 당연히 그렇지 않죠. 알키비아데스를 비롯한 모든 미소년들이 소크라테스를 사랑하므로, 소년들과 소크라테스의 관계는 능동과 수동의 자리를 나누는 것이 아니라 사랑하는 양자가 공통의 목표를 추구하는 방식으로 바뀌죠. (소크라테스가 미소년을 진리로 이끌면서) 양자가 모두 진리를 추구하죠. 서로 마주 보는 것이 아니라 같은 방향을 함께 바라봅니다. 이런 변화의 의미에 대해서는 푸코의 설명을 듣기로 하죠.

곧이어 소동이 벌어지고 모두들 술에 취해 소란스러워집니다. 소크라테스는 밤새 변증법적 논의를 주도하다가 홀로 밤을 지새우고 새벽에 떠나죠. 이렇게 사랑을 주제로 한 잔치가 일단락됩니다.

이 이야기들 가운데 디오티마의 이야기가 가장 설득력 있어 보입니다. 디오티마는 에로스를 중간 항으로 보고, 양끝에 있는 진리와 무지 사이, 그리고 능동적인 도덕과 수동적인 도덕 사이의 다리라고 봅니다. 이런 면에서 에로스를 보는 관점이 바뀌죠. 소크라테스가 등장하면서 원래는 훌륭하게 성장할 가능성을 갖춘 아름다운 미소년에 대한 사랑이, 거꾸로 못생긴 소크라테스를 알키비아데스처럼 미소년들이 사랑하는 것으로 바뀌었습니다. 에로스에 관한 논의가 지혜에 대한 사랑, 철학으로 논점이 바뀌었죠. 그래서 연애술과 진리 추구가 맞물립니다.

18. 푸코의 『향연』 읽기: 사랑론이 어떻게 진리론으로 바뀌는가?

그러면 푸코가 『향연』을 어떻게 읽고, 소년애를 배경으로 한 참된 사랑의 논의와 철학의 관계를 어떻게 자리매김하는지 살펴봅시다.

그는 『향연』의 몇 가지 사랑론이 당시의 관례적 논의를 되풀이한다고 봅니다. 다만 사랑을 잃어버린 반쪽 찾기로 보는 아리스토파네스는 예외적입니다. 그는 소년애의 중요한 주제인 '동의' 문제에 대해서 나름대로 답을 하는데, 이런 신화적 설명은 사랑하는 자와 사랑받는 자 사이의 조화와 평등을 중시하죠.

그런데 소크라테스-플라톤은 다른 방식으로 문제를 제기합니다. 이를 비교하기 위해서 크세노폰의 논의를 참조해봅시다. 전통적인 문제인 사랑하는 자의 쾌락만을 추구하는 사랑과 사랑받는 자에게 관심을 갖는 사랑이 대립됩니다. 이런 대립에서 순간적 사랑을 지속적이고 상호적인 우애로 전환시켜야 합니다. 그는 참된 사랑인 정신적 사랑과 육체적 사랑을 분리시켜 후자를 평가 절하합니다. 곧 사랑에서 육체적 차원을 배제하고자 합니다. 그래서 접촉을 회피하고 영혼을 가로막는 입맞춤을 포기합니다. 그리고 모든 관계는 '우정'에 근거를 두고 친절과 봉사로써 소년의 발전을 위해서 노력해야 하죠. 따라서 소년의 육체에만 사로잡힌 남성을 파렴치한이라고 비난하고, 이와 달리 영혼만을 사랑하고 그를 친구로 삼으려는 '정숙한' 성인을 칭찬합니다.

그런데 푸코는 디오티마-소크라테스의 주장이 육체적 사랑과 정신적 사랑을 구별해서가 아니라, '사랑의 문제 틀을 변형하는' 점이 독특하다고 봅니다. 이것을 몇 가지 주제로 나누어서 보죠.

사랑 행위의 문제에서 사랑의 실재로

전통적 논의에서는 연인을 사로잡을 격렬한 감정과 사랑이 전제되었죠. 이때의 관심은 두 파트너가 어떻게 행위하는가에 있습니다. 사랑하는 자는 어떻게, 어떤 형식으로, 어느 정도로, 어떤 설득 수단으로 어떤 우정의 보증을 제시하면서 목표에 도달할 것인가를 문제 삼았죠. 그리고 사랑받는 자는 어떻게, 어떤 조건에서, 어떤 저항과 시련을 거쳐서 스스로 사랑을 받아들일까 하는 점을 중시했죠.

이와 달리 디오티마는 사랑의 본질과 기원에 대해 질문하죠. 그녀의 문제는 "사랑은 무엇이고 그 본성과 행위는 어떤 것인가?"이죠. 푸코는 이것이 (의무론적 문제가 아니라) 존재론적 문제라고 봅니다.

여기에서 '사랑함이 무엇인지'를 질문함으로써 논의 대상이 바뀝니다. 다른 대화자들은 찬사/비난, 선한 사랑/기만적 사랑을 구별하고 허용된 것/금지된 것의 경계를 문제 삼으면서 합치를 추구하는 기술을 주제로 삼죠. 반면 디오티마는 사랑받는 자에서 사랑하는 자로 초점을 바꿉니다. 그래서 미소년의 매력, 아름다움, 완전성에 현혹되어서 이런 장점을 사랑 자체에 부여하는 것은 잘못이죠. 사랑을 사랑의 대상이 아니라 '사랑'에서 구할 때 진리가 드러난다고 봅니다. 따라서 연애론은 사랑의 중간적 성격, 결핍, 무지와 지의 관계를 다루어야 합니다.

사랑 대상에서 사랑 자체로

전통적인 사랑 논의는 사랑의 대상에 대해서 질문하죠. 그래서 사랑받는 자가 어떠하고, 또 어떠해야 하는지에 비추어서 육체의 아름다움이 아니라 영혼의 아름다움을 찾고, 필수적인 교양과 자유롭고 용기 있는 성격을 중시합니다. 문제는 소년과 연인에게 명예로운 사랑은 어떤 형태인가, 사랑받는 자에 대한 존경은 어떤 것인가 등입니다.

그런데 플라톤은 사랑의 대상이 아니라 '사랑 자체'를 살핍니다. 디오티마는 사랑에 빠진 자가 집착하는 아름다운 것들을 뛰어넘어서 '사랑의 진리' '아름다움 자체'를 만들고 아름다움을 보려고(알려고) 애씁니다.

그래서 사랑하는 대상이 소년의 육체가 아니라 진리를 추구하는 영혼으로 바뀌죠. 푸코는 이런 논의에서 육체적인 사랑의 열등함을 강조하기보다는 사랑을 보는 관점이 달라진 점에 주목합니다. 초점은 사랑받는 소년의 위엄이나 사람들의 존중에 있는 것이 아니라 사랑을 가능케 하는 진리에 있습니다.

이때 육체관계를 배제하지는 않습니다. 그래서 하나의 육체에서 여러 육체들로 옮겨가고, 이런 상승을 통해 육체를 넘어서는 아름다움이 충만한 영역에 이르게 되죠. 참된 사랑은 '육체를 통해서' 진리와 관련을 맺죠. 진리로 상승하도록 사다리 역할을 하는 것과 진리를 혼동해선 안 되지만, 사다리가 없다면 진리는 저 너머에 있을 뿐입니다.

파트너의 불균형에서 사랑의 일치로

관례상 소년애에서 사랑받는 자는 사랑하는 자와 동등한 자격을 지닌 능동적인 주체가 아니죠. 그래서 그에 대한 보상으로 사랑을 요구합니다. 소년은 사랑하는 자의 욕망과 쾌락 이상으로 친절, 혜택, 정성, 모범을 보이는 것 등에 적절하게 반응해야 합니다. 두 연인의 상호성은 소년애가 끝나고 에로스가 우정으로 바뀔 때야 비로소 가능하죠.

이와 달리 에로스가 진리와 관련되면, 사랑받는 자도 같은 에로스의 힘으로 진리에 이를 수 있다는 조건으로 두 연인이 결합합니다. 이때 사랑받는 자도 주체가 되어야 합니다. 연인을 끌어안고 입맞춤하는 순간에 사랑의 변증법은 두 연인에게 똑같은 감정의 움직임을 일으키고, 사랑은 두 사람 모두를 진리로 이끄는 움직임이 되죠. '우리 함께 손을 잡고 진리의 나라로!'

사랑을 두 사람이 서로 마주보기만 하는 것이 아니라 '한 곳을 같이 바라보는' 것이라고 한다면, 사랑하는 자와 소년은 함께 진리를 추구하는 '사랑의 동지이자 진리의 동지'가 되죠.

사랑받는 소년의 미덕에서 지배자의 사랑과 지혜로

연애술에서 구애는 '사랑하는 자'의 몫이고 저항은 소년의 몫이죠. 그래서 소년의 적절한 호응이 그의 명예, 위엄과 관련됩니다.

그런데 진리를 추구하는 에로스에서는 상대방을 인도하여 저속한 쾌락에서 빠져나오게 할 자는 사랑에서 앞서 있는 자이자 진리를 사랑하는 자겠죠. 사랑에서 현명한 자는 진리의 지배자입니다. 그의 역할은 사랑받는 자에게 자기 욕망을 극복하도록 하고 더 강하게 되도록 이끄는 것이죠.

여기에서 진리-사랑의 '새로운 인물'이 등장합니다. 그는 사랑하는 자의 자리에서 자신에 대하여 완벽한 지배력을 행사합니다. 그는 사랑의 방향을 역전시키고 그 역할을 바꿉니다. 그래서 아프로디지아를 포기하는 원칙이 마련됩니다. 그는 진리를 원하는 모든 젊은이에게 사랑의 대상이 되는 지배자입니다.

그런 역할을 맡을 자가 누구일까요? 소크라테스가 좋은 예입니다. 이제 사랑하고 사랑받는 역할이 바뀌어서 소년들이 소크라테스를 사랑하게 됩니다. 이것은 소크라테스가 알키비아데스, 샤르미데스, 유티테무스 등과 맺는 관계에서 잘 나타납니다. 그들은 소크라테스를 따라다니며 그를 매혹시키려 하고, 그가 애정을 표시하고 지혜의 보물을 주기를 원합니다. 아름다운 그들은 사랑하는 자eraste의 위치에, 볼품없는 육체를 지닌 늙은이는 사랑받는 자eromene의 위치에 섭니다.

알키비아데스가 '시험기' 동안 알게 된 것은 소크라테스가 그들의 유혹에 저항할 수 있는 한에서만 사랑을 받는다는 점입니다. 소크라테스는 그들에 대한 욕망에 이끌리지 않고 참된 사랑의 힘을 지니고서 사랑해야 할 진리를 사랑하죠. 소크라테스는 이런 '사랑의 화신'이죠.

약간 어색한가요? 아름다운 여인, 아니 아름다운 육체를 지닌 소년도 아닌데 '사랑의 화신'이라고 하니까 곧이들리지 않죠. 사랑이 진리에 대한 사랑이라면, 소크라테스만큼 진리를 사랑하는 자를 찾아보기 어렵죠. 그리고 그를 따르는 이들도 이런 소크라테스의 '진리 사랑'을 사랑하죠. 물론 소크라테스가 진리의 화신이라면, 진리를 사랑하는 자 가운데 진리가 나타나 있는 소크라테스의 몸을 사랑하는 육체주의자도 있겠지만, 소크라테스는 자기의 몸을 사랑하는 자에게 아무런 반응을 보이지 않을 겁니다. 소크라테스의 자제력은 남다르고 그는 육체의 아름다움에 얽매이지 않죠.

어쨌든 이런 맥락에서 자기 욕망을 지배하는 자의 지혜는 (소년의 명예가 아니라) 참된 사랑의 대상과 일관된 원칙을 제시합니다.

알키비아데스가 지적하듯이 소크라테스는 육체적 인내와 영혼의 에너지를 자기에게 집중시킬 수 있는 능력(자제력)을 지니고 있습니다. 이 능력들이 '에로스 놀이'에서 소크라테스가 자기에게 행사할 수 있는 '지배력'을 보여주죠. 바로 이런 능력 덕분에 그는 청년들의 고귀한 사랑의 대상으로서 그들을 '사랑의 진리'로 이끌죠. 소크라테스는 이런 놀이에서 자기 자신에게 권력을 행사하는 참된 지배자의 힘을 보여줍니다.

19. 사랑의 본질은 진리

푸코는 이런 맥락에서 플라톤의 연애술이 지닌 몇 가지 면을 지적합니다. 이런 연애술은 고대 그리스 문화에서 남성과 소년관계에 따르는 난점, 즉 쾌락 대상의 지위에 따르는 난제를 풀 수 있습니다. 사랑받는 개인의 문제를 사랑 자체의 본질로 바꿈으로써 (쾌락 대상이 지닌 난점을) 해결할 수 있습니다. 즉 사랑관계를 진리관계로 바꿈으로써 젊은이의 역할이 전도됩니다. 이 틀에서 사랑받는 청년은 참된 지배자를 사랑하는 자가 됩니다. 푸코는 이것이 아리스토파네스의 관점에 일정한 의미를 부여한다고 봅니다. 명예로운 사랑의 실천에서 사랑하는 자와 사랑받는 자의 불균형, 차이, 저항, 회피 등은 문제가 되지 않습니다. 이 관계는 참된 지배자가 소년에게 지혜를 가르치면서 발전합니다.

플라톤은 사랑관계에 '진리 문제'를 근본적인 것으로 도입하므로 사랑하는 자의 임무는 그를 사로잡는 '사랑의 본질을 아는 것'이 됩니다. 그가 아리스토파네스에게 답한다면, 개인이 추구하는 바가 자신의 다른 반쪽이 아니고 진리에 접근하려는 것이라고 할 겁니다. 사랑의 주제는 사랑에 숨어 있는 진리를 찾아내고 그것을 유지하는 것이 되죠.

또한 소크라테스의 연애술은 사랑받는 자의 저항과 사랑하는 자의 혜택 베풀기가 균형을 이루는 데 관심을 갖지 않죠. 문제는 사랑하는 자의 에로스가 참된 것과 관계를 맺느냐이니까요. 따라서 이 연애술은 명예와 불명예라는 그분 대신에 자신의 '고유한 실재'를 되찾는 과정을 보여줍니다. 즉 상대방의 환심을 사려는 방식 대신에 '주체의 금욕'과 함께 '진리를 향하여 나아가는 것'을 초점으로 삼죠.

이처럼 문제의 관점이 바뀌는 것을 정리해봅시다. 성적 쾌락chresis aphrodision에 대한 성찰에서는 자제력을 통한 쾌락의 정당한 실천과 합법적 분배 그리고 추진력이 문제가 되죠. 그런데 플라톤의 사랑에서는 참된 대상(진리)으로 이끄는 욕망이 문제가 됩니다.

자제sophrosune는 조용한 고통과 쾌락, 유순한 욕망, 격정 없는 사랑, 모든 면에서 관대한 생활이죠(『법률』). 이것은 자기에 대한 지배력으로 쾌락을 적절하게économique 활용하도록 합니다.

(『파이드로스』에서 보듯이) 영혼이 자기를 지배하고 절도를 지니며, '악을 만드는 것을 노예 상태'에 두고 '덕에게 자유를' 주는 투쟁이 중요합니다. 이 과정에서 진리는 자기의 욕망뿐만 아니라 진리로 인정된 욕망 대상과도 관련됩니다. 푸코는 이런 플라톤의 연애술이 쾌락과 그 활용의 윤리를 일정하게 변형시킨다고 봅니다.

푸코는 이처럼 소년애에 대한 고찰을 통해서 '무한한 금욕abstention indéfinie'의 원칙이 나타난다고 지적합니다. 이것은 소크라테스가 유혹에 철저하게 저항함으로써 보여준 '포기의 이상l'idéal d'un renoncement'으로서 고귀한 정신적 가치를 지닙니다.

앞에서 보듯이 고대 그리스 문화에서는 연애관계에서 균형과 상호성의 요구에 부합하며 오랫동안 힘들게 자기와 맞서 싸워야만 했습니다. 그런데 이것이 점진적으로 참된 존재에 관여하는 사랑으로 변하면서 욕망의 주체인 자기에 대한 성찰도 필요했습니다. 푸코는 이러한 금욕주의가 소년애를 일정한 형식으로 양식화하며 가치를 부여하는 방식이었다고 봅니다. 지혜를 추구하는 것은 새로운 사랑을 추구하고 사랑을 진리에 대한 사랑으로 바꾼다는 점에서 새로운 삶의 양식입니다.*

20. 마치며

정리해보면 고대 그리스 사상에서 성행위는 (아프로디지아의 형태로) 도덕적 실천의 영역이었고, 합리적·도덕적으로 수용할 수 있는 행동 양식을 통해 무절제한 성적 힘에 맞서 전략을 세우고, 타인을 지배하는 외적인 권력의 기초로서 자기 자신에 대한 내적 지배력과 절제의 미덕을 요구했습니다. 이것은 실생활에서 가장 아름답고 완성된 형식을 부여하면서 '행동을 양식화하는 원칙'을 권합니다. 즉, 개인이 자신을 도덕적 주체로 만들기 위해 자신에 맞서서 어떻게 절제하는 능력을 기르는가에 관심을 갖습니다. 그런데 철학적 연애는 이런 양식에 내재하는 난점을 벗어나기 위해 금욕적 지혜의 원리를 제시합니다. 이것은 '금욕'을 지향하고 모든 육체관계를 포기하는 이상을 세우죠. 푸코가 보기에 플라톤은 사랑과 쾌락을 포기하고 진리에 접근하는 양식을 도입합니다.

---

* 이후(특히 기독교)의 성적 쾌락에 대한 '도덕적인 성찰'은 여성을 중시합니다. 그래서 처녀성, 부부 행동, 부부 사이의 상호관계를 어떻게 규정할 것인가 등으로 주제화됩니다. 그리고 이런 기독교적 '욕망의 해석학'은 욕망에 대한 해석과 정화, 욕망 자체에 대한 투쟁을 중시하면서 욕망을 정화淨化하려 하므로 성적 쾌락을 악으로 의심하고, 일부일처제의 엄격한 준수를 요구하고, 철저하게 순결의 이상을 수호합니다. 이처럼 성적 활동과 욕망, 그것을 둘러싼 전략과 실천들이 도덕적 문제로 조직되는 방식이 달라집니다.

이런 논의는 철학에 대한 기존의 견해를 바꿔놓죠. '지혜에 대한 사랑'이 전면에 부각되면서, 기존의 소년애를 소크라테스를 중심으로 한 지혜의 친구들의 사랑 방식으로 바꿉니다. 철학은 이런 사랑의 한 형태고 지혜의 친구들은 '진리에 대한 사랑'에 몰두하며, 아름다운 육체에 이끌리는 욕망을 아름다움 자체에 대한 욕망으로 고양시키죠.

철학의 문제 틀을 이렇게 '사랑의 무대'에서 살폈을 때 우리가 알고 있던 지혜에 대한 사랑과 어떤 공통점이 있을까요? 흔히 말하듯 철학이 한가하거나 호기심 많은 사람들의 유희가 아니라, 사랑의 열정이 넘치는 곳에서 사랑의 그릇에 진리를 담으려는 열정이죠.

푸코는 자기가 글을 쓰는 이유는 '사랑받기 위해서'라고 말한 적이 있습니다. 그는 '자신의 진리'를 추구하여 진리를 추구하는 사람들의 사랑을 얻으려고 하죠. 이렇게 보면 소크라테스와 비슷하지 않나요?

그러면 지금 진리를 추구하기 위해 노력하는 '진리파'들은 누구에게 사랑받고 싶어 할까요? 권력자에게 사랑받고 싶을까요? 돈이라는 가능성에 안기고 싶을까요? 우악스러운 성공의 신을 그리워하는 것일까요? 아니면 지혜의 여신?

그들은 자신들의 진리로 누구를, 무엇을 사랑하고 있을까요? 그리고 그런 진리가 이 세상을 사랑으로 넘치게 할까요? 서로 사랑합시다!

보르헤스의 「자이르」는 플라톤적인 진리관과 하이데거의 존재론을 독특하게 진리를 구체화한 동전 — 자이르 — 의 형상으로 재구성한다. 그는 모든 가시적인 세계의 배후에 존재하는 특정한 본질로 모든 것을 설명하는 전통적인 서구의 형이상학적인 사고 대신에, 명시적인 자이르와 그것의 이면이 공존한다는 역설을 문학적으로 형상화한다. 하나의 텍스트가 표면과 그 이면으로 이루어져 있다면 (표면의 의미가 이면의 숨은 의미로 환원될 수 없으므로) 명시적인 것과 은폐된 것이 뗄 수 없이 얽혀 있을 것이다. 여기에서 문학적 존재론의 새로운 길을 찾을 수는 없을까?

5
진리의 얼굴과 그 이면: 자이르, 장미의 그림자
— 보르헤스의 「자이르」 읽기

> 다랍어로 자이르는 가시적이며, 현존하고, 느낄 수 있는 어떤 것으로서,
> 일단 그것과 접하게 되면 서서히 우리의 사고를 차지하여
> 결국에는 다른 어떤 것에도 집중할 수 없게 만드는 어떤 사물이나 사람을 말한다.
> 그것은 신성일 수도 있고, 광기일 수도 있다.
> — 포부르 생 페르, 『환상 백과사전』, 1953

* 다음 편지는 작가가 서신 교환을 통해 친밀해진 철학자 마르탱 Martin에게 쓴 것인데, 그는 이 편지를 보내지 않았다.*

마르탱에게,

오랜만이네. 그동안 생긴 많은 일들이 자네와 나 사이의 거리를 더욱 아득하게 만들었나 보군.

자네가 플라톤의 진리관에 관해서 쓴 책, 특히 동굴의 비유를 독특하게 해석한 부분에서 큰 감동을 받았다네. 동굴의 비유가 지닌 모호해 보이는 어둠을 지극히 밝은 빛으로 조망한 뛰어난 글이었네. 나는

---
* 내용 이해를 돕고자 편집자가 소제목과 주석을 달았다. 물론 이 편지를 쓴 작가는 보르헤스이다.

자네가 네 부분으로 나누어 설명한 부분 가운데 마지막에 해당하는 철학자가 동굴로 되돌아간 장면이 매우 흥미로웠다네.*

사실 그동안 몇 번이나 편지를 쓰다가 중단했다네. 자네가 형이상학들이 '어떤 탁월한 것'(신적인 것)으로 모든 것을 근거 짓고 설명하는 원리, 본질로 삼는다고 한 생각과 관련된 것이라네. 물론 그 존재(자네는 '존재자'라고 불러야 한다고 했지)는 감각을 통해서 알 수 있는 것은 아니지.

내가 이렇게 갈피를 잡지 못하는 것은 이론의 정연함보다는 내가 경험한 '구체적인 폭력'을 벗어날 수 없기 때문이라네.

얘기를 들어볼 텐가? 지금 나는 동전 하나를 들고 있다네. 여기 부에노스아이레스에서 '자이르Zahir'라고 불리는 이 동전은 20센타보centavo에 해당하지. 거기 새겨진 글자 가운데 N, T와 숫자 2는 누군가가 긁어놓았고 그 앞에는 1929라는 연도도 표시되어 있다네.

• 필자가 자이르-동전에 관해서 앞뒤의 모습을 다 묘사하지만, 그렇다고 그것의 정체가 뚜렷해진 것은 아니다. 자이르는 보이지 않는 면을 지닌다. 아마 이 글도 겉으로 드러난 면과 드러나지 않은 면이 공존할 것이다. 그러면 겉을 뒤집어서 숨겨진 본질을 찾으면 문제가 해결될까?(그처럼 자이르는 단순한 외관에 지나지 않는 것인가?)

자네는 '자이르'에 관한 얘기를 들어본 적이 있을 걸세. 이슬람 사상에도 관심이 많았으니까. 예전에 자네가 그것을 주제로 삼으면서 너무 구체적인 사물을 내세운다고 비판했던 기억도 나더군. 불필요할

---

* 하이데거의 『진리의 본질에 관하여』 1부에 관한 언급이다 — 편집자 주.

지 모르지만 야기를 풀어나가기 위해서 몇 가지 짚어보세나.

예를 들어, 18세기 인도의 어떤 지역에서는 호랑이 한 마리가 자이르였다네. 또 자바에서는 신도들이 돌로 형벌을 가했던 회교 사원의 한 장님을 가리키기도 했지. 역사적으로 다양한 자이르들이 있었다네. 이런 다양한 자이르들은 신의 다양한 현존, 신성한 형상이라고 할 수 있을 것이네. 그 '하나'에 다른 모든 것이 담겨 있는 본질, 모든 것의 원리라고 할 수 있겠지. 그러니 각 문화와 시기에 따라 다양한 모습으로 나타나지만, 그 '사고 틀'은 같다고 할 수 있지.

이 가운데 어느 것이 참된 자이르인지 굳이 물을 필요가 있을까? 그것들 가운데 하나만 참된 것이라고 하기는 어렵겠지. 마치 한 지역이나 특정한 한 시기에만 자이르가 (부분적으로) 존재했다고 우기는 꼴이 될 테니까 말이네. 어쨌든 다양한 지역에서 다양한 이들에게 그런 자이르가 필요했고, 그들은 그들 나름의 자이르로 자신들의 삶에 어떤 질서를 부여하고 싶었을 것이네.

얘기가 나온 김에 다른 예를 보면, 자이르는 페르시아에서는 18세기의 한 왕이 바다 속에 던진 천체 관측기였고, 1892년 (수단의 한 왕국인) 마디의 감옥에서는 탐험가이자 수단 총독이었던 슬라틴이 만졌던 터번의 날개로 싼 작은 나침반이었고, 19세기경의 동양학자 소텐베르그에 따르면 코르도바의 회당에 있는 1,200개의 기둥 가운데 하나의 대리석 결을 가리킨다네. 한때 스페인의 지배를 받던 모로코의 테투안에 위치한 우대인 밀집 지역에서는 한 우물의 바닥을 자이르라고 불렀다네.

오늘이 11월 3일인데, 내가 그 자이르를 갖게 된 것이 6월 7일이니 자이르의 포로로 지냈던 기간이 짧은 것만도 아니었다네. 그토록 많은 불면의 밤들.

물론 나는 그때의 내가 아니라네. 자이르를 몰랐던 나와 지금도 눈앞에 또렷하게 나타나는 자이르에 사로잡힌 나를 같은 나라고 부를 수는 없을 테니까. 그렇다고 해서 내가 보르헤스가 아닌 것은 아니지. 여전히 그때의 일에 대해서 기억하고 있는 덕에 부분적으로는 여전히 보르헤스라고 할 수 있겠지만.

자네는 가장 아름다운 여인을 본 자가 다른 여인들을 보면서도 여전히 그녀의 모습을 잊을 수 없는 경험을 한 적이 있는가?

내가 자이르를 손에 쥐게 된 것은 우연이었다네. 비야르를 조문하러 간 것과 연결된다네. 자네도 알다시피 테오델리나 비야르Teodelina Villar는 6월 6일에 세상을 떠났지. 그녀의 이름을 적는 순간, 나는 아직도 내 가슴을 뒤흔드는 열정 같은 것을 어찌할 수가 없다네. 어지러운 마음을 정리하기 위해서라도 잠시 그녀에 대한 기억을 몇 가지 적어보겠네.

● Teo-delina가 theo + delos와 연결된다면, theo(신) + delos(명료한, 가시적인)는 신성함의 가시적인 형상에 대한 비유라고 할 수 있다. 그러면 이 이름은 자이르와 마찬가지로 그 이면adelos(불투명한, 신비한)을 갖는다. 테오델리나라는 모델은 끊임없는 변신을 통해서 자기 모습을 드러내는데, 그녀는 그런 현상들 너머에 있는 어떤 존재를 드러내면서 동시에 은폐하는 형상이라고 할 수 있다.

자네가 감정적인 혼돈에 얽힌 내 얘기를 어떻게 받아들일지 모르지만, 나의 비야르는 내가 자이르를 만나기 전에는 내가 듣고 보는 모든 것의 중심에 있는 그 무엇이었다네. 벌써 자네가 묘하게 미소 짓는 모습이 보이는 듯하군. 마치 그녀가 이 세계에 모든 의미를 부여한 것처럼 말일세. 그런 그녀가 이 세상에서 사라졌으니…… 무엇이 그녀를 대신할 수 있을까?

1930년경 그녀의 사진은 온통 통속 잡지들을 장식했지. 이런 열광에 파묻혀서 그녀는 자신이 매우 아름다웠다고 믿었을 걸세. 물론 그녀의 모든 초상이 그런 가정을 전적으로 지지한다고 할 수는 없겠지만. 게다가 그녀는 아름다움보다는 완전무결함에 더 신경을 썼다네.

히브리인들과 중국인들은 가능한 모든 상황을 규정할 행동지침, 일종의 법전을 잘 정리해놓지 않았는가? 이를테면 『예기禮記』는 손님이 차를 마시면서 첫 잔을 받았을 때는 심각한 표정을, 두번째 잔을 받았을 때는 경외감에 넘치는 행복한 표정을 지어야 한다고 하지. 그런데 그녀가 스스로에게 강요한 엄격함은 이보다 더 철저하고 더욱 상세했다네. 그녀는 공자의 제자나 탈무드의 엄격주의자처럼 행위 하나하나에 대해서 빈틈없는 정확성을 추구했지. 그렇지만 그녀의 집념은 그런 기준보다 더 엄격한 것이라고 할 수 있었지. 그것은 그녀의 기준이 영속적인 가치가 아니라 파리나 할리우드의 일시적인 유행에 따르는 것이었기 때문이라네.* 그녀는 마치 플로베르가 완벽함을 추구했듯이 (그가 문체만으로 자립할 수 있는 글을 추구했던 것처럼) 완벽을 추구했지. 그런데 그녀가 추구한 것이 일시적인 완벽함에 지나지 않는 것이

---

* 그녀는 정확하게 가야 할 곳에en lugares ortodoxos, 정확한 시간에a la hora ortodoxa, 정통파 모드로con atributos ortodoxos, 정확한/진부한 싫증과 함께con desgano ortodoxos 나타나곤 했으니까. 물론 그런 모드는 말할 것도 없고 그런 싫증까지도 금세 진부한ortodoxos 것이 될 수밖에 없었지. 그녀 말처럼 흔스러운 것이 되고 말 테니(이 부분은 따로 써둔 것인데, 작가는 ortodoxos의 다양한 느낌을 이용해서 테오델리나의 엄격한 격식을 비꼬고 있다 — 편집자 주).

진리의 얼굴과 그 이면: 자이르, 장미의 그림자 233

어서 오히려 더 힘겹지 않았을까? 시간 속에서 스러질 일시적인 모습에 자신의 모든 것을 바친 그녀의 삶이야말로 순간들 속에 영원을 헛되이 새겨 넣으려는 것이었지. 가상들의 유희에 모든 것을 바치면서 그것을 곧장 다른 것으로 대체하는 (공허한) 노력이 필요할 테니까. 그래서 그녀의 모범적인 삶은 피할 수 없는 내적 절망으로 마모되었지. 그녀는 마치 자신에게서 도망치려는 듯 끊임없이 변신을 시도했다네. 머리색과 헤어스타일은 (사람들 입에 오르내릴 정도로) 수시로 바뀌었고, 미소, 얼굴 표정, 곁눈질 모양까지도 끊임없이 바꾸는 세심함과 엄격함을 보여주었지. 모든 가능성을 남김없이 보여주려는 듯이 다양한 온갖 실험을 마다하지 않았지.

  1932년 이후에 그녀는 눈에 띄게 야위었다네. 전쟁 때문에 새로운 고민이 생겼지. 파리가 독일에 점령되었는데, 어떻게 패션을 유지할 수 있겠는가? 그 와중에 한 외국인에게 속아서 원통형 모자를 구했는데, 파리에서는 그 엉터리 모자를 썼던 이가 아무도 없었다네. 그 이후로 꼬리를 무는 불행에 시달리다 결국 은퇴했고 바로 그 6월 6일에 죽음의 품에 안기고 말았다네(자네는 죽음에 대해서 뛰어난 실존론적 분석을 했었지. 앞지를 수 없고, 누구도 대신할 수 없는 가장 고유한 것이고, 삶의 가능성 전체를 온전히 보여주는 불가능성의 가능성이라고. 그녀가 그런 가능성의 심연에 자신을 던지다니……). 아르헨티나인들이 지녔던 열정과 속물근성에 이끌려 그녀를 사랑했던 나는, 아마 짐작했겠지만 그녀의 죽음에 눈물까지 흘렸다네.

  상가에서 밤을 새우는 동안 시체가 빠른 속도로 부패해 사람들은 그녀의 데스마스크를 만들었다네. 그녀는 놀랍게도 20년 전의 자기 모습으로 되돌아갔지. 그녀의 자태는 자만, 돈, 젊음, 상류 계급의 극단을 보여주려는 의식과 함께 상상력의 부족, 한계, 둔함이 초래하는 위엄을 되찾았다네. 아마 그녀의 얼굴들 가운데 날 당혹스럽게 한 이 얼굴만큼 기억에 오래 남을 만한 얼굴은 없을 걸세. 그것이 그녀의 첫번째 얼굴이었기에 마지막이 되는 것이 당연하다고나 할까. 나는 꽃들 사이에 놓인 그녀의 굳은 몸, 죽음으로 완벽해진 그녀의 멸시를 버려둔 채로 나왔다네. 시간의 물결 위에 무수한 이미지들의 또 다른 흐름을 남겼던 그녀의 삶……

바깥은 밤의 어둠과 정적이 사물들을 단순화한 까닭에 추상적인 분위기를 풍겼다네. 나는 두심한 경건함에 사로잡힌 채 거리를 걸었지. 내 발길이 타쿠아리 거리의 모퉁이에 있는 한 구멍가게를 향했나 보더군. 몇 사람이 카드놀이를 하고 있더군. 우연의 놀이와 돌이킬 수 없는 운명이 나란히 머리를 맞대고 있는 풍경인가? 과연 그 둘은 그렇게 다른 것일까?

어쨌거나 그녀를 마지막으로 만나고 와서 기껏 술이나 들이켜고 있는 내 모습이 그리 어울린다고 할 수는 없을 걸세. 마치 그노시스 학파에서 말하는 '어두운 빛'이거나 연금술사들이 말하는 '검은 태양'처럼, 수식하는 형용사와 명사가 모순되게 contradecir 결합하는 느낌이었네. 그런 천박하고 용이한 유혹에 넘어가다니. 하기야 그런 대조 contraste는 카드놀이를 하는 상황 때문에 더 커졌지. 술을 한잔 시켰는데, 바로 그때가 또 다른 운명의 시간이 되었다네. 주인이 거스름돈으로 '자이르'를 주었으니까.

자이르! 자이르!

난 한순간 그것을 응시했지. 열이 나는 것을 느끼면서 거리로 뛰쳐나왔지. 이렇게 우연의 장난으로, 모순의 놀이처럼 자이르가 내 손에

진리의 얼굴과 그 이면: 자이르, 장미의 그림자

들어왔다네. 나에게서 모든 빛을 앗아갈 그것과 그렇게 마주칠 줄이야! 그녀를 잃은 바로 그날이 아닌가?

모든 여성의 존재를 한 몸으로 대변하던 그녀 대신에 다른 모든 존재를 온전히 담고 있는 바로 그것을 갖게 되다니!

현자의 돌을 찾는 이라면, 모든 개별적인 것을 고스란히 담고 있는 어떤 '하나'를 추구하는 이라면 얼마나 좋아했겠나? 결코 바란 적도 없는 그 '하나'가 내 운명 속으로 뛰어 들어오다니…… 물론 그때는 자이르의 무시무시한 힘을 짐작할 수조차 없었다네. 무수한 동전들과의 만남이 자이르 앞에서 무슨 의미가 있었겠나? 무한한 우주의 사소한 손 하나와 우연히 작은 동전 하나가 만나는 흔해빠진 사건이라고 보았지. 블랙홀처럼 내가 그 속에 빨려 들어가서 나의 모든 세계가 짓이겨지리라고 어찌 짐작이나 했겠나? (하지만 나는 그 운명의 선택을 회피하거나 불행하다고 여길 생각은 없네. 우연과 마주치는 순간의 날카로운 강렬함 때문에 내 존재가 더 이상 지탱할 수 없더라도 말일세.)

곧바로 동전을 주제로 삼은 수많은 이야기들이 떠오르더군. 아마 그 어떠한 동전도 역사나 신화에 나오는 동전들의 상징과 무관하진 않을 걸세. 영혼을 지옥까지 데려다주는 뱃삯으로 죽은 자의 입에 넣은 (지옥의 신) 카론의 은화가 떠올랐고, 동로마의 장군인 벨리사리우스가 눈이 먼 채로 구걸하던 은화도 생각났지. 기독교인들은 유다의 은화 30냥을 잊지 못하겠지. 에페소의 잠든 사람들 가운데 하나가 몇 백 년간의 잠에서 깨어나서 사용한 동전도 재미있는 예이고, 『천일야화夜話』에 나오는 종잇조각으로 변하고 만 마법사의 동전들, 아무리 꺼내어도 계속 솟아나는 라케뎀(방황하는 유대인)의 데나리우스 동전, 각각이 한 서사시의 각 행이 되는 7천 개의 은 조각(금이 아니라고 파루

두시가 왕에게 되돌려준 것), 자기 얼굴이 그려져 있어서 도주하다가 잡히게 만든 루이의 금화는 얼마나 어처구니가 없는가. 〔『모비딕』의 선장—편집자〕에이허브가 돛대에 못 박은 1온스의 금화, 〔『율리시스』의—편집자〕블룸이 되돌아오는지 보려고 표시해놓고선 잃어버린 플로린 은화, 〔……〕 마치 꿈처럼 모든 동전이 어떤 함의를 갖는 것처럼 보였지. 그런 생각을 뒤섞으면서 정신없이 달리다가 한 모퉁이에서 멈추었더니 철창 너머에 콘셉시온 성당의 검고 흰 포석이 보였네. 그렇게 달렸건만 여전히 그 주변을 맴돌고 있었으니. 그 가게에서 기껏 한 블록 떨어진 곳에서……

변화의 화신, 가능성의 창고인 화폐

그날은 밤새 뒤척였다네. 줄곧 강박관념에 시달리다가도 엉뚱한 행복감을 느끼기도 하면서 돈에 대한 온갖 생각에 끌려 다녔다네. 그러다가 돈처럼 물질적이지 않은 것도 없다는 생각마저 들더군.

이상하게 들릴지 모르겠지만, 어떤 돈이건 그것과 교환할 수 있는 무엇을 담고 있으니 가능성을 잔뜩 담고 있는 '미래의 창고'가 아닌가? 아니면 '미래의 시간el tiempo futuro'이라고 부를 수도 있을 걸세. 일정한 액수의 돈은 오후에 근교로 소풍 나가서 즐기는 풍경이나 브람스의 음악으로 바뀔 수 있고, 지도나 장기로도 바뀔 수 있지 않은가? 카페에서 차를 마실 몇 시간이 되기도 하고, 돈을 멸시하라고 주장하는 에픽테토스의 금언이 담긴 책으로 바뀌기도 하지. 변화의 화신인 프로테우스보다 더 변화무쌍하지 않을까? 온갖 모습을 숨기고 있는 가능성의 매트릭스라고나 할까.

시간 속에서 그것이 변하는 모습은 더욱 흥미롭지. 물론 스토아학

파의 운명에 매인 시간처럼 고정된 것이라기보다는 예측할 수 없고 매번 달라지는 베르그송의 시간이 어울리겠지. 똑같은 사람이라도 1년 전, 어제, 오늘 볼 때 매번 달라진다고 하질 않나. '지속하는' 시간은 모든 것을 다르게 만들지. 그러니 결정론자처럼 '가능한 단 하나의 사건만un solo hecho posible' 있을 수 있다고 주장한다면, 변신의 힘을 잔뜩 숨기고 있는 동전 하나만으로도 그들을 난처하게 만들 수 있지 않겠나? 원인과 결과의 엄격한 연쇄를 주장하면서 법칙에 따라 존재하는 모든 것을 파악할 수 있다는 라플라스의 악마가 벌이는 잔칫상 한 가운데 이 동전을 올려놓으면 재미있지 않을까? "제가 어떻게 바뀔지 예측해보세요. 아무리 법칙들이 줄을 선다 해도 그것들의 손아귀를 벗어나곤 한답니다." 그래서 나는 수많은 가능성으로 뻗어나갈 수 있는 이 동전이야말로 자유의지libre albedrío를 상징한다고 생각한다네.

이런 생각들로 밤을 지새우면서 자이르의 영향력에서 벗어나려고 몸부림쳤다네. 그러다가 잠깐 잠이 들었는지 꿈속에서 괴물 그리핀이 주화를 감시하는 꿈을 꾸었네. 그 괴물이 지키는 주화가 바로 자신인 흉악한 꿈, 그 끔찍한 괴물의 눈빛!

다음 날 어제의 사건을 환상이라고, 잠시 꿈을 꾼 것이라고 여기고 싶었네. 겉보기에 그 동전은 약간 긁힌 자국 말고는 다른 것들과 그리 다를 바도 없었으니까. 그것을 어딘가에 파묻거나 숨길까 했지. 어딘가 멀리 던져버린다고 될 일이 아닐 듯해서 아예 잃어버리는 수밖에 없다고 생각했지. 그것을 버리거나 숨긴 장소를 알고 있는 한, 다시 그것을 찾거나 그 영향력 안에 있다는 느낌을 지울 수 없을 테니까. 그래서 기억에서 일부러 지워버린 어느 날 평소에 가던 길을 벗어나 지하철을 타고 콘스티투시온 광장으로, 산 후안 이 보에도를 향해 가

다가 도중에 충동적으로 내려서 주사위를 던지듯 방향을 바꾸었지. 그러다가 다른 거리와 같아 보이는 어느 거리의 한 싸구려 식당으로 들어가서 술을 주문하고 자이르를 건넸다네. 흐릿한 안경 너머로 자이르의 마지막 모습을 흘끗 보면서. 안녕, 자이르! 그리고 집 주소와 거리 이름을 보지 않으려고 애쓰면서 간신히 집으로 돌아왔다네. 그날은 신경안정제 덕분에 푹 잘 수 있었지.

나는 6월 말까지 환상적인 단편을 하나 써야 했다네(나중에 완성되면 따로 보내기로 하고 기본 구상만 얘기하겠네). 글은 1인칭 화자가 전개하는 방식이라네. '나'는 광야에서 은둔하고 있는데, 사람들이 그의 삶이 순진하고 소박한 까닭에 천사라고 부르지만(누가 죄로부터 자유로울 수 있겠나?) 제 손으로 아버지를 죽인 자라네. 마법사인 그의 아버지가 마술을 써서 무한정한 보물을 지니고 있었지. 그는 일생을 인간들의 탐욕으로부터 보물을 지키는 데 바쳤다네. 그는 밤낮으로 보물에서 눈을 떼지 않았다네(이후의 부분에서 잘 정리가 되질 않아서 초고들의 문체가 내가 보기에도 복잡하고 난삽하니 좀더 수정을 해야 할 것이네). 그는 자기 몸이 광채를 뿜고 유연할 뿐만 아니라 비늘까지 있으며, 자기가 지키는 보물이 눈부신 금과 빨간 반지들인 것을 알게 되지. 결국 그가 파프니르Fafnir가 변신한 뱀이며, 그의 보물이 니벨룽겐의 보물임이 드러나게 된다네. 시구르드가 나타나는 장면에서 이야기를 매듭지을 생각이네(어찌 보면 니벨룽겐 이야기와 비슷한 북구의 서사시 뵐숭사가Völsungsaga를 좀 다르게 쓴 셈이 되겠군).

이 작업으로 동전을 잊으려 했지만, 이런 망각이 너무 확실하다고 믿었기 때문에 도리어 그것을 기억한 밤들도 많았다네(하기야 기억을 지우는 것까지도 기억하는 내가 지켜보지 않는다면 어떻게 망각이 가능하겠나?). 게다가 황금을 위하여 아버지를 죽이고 그것을 지키기 위해 목숨을 바치는 이야기를 써야 했으니, 그것이 자이르의 경험과 그리 다른 것도 아니지 않은가?

*『니벨룽겐의 반지』의 일부만 소개한다. 난쟁이 레긴의 아버지는 흐레이드마르이고, 두 형은 파프니르와 오트르다. 작은형 오트르는 사냥꾼인데 수달로 변장하곤 했다. 어느 날 오트르는 오딘, 호니르, 로키라는 세 신의 눈에 띄었다. 로키는 수달로 변장한 오트르를 돌로 쳐 죽였다. 아버지와 큰형, 그리고 레긴은 세 신을 가두었다. 그리고 황금으로 수달을 가득 채워주면 풀어주겠다고 했다. 로키가 황금을 구하러 가서 난쟁이 안드바리를 잡고는 몸값을 요구했다. 안드바리는 황금이 가득한 지하 동굴로 내려가서 반지 하나만 빼고 모든 보물을 넘겨주었다. 반지는 황금을 새로 만들 수 있는 보물 반지였는데 탐욕스러운 신은 반지마저 빼앗았다. 그러자 안드바리는 무서운 저주를 퍼부었다. "이 황금은 두 형제를 죽일 것이며, 명망 있는 족장들을 전쟁으로 몰아넣을 것이다. 내게서 빼앗은 이 재화로부터 누구도 덕을 얻지는 못할 것이다." 로키가 흐레이드마르의 집에 돌아와 두 신과 함께 수달을 황금으로 채우기 시작했다. 그러자 수염 하나가 비죽 나와서 오딘은 반지까지 내놓아야 했다. 파프니르와 레긴은 이 몸값에서 그들 몫을 달라고 아버지에게 요구했다. 그러나 아버지는 이를 거절했다. 그래서 파프니르는 잠든 아버지를 단검으로 찔렀다. 그리고 자기 몫을 가지고 그니타하이데라는 황야로 가서 용으로 변신해 잠적했다.
지크프리트와 레긴은 그니타하이데로 갔다. 용이 물을 마시기 위해 나왔을 때 지크프리트가 용의 심장 한가운데에 검을 꽂았다. (파프니르) "기사여 그대는 어느 족속인가?" "나의 이름은 지크프리트요." (파프니르) "그대는 왜 내 생명을 빼앗는가?" "나는 내 기분이 시키는 대로 했을 뿐이오." (파프니르) "그대에게 충고 한마디 하고자 한다. 어서 말에 올라 이곳에서 멀리 떠나라. 황금과 반지는 당신을 파멸시킬 것이다." 지크프리트의 두 입술이 피의 맛을 보는 순간, 두 마리 연작의 대화를 듣게 되었다. "레긴은 지크프리트를 배신할 궁리를 하고 있어." "지크프리트가 그의 머리를 베어버려야 할걸." "그렇게 되면 파프니르가 배 밑에 깔고 뒹굴던 황금을 지크프리트가 독차지할 수 있을 거야." 지크프리트는 그들의 현명한 충고를 따랐다. 잠시 후 그는 새들의 대화를 또다시 엿들을 수 있었다. "힌더피알 산꼭대기에는 이글거리는 불꽃으로 둘러싸인 집이 한 채 있지. 그곳에 한 처녀 전사가 잠들어 있어. 예전에 오딘이 잠의 바늘로 그녀의 손가락을 찔렀지." 새는 그녀가 브룬힐트라는 이름의 발퀴레라는 사실도 덧붙였다. 그녀는 두 왕의 결투 장소에 참여했다가, 오딘이 늙은 왕의 승리를 약속한 사실을 잊고 젊은 왕이 유리하도록 전황을 이끌었기 때문에 벌을 받은 것이라고 했다. 오딘이 내린 벌은 그녀가 결혼이라는 속박에 묶이는 것이었다. 그러나 그녀는 비열한 인간과는 결혼하지 않을 것을 맹세했다. 그녀의 모습을 본 지크프리트가 외쳤다. "당신이야말로 내가 원하는 아내요!" 그리고 사랑의 증표로 안드바리의 반지를 그녀에게 끼워주고 떠났다. 그리고 보름스에 있는 니벨룽겐들의 오랜 왕국으로 향했다. [⋯⋯] — 편집자 주.

하나의 동전과 다양한 동전들

이 동전이 뇌리를 떠나지 않아서 그것이 사람들 사이를 돌고 도는 다른 동전들과 다를 것이 없다고 중얼거리곤 했지. 이 니켈 동전은 다른 것들처럼 이 사람에게서 저 사람에게로 순환하며, 동일하고 무한하고 해롭지 않다고 말일세. 동전들은 수많은 손을 거쳐가지만 여전히 동일한iguales 것이고, 이런 교환의 회로는 화폐 체계가 사라지지 않는 한 끝없이infinitos 계속될 것이고, 별달리 해로울 것도 없는inofensivos 것일 테니까.

이처럼 자이르가 다른 동전과 근본적인 차이가 없다고 생각하려고 (그것을 대신할) 다른 동전들을 생각해보았다네.

5센트짜리 칠레 동전과 우루과이 빈텐 동전에 몰두하려고 애를 써보았다네. 그럴수록 눈앞에 있는 그것들 대신에 자이르만 어른거리더군. 다른 여인들을 눈앞에서 보면서도 운명의 여인을 떠올릴 수밖에 없는 사랑에 미친 자처럼 되고 말았지. 7월 16일에는 1파운드짜리 영국 동전을 구해서 낮에는 보지 않다가 밤이면 밝은 불빛에서 볼록렌즈로 자세하게 뜯어보았다네. 그뿐만 아니라 그 위에 종이를 대고 연필로 모양을 베껴보기도 했지. 그 동전의 광채와 표면에 있는 용이나 성 조지 같은 지극히 구체적인 형상까지도 내 눈과 마음을 사로잡지 못했다네. 자이르의 망상은 내 눈앞에서 사라질 줄 몰랐지. 마치 자이르가 다른 모든 동전에 스며들어 있는 것 같았다네. 아, 모든 것 속에서도 빛을 잃지 않는 이 '하나'여!

동전들이라는 '그림자들'도는 자이르의 광채를 가릴 수 없었지. 그것은 어떠한 그림자도 없이 그 자체로 빛나는 것이었으니까.

마치 사과 이데아가 모든 개별적인 사과 안에 부분적으로 들어 있고 사과들은 그 이데아를 어느 정도 나눠 갖고 있어서participation(분유分有), 경험적인 사과를 볼 때마다 이상적인 사과의 조각이 아니라 온전한 것을 사고하듯이 불완전한 사과들은 사과 이데아를 상기시키곤 하니까.

특정한 사과의 구체적인 모습만으로는 사과 자체를 대체할 수는 없을 것이네. 그 사과가 사라지거나 바뀌더라도 '사과 자체'는 여전히 존재하니까. 그것은 사소한 차이와 변화, 생성의 모든 흐름을 뛰어넘어서 영속하는 것이지.

그러니 어찌 개별적인 것들로 보편을 가릴 수 있겠나? 태양과 태양 아래의 사물을 본 자는 동굴 속의 그림자들에 현혹될 수 없지.

자이르 신앙 — 자이르를 한번 보기만 하면/호랑이 자이르

8월에는 정신과 의사의 상담을 받기도 했지만, 의사에게 자이르에 관한 얘기를 털어놓을 수는 없었다네. 불면증의 고문을 받는 듯하고, 여러 물체의 이미지가 나를 사로잡는다고 했지. 예를 들면 도박장의 칩이나 동전의 이미지 같은 것이라고…… 그러다가 한 서점에서 바를라흐Barlach의 『자이르 이야기에 관한 기록Urkunden zur Geschichte der Zahirsage』을 구했다네. 그는 자이르의 미신에 관한 거의 모든 자료를 수집해놓았더군. 그것을 보면서 내 병이 예사로운 것도, 나만 겪는 것도 아님을 알 수 있었다네.*

---

* 허구적인 인용 기법. 그가 참고했다는 책은 그가 고안한 것이다. 곧 허구적인 작품을 이용하여 자신의 사고를 간접적으로 드러낸다(이처럼 작품 안에 다른 작품 — '작품 안의 작품' — 을

그 책의 저자는 자이트 신앙이 이슬람적인 것이고, 18세기부터 비롯된 것이라고 하더군. 자이르는 아랍어로 '유명한/분명한notorio' '가시적인visible'이란 뜻이고, 하나님이 지닌 99개 이름 가운데 하나라고 하더군.

이슬람 사람들은 자이르가 결코 망각될 수 없는 무서운 힘을 지니고 있어서 그 형상을 본 사람을 미치게 만드는 존재라고 생각했다네. 이것에 대한 증거로 회교 승려였던 아주르Azur가 『불의 사원Temple del Fuego』이라는 인명사전에서 쉬라스의 한 학교에 있는 청동으로 만든 천체 관측기를 제시했다네.

"그것은 누구든 그것을 한 번이라도 본 사람을 다른 것에 대해 생각하지 못하게 만드는 힘이 있기에 왕은 사람들이 우주를 잊어버리지 않도록 하려고 그것을 바다 깊은 곳에 던져버리라고 명령했다."

모든 것을 담고 있는 그 '하나'는 다른 것을 향한 사람들의 관심을 대체하고 흡수할 수 있겠지. 그러니 다른 모든 것을 구하기 위해서 '하나'를 숨길 수밖에 없지 않은가?

보다 자세한 것은 테일러의 저서를 참조할 수 있다네(그는 인도의 한 주를 통치했었고 한 종교적 암살 단체에 관한 『터그의 고백』을 쓴 적이 있다네). 그는 인도의 한 지방에서 신성한 말(어쩌면 광기를 의미하는지도 모르는)을 들었다네. "호랑이[자체]를 보았다Haber visto al Tigre (Verily he has looked on the Tiger)." 사람들은 이 말이 한 마술적인 호랑

도입하여 그것이 작품을 지시하도록 함으로써 작품을 의미 있고 현실적인 것으로 여기게 하고 동시에 그 작품이 작품 안의 작품을 의미 있는 것으로 만듦으로써 서로 맞물리게 한다). 허구적 작품을 이용하여 특정한 시대의 사고 양식을 빌려오면서 동시에 그런 사고를 다르게 배치하고 재구성한다 ─ 편집자 주.

이 un tigre mágico를 가리키는데, 기이하게도 이 호랑이는 (아무리 멀리서 보더라도) 한 번 보기만 하면 죽는 날까지 그것에 대해서만 끊임없이 생각하도록 한다는군. 그러니 그 호랑이를 본 사람은 그 이미지에 사로잡혀서 미칠 수밖에 없을 걸세.

왜 그 호랑이를 잊을 수 없을까? 그것이 호랑이의 이데아 같은 것이어서 (개별적인 호랑이처럼 일시적으로 존재하다가 사라지지 않는) 영원불변한 것이란 말인가?

그렇게 호랑이에게 미쳐버린 사람, 눈만 뜨면 온통 호랑이의 형상만 보여서 인도 남부까지 도망친 사람이 있었다고 하더군. 그런데 공교롭게도 그곳의 한 궁전에는 호랑이 형상이 그려져 있었다니. 호랑이가 여전히 그를 놓아주지 않았다고나 할까. 몇 년 후에 테일러는 그곳 감옥을 찾았는데, 한곳에서 어떤 이슬람 승려가 바닥, 벽, 원형 천장에 일종의 무한한 호랑이 una especie de tigre infinito를 그려놓은 것을 보았다고 하더군. 물론 이 호랑이는 현기증이 날 정도로 수많은 호랑이들로 이루어진 것이지. 호랑이들이 그 호랑이를 가로질러 가고, 호랑이로 된 선들로 그려져 있고, 호랑이처럼 보이는 바다와 히말라야 산맥과 군대도 볼 수 있었다네. 세계지도, 아니 존재하는 세계 전체를 그 형상에 담으려는 흔적들이 남아 있었다더군.

그것이 완성되었다면 호랑이 모양의 선과 면으로 이루어진 호랑이-세계, 세계 전체가 호랑이인 그림을 볼 수 있었을 테지. 작은 호랑이들과 세계-호랑이가 서로 맞물리면서 하나이자 모두를 이루고 있는 형상이겠지. 마치 라이프니츠의 '모나드'처럼 호랑이-요소 하나하나가 소우주처럼 전체의 상을 온전히 담고 있고, 그것들 저마다가 살아 움직이면서 서로 조화로운 결합을 이루어 세계-호랑이가 되는 것처럼 말일세. 모든 것이 호랑이라면, 모든 동전이 자이르를 떠올리게 하는 것과 다를 바 없지 않은가?

뿐만 아니라 테일러는 스코틀랜드 북쪽 마을에서 온 무하마드 알-예메니Muhamad Al-Yemen에게서 들은 이야기도 전하더군. 그는 자이르(Zaheer—철자는 좀 다르지만)의 성질을 갖지 않는 피조물이라곤 없다고 하네.

그렇다고 해서 모든 것이 몽땅 자이르가 되어서는 무의미한 까닭에, 더없이 자비로운 신el Tocomisericordioso께서 그 가운데 하나만 자이르가 되도록 배려하셨다는 걸세. 오로지 하나만이una sola 사람들을 열광하게fascinar 할 수 있기 때문에, 신은 자이르의 성질을 지닌 두 사물이 동시에 존재하지 않도록 배려하셨다는 것이네.*

그래서 자이르는 '하나밖에' 없지만 다양한 곳에서, 또 다양한 시대에 자이르의 역할을 하는 것들은 항상 다른 모습을 띨 수 있을 것이네. 그러니까 자이르는 항상 있었지만, 이를테면 이슬람국이 세워지기 이전의 아랍(무지의 시대)에서는 '야우크Yauq'라는 우상이, 다음에는 보석으로 수놓은 베일, 황금 가면을 쓴 쿠라산의 한 예언자가 자이르일 수 있다는 것일세.

그리고 그는 이슬람의 전통에 따라 신을 이해할 수 없는inescrutable; impénétrable 존재라고 밝히면서 끝을 맺었다네.

● 이슬람 저자들은 책을 끝맺을 때, 항상 "오로지 신만이 지혜로우시다"

---

* 완전한 존재는 둘 이상 있을 수 없다. 만약 완전한 존재 A, B가 존재한다면, 둘 가운데 하나가 다른 것보다 더 완전하다고 해야 할 테고, A, B가 똑같이 완전하다면 둘이 아니라 하나가 되어야만 하기 때문이다—편집자 주.

"신의 지혜는 불가사의하다"라고 쓴다.

그런데 이런 이해할 수 없는 신성함을 어떻게 보아야 할까? 본질은 하나이면서 여럿으로 나타나는 점(예를 들어 하나의 신과 그의 아흔아홉 가지 이름처럼)을 지적하는 것일까? 지극한 신성함을 이해할 수 없는 우리의 논리가 그 극한에서 드러내는 역설 같은 것일까? 절대적인 존재는 우리의 지성으로 포착할 수 없고, 어떠한 이름도 갖지 않으며, 어떤 실체로 고정될 수 없는 그 무엇이긴 하지. 자네가 (가장 탁월한 존재자, '신적인 것theion'처럼 규정할 수 없고 이름을 찾을 수 없지만 모든 존재자를 존재하도록 하는) '존재'라고 부른 것처럼 말일세.

나는 어떤 실마리라도 찾고 싶어서 책을 몇 번이나 읽었다네. 읽을 때마다 나를 사로잡은 감정들, 또 매번 달라지는 감정들의 거센 물결을 감당하기가 힘겨웠다네. 하지만 나는 그 어떠한 것도 나를 자이르로부터 구원할 수 없으리라는 것을 깨달으면서 나락에 떨어지는 절망감에서 벗어날 수 없었다네. 하지만 그런 불행에 대해서 내가 책임질 것이 없다는 점 때문에 위안을 느끼기도 했다네. 그나마 자이르가 호랑이 형상을 하고 나타나지는 않았으니…… 아마 호랑이 형상에 사로잡힌 이라면 나의 (자이르) 고통에 질투를 느꼈겠지.

자이르의 이면

한 구절을 보면서 불안에 사로잡힌 적도 있었다네. "『장미의 집』의 주석가는 자이르를 보았던 사람은 곧 '장미'를 보게 되리라고 하면서, 그 증거로 (페르시아 시인 아타르의) 『아스라르 나마Asrar Nama』(미지의 것들에 관한 책)에 들어 있는 시구, '자이르는 장미의 그림자la sombra de la Rosa이고 베일의 찢어진 틈새이다'를 제시한다."

자이르가 장미의 '그림자'에 지나지 않는다면, 그것이 가리고 있는 원형이 있다는 얘기가 아닌가! 그런 자이르의 이면裏面은 또 무엇이란 말인가?

어떤 이슬람 이론가는 아랍 낱말은 리라처럼 하나의 현이 퉁겨질 때마다 모든 현이 함께 진동한다고 하더군. 모든 낱말은 (그것의 고유한 공명뿐만 아니라) 관련된 개념들의 조화로운 비밀을 일깨운다는 것이지. 그러면 zāhir(명시적인/가시적인)는 그것에 대립되는 bātin(숨겨진/비가시적인)과 함께 울리겠지. 이슬람 비교도秘敎徒들은 계시된 진리의 외적인/명시적인 낱말이 이해할 수 없는 무한한 의미를 숨긴다고 보지. 그래서 그들은 종교적 계시로 드러난 말들이 아니라 인식할 수 없고, 이름 붙일 수 없는 것—신, 또는 파악할 수 없는 우주—에 주목한다네. 그들이 이율배반적인 다의성을 앞세우는 것은 당연하지. 한 학파는 코란이나 율법의 글자들이 내적 의미를 숨기는 과일의 딱딱한 껍질 같은 것이라고 본다네. 이처럼 바깥 형태가 진리를 숨기기 위한 베일에 지나지 않는다면, 자이르는 (언어의 자구적인 의미에 숨겨진) 심층적인 진리에 이르고 그것을 얻기 위해서 찢어버려야만 하는 것에 지나지 않겠지. 이름 뒤에는 이름 붙일 수 없는 것이 있을 테니까.

하지만 이런 얘기 때문에 자이르가 그 이면에 무엇을 숨기고 있어서 숨겨진 신비한 본질을 찾아야 하고, 그것이 자이르처럼 명시적인 어떤 것으로 표현할 수 없는 것임을 암시한다고 보고 싶지는 않네. 자이르의 이면에 숨은 어떤 신성함 같은 것을 찾기보다는 '명시적인 것과 은폐된 것이 뗄 수 없이 얽혀 있는' 점에 주목해야 할 것 같네. 이제는 겉모습 뒤의 불변적인 본질을 찾는 작업에 지칠 때도 되지 않았는가? 이런 본질로 모든 것을 간편하게 설명하는 방식으로는 더 이상 사람들을 설득할 수 없을 것 같네. 자네도 그렇게 비판적으로 주제화하고 있지만, 오래된 그런 믿음이 쉽게 사라지지는 않겠지.

그런데 저번에 테오델리나를 문상할 때 조문객들이 그녀의 여동생 아바스칼 여사가 보이지 않아서 궁금해 했는데, 10월에 그녀의 친구가 하는 얘기를 듣고는 놀랐다네. 그녀가 정신이상으로 요양원에 갇혔고 간호사들이 밥을 떠먹여주어야 하는 상태가 되었는데, 다름 아닌 동전에 대한 공포에 시달리고 있었다고 전해주었기 때문이라네.

한 송이 꽃에 담긴 우주

시간이 기억을 흐리게 한다고들 하지 않나? 그런데 자이르에 대한 기억은 시간 속에서도 여전할 뿐만 아니라 오히려 기억을 증대시키니 어쩌면 좋은가? 신에게는 (과거, 현재, 미래의 구별이 없어서) 모든 시간이 현재로만 나타나는 것처럼, 과거로 사라지지 않는 자이르는 현재의 모든 순간에서 한 발짝도 옮아가지 않는 것처럼 보이니 말일세. 또 이상하게도 처음에는 동전의 앞면을 떠올리곤 하다가 나중에는 뒷면까지 떠올리게 되었는데, 요즘은 양면을 동시에 본다네. 마치 내 시야가 공처럼 둥글고 자이르가 그 한가운데 자리 잡고 있는 것처럼 보이는 현상이지.

한 사물을 볼 때 볼 수 있는 면과 함께 볼 수 없는 면이 환하게 드러난 것과 같다네. 마치 그림자가 지워진 경우라고나 할까? 자네는 플라톤이 이데아를 어떠한 그림자도 없이 밝은 빛 속에 있는 것처럼 사고한다고 지적하지 않았나? 자네 스승도 대상을 직관할 때 의식에 내재하는 대상Noema은 어떠한 그림자도 없이 그것의 모든 측면이 투명하게 드러난다고, 곧 그것이 충전적充塡的, adaequat이고 필증적必證的,

apodiktisch인 대상이라고 했지.

그는 공간적-시간적으로 제한된 관점을 뛰어넘는 총체적인 관점이 가능하다고 믿고 싶었는지 모르지만, 우리가 어떤 것을 볼 때 그 대상이 우리 눈에 전체적으로 주어지지 않는다는 것을 누가 모르겠는가? 육면체를 볼 때 모든 측면을 동시에 볼 수 있는 눈은 가상적인 것에 지나지 않지. 우리는 공간적으로나 시간적으로 대상을 절대적으로 조망할 수 없으니까 말일세. 라이프니츠가 지적하듯이 어떤 집을 볼 때 온갖 지점에서 다양하게 볼 수 있지만, 집 자체는 이런 드러남 가운데 어느 것도 아니어서, 집은 이런 조망들뿐만 아니라 가능한 모든 조망을 총합한 실측물 géométral이라고 하지 않았던가.

나는 지금까지 그런 총체적이고 완전한 관점을 믿어본 적도 없고, 전지적 관찰자 시점 같은 낡은 수법으로 작품을 구상한 적도 없었지. 문학적 구체성과 리얼리티를 그런 방식으로 찾을 수는 없다고 보니까. 그런데 이제는 자이르에 사로잡혀서 그런 총체적 관점의 한가운데에 자리 잡게 되다니……

어쨌든 나도 모든 것의 형상을 온전하게 담고 있는 거울이나 구슬 같은 것을 생각하고 싶다네. 모든 것을 담고 있는 구슬, 그 하나 속에 모든 것이 온전하게 제 모습 그대로 담겨 있다면…… 구슬이 담고 있는 세계와 그 세계 안에 담긴 구슬……

신플라톤주의자들은 연인이 서로 마주 볼 때 그들의 영혼을 교환한다고 본다더군. 서로 마주 보는 눈이 영혼을 담고 있다고 믿기 때문이겠지. 상징적인 눈은 신비한 지각기관이라고 할 수 있으니까. 플라톤, 아우구스티누스, 이슬람 신비주의자들도 보는 작용 vision은 자기를 보는 것 self-vision이며, 자기를 보는 눈을 자신의 거울이라고 하고, 보는 자와 보이는 것이 하나가 된다고 했지. 자이르를 볼 때 내가 자이르를 보고 있는지, 자이르가 나를 보고 있는지, 도무지 알 수가 없는 경우에 이들을 생각하기도 한다네.

자이르가 아닌 것들은 마치 내게 멀리 있는 것처럼 올이 촘촘한 형태로 보일 뿐이라네(테오델리나의 거만한 모습, 육체적 고통처럼 말일세). 아마 자네를 대면하고서도 자이르가 아닌 자네를 몰라볼지도……

사물 하나하나에 드러난 보편적인 연관

좀더 간명하게 얘기하세. 테니슨이 「갈라진 벽 사이의 꽃」에서 만일 우리가 한 송이 꽃을 온전하게 이해한다면, 우리들이 누구이고 세계가 무엇인지 모두 알 수 있으리라고 하지 않았는가? 하나의 부분에서 전체의 연관을 찾는 시도겠지. 아무리 사소한 것이더라도 그것이 포함된 세계와 그 역사를, 그것의 원인과 결과를 잇는 끝없는 연쇄를 암시하지 않는 것은 없을 테니까.

● 담 틈새에 피어난 꽃/ 나는 틈새에서 너를 꺾어/ 여기 쥐고 있네, 뿌리째 온통, 내 손안에/ 작은 꽃―만일 내가 네가 무엇인지, 뿌리째 온통, 모조리,/ 이해할 수 있다면, 나는 알 수 있으리라, 신과 인간이 무엇인지를.

아마 이탈리아인이라면 스파게티에서 시작할지도 모르지. 한 접시의 스파게티를 위해서는 밀가루와 그것을 만들 밀, 밀을 경작할 밭들, 밭에 필요한 물을 흘러내리게 할 산들, 국물용 쇠고기를 제공할 소 떼들을 위한 목초지, 곡식들이 익도록 빛을 비춰줄 태양, 천체의 가스 성운에서 태양이 응축되어서 불타오르는 공간, 모든 은하계와 성운들과 모든 태양과 행성이 떠다닐 우주 공간을 생각해야 하지 않을까?

그리고 쇼펜하우어는 의지가 현상 세계의 본질이라고 보았지. 그래서 세계가 나의 표상이고 세계가 나의 의지를 표현하는 것이라면, 의지가 개별적인 주체들 안에 담겨 있는 것처럼, 가시적인 세계는 개별적인 표상들 속에 온전하게 담겨 있어야 하지 않겠는가? 그는 의지가 다수가 아니라 '하나'라고 하면서, 예를 들어 의지는 수백만 그루의 떡갈나무처럼 '하나의' 떡갈나무에도 같은 정도로 온전하게 표현된다고 하지 않았는가?

그렇다면 동전 하나, 꽃 한 송이에도 모든 것이 담겨 있을 테니, 사물 하나하나가 다른 모든 것을 고스란히 담고 있다고 생각할 수 있겠지. 먼지 한 알에서 시방세계를 길어내는 태도도 이것과 무관하지 않을 테지.

이런 얘기는 카발라주의자들이 인간을 우주의 축소판이나 상징적인 거울un simbólico espejo de universo로 보았던 것과도 닮았고, 테니슨도 (인간뿐만이 아니라) 모든 것이 그런 역할을 할 수 있다고 보지 않았나? 모든 것이 그러하다면, 자이르도 그런 소우주의 역할을 하고 우주를 엿보게 하는 상징일 수 있겠지.

복잡한 꿈에서 단순한 꿈으로── 우주가 지워져도 자이르는 남는가

아마 올해가 다 가기 전에 불쌍한 아바스칼 여사에게 닥친 운명이 나를 그냥 두지 않을 것 같네. 그러면 나는 혼자서는 음식을 먹지도, 옷을 입지도 못할 걸세. 눈마저 멀어서 저녁인지 아침인지 분간도 못할 걸세. 그렇게 감각적 세계로부터 멀어지다 보면 누가 보르헤스인지도 모르게 되지나 않을까?

자네는 내가 이런 미래를 어떻게 받아들일 것으로 보는가? 끔찍하게 여기리라고 짐작하지는 않겠지.

　그런 상황들은 내게 아무런 영향도 미치지 못할 걸세. 그때가 되면 나는 더 이상 이 우주를 지각할 수 없을 테니까. 그 대신에 (모든 것을 자기 안에 삼킨) 자이르만 지각하게 될 걸세.

　내가 보지 못하더라도 자이르는 내 기억을 온통 차지한 채, 나의 빛도 없는 세계를 가득 채울 걸세. 자이르만 있는 세계, 자이르만 생각하는 나 자신(나 자신마저 자이르 안에 있을 것이네).

　그렇게 시력을 잃으면 더 이상 개별 현상들을 분간할 수 없겠지. 어떤 것이건 별다른 차이가 없을 테니까. '모든 소가 검게 보이는 밤'처럼 동일성의 거대한 장막이 나의 세계를 가리고 말 걸세. 아마 나는 지성의 눈만 갖게 될 것이고, 모든 것을 지성으로 지각하지 않을까?

　철학자들은 태연하게 우리가 사과를 먹을 때 너무 구체적인 감각 때문에 사과의 이데아를 생각하기 어려워서, 구체적인 사과들이라는 장애물을 지운다면—눈에 보이는 차이들에 현혹되지 않으므로—순수한 지평에서 이데아를 사고할 수 있다고 할 테지.

　자이르의 현실성과 다른 현상들의 가상적 성격을 대비시킬 수 있지 않을까? 현상들의 질서가 꿈같은 현실이라고 말일세.

　자이르가 다른 모든 것을 흡수한다면 자이르를 기억하는 나는 그것 안에 잠겨서 내 삶의 모든 것을 빼앗길지도 모르지. 이것이 끔찍한 일일까? 오히려 모든 것을 담고 있는 '그 하나'를 내가 지니고 있으니 그것 이외의 다른 모든 것을 지워버린다고 해서 아쉬울 것이 있겠나 (앞에서 한 왕이 세계를 보호하기 위해서 자이르를 바다에 던져버린 얘기를 했지. 그런데 거꾸로 세계를 자이르 앞에서 지워버릴 수도 있겠지. 자이르가 모든 것이니까). 현상들의 혼란이 사라지고 변치 않는 진상만

이 남아 있다고 말일세 (아마 플라톤이라면 이데아만 바라보는 순수한 영혼의 기쁜 삶을 얘기할 걸세). 재미있는 얘기 아닌가? 그런데 내가 보기에는 가상의 세계가 참된 세계와 얼마나 다른가 싶기도 하다네.

좀 단순화하는 것이겠지만, 관념론에서는 '살다vivir'와 '꿈꾸다soñar'를 그리 다르다고 보지 않을 테지(자네가 쇼펜하우어를 그리 선호하지 않으리라는 느낌이 드는군).

그처럼 우리 삶이 하나의 꿈인 것은 아닐까? 과연 꿈과 현실, 환영과 현실적인 객관을 구별하는 뚜렷한 기준이 있을까? 꿈속에서 보는 것들이 현실의 것보다 덜 선명하다고 할 수는 없지 않은가? 이 둘을 비교할 수 없고, 다만 꿈의 기억과 현재의 기억을 비교할 수 있을 뿐이겠지. 꿈과 현실을 구별하기 위한 확실한 기준은 깨어 있을 때의 경험적 기준밖에 없지 않은가?

그보다는 실생활과 꿈의 친근성을 인정하는 것이 자연스럽고 또 많은 이들이 인정하는 바이지. 『베다』나 『푸라나』는 현실의 모든 인식(마야의 베일)을 꿈과 유사한 것으로 보았지. 핀다로스는 '인간은 그림자의 꿈'이라그 했고, 소포클레스도 "진실로 우리들 삶을 타고난 자들은,/ 덧없는 환상의 그림자에 지나지 않음을 나는 아노라"(「아이아스」, 125)라고 하지 않았나? 셰익스피어도 멋지게 표현했지. "우리들은 꿈의 재료와 같은 것 / 보잘것없는 우리네 삶은 잠에 싸여 있도

---

* 개별자의 구별에 머무르는 영역에서 그런 구분 이전에 있는 원초적인 하나Ur-Eine의 세계를 파악하는 것은 아닐까? (니체처럼) 비극의 무대에서 주인공들이 파멸한 뒤에 명료하게 모습을 드러내는 디오니소스적 일치의 체계, 삶의 공허와 고통을 위로할 모든 아름다운 가상의 놀이, 모든 개체화 원리를 무너뜨리는 강렬한 힘의 축제를 생각할 수도 있을 것이네. 물론 나야 그처럼 삶을 그 자체로 긍정하는 태도를 갖는 이들을 부러워할 뿐이지. 내 삶을 조용히 바라보는 것만으로도 충분하다고 여기니까─

다."(「템페스트」, 4막 1장) 칼데론도 『인생은 꿈이다』에서 다양한 꿈으로 이루어진 삶의 모습을 그린 형이상학적인 희곡을 보여주지 않았는가?*

얘기가 좀 엉뚱한 쪽으로 흘렀나? 어쨌든 나는 수없이 많은 현상들 apariencias에서 벗어나서 '단 하나의' 현상으로 옮아가게 될 걸세. 다양성에서 '하나'로, 복잡한 꿈un sueño muy complexo에서 '아주 단순한 꿈un sueño muy simple'으로 말일세.

다양한 현상들에 대한 꿈은 단 하나의 실재에 대한 꿈으로 바뀔 테지. 플라톤이 평생 주장했고, 서구 철학이 2천 년간 지속시켜온 꿈처럼 말이네〔니체가 그런 진리 신앙에서 벗어나라고 하지 않았는가? 자네도 그 오랜 꿈 때문에 잊은 '존재'(존재 망각)를 회상하라고 했지〕. 이데아를 향한 그 길고 긴, 확고한 꿈 말이네.

다른 이들은 내가 미쳐 있는 꿈을 꿀지도 모르지만, 나는 자이르를, 자이르만을 꿈꿀 것일세. 그런데 나뿐만 아니라 지상의 모든 이들이 밤낮으로 자이르를 생각하게 된다면 어떻게 될까? 과연 무엇이 꿈이고 무엇이 현실일까? 지구인가 아니면 자이르인가?

아직도 나는 인적이 끊긴 밤거리를 걸어 다닐 수 있다네. 새벽이면 『아스라르 나마』에 있는 구절을 생각하며(아니 생각하려고 애쓰면서) 콘스티투시온 광장의 한 벤치에 앉아 있곤 한다네. 때로는 그런 내 모

---

* "〔……〕 세상에 살고 있는 모든 인간은 꿈을 꾸고 있기 때문이 아니겠는가."(2막 1장) "저런, 지금 꿈을 꾸고 있음을 알지도 못한 채 어찌 저다지도 자만심에 들떠 있단 말인가!"(2막 3장) "바실리오: 〔……〕 하지만 겸손하고 온화해야 함을 경고하노니 잘 알아두어라. 그건 네가 깨어 있는 줄 알지만 아마도 꿈을 꾸고 있는지도 모르니까 말이다. 세히스문도: 내가 깨어 있는 걸 두 눈으로 똑똑히 보고 있는데 내가 꿈을 꾸고 있다고? 나였고 나이며 내가 만지고 믿고 있으니 꿈을 꾸고 있는 게 아니다."(2막 6장)

습에 놀라곤 하지. 자이르가 장미의 그림자이고, 베일의 찢어진 틈새라고 중얼거리는 모습에 말이네.

자네는 수피교도들이 신과 하나가 되기 위해서 자기의 이름이나 99개의 신성한 이름들을 거듭해서 되뇌면서 그것들이 아무런 뜻도 없을 때까지 되풀이한다는 얘길 들어본 적이 있겠지.

● 수피교도들은 일정한 리듬에 따라 신성한 공식을 반복하는 의식(dikr)을 행한다. 자기가 외는 것이 자기에게 전위될 때까지 반복하는데, 이것은 개인적인 자아의 신비로운 옮김, 자아의 망각을 말한다. 신성한 존재와 하나가 되기 위하여 자기를 소멸시키는 시도이다.

나도 그렇게 하고 싶네. 자이르, 자이르, 자이르…… 내가 그것에 대해서 생각하고 또 생각하다 보면, 결국 자이르가 소진될지도 모르지 않은가?

그 동전 뒤에 신이 존재할지도 모른다네.

자네는 신을 동전과 연결시킨다고 해서 엉뚱하다고 생각하지는 않겠지?(물론 어떤 불경한 이슬람 왕처럼 자기 이름과 신의 이름을 동전에 새겼다는 얘기를 하려는 것은 아니라네).

● 이슬람 역사에서 두 번에 걸친 맘루크Mamuleke 왕조가 있었다. 전기의 바흐리Bahir 왕조(1250~1390)와 후기의 부르지Barji 왕조(1382~1511)이다. 그 가운데 한 왕인 자이르Al-Malikal-Zahir 왕은 자기 이름 Al-Zahir를 승리를 기념하는 동전을 주조할 때 새겨넣게 한다. 그래서 이 금화의 한 면에는 Bibars al-Salih/al Malik a. Zahir/rukn al-duniya wa al-din을, 다른 쪽에는 신의 이름 Al-haq/la ilah illa Allah/Mohammad qasul Allah/arsalahubi-l-huda wa-din을 새겼다.

그런데 자이르가 그 이면에 무엇을 숨기고 있고, 숨겨진 신비한 본질을 찾아야 하고, 그것은 자이르처럼 명시적인 어떤 것으로 표현할 수 없는 것이라고 보아야 할까? (언어, 표상, 이성의 한계를 지적하고, 언어 너머에 있는 것, 유한한 이성에 숨겨져 있는 어떤 실체를 찾아야 하는가? 초월적인 존재를 내세워서 그것을 모든 유한한 것의 근거로 삼고, 원리를 세우려는 시도를 하면서 그 원리나 근거나 언어의 옷을 입을 수 없다고 한다면 신비주의적 사고에 어울릴 것이고, 전통적인 본질주의 사고와 다를 바가 없을 것이네. 모든 가시적인 세계의 배후에 존재하는 '그 무엇'으로 모든 것을 근거 짓고 궁극 목적을 삼으려는 시도가 아닌가? 자이르 배후에 신성함이라는 비가시적인 실체가 존재한다고 볼 수도 있겠지만, 자이르와 그 이면이 공존한다는 역설을 놓쳐서는 안 될 것이네.

현상과 본질을 대립시키고 모든 현상을 하나의 본질로 환원하는 사고에 매달리지 않아야 하겠지. 하나의 텍스트가 표면과 그 이면으로 이루어져 있다면, 표면의 의미가 이면의 숨은 의미로 환원될 수 있다고 볼 것이 아니라 표면과 이면의 공존, 혼재가 불가피함을 인정해야 할 걸세. 이면에 있는 신성함이 표면과 무관하게 그 자체로 존재하거나 모든 것의 근거가 될 수는 없으니까.)

나는 자이르의 이면에 숨은 어떤 신성함 같은 것을 찾기보다는 명시적인 것과 은폐된 것이 뗄 수 없이 얽혀 있다는 점에 주목하고 싶더군. 이제는 겉모습 뒤에 숨어 있다는 불변적인 본질을 찾는 작업에 지칠 때도 되지 않았는가?

여러 번 쓴 은유일지는 모르지만 신성함과 순환하는 동전, 처음도 끝도 없는 원의 형상, 무한의 이미지는 무관한 것 같지 않네. '파스칼의 구체'처럼* 무한한 원의 비밀은 어떤 신성함을 담고 있지 않을까? 초월적인 존재와 하나가 되는 이해할 수 없는 경험을 한 나는 신성함으로 상승하기보다는 그 신성함 속에서 조용하게 지워지기를 바랄 뿐이라네.

당신의 보르헤스가
○○○○년 1월 15일

---

* 파스칼은 『팡세』에서 무한한 자연의 모습 앞에서 절망을 느끼며 "자연은 무한한 구체로서, 그 중심은 모든 곳에 있으나 원주는 어디에도 없다"라고 한다.
　코페르니쿠스의 천체 이론에 따라 브루노는 열린 우주에서 희망을 찾는다. "이제 우리는 우주가 모든 것의 중심, 곧 우주의 중심은 도처에 있으며, 원주는 어디에도 없다고 확실하게 주장할 수 있다." 17세기에 이르러서 브루노에게 해방을 의미했던 절대공간은 파스칼에게는 미로이고 심연일 뿐이었다. 파스칼은 우주를 증오했지만, 그것이 부재하는 신보다 더 현실적이었다. 그는 삶을 무인도에 도착한 난파자에 비교하면서, 물리적 세계의 중압감을 느꼈고, 무한한 공간의 영원한 침묵 앞에서 현기증, 두려움, 고독을 느꼈다. 처음 소개한 구절뿐만 아니라 『팡세』의 다른 판본에서 자신의 태도를 잘 드러내면서 '끔찍한'이라는 수식어를 덧붙인다. "끔찍한effroyable 구체, 그 중심은 모든 곳에 있으나 원주는 어디에도 없다."

과학, 철학, 문학을 소통시키려는 세르는 라퐁텐 우화(「늑대와 양」)를 서구적 합리성의 전략과 연결시킨다. 곧 그는 늑대가 합리적인 전략으로 양을 잡아먹는 과정을 수학적 순서 구조로 재해석하면서, 이런 늑대의 전략이 어떤 점에서 데카르트적 이성이 자연을 지배하려는 논리와 유사한지를 살핀다.

세르는 이 우화에 나타난 순서 지어진 구조에서 늑대의 위선적-합리적인 전략을 분석한다. 이 게임에서 늑대는 양을 가해자로 만들고 양을 보호하는 가상의 세력을 강한 자의 자리에 두려고 한다. 너는 가장 강한 자이고, 나는 가장 약한 자이다. 너는 원인이고, 나는 결과이다. 늑대는 양을 강자로 만들거나majorer, 극대화하려고maximiser 하면서 자신을 극소화하는 전략을 사용한다.

세르는 이런 늑대의 전략을 고전 시대 이성의 논리와 연결시킨다. 데카르트는 고유한 방법론으로 자연의 '지배자' '소유자'가 되고 싶어 한다. 그는 자연의 모든 수에 대해서 '항상' 이길 수 있는 전략을 찾는다. 최선의 이성은 '항상' 게임에 이길 수 있다. 이성은 절대적인 최적화optimisation 모델을 찾는다. 세르는 과학적 합리성의 바탕에는 전략, 싸움, 자연에 맞서서 승리하려는 노력이 깔려있다고 본다. 자연과 벌이는 게임에서 데카르트의 방법론은 최적화 원리로 자연을 '지배하는 자'가 될 수 있는 능력을 갖추려고 한다. 세르는 플라톤에서부터 인식은 항상 사냥이었고, '안다'는 것은 '사냥감을 죽이는' 것이라고 본다. 양을 죽이는 늑대나, 자연과의 싸움에서 승리하려는 인간 이성은 군사적 기술과 전쟁 전략을 사용한다. 그래서 '아는 것은 죽이는 것'이다.

6
늑대의 전략, 데카르트의 진리 게임
— 세르의 라퐁텐, 데카르트 읽기: 근대 이성의 전략은?

늑대와 양

가장 강한 자의 이성은 항상 최선이다La raison de plus fort est toujours la meilleure.
우리는 이것을 곧 보여주려고 한다.
맑은 시냇물이 흐르는 곳에서
한 양이 목을 축이고 있었다.

모험거리를 찾아 두리번거리던 늑대가 불쑥 나타났다.
늑대는 허기진 상태로 이곳으로 왔다.

대체 누가 이처럼 대담하게 내가 마실 물을 흙탕으로 만들라고 널 부추졌지?
그 동물은 분노에 가득 차서 소리쳤다.

넌 네 무모함 때문에 벌을 받을 거다.
양이 답하길, 어르신,
노여움을 푸십시오.
저는 개울에서
목을 축이고 있을 뿐입니다.
그것도 당신보다 스무 발자국 아래에서요.
사정이 이러하고, 결과적으로나 어떻게 보더라도
제가 당신의 물을 더럽힐 수는 없습니다.

넌 물을 더럽혔어. 이 잔인한 짐승이 답했다.
난 네 녀석이 작년에도 날 비방한 걸 알아.
제가 태어나지도 않았을 텐데 어떻게 그럴 수가요?
양이 대답했다. 전 아직 엄마 젖도 떼지 못했습니다.

네가 아니었다면 네 형이 틀림없어.
전 형제라곤 없는데요. 그러면 네 종족 가운데 하나겠지.
네 녀석은 물론이고 너를 지키는 양치기, 너를 보호하는 개들까지도
결코 용서할 수 없어.

반드시 내 손으로 복수하려고 했지.
늑대는 그렇게 말하고 숲 깊숙한 곳으로

양을 낚아채 가서 먹어치웠다.

물론 그 밖의 다른 저판은 없었다Sans autre forme de procès.

—라퐁텐

1. 라퐁텐 읽기

늑대의 전략

수학자로 학문적 여정을 시작한 미셸 세르Michel Serres는 '헤르메스' 연작을 통해 과학, 문학, 철학을 넘나들면서 그것들 사이에 새로운 길을 트고 소통시키는 작업에 몰두한다. 그는 각 분과를 어떻게 소통시킬 수 있는지, 분과들의 엄격한 구분선과 함께 어떤 간섭 현상들이 나타나는지, 한 개념을 다른 분과의 개념으로 어떻게 번역할 수 있는지 등을 모색하면서 새로운 언어와 사고의 길을 창조하려고 한다.

이 글에서 우리는 '헤르메스'의 4권 『분포la distribution』에 실린 글(「늑대의 놀이: '늑대와 양'」)을 읽으면서 간략한 주석을 토대고자 한다.

세르는 전통적인 비평을 좋아하지 않는다. 보통의 비평은 해당 텍스트의 풍부한 맥락을 생략하고, 몇 개의 주요 단어(메타 단어)로 텍스트의 다른 모든 단어를 단 하나의 질서에 예속시키기 때문이다. 그런데 세르는 텍스트 스스로 말하게 하고, 텍스트에 숨어 있는 가능성을 보여주고, 텍스트를 다른 것과 소통시키면서 새롭게 태어나게 한다.

그는 라퐁텐 우화를 다른 거울에 비추어본다. 즉 서구 이성의 전략이라는 요술 거울 앞에 세운다. 그는 이 우화에 나오는 늑대의 전략이 데카르트의 형이상학과 같은 구조를 갖는다고 본다. 언뜻 보기에 전혀 무관한 이 둘이 어떻게 연결되고 서로 보충하는지 살펴보자.

앞서 소개한 라퐁텐 우화는 늑대가 공연한 시비를 걸어 양을 잡아먹는 이야기다. 이 늑대는 단순히 힘이 강하다고 그저 양을 잡아먹는 것으로 만족하는 맹수가 아니다. •그는 후세 사람들의 눈을 두려워하는가 보다. 아무리 힘이 세다고 해도 아무런 명분도 없이 양을 해치면 비난받을 여지가 있다. 어떤 역사가가 "이 늑대는 극악무도하게 아무런 이유도 없이 선량한 양을 잡아먹었다"라고 쓸지도 모르지 않는가? 이 늑대는 자신이 양을 잡아먹을 수밖에 없는 이유를 논리적으로 증명한다.

세르는 강자가 교활한 논리로 자기를 정당화하는 이 우화를 서구적 이성의 전략과 연결시킨다. "가장 강한 자의 이성은 항상 최선이다"라는 라퐁텐의 첫 문장과 "서구적 인간은 과학의 늑대"라는 세르의 끝 문장이 어떻게 만날 수 있을까? 어쨌든 서구의 근대적 이성을 재해석하는 틀이 우화와 만나서 색다른 읽기의 예를 보여준다. 라퐁텐과 데카르트의 모델이 서로 연결되고, 근대 철학의 기반을 닦은 데카르트의 형이상학이 늑대의 전략과 상동성相同性을 갖는다.

순서 구조

세르는 먼저 (대수학에 기원을 둔) 구조 개념을 언급한다. "구조는 요소/원소들의 집합ensemble d'éléments으로서, 그 수나 본성을 명시할 수 없고, 적절하게 규정된 특성들caractéristiques에 따라 하나나 다수의 연산들opérations, 하나나 다수의 관계들이 갖추어진 집합이다." 이런 원소들의 수나 본성을 명시하는 경우에 그 모델이 분명해진다.

세르는 구조 일반이 아니라 단순한 순서 구조la structure d'ordre, 곧 순서관계une relation d'ordre를 갖춘 요소들의 집합을 문제 삼는다. 예를 들어 점 A, B C가 나란히 있는 선분에서 운동 방향이 화살표로 정해진 경우를 보자. 여기에서 선분 상의 점들 A, B, C의 관계가 어떻게 될까?

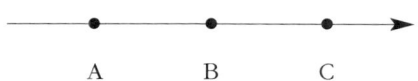

선분 상에서 A→ B→ C로 나아가므로, A 다음에 B가, 그다음에 C가 온다. A가 B에 앞서고 B는 A를 뒤따른다. 이 점들의 순서관계는 선행prédécesseur-후행successeur의 관계다(C는 B를 뒤따르고, B는 A를 뒤따른다). 이런 관계에서 순서관계의 특성은 비저귀적, 반反대칭적, 추이적이다(이 책 296~99쪽 참조).

선분 상의 세 점들은 어떤 관계를 이루는가? 이 원소들이 놓이는 순서는 바뀔 수 없으므로 B가 A에 앞설 수 없다.

세 점 가운데 어떤 것도 그 자신에 앞서거나 뒤따를 수 없다―비재귀적.

A가 B에 앞서면 B가 A에 앞설 수 없으므로, 두 항이 교환 가능하지 않다―반대칭적.

A가 B에 앞서고 B가 C에 앞선다면 A는 C에 앞선다― 추이적.

이처럼 순서관계는 비재귀적, 반대칭적, 추이적이다.

우리 주변에 이런 관계는 상당히 많다. 형과 동생, {아들 〈 나 〈 아버지}, {일병 〈 하사 〈 소위}, {1 〈 2 〈 5 〈 100} 등의 관계에서 볼 수 있다. 세르는 이런 순서관계들이 나타난 우화에서 늑대의 전략을 살핀다.

지금 개울가에서 하나의 과정/재판procès; process이 진행된다. 물론 이런 재판이나 절차는 이성ratio(비율, 비례, 관계)에 의해 매개되고 진행된다.

처음에 나오는 '가장 강한 자의 이성'은 순서관계를 갖는다. 내가 최강자라면 나보다 더 강한 사람은 없다. 따라서 '비재귀적'이다. 늑대와 양의 관계에서 한쪽은 강하고, 다른 한쪽은 약한 관계가 문제된다. 세르는 이것을 일종의 생물학적 모델로 본다. 그는 이처럼 이 짧은 우화에서 생물학적·윤리적·공간적·물리적·이성적·정치적·시간적·계보학적·사회적 모델 등을 찾아낸다. 놀랍게도 이처럼 많은 순서관계가 들어 있다니!

우화에 나타난 순서관계의 모델들

먼저 생물학적 관계는 강한fort 자/약한faible 자의 관계, 더 강한plus fort 자/더 약한plus faible 자로 나타난다. 그리고 윤리적인 것은 더 좋은meilleur/더 나쁜moins bon의 관계이다. 위상학적인 것은 상류/하류로 나뉜다. 물은 위에서 아래로 흐르고, 원천에서 나온 물은 하류 쪽으로 흘러간다.

다음으로 원인/결과를 문제 삼는 인과법칙에 바탕을 둔 합리적 모델이 있다. 그리고 흙탕물에서 순수함pureté/불순함trouble의 물리적 모델이 나타난다.

또한 정치적인 위계 모델로 지배하는 자dominant/신민이나 예속자sujet 모델을 볼 수 있다. 이는 왕과 신하, 군신관계와 같은 불평등한 모델이다. 그다음 시간적 순서는 앞avant/뒤après다. 그리고 계보학적 모델은 아버지/아들의 관계다. 사회적 모델은 보호자protecteur/보호받는 자protégé, 양치기나 거/양의 관계를 나타낸다.

세르가 볼 때 숲은 이런 '모델이라는 나무들'로 가득하다. 이 숲은 바로 우화 속에 구체화되어 있다. 하나씩 살펴보자.

가장 강한 자의 근거는 순서관계에서 나온다. A가 A 자체보다 더 강할 수는 없다. 그리고 A가 B보다 더 강한 것은 B가 A보다 더 강함을 배제하고, 만일 A가 B보다, B가 C보다 강하다면 당연히 A는 C보다 강하다. 이런 생물학적 모델에서 가장 강한 자, 곧 순서상 그 앞에 아무도 없어서 모두가 그 뒤를 따르는 자를 찾는 것이 문제다.

마찬가지로 '가장 나은 자le meuilleur'를 순서관계로 파악할 수 있다. 두 사람 가운데 한 사람을 '더 좋은meuilleur' 사람이라고 한다면, 다른 한 사람은 '더 나쁜' 사람이 될 수밖에 없다. 좋고 나쁨의 등급이 만들어진다. 성자는 평범한 사람들보다 '더 좋은' '더 선한' 사람일 것이다.

그래서 'A가 B보다 더 좋다'면, A가 볼 때 A를 자신과 비교할 수는 없고(비재귀적), 'B가 A보다 더 좋다'를 배제할 수밖에 없다. 그리고 A가 B보다 더 좋고, B가 C보다 더 좋다면, 당연히 A는 C보다 더 좋을 것이다. 이런 관계는 이행적이다. 이런 관계에서 비교급의 상대적인 관계가 이어지면서 최상급의 절대적 관계로 올라가서 '최선의 것'을 찾을 수 있다. 선의 계단에서 그 끝까지 올라가면 누가 있을까?(플라톤의 경우에는 이데아들의 공동체에서 '선의 이데아'가 최상의 것이라고 본다.) 이런 이행적인 관계가 계속되다가 어느 지점에서 안정된 관계를 만들고 항상성invatiance을 갖는다. 이렇게 안정된 경우에 비로소 어떤 것이 '항상toujours' 어떠어떠하다고 할 수 있다(구조 안에서 불변

늑대의 전략, 데카르트의 진리 게임 265

항invariance이 나타나는데 이것을 증명démonstration할 필요는 없고, 그것은 보이거나 드러난다montré).

그리고 "순수한 개울의 흐름"에서 위상학적 모델을 찾을 수 있다. 늑대는 목이 말라 온 것도 아니면서 양에게 상류/하류 문제로 시비를 건다. 위치를 문제 삼는 경우에, 왼쪽/오른쪽, 원천/하류 같은 구별을 만들 수 있다.

그다음으로 비가역적인 흐름에서는 원인과 결과의 모델처럼 순서를 바꿀 수 없다. 반드시 원인이 앞서고 결과가 뒤따른다. 이 경우에 결과를 통해서 그것을 가능케 한 원인을 추적할 수도 있다(이때 원인과 결과는 대칭적이거나 서로 바꿀 수 없다). 이 관계에서는 원인이 항상 결과를 결정하고 앞서기 때문에, 순서집합의 성격을 잘 나타낸다. "누가 이처럼 대담하게 내가 마실 물을 흙탕으로 만들라고 널 부추겼지?" 이때 양은 하류에 있었기 때문에 자신이 원인 제공자가 아니라고 한다. 그리고 '결과적으로'라는 표현에서 보듯이, 양은 인과 모델에 기대어서 자신이 하류에 있기 때문에 늑대가 있는 곳의 물을 더럽힐 수 없다면서 결백을 증명하려고 한다.

여기에서 원인과 결과에 의한 증명이 문제가 되는데, 세르는 이런 모델들이 하나만 있는 것은 아니라고 지적한다. 양이 흙탕물을 일으킨 장본인은 아니라고 하더라도, 수많은 다른 모델이 있기 때문에 제대로 결백을 증명했다고 보기 어렵다. 원인과 결과에 의한 증명은 다수의 가능한 관계들 가운데 하나일 뿐이다.

이런 지적에서 어떤 함의를 찾을 수 있을까? 과학은 인과법칙을 바탕으로 삼는데, 양이 인과 질서를 통해서 자신을 설명하는 것처럼 과학이 이용하는 인과 모델은 수많은 질서 가운데 하나일 뿐이다. 달리 말하면, 과학적 이성은 세계 전체를 보여주기보다는 하나의 관계만을 특권화해서 그것만으로 세계를 인식하고 설명하면 충분하다고 주장한다.* 이런 식으로 인과관계만 고려하는 것은 수많은 모델의 숲에서 다른 나무들은 베어버리는 것이다. 만약 세상이 철저하게 인과관계로만 설명된다면…… 콩 심은 데 콩 나고, '아니' 땐 굴뚝엔 연기 '안' 나고……

다음은 물리학적 모델이다. 늑대는 깨끗한 물이 더럽혀졌다고 주장한다—하류에서 상류의 물을 더럽히는 신기한 재주를 지닌 양의 등장! 예를 들어 (데카르트가 얘기하듯이) 사과 한 상자가 있을 때, 그 가운데 하나가 썩으면 다른 사과들도 차례차례 썩는다. 그리고 한번 썩은 사과는 절대로 원상회복되지 않는다. 즉 변화는 한 방향으로만 일어나지, (썩은 사과가 멀쩡해지는 방향으로) 거꾸로 일어나지는 않는다. 이런 비가역적 관계에서 항상 순수함 뒤에는 불순함이나 훼손된 상태가, 분리 뒤에는 혼합이 뒤따른다.

이것이 우리가 잘 아는 열역학 제2법칙, 엔트로피 법칙이다. 이 법칙에 따라 비가역적 관계가 만들어진다. 에너지는 높은 곳에서 낮은 곳으로만 흐른다. 영구기관을 만들려는 시도에서 보듯이 한 기관에서 산출한 에너지를 다른 기관의 운동에너지로 사용하고, 그것을 다시 원래의 기관에 투입하는 모델을 만든다고 하더라도 에너지 손실이 있을 수밖에 없기 때문에(열효율이 100퍼센트일 수 없다) 이 기관은 결

---

* 물이 끓는 것을 실험할 때도 세계의 수많은 사건들 가운데 그것과 직접 관련된 일련의 현상들——물, 물을 담은 그릇, 불 등——만을 떼어놓고서, 그것을 원인과 결과의 관계로만 본다. 왜 물을 끓이는지, 물을 끓이는 것이 가치가 있는지 등을 문제 삼지 않는다.

국에는 작동을 멈출 것이다. 이것은 에너지가 점점 더 사용할 수 없는 것으로 변함을 보여준다. 모든 활동은 에너지를 사용할 수 없는 열로 바꾼다. 에너지는 높은 데서 낮은 데로 흐를 뿐 그 반대 방향으로 흐르지 않으며, 소모된 에너지는 그 자체로 다시 재생되지 않는다.

이것이 죽음의 원리, 열역학 제2법칙이다. 닫힌 계(외부와 물질, 에너지, 정보를 교환하지 않는 계)에서 계의 상태는 질서에서 무질서 상태로 가고, 에너지는 점점 약해진다. 예를 들어 외부와 차단된 어떤 실린더 안에 일정한 에너지를 지닌 기체들이 있다고 할 때, 그것들은 얼마 동안 운동하다가 (외부에서 에너지 공급이 이루어지지 않으면) 계 안에 골고루 퍼져서 더 이상 운동하지 않는 에너지 0인 상태, 곧 기체 분자가 골고루 퍼져 있는 상태, 기체 분자들이 더 이상 운동하지 않는 상태에 이른다. 이것을 무질서가 최고도에 이른 상태라고 하며, 그 정도를 엔트로피라고 부른다. 따라서 모든 물리계는 자신의 구조를 상실하는 '열적 평형,' 즉 에너지 이동이 전혀 없는 상태 쪽으로 나아간다.

이런 원리에 따라 항상 순수함에서 불순함, 혼탁함 쪽으로 가고, 분리된 것들이 혼합되고, 질서는 무질서 쪽으로 흘러간다. 우화에서 최대 에너지는 상류에 있다. 그래서 '순수한 이성의 투명한 흐름에서 갈증을 푸는' 쪽은 양이 아니라 상류에 있는 늑대다.

그다음 정치적인 위계가 있다. 군주/신민관계를 장기판으로 이해하면 왕/졸의 관계가 만들어진다. 체스나 장기에는 계급이 있다. 장기에서 아무리 많은 말을 잡았다 해도, 왕을 잡지 않으면 이길 수 없다. 5(졸) > 1(왕)이 아니라 1(왕) > 5(졸)라는 관계이니 왕을 잡아야만 이긴다. 장기나 체스에서 왕은 단순히 더 강한 자가 아니라 최대의 값 maximum을 지닌 자, 그 위에 아무도 없는 자다—만인지상萬人之上의 일인一人.

양이 말하는 "어르신, 노여움을 푸십시오Sire, que votre Majesté/ Ne se mette pas en colère; Sire"에서 votre Majesté(your Majesty)를 '폐하'로 옮긴다면 바로 최대치를 갖는 자가 된다. 이런 정치적 위계는 이 우화에서 쉽게 발견된다.

그리고 탄생/죽음, 앞/뒤의 순서인 시간적 순서를 볼 수 있다. "난 네 녀석이 작년에도 날 비방한 걸 알아"라고 주장하는 늑대에게 탄생과 죽음의 흐름으로 답한다. "제가 태어나지도 않았을 텐데 어떻게 그럴 수가요?" 이때 늑대가 양을 먹어버린다면, 양의 시간은 동결되고 양의 시간적 질서는 사라진다. 늑대는 시간의 상류에서 어떤 모험을 기대한다. 이때 그는 미래의 주인 자리에 있다.

그다음에 부자관계가 나온다. 늑대는 양에게 작년에 피해를 당했는데 가해자가 바로 양이거나 그 형, 또는 같은 종족이라고 우기면서 계보학적 관계를 훑어나간다. 먼저 부모/자식관계, 조상과 후손의 계보가 나오고("전 아직 엄마 젖도 떼지 못했습니다"), 다음으로 형/동생관계("네가 아니었다면 네 형이 틀림없어")가 나온다. 그것도 아니라면 계보학적 나무에서 친족 모델("그러면 네 종족 가운데 하나겠지")을 제기할 수 있다. 평소 수학 공부에 열성이던 늑대는 가능한 순서 구조에 따라 열거한다.

마지막으로 "네 녀석은 둘론이고 너를 지키는 양치기, 너를 보호하는 개들까지도/결코 용서할 수 없어"에서 사회조직, 사회적 역할이 나온다. 늑대는 단순히 양들만이 아니라 양을 지키는 세력을 문제 삼고, 사회적인 보호자(양치기와 개)와 보호 대상의 관계를 부각시킨다.

늑대가 이런 모델들을 점검하는 까닭은 무엇일까? 늑대는 양이나 그의 집단, 나아가 그를 보호하는 세력이 강하므로 억울하게 해를 입었다고 주장한다. 늑대는 {늑대 < 양치기}, 또는 {늑대 < 보호견}의 순서관계를 주장하는데, 이런 (억지) 주장이 어떤 공간을 만드는지 살펴보자.

그런데 이런 9개의 모델들 가운데 하나만으로 다른 모든 것을 설명하는 환원주의를 경계할 필요가 있다. 예를 들어 열역학 제2법칙만으로 모든 순서관계나 게임의 논리를 포괄할 수는 없다. 세르는 이 모든 모델의 나무가 모여서 '숲'을 이루므로 모델-나무들 전체의 상관관계를 보아야 한다고 지적한다. ●늑대는 다양한 모델을 사용함으로써 양을 꼼짝 못하게 한다. 그래서 양이 자신의 무죄를 증명할 수 없게 되었을 때, 대의명분을 지키고 자연의 질서를 수호하고 정의를 수행하는 것처럼 판결에 따라 형을 집행한다. 결국 가해자인 양 때문에 억울하게 피해를 입은 늑대는 정의의 이름으로 그 피해를 보상받고자 한다. 숲의 질서를 지키기 위해서 정당한 살생을 할 수밖에 없지 않은가!

늑대와 양의 게임

세르는 이 우화를 하나의 공간, 일반적인 공간, 순서 지어진 구조 공간으로 본다. 우화의 모델 공간을 순서관계의 요소적 속성들로부터 연역해서 '재판 형식'으로 재구성할 수 있다.

이 공간은 '게임 공간'이기도 하다. 만약 이 판이 체스 판이라면, 늑대와 양은 어떤 게임을 할까? 만약 이것이 인간의 이성이 만든 공간이라면, 이성은 자연에 맞서서 자연과 어떤 놀이판을 벌일까? 세르는 이런 경우에 가능한 재판의 형식과 게임의 규칙을 살핀다.

우선 재판에서는 책임 소재를 밝혀야 한다. 원고는 누구인가? 억울하다고 주장하고, 자신의 손해를 보상받고자 하는 원고는 '기이하게도' 늑대다. 그러면 어떤 논거, 이유raison를 제시할까? 원고-늑대와 피고-양이 맞선 법정에서 법은 누구의 편을 들까? 물론 정의의 편일 것이다.

이 재판은 피고-양의 책임 문제를 따지면서 양이 물을 더럽힌 것, 양의 보호자들이 작년에 늑대에게 피해를 입힌 사정을 심리하여 양에게 그 책임이 있는지를 따진다. 이런 재판은 강한 자, 가해자가 아니라, 약하고 피해 입은 자의 편에서 침해당한 권리를 보상할 것이다.

만약 질서가 엄격하다면 보다 높은 자리, 유리한 지위에 있는 자 majorant(수학 용어로는 상계上界)가 보다 낮은 자리에 있는, 불리한 지위에 있는 쪽minorant을 장악하고 피해를 입힐 가능성이 크다. 약자의 자리에 있는 자가 강자의 자리에 있는 자에게 피해를 입힐 수는 없기 때문이다. 법질서가 약자를 보호하므로 늑대는 자신을 약자 자리에 두려고 한다. 늑대는 '자신에게 해를 입힌' 양을 강자 위치로 내몰려고 한다. 이런 논리는 현실적 약자인 양을 '법적인 강자'로 만드는 기만이지만, 영리한 늑대는 적절한 이유를 잘도 만들어낸다.

늑대는 먼저 묻는다. "누가 이처럼 대담하게 내가 마실 물을 흙탕으로 만들라고 널 부추겼지?" 이 게임 공간에 두 인물이 등장하는데, 늑대는 양의 건방진 행위를 부추긴 '제3자'를 문제 삼으면서 양을 사주한 제3자(악당)를 상정한다. 그를 찾아내는 것이 늑대의 당면 목표인데 양 또는 제3자를 상류 쪽에 두면서 자기는 아래쪽에 자리 잡으려고 한다—약자 되기.

{양 < 늑대 < 제3자}의 순서집합이라면, 그 부분집합인 {양 < 늑대}, {늑대 < 제3자}에서 이 순서관계는 유지된다. 이때 늑대가 상정

한 제3자의 자리에는 누가 들어갈까? 원래 없는 자리지만 늑대에게는 그 자리가 필요하고, 누군가를 그 자리에 세워야만 자기가 피해자-약자가 될 수 있다―강한 자의 자리를 만들자!

여기에서 게임의 규칙, 또는 소송 법률을 볼 수 있다. 늑대는 자기 위, 상류에 양이나 제3자를 두려고 하고, 양은 반대로 자신이 하류에 있음을 밝히려고 한다.

늑대는 양이 상류에 있고, 자신은 하류에서 흙탕물을 먹어야 하는 약자임을 증명하려고 한다. 너는 가장 강한 자고, 나는 가장 약한 자다. 너는 원인이고, 나는 결과다. 너는 형제도 있고, 양치기와 보호견도 있는데, 나는 아무런 보호도 받지 못한다. 양은 이렇게 상대방을 강자로 만드는 전략에 어떻게 맞설 수 있을까? 과연 게임에서 이길 수 있을까?

늑대가 주도하는 판에서 젖병을 물고 있는 어린 양을 가상의 호위세력―형, 양치기, 개―이 둘러싼 가운데 '대군을 이끌고 공격하는' 양의 무리와 '구석에 몰려 있는 불쌍한' 늑대의 처지가 대비된다. 이것이 늑대가 꾸며놓은 게임, 법정의 상황이다.

정리하자면, 늑대는 양을 강자로 만들거나 majorer, 극대화하려고 maximiser 한다. 이에 맞서서 양은 스스로를 약화시키고 se minoriser 극소화시키는 se minimiser 전략으로 대응할 수밖에 없다. 양은 자신의 후원자가 위에 있지 않음을 증명하려고 한다.

세르는 이 게임의 가능한 두 가지 전략과 그 결과를 분석한다.

① 양이 이기는 경우: 양이 이기려면 어떤 전략이 좋을까? 늑대가 양이 강자라고 우기는 까닭에 양은 자신이 문제 상황 당시에 태어나지도 않았고, 상류에 있지도 않았고, 보호자도 없다고 한다. 바로 늑대

가 몰아넣으려는 강자의 자리에 자신이 없다는 '브재증명'을 하려고 한다. 또한 자신뿐만 아니라, 늑대가 상정하는 제3자의 자리 자체가 없다고 주장한다.

양은 '어르신' '폐하' 늑대—만약 늑대가 왕이라면, 양은 강자 majorant가 아니다—가 절대군주처럼 절대적 위치에 있음을 주장한다. 이 경우에 제3자는 없을 뿐만 아니라, 그 자리마저도 가능하지도 않다. 이렇게 해서 늑대가 가장 강한 자가 되면 양이 이길 수 있을까? (도리어 제 무덤을 파고 있는 것은 아닐까? 자신의 불리한 처지를 모두 고백하고 있는 것은 아닌가? 그래서 그의 동정이라도 얻으려는 것인가? 정의의 재판정이 있다면 이런 약자를 보호하고 그의 권리를 지켜줄 것이기 때문에······)

② 늑대가 이기는 경우: 늑대는 강한 제3자(양치기와 개)를 증명하려고 한다. 양의 사회집단을 끌어들여서 그들의 강함/자신의 약함을 증명하려고 한다. 양치기와 보호견은 강자이기에 '그들이 존재한다면' '왕-늑대'보다 상위에 자리 잡는다—내 듣기로, 아무도 그보다 더 위대하다고 말할 수 없는 자 quo nihil majus dici potest가 있다면서.

{늑대 〈 양치기} 관계를 조작하려는 늑대의 전략은 가장 강한 자, 처벌받아야 할 가해자를 '고안하는' 위선 hypocrise의 전략이다. 이런 전략은 '이기고 싶다면' (강한 자가 아니라) '약한 자 minorant의 자리를 차지하라'고 권한다. "약한 자여! 그대가 법의 이름, 정의의 이름으로 승리하리라!"*

---

* "국민 여러분의 도움이 없으면 저는 아무것도 할 수 없습니다. 하지만 저는 여러분의 다함이 없는 후원이 함께하리라고 믿고 저의 강력한 의지를 담아 이 정책을 밀고 나가려 합니다. 이

세르는 구조가 게임 공간을 조직하며, 구조의 장에서 구체적인 수手 하나하나가 어우러져 게임이 펼쳐진다고 본다. 늑대와 양은 각자의 수를 둔다. 순서관계가 제공하는 집합이 없다면, 게임도 가능하지 않다. 그런데 구조 자체는 게임이 이루어지는 바탕을 이룰 뿐이므로, 수들에 따른 전략이 있어야 게임이 진행된다(바둑판 홀로 무한대의 가능성을 품고 있을 뿐이라면……). 여기에서 안정된 구조와 변증법적 과정은 불가분의 것이다.

따라서 구조만을 강조하는 구조주의는 일면적이다. 예를 들어 언어에 대한 구조주의적 접근에서, 구조는 구체적인 언어 행위인 파롤 parole 대신에 보편적인 랑그langue 체계에만 주목한다. 그런데 모든 파롤의 가능한 조합을 체계화한 랑그를 제시하는 것만으로는 구체적인 언어 게임의 전략을 보여줄 수 없다. 랑그라는 판에서 파롤들이라는 구체적인 수가 없이는 언어 게임이 이루어질 수 없지 않은가? 구조상에서 수가 실행되어야만 구조가 의미를 갖는다. 게임이 없는 게임 공간은 공허하다. 그래서 안정되고 움직이지 않는 구조의 침묵과 구체적인 수들의 발화가 만드는 변증법적인 과정은 뗄 수 없다.

정책에 반대하는 이들을 누가 바람직한 방향을 제대로 아는 국민이라고 하겠습니다. 저는 항상 국민 여러분과 함께할 것입니다. 저를 믿고 따라주시고 모든 것을 저에게 맡겨주세요. 저는 여러분의 머슴, 아니 상머슴일 뿐입니다. 저는 국민 여러분 한 분 한 분을 섬기려는 역사적 사명을 한시도 잊은 적이 없으며……"

2. 데카르트의 (형이상학적) '우화'

아는 것이 힘이다

이 이야기를 근대 이성과 관련지을 수 있다. 세르는 이런 늑대의 전략을 고전 시대 이성의 논리와 연결 지어 기묘한 상동성相同性을 찾는다. 세르는 위선을 합리적 전략으로 삼아 양이라는 무력한 존재를 짓밟는 (기만적) 이성을 인간이 자연과 싸울 때 사용하는 논리와 연결시키고, 그 대표적인 인물로 데카르트를 든다. 늑대의 놀이는 그것을 즐기는 형이상학의 위대한 전투, 진리를 위한 숭고한 전투로 바뀐다.

데카르트는 어떤 '우화'를 만들었을까? 세르는 데카르트가 살았던 17세기에 실험물리학, 수리물리학이 정초되고, 동시에 확률론이 나온 점에 주목한다. 파스칼은 유체의 평형과 확률 규칙을 발견하고, 라이프니츠는 음성학, 게임 이론을 발전시키고, 베르누이는 기계 기술자이면서「추측술Ars conjectandi」을 발표한다. 이런 것들이 서로 맞물려서 고전 시대의 사고 양식을 마련한다.

그렇다면 당시의 물리학은 자연을 어떤 틀로 파악하는가? 베이컨은 '아는 것이 힘이다scientia est potentia'라고 주장했다. 이것은 자연에 대한 앎이 자연을 지배하는 힘을 준다는 주장이다. 그의 경험론은 자연에 대한 면밀한 관찰을 중시한다. 자연을 대상으로 삼아서 부지런히 관찰·실험하고 그 결과를 일반화하여 귀납 법칙을 찾아낸다. 인간은 자연에 대해 많이 알수록 '더 강력한' 주인이 될 수 있다. 자연현상을 정확하게 인식함으로써 그것을 이용하고 지배하는 능력을 갖출 수 있기 때문이다. 이처럼 자연을 지배하는 힘은 자연에 대한 객관적 인식에 바탕을 둔다. '자연을 지배하려는 의지'는 자연을 관찰하고 인식하는 활동에 들어 있다. 말을 바꾸면, 인간은 자연과 체스 게임을 하면서 자연이라는 상대방을 '항상' 이길 수 있는 결정적인 수를 찾는 전략가다.

실험을 통한 법칙 찾기── 일보 후퇴, 이보 전진

베이컨의 전략은 자연을 명령-복종의 틀로 본다. 그런데 실험과 관찰에 의존하는 틀로는 자연과의 싸움에서 '항상' 이길 수 없다. 이런 전략에서 인간이 자연에게 명령하기 위해서는, '먼저' 자연에 머리를 숙여야 한다. 처음에는 자연에 굴복하여 자연의 법칙을 존중하고 자연을 관찰해야 한다. 이는 자연이 인간보다 강하고, 아직 인간이 자연을 인식, 예측, 이용할 능력이 모자라기 때문이다. 일단 자연 앞에 고개 숙인 인간은 자연의 질서 아래서 인식의 자산을 쌓아서 '두번째' 게임에서 승리를 노린다. 먼저 자연의 수를 읽으면서 기회를 기다리는 경험론은 실험을 통해 자연을 법칙적으로 인식한다. 이런 과정을 거친 다음 그 법칙을 이용하여 자연을 지배할 수 있다.

이처럼 인간은 처음에는 자연의 질서 아래에 있지만, 자연을 인식함으로써 자연의 힘을 자연에 맞세우는 방식으로 자연을 무력화한다. 인간이 자연을 지배하는 방식은 자연의 힘으로 자연과 맞싸우게 하는 것이다. 이것은 중요한 전략인데, 헤겔은 이를 '이성의 슬기List der Vernunft'라고 부른다. 그 예로 노동 도구를 보자. 도구는 자연에서 얻거나 자연을 가공한 것인데, 그것으로 인간에게 저항하는 자연을 길들이고 무력화한다. 인간은 자연물과 자신 사이에 노동 도구를 개입시켜 도구가 스스로 마모되도록 하는 방식으로 자연을 지배하는 힘을 얻어서 힘들이지 않고 자연을 지배한다. 이것이 바로 노동의 전략이고, 인간은 자연의 힘을 거꾸로 자연에 가함으로써 자연을 이용한다.

근대 이성은 이런 자연 지배를 노리는 전략이다. 이것을 자연에 대해서 교묘한 꾀와 섬세함으로 무장하는 정치적 이데올로기로 볼 수 있다. 인간이 자연을 알고자 하는 것은 순수한 호기심 때문만은 아닐 것이다(자연을 관찰하는 사람이 이런 지배 의지를 의식적으로 갖고 있지 않더라도, 그런 이용 가능성을 배제할 수는 없다). 자연에 대한 철저하고 끈질긴 인식 욕구는 자연을 자기 마음대로 부리려는 요술사의 의도와 크게 다르지 않다.*

'아는 것이 힘'이라고 할 때 인간은 과학을 통해서, 지식을 통해서, 이성을 통해서 자연을 꼼짝 못하게 지배하려고 한다. 이런 면에서 앎은 위험한 무기이고, 인식에는 정치적 의도가 들어 있다.

베이컨은 {인간 〈 자연}의 관계를 실험을 통한 꾸준한 지식 축적으로 {자연 〈 인간}의 관계로 전환시키고자 한다. 세르는 일보 후퇴한 뒤에 다시 이보 전진하려는 이런 베이컨의 전략에서 순서 구조, 게임과 그 규칙, 힘을 얻으려는 투쟁들이 맞물려 있다고 지적한다.

그러면 데카르트는 어떤 전략으로 약자의 위치를 강자로 전환시킬 수 있다고 보는가?

---

* 물론 자연 인식을 바탕으로 자연을 인간에게 유용한 것으로 만들어내는 무수한 예들과 함께, 그 연장선에서 이런 자연에 대한 지배가 인간이 인간을 지배하는 기술로 이어지는 것을 막을 수는 없다. 자연 대상의 자리에 인간이 놓이고, 인간이 도구적 유용성의 관점에서 조작될 때 어떤 위험에 내던져질까? 아도르노와 호르크하이머는 근대 계몽이 해방의 측면을 지님과 동시에 억압·지배의 수단이라고 지적한다.

데카르트: 모든 의심을 넘어선 확실성을 찾아서

데카르트는 베이컨을 계승하면서 더 무서운 전략을 세운다. 그것을 얘기하기 전에 데카르트의 기본적 사고 틀을 간략하게 알아보기 위해서, '방법적 회의'를 통해 확실한 진리를 찾는 과정을 살펴보자.

데카르트는 기존의 수많은 철학적 진리에 대해서, 그것들이 조금이라도 의심스럽거나 의심할 가능성이 있다면 받아들일 수 없다고 한다. 이처럼 데카르트는 절대로 의심할 수 없는 것을 찾아 나선다. 이때 '절대로'는 말 그대로 완전한 확실성을 말한다. 만약 인간이 이런 보편적인 확실성을 가지고 있다면, 인간의 힘은 더없이 강력할 것이다. 확실한 진리를 찾는 작업에서 '방법적 회의'가 진행되는 과정들은 『성찰』에 잘 나타나 있다.

먼저 그는 감각이 때때로 우리를 속이는 점 때문에 감각을 믿을 수 없다고 본다. 그런데 내가 지금 이 방에서 옷을 입고 앉아서 이 책을 읽고 있고, 내가 이 손과 이 몸을 지니고 있는 것은 의심의 여지가 없는 것이 아닌가를 질문한다. 그는 꿈의 가설을 도입한다. 우리가 때때로 꿈에서도 깨어 있을 때와 똑같이 생생한 느낌을 가질 때가 있지 않은가? 꿈과 깨어 있는 상태를 구별할 뚜렷한 표지가 없다는 점이 문제다.

꿈 상태에서도 확실한 것이 있을까? 우리가 꿈을 꾸고 있으면서 눈을 뜨고, 두 손을 움직이는 것과 같은 개별적인 것particularia이 사실이 아니라고 해보자. 심지어 우리가 눈과 손도 없다고 해보자.

그런데 데카르트는 우리가 꿈에서 이미지를 마음대로 그린다고 하더라도 그것이 참된 것을 따라서 그린다고 지적한다. 예를 들어 말의 머리를 하고 사람의 몸을 한 괴물을 만들어낼 수 있다. 이런 합성물에서 그 결합된 결과는 믿을 수 없지만, 머리 자체, 몸 자체는 우리가 마음대로 만들어낼 수 없는 것이다. 나아가 이런 머리, 눈, 손과 같은 일반적인 것generalia이 허구라고 하더라도 더 단순하고 보편적인 것 magis simplicia & universalia은 실제로 존재한다고 할 수 있다. 우리가 어떤 상을 만들어내더라도 그것은 이 단순하고 보편적인 것을 뒤섞은 것일 뿐이다. 그래서 그는 대수, 기하학과 같이 단순하고 일반적인 것을 다루는 학문은 의심할 수 없는 확실성을 지닌다고 본다. 예를 들어 내가 깨어 있든, 잠을 자건 3+4는 7이고, 삼각형은 세 변을 지닐 수밖에 없다.

이 정도에서 끝날까? 데카르트의 의심은 끝이 없다. 그는 단 한 번이라도 의심할 수 있는 것이 있다면 그 진리를 버리기로 했기 때문에 또 하나의 엄청난 가설을 제기한다. 어떤 전능한 악마를 상정하고 그가 자신의 능력을 다하여 우리 모두를 속일지도 모른다고 가정한다. 우리가 보는 모든 것이 악마가 보여주는 환상에 지나지 않고 우리가 아는 모든 것이 오류인데도, 그에게 속아서 참된 실재, 참된 인식이라고 믿을 수도 있지 않은가? 어떻게 하면 좋을까? 3+4는 7이 아닌데도 우리 모두가 그것을 참된 것으로 믿고 있다니, 두 점 사이의 최단 거리는 직선이 아닌데도 (유클리드라는) 악마에 속아서 지금까지 그렇게 믿어왔다면, 큰일이 아닌가?

데카르트는 악마가 우리를 완벽하게 속인다고 가정한 상태에서도 '확실한 것'을 찾아낸다. 무엇일까? 모든 것이 가짜인 세계에서 과연 참된 것이 하나라도 있을 수 있을까? 의심의 바다에서 확실성의 섬을 찾을 수 있을까?

데카르트는 이런 악마가 날 속이더라도, 아니 나를 속이려면 '적어도' 내가 있어야 한다고 지적한다. 내가 알고 있는 모든 사실이 가짜라고 하더라도, '내가 속는다'는 사실 자체는 확실해야 하기 때문이다. 그래야 확실하게 속을 수 있을 테니까. 속기 위한 최소한의 조건이 바로 '나는 존재한다ego existo; I exist'이다. 내가 없으면 악마가 속일 수 없지 않은가? 속이고 속는 것은 짝을 이룬다. 멍청한 내가 속았다면 나를 속인 교활한 누군가가 있을 것이고, 그는 나를 상대로 속임수를 사용한 것이다. 어쨌든 내가 속아서 아무것도 모른다고 하더라도 최소한 속는 사람인 '나'는 존재해야 한다.

그래서 내가 속았다는 것을 알고 있는 나는 존재할 수밖에 없다. "나는 속는다, 그래서 나는 존재한다." 전능한 악마라고 하더라도 나의 존재는 부정할 수 없다. 이런 맥락에서 "나는 생각한다, 나는 존재한다"라는 명제가 나온다. 전능한 악마를 상정하더라도 부정할 수 없는 가장 확실한 진리. 이런 아르키메데스적인 점으로 인식의 우주를 들어 올릴 수 있다. 이런 극단적인 회의를 통해서 데카르트는 결국 가장 확실한 진리를 찾아내고, 그것을 바탕 삼아 명백하고 뚜렷한clarus & distinctus; clear and distinct 관념들을 통해서 참된 것을 찾아 나선다.

이처럼 데카르트는 가장 확실하고, 의심의 여지가 전혀 없는 보편적인 진리를 추구한다. 단 하나의 오류나 거짓이 생겨서도 안 된다! 어떤 사람이 9,999번 약속을 지켰지만 단 한 번 약속을 어겼다고 하자. 단 한 번만 어긴 것이니까 약속을 지키는 사람이라고 할 것인가? 만약 그가 마지막에 빌린 돈을 들고 사라졌다면 그를 신용 있는 자라고 할 것인가? '물은 섭씨 100도에서 끓는다'라는 명제가 있는데, 혹시 앞으로 1,035년 뒤에 물이 섭씨 100.003121도에서 끓을 가능성이 있다면 어떻게 될까? 이러한 의심의 여지가 있는 것이라면 참된 것으로 받아들일 수 없다. 데카르트는 어떤 경우에도, 어떤 곳에서도, 어떤 때에도, 누구에게도 명백하고 혼란의 여지가 없는 것만을 참된 것이라고 본다. 이런 그가 자연을 탐구한다면 어떤 종류의 지식을 추구할까?

자연과 두는 체스에서 항상 승리할 수 있는 전략

다시 주제로 돌아가자. 데카르트는 자신의 고유한 방법론으로 자연의 '지배자' '소유자'가 되고 싶어 한다. 베이컨은 과학을 통해서 자연과 경쟁하고, 그것을 지배하기 위한 게임을 제안한다. 과학을 규칙과 수들을 지닌 전략적 게임으로 보고, 논쟁적인 모델로서 '약한 쪽'이 승리할 수 있는 간계奸計, 전략을 제안한다. 그러나 베이컨의 이성은 '약한' 이성이어서 최후의 승리를 노린다.

데카르트의 경우는 그렇지 않다. 그는 어떠한 의심의 가능성도 인정하지 않으므로 단 한 번의 실패나 패배도 원리적으로 인정하지 않는다. 데카르트는 어떠한 수에 대해서도 '항상' 이길 수 있는 전략을 찾는다. "가장 강한 자의 이성은 항상 최선"이라는 것을 가장 충실히 따르고 있는 모델이다. 최선의 이성은 '항상' 게임에서 이길 수 있을 것이다.

데카르트 이전에는 그 누구도 가장 강하고, '항상 보편적으로' 이길 수 있는 전략을 추구하지 않았다. 플라톤이 이데아를 통해 감각적인 세계를 부정했다 하더라도, 진리를 추구하는 인간은 자연에 대해 겸손했고 자연과 싸워 이기려고 하지는 않았다(그에게는 다만 인간이 보편적인 선을 추구하는 기준, 정의로운 국가를 건설하는 기준이 필요했을 뿐이다). 그런데 데카르트는 자연 존재 전체를 장악하는, 자연을 주체 앞에 굴복시키는 전략을 마련한다. '생각하는 나Cogito'를 내세워 모든 존재에 대한 이해 가능성을 완벽하게 설명하고자 한다. 이런 이성의 질서는 어떤 것에 맞서서도 항상 이길 수 있는 힘을 지닌다. 근대의 모든 철학은 데카르트의 후예로서 정도상의 차이가 있지만, 거의 이런 전략을 구사한다. 칸트의 선험적 종합판단, 헤겔의 절대지, 가장 합리적인 사회, 합리적인 의사소통을 통한 민주적인 질서 등이 그런 예일 것이다(수많은 이성의 수호자들은 공격적인 태도로 진리와 정의의 이름을 외치고 있지 않은가? 이런 진리의 지배가 어떤 결과를 초래할까?)

이렇게 이성은 절대적이고 항상적인 최적화optimisation 모델을 찾는다. 보통 편을 나누어 경쟁하는 경우에 때로는 이기기도 하고 지기도 한다. 게임에서 영원한 승자는 없다. 그런데 순서관계에 의한 게임 공간에서는 어떻게 될까?

보통의 소송 게임을 보면, 강자와 약자의 쌍에서 힘을 공평하게 분배하고, 간계를 보완한다. 그래서 이런 게임에서는 '더 많은' 것과 '더 적은' 것의 상대적 영역에서 무한한 수를 두게 된다. 우화에서도 늑대나 양은 '더 많은' 것을 최대화하고, '더 적은' 것을 최소화하려고 한다. 그런데 안정된 승리를 위해서는 절대적인 방식으로 최대화해야 한다. 이를 위해 힘을 사실적인 필연성으로, 복종을 불가피한 법칙으로 전환시켜야 한다. 이렇게 함으로써 우리는 법률의 판에서 왕의 머리를 자를 수 있고, 개를 죽일 수 있고, 양치기를 없앨 수 있다. 하지만 이 경우에도 이성의 법정 자체를 없앨 수는 없다. 달리 말하면, 이런 다양한 수를 구사하는 것은 그 밑바닥에 이성의 판을 전제한 뒤에 승리를 영속화·최대화하려는 움직임들이다.

우리가 혁명을 일으킨다고 해도 변혁된 사회 이후에 또다시 새로운 권력과 도덕을 만들어야 한다. 권력과 도덕의 보편성 자체를 거부할 수는 없다. 이 법을 다른 법으로, 이 도덕을 다른 도덕으로 바꾸어 더 큰 이성을 마련하고자 한다—부분적이고 불완전한 것을 보다 총체적이고 더 완전한 것으로 바꾸기. 이를테면 혁명의 법정은 더 공정하고, 더 엄격한 법정을 요구하는 것이지, 법정 자체를 없애는 것은 아니다. 이렇게 보면 이 상황은 기본적인 구조의 논리는 유지하면서, 단지 구사하는 수를 바꾸는 경우이다.

이런 점을 볼 때 이성을 구체화하려는 과학은 (순수한 것이라기보다) 진리의 전략, 이성의 전투를 통해 자신의 힘을 확대, 안정화하려고 한다. 이런 과학을 법, 권력, 정치학으로 바꿀 수 있다. 과학은 항상 승리하는 전략을 추구한다. 세르는 과학의 바탕에 순수한 탐구가 아니라 전략, 싸움, 자연과 논쟁을 벌여 승리하려는 노력이 깔려 있다고 본다. 자연에 대한 게임에서 승리할 수 있는 무기인 과학은 인간의 위력과 지배력을 보장한다.

세계를 대상으로 삼은 법칙 덕분에 대상들의 모든 것에 '항상' '보편적으로' 접근할 수 있는 길이 마련된다. 그리고 그것은 정확성을 마련하고, 조작 가능한 범위를 넓히고, 확실성을 준다. 달리 말하면, 인간이 게임에서 확실하게 이길 수 있는 방법을 제시한다. 이런 질서를 기록한 책에는 자연의 비밀이 들어 있고, 책 속에 지배의 길이 열려 있다.

갈릴레오의 경우를 보자. 그가 볼 때 자연은 수학적 언어로 된 거대한 책이다. 수학적 언어에 정통한 사람들은 자연의 질서에 정통할 수 있다. 수학은 자연이라는 굳게 닫혀 있는 신비한 영역, 미지의 세계를 열 수 있는 비밀 열쇠다. 이런 비밀의 화원을 되찾은 주인공은 바로 수학의 눈을 지닌 수數돌이, 수數순이다. 수학이 해독한 세계에는 어떠한 비밀도 남아 있지 않을 것이다―투명한 세계 인식. 이처럼 (자연) 인식은 위력적인 힘을 지니므로 그것을 추구하는 자가 순수한 탐구심만을 지닌다고 할 수는 없다. 이런 바탕에서 자라는 인식의 나무는 자연 자체를 꽃피우고, 자연이 줄 수 있는 모든 것을 아낌없이 줄 것이다.

이런 점은 갈릴레오에게만 국한되는 것이 아니다. 헤겔도 '절대적 인식'을 추구한다. 그는 인간 또는 인간 공동체가 무엇이든지 알 수 있는 보편 주체이고, 역사적 이성을 짊어지고 있다고 본다. 이런 절대적 인식은 인간의 자유와 관련된다. 내가 모르는 것은 나의 자유를 구속하므로, 완벽한 인식은 완전한 자유를 보증한다. 헤겔에 따르면, 자유는 다른 존재들 안에서 편안하게 있는 것bei sich im Anderssein, 자기의 자율성을 제한 없이 발휘하는 것이다. 인간이 자연을 완벽하게 알고 인간의 실천을 통해 자연을 뜻하는 대로 이용하는 경우, 자연과 인간 사이에는 빈틈과 분열Entzweiung이 없을 것이고, 주체와 객체의 대립이 사라질 것이다.

데카르트의 최적화 전략

이런 맥락에서 데카르트를 살펴보면, 그의 방법론에서 최적화 원리를 찾을 수 있다. 그는 인간을 '자연의 주인'으로 만드는 길을 찾는다. 곧 항상 이길 수 있는 전략, 세계에 대한 투명한 인식을 확보하려고 한다. 병법을 보면 "적을 알고 나를 알면知彼知己 백 번을 싸워도 위태롭지 않다"고 한다. 이러한 병법으로 무장한 데카르트는 자연 전체와 다투는 철학자이자, 모든 것을 규제하는 이성의 군대를 지휘하는 사령관이다.

세르는 데카르트 모델에서 순서 개념이 나타나고 이성의 질서가 마련된다고 본다. 비재귀적이고, 반대칭적이고, 추이적인 논리들이 있다. 데카르트는 이런 모델로 가장 완벽한 논리적인 건축물을 구축하려고 한다. 데카르트는 『형이상학적 성찰』 『정신 지도를 위한 규칙들』에서 늑대의 전략과 마찬가지로 모든 수를 최대화·극대화하는 전략을 추구한다.*

데카르트는 순서가 매겨진 공간에서 최대-최소의 전략을 세운다. 그리고 순서 구조는 게임 공간을 이룬다. 만일 우화에서 수들의 진행이 강자-약자의 짝을 이루는 수준에서 머무른다면, 게임은 끝나지 않고 안정된 승리자가 나오지 않는다. 따라서 이 게임에서 한쪽이 항상 승리하기 위해서는 극대-극소의 대립이 필요하다. 비교적 강한 자의 위치에서 (상상할 수 있는 어떤 선행자prédécesseur도 없는) 최대값의 자리에 있는 강자로 옮겨가야 하고, 약자의 위치에서 (상상할 수 있는 어떤 후행자successeur도 없는) 최소값의 자리에 있는 가장 약한 자의 위치로 가야 한다. 이 경우에 왕 이상의 자리는 없고, 양치기와 개가 한편이 된 자리 이상은 없다. 또한 양 밑에 있는 자리도 없다. 세르는

---

* 데카르트는 직관과 연역을 중시하는데, 앞에서 보았듯이 논증적 절차는 모델의 숲에서 단지 하나의 나무일 뿐이다. 그래서 전제/결론의 쌍 배후에는 다른 순서관계들이 숨어 있다. 앞서는 것/뒤따르는 것, 상류/하류, 나이가 많은 것/어린 것 등이 있다. 게다가 논증적 질서는 『정신 지도를 위한 규칙들』에서 보듯이 관계들, 명제들을 연결시킨다. 기하학적 절차들은 관계들과 유비들의 계열을 이룬다. 그런데 이 관계들은 서로 다른 것들 — 크기, 높이, 간계, 힘 — 을 수량화quantifier한다. 그리고 순서 공간에서 더 강한/더 약한, 더 좋은/더 나쁜, 앞/뒤, 더 교활한/덜 교활한, 다소간 참인/다소간 거짓인 것 등의 대립 쌍들이 나타난다. 세르는 이 모델들의 집합이 순서 구조를 드러낸다고 본다.

이런 방식으로 데카르트의 『성찰』에서 모든 수가 최대화된다고 본다.

몇 가지 예를 보자(세르는 구문론 상에서 순서의 비교급, 최대치들의 최상급이 빈번하고 긴밀하게 연결되는 점에 주목한다). 데카르트는 자신의 진리 추구 작업에 가장 '알맞은' 때를 기다린다. 자신은 오랜 기간을 기다려왔고, 지금은 진리를 이야기할 수 있는 '최적의' 시기이며, 자신의 작업을 더 이상 미룰 수 없다고 한다. 최적의 나이와 최적의 시간을 강조한다. 그리고 "이성이 설득하는 것은 전적으로 확실하지 않고 의심할 수 없는 것이 아닌 것에 대해서는 명백하게 거짓된 경우처럼 아주 조심스럽게 동의하지 말아야 한다"고 본다(보편 양화사 le quantificateur universel를 사용하는 점에 주목하면, '모든' '항상' '결코' '절대적으로' 등이 반복된다. "나는 항상 이 길을 계속 나아가리라").

그는 의견들 가운데 '하나라도' 의심할 만한 이유가 있으면, '모든' 것을 거부한다. 또한 "한 번이라도 우리를 속인 것에 대해서는 결코 전적으로 믿지 않는 것이 현명한 일이다." 나아가 "나 자신을 가장 적게 의심할 수 있다고 생각한 모든 것으로부터 거리를 두는" 태도를 취한다.

세르는 이런 점들과 관련하여 (첫번째 『성찰』에서 나타나듯이) 데카르트가 보편적인 것('모든')에서 개별적인 것('어떠한')으로 가고, 개별적인 것에서 단일한 경우('한 번')로 가고, 마지막으로 단일성을 최소치('가장 적게')로 축소하는 전략을 택하여 (승리를 결정지을) '최후의 수'를 둔다고 본다.

그리고 '악마'에 관한 기술 記述에서도 이런 방식은 여전하다. "아주 유능하고 매우 교활한 기만자가 집요하게 나를 항상 속이는 데 그의 모든 힘을 쏟는다." 여기에서 관계를 비교하면서 최대치의 관계로 간다. 계속해서 "나는 이 위대한 기만자의 간계 전체에 맞서도록 정신을 차려서 그가 아무리 강력하고 교활하다고 하더라도 그가 나에게 어떠한 것도 강요할 수 없도록" 정신을 차리려고 한다. 이렇게 해서 최후의 수가 제시된다. "그가 원하는 대로 나를 속이게 버려두자. 그렇더라도 그는 내가 어떤 것aliquid; something이라고 생각하는 한 나를 무無로 만들어버릴 수는 없다." 물론 이런 의심은 극도로 과장된 것이다.

이런 과정에서 어떤 결과가 생기는가? "어제의 성찰로 나는 엄청난 의심에 빠져 있고, 그것을 머리에서 지워버릴 수도 없으며, 어떻게 하면 이 의심에서 벗어날 수 있는지도 모른다." 세르가 볼 때 데카르트는 '나'의 존재, "나는 존재한다"를 최소치-최대치의 수手에 의해 발견한다. 즉 최대화하는 전략을 통해서 남은 최소치의 몫으로 말이다. 이렇게 해서 '내가 이전에 지녔던 모든 인식보다 더욱 확실하고 더욱 분명한 인식"을 얻는데, 여기에서도 보편 양화사가 최후의 수/결정타로 나타난다.

그러면 이런 전략으로 데카르트가 어떻게 주체의 이성을 극대화하면서 자연 대상을 극소화하는지 살펴보자. 근대적 이성은 자신의 틀로 자연적 대상을 인식하면서 보편적 기준을 제시한다.

예를 들어 책상이 있다면 책상의 색, 맛, 냄새 같은 부차적인 성질들은 가변적이고 우리를 속이기 때문에 책상의 본질과 무관한 것으로 여긴다. 책상은 연장延長, extensio의 관점, 즉 불변적인 물리적 공간 양으로만 인식되어야 한다. 그 경우에 책상은 언제 보더라도, 누가 보더라도 항상 일정한 값을 갖는다.* 이런 맥락에서 나와 책상의 관계에서는 나의 이성이 책상의 존재 방식을 결정한다. 책상의 연장적 측면만이 우리에게 책상의 책상다움을 보여줄 수 있고, 그런 관념만이 명석하고 판명한claire et distincte 것이다. 이런 점에서 '나'는 극대화되고, '나는 생각한다'는 것이 모든 대상이 존재할 수 있는 최적의 조건을 마련한다. 이 게임에서 누가 승자가 될지는 쉽게 알 수 있다.

자연 위에 있는 인간, 또는 후원자 신

이런 이성의 재판정에서 이성은 극대화된다. 이제 상류에는 다른 어떤 것도 없을 뿐만 아니라, 사실 그 '자리 자체'도 없다. 데카르트는 자신의 논증을 보증할 제3자로 신을 불러들인다. 자연 < 나 < 신이라는 부등호 관계에서 신의 가장 확실한 후원을 받고자 한다. 신은 성실한 존재일 것이므로 내가 존재하는 세계에서, 내 주변의 모든 사물을 가짜로 만들거나 내가 보는 것과 반대로 만들지 않을 것이다. 그래서 주체를 극대화하는 전략에서 신의 성실성은 왕의 자리를 차지한다. 우화에 비유하면, 신은 양치기나 개의 역할을 한다. 이 경우에 세 사람의 놀이가 되고, 여기서 자연은 사라져버린다. 왜냐하면 자연은 신이 성실하기 때문에 내가 인식하는 대로, 이성의 원칙에 따라 나타나는 것에 지나지 않기 때문이다. 이때의 순서관계는 {자연 < 나 < 신}으로 나타난다.

그러면 이런 최적화 모델을 더 잘 보여주는 밀랍의 예를 보자. 나는 벌집에서 방금 꺼낸 밀랍 한 조각을 살펴보고 있다. 그것은 꿀맛을 지

---

* 이것은 칸트의 경우에도 마찬가지다. 우리가 경험을 할 때 선험적인 형식이 있어서 시간과 공간 형식을 갖추어야만 사물들이 인식 가능하다. 칠판의 색이 흰색인 까닭은 칠판이 원래 흰색이기 때문이 아니라, 내가 흰색이도록 명령을 했기 때문이다. 인간은 자연현상에 법칙을 부여하는 자다. 데카르트에게 자연은 인간의 이성에 들어맞을 때만 합리적이고 바람직한 것이었는데, 칸트에게 자연은 인간의 이성으로 짜 맞추어놓은 것이다.

니고, 약간의 꽃향기도 있고, 색, 맛, 모양, 크기도 있고, 단단하고, 차갑고, 쉽게 쥘 수 있고, 두드리면 소리가 난다. 즉 물체가 인식될 때 필요한 것을 모두 갖추고 있다. 그런데 이 밀랍을 불 가까이 가져가보자. 남아 있던 맛은 사라지고, 향기는 날아가고, 색은 변하고, 형태는 사라져서 액체로 되고, 따뜻해지고, 손에 쥘 수 없고, 소리를 낼 수도 없다. 그런데 이 경우에도 그것은 여전히 밀랍이다. 그러면 이것을 여전히 밀랍이라고 할 수 있는 것은 어떤 점 대문일까? 밀랍에서 분명하게 인식되는 것은 무엇일까? 그것은 감각에 의해서 포착될 수 있는 것이 아니다. 감각에 의한 것들은 모든 변했기 때문이다. 그렇지만 내가 생각하는 밀랍은 존속한다. 데카르트는 밀랍이 오로지 정신에 의해서만 제대로 지각된다고 본다. 따라서 물체는 감각이나 상상력이 아니라 오직 지성entendement; understanding에 의해서만 지각된다. 즉 그것은 만지거나 보다서가 아니라 이해하고 인식함으로써 지각된다. (밀랍에 대한 나의 판단에 오류가 있더라도) 밀랍은 정신 없이는 지각될 수 없다. 이런 예처럼 이제 자연 대상은 주체 앞에서 머리를 숙인다. 자연은 최소화되고, 이성을 지닌 나는 최대화된다. 이 관계는 {밀랍 < 나의 정신}의 순서관계다. 내가 "있으라" 하니, 여기 밀랍이 있도다! 참, 보기에 좋도다! 내가 정신으로 지각하니, 밀랍이 제 모습을 드러내지 않는가!

정리해보면, 밀랍의 존재를 증명하는 쪽은 나이기 때문에, 이 게임에서 내가 항상 이길 수밖에 없다. 신은 더 이상 상류가 없는 최대치의 지점에, 밀랍은 더 이상 하류가 없는 최소의 지점에, 나 자신은 중간에 있다. {밀랍 < 나(의 정신) < 신}이라는 순서 구조가 마련되면, 나는 이 게임에서 결코 질 수 없다(이런 전략은 스스로 적을 상정하고,

전능한 진리의 협력자인 신의 이름으로 적을 제압한다. 자연은 불타고, 녹고, 최소화되고, 파괴되고, 사라진다. 밀랍은 나의 정신에 지나지 않으므로 항상 내가 이긴다. 순서 구조에 의해서 구조화된 공간에서 최적화된 전략은 무적이다).*

 세르는 이런 데카르트의 진리 전략에서 지배 전략을 본다. 자연을 지배하려는 전략 덕분에 모든 것이 인간-주인 아래에 놓일 때, 모든 것은 노예 상태로 내몰린다. 게다가 이성이 주인이 될 때, 인간의 신체도 노예가 된다. 데카르트에 따르면 인간의 신체는 물체로서, 생각할 수 없는 연장일 뿐이다. 그래서 신체는 부차적인 것이고 (사고하지 않는) 기계장치와 같다(이것이 심신 이원론을 가능하게 하고, 정신 우위의 모델이나 인간 기계론을 낳는다).

 형이상학은 조작적인 것이고 일련의 전략인데, 이것이 없으면 물리학, 정밀과학 같은 부분 전술들은 별 의미가 없다. 모든 것 위에 우뚝 선 데카르트의 형이상학은 모든 개별 과학의 부분적인 성격을 보충하고 그것들을 통합해서 전략적인 집합을 만든다.

 세르는 아인슈타인 역시 이런 데카르트의 전략을 이어받고 있다고 본다. 그가 상정하는 속이지 않는 신에서 데카르트를 재발견하는 것

---

* 이런 진리 게임에서 항상 오류는 배제된다. 서구적 진리에서는 진리와 오류가 구별되면, 오류를 모두 지워버리고 오류 없는 진리만을 선택한다. 예외적으로 헤겔은 이런 오류를 살려서 진리와 오류의 모순을 변증법적 과정의 추동력으로 삼는다. 또한 니체는 왜 서구인은 진리만을 추구하고 오류를 버리면서, 가상 세계를 무시하는지를 묻는다. 이런 진리를 추구하는 의지 Wille zur Wahrheit가 어떻게 정당화되는지 묻는다. 사람들은 어떤 가치판단에서 진리를 추구하는가? 그것이 인간의 삶의 힘을 증대시키는가? 진리-의지는 어떤 힘-의지 Wille zur Macht를 숨기고 있는가를 질문함으로써 진리와 본질의 순수한 세계가 어떤 힘을 추구하는지를 밝히려고 한다.

은 어렵지 않다.

● 아인슈타인이 양자역학을 거부하는 까닭은 그것이 필연성 대신에 확률함수로 자연을 설명하기 때문이다. 그는 확률에 바탕을 둔 개연적인 질서를 거부하고 필연적 질서에 대한 믿음을 고수한다. 신은 세계를 상대로 주사위놀이를 하지 않는다! 단지 인간들이 아직 필연적 질서를 모르기 때문에 확률함수를 도입하는 것일 뿐이다.*

만약 양자역학이 설명하듯이 소립자의 세계가 불확정성을 지닐 수밖에 없다면, 신도 세계를 필연적이고 결정 가능한 방식으로 만들 수 없을 것이다. 이것을 부정하는 아인슈타인은 세계의 필연적 진리를 상정한다. 자연 세계의 필연적 법칙을 믿는다는 점에서 그는 데카르트의 후예이다.

이렇게 볼 때 신은 우리를 기만하지 않는다. 세르는 자연을 인식하는 게임에서 인간이 자연 쪽에서 들고 있는 카드의 뒷면만을 보고 조심스럽고 신중하게 자연의 비밀을 읽어내는 점을 지적한다. 이런 카드의 앞면을 읽기 위해서는 실험만으로는 부족하고 수학이 필요하다.

실험이라는 게임에서는 속임수를 많이 쓸수록 알 수 있는 것이 줄어든다. 이런 게임에서는 이길 수도 있고, 질 수도 있다. 실험의 전략과 달리 수학적인 방식은 '항상' 승리하는 전략을 마련한다. 이 전략은

---

* 양자역학에서 어떻게 확률 값을 도입하는가? 원자핵 주위를 도는 전자의 위치나 속도를 정확하게 측정할 수 있을까? 하이젠베르크는 불확정성 원리를 통해 소립자의 위치와 속도를 동시에 정확하게 측정할 수 없음을 밝힌다. 고전역학에서는 한 시점에서 운동하는 물체의 위치와 속도를 알면 미래의 다른 시점에 있을 물체의 위치와 속도를 계산할 수 있다고 보았다. 그런데 미시물리학에서는 소립자의 위치와 운동량을 동시에 측정할 수 없다. 하이젠베르크가 지적하듯이 소립자 위치의 오차가 dx이고 운동량의 오차가 dp라고 하면 양자의 곱인 $dx \times dp$의 값은 플랑크 상수의 값($6.626/10^{34}$J.sec)과 같거나 그보다 크다. 전자는 이 오차 범위 내에서 확률 값으로 존재한다. 이처럼 거시물리학과 달리 미시물리학에서는 개별적인 소립자의 궤적을 결정할 수 없다.

극히 세련되고 정밀한 상대에게 맞서 정밀하게 대응한다.

데카르트는 『방법서설』 6부에서 진리를 추구하는 사람을 군대의 사령관에 비유한다. 그는 진리 인식에 이르는 것을 방해하는 모든 곤란과 오류를 극복하려고 애쓰는 것을 전투에 비유한다. 그래서 일반적이고 중요한 문제에 관하여 그릇된 의견을 받아들이는 것을 전투에서 패하는 것으로 본다. 그리고 자기가 몇 개의 난제를 극복한 점, 곧 (자연에 대한) 전투에 승리한 것을 믿고서 자기를 따르라고 권한다.

인식과 사냥 — 아는 것은 죽이는 것

세르에 따르면, 이 시기에 물리학과 함께 게임에 관한 수학이 마련된다. 파스칼, 베르누이, 라이프니츠가 새로운 인식론을 마련한다. 게임이 전투라면, 상대, 내기 돈 관리와 행위에 관한 규칙들을 내포한다면, 게임은 다수의 가능한 것들 사이에서 결정하도록 하고 과학에 우연의 장을 끌어들인다. 동시에 엄밀한 확률 계산법이 나타난다(이는 나중에 물리학의 가장 유력한 방법의 핵심이 된다. 여기에서 게임은 정밀한/엄격한 지식의 모델이다. 나중에 이 모델은 물리학과 확률의 계승자인 정보 이론에서 다시 나타난다. 그런데 고전주의 시기의 모델은 전쟁 게임이다. 데카르트는 형이상학에서 이런 전투력을 발휘한다).

확률론은 특정한 경제적 맥락에서 탄생한 것이라고 볼 수 있는데, 이는 연금年金을 산정하는 방식에서 잘 나타난다. 죽음에 맞서는 보험 상품을 개발하는 회사는 무엇에 기대는가? 확률론을 활용한다면, 보험회사가 패할 리가 없다. 확률 이론으로 평균수명을 계산할 수 있다면, 회사는 적정한 보험료를 산정할 수 있다. 복권을 발행하는 경우도 마찬가지다.

확률 이론으로 무장한 사람이 실력을 발휘할 수 있는 곳은 어디일까? 파스칼의 아버지가 즐겨 찾던 도박판, 바로 내기의 세계일 것이다. 보험회사는 죽음에 내기를 건다. 죽는 날짜를 예측하려는 회사와 가입자 간의 한판 내기에서 누가 이길까?

파스칼은 내기의 철학자다. 그는 신의 존재에 내기를 건다. 그는 신의 존재 여부를, 인식을 통해서는 알 수 없다고 보기 때문에, 신이 숨어버린 세계에서 데카르트처럼 기계적으로 파악된 무한한 공간의 영원한 침묵을 두려워하기에, 신이 존재할 것인가 존재하지 않을 것인가에 내기를 건다. 어느 쪽이 확률상 바람직할까?

신이 존재하는데 신이 존재하지 않는 쪽에 내기를 건 경우와는 반대로, 신이 존재하지 않는데 존재하는 쪽에 내기를 건 경우 등 여러 경우를 상정할 수 있다. •두 가지 경우가 있다. 신이 존재한다고 내기를 걸었는데, 신이 존재하는 것이 확인된다면 아무런 문제가 없다. 만약 신이 존재하지 않음이 확인되더라도 아쉽기는 하지만 신을 전제하고 성실하고 선하게 살았으니 크게 문제될 것은 없을 것이다. 그런데 반대로 신의 부재에 내기를 건 경우에, 신이 존재하지 않음이 확인된다면 제대로 맞힌 것이니 문제될 것은 없을 것이다. 하지만 신이 존재함이 확인된다면, 그래서 신 앞으로 나아가서 자신의 삶을 공정하게 평가받아야 한다면 이건 보통 곤란한 일이 아니지 않은가! 따라서 안전한 내기를 하려면, 신이 존재하는 쪽으로 걸어야 한다. 신이 없다고 내기를 걸었다가 그것이 잘못되는 무시무시한 경우를 당하지 않으려면 그렇게 할 수밖에 없지 않은가? 어쨌든 파스칼은 영리하게, 확률 이론에 따라 신이 존재하는 쪽에 내기를 건다. 아니 결단을 내린다. 이것은 죽느냐, 사느냐의 문제이다.

세르는 보험, 연금과 관련하여 날짜를 계산하고 그 몫을 확률로 예측하는 확률 이론을 죽음을 건 게임, 죽음의 내기 판을 벌인 군사적 게임에 연결시킨다. 이런 맥락에서 이론과 실천의 관계, 형이상학과 인식의 관계, 나아가 인식과 지배의 관계가 바로 죽음의 출구에서 만난다.

그가 볼 때, 플라톤에서부터 인식은 항상 사냥이었고, '안다'는 것은 '사냥감을 죽이는' 것이다. 양을 죽이는 늑대나, 자연과의 싸움에서 승리하려는 인간 이성이나 별로 다를 바가 없다. 이런 인식은 군사적인 인식이었고, 나아가 군사적 기술이 된다. 단순한 게임을 넘어선 전쟁 전략이다. 이렇다면 인식 이론은 결코 순박하거나 무고하지 않다. 한마디로 '아는 것은 죽이는 것Savoir, c'est mettre à mort; To know is to put to kill'이다.

이런 지적은 아도르노, 호르크하이머가 도구적 이성이라고 표현했던 것보다 훨씬 강한 뜻을 갖는다. 내가 모든 것을 알 때, 나에게 알려진 모든 대상은 내 것이 될 수 있고, 그런 대상은 그 나름의 자립성을 인정받을 수 없다. 그래서 나는 바로 게임 공간에서 늑대가 사용했던 전략, 스스로의 힘을 최소화하면서 (가상적인) 위협적인 힘을 자기의 상류에 위치시켰던 방식을 쓴다. 나는 게임 공간의 순서관계에서 중간에 자리 잡는데, 항상 승리하는 양의 보호견과 실패한 악마나 감각적인 세계 사이에 있다. 여기에서 늑대-인간이 원하는 순서관계 {강자-양의 보호견 〉 나 〉 실패한 악마, 감각적 세계}가 마련된다. 이 늑대는 이기는 위치, 곧 진리의 장소에 있다. '가장 강한 자의 이성'은 홀로 자립적인 자리를 차지한다. 세르는 서구적 인간, 서구의 과학적 이성이 과학으로 무장한 늑대라고 지적한다.

어떤가? 근대 세계를 장악한 서구적 이성의 모습을 이렇게 볼 수 있다는 점이 재미있으면서도 무섭지 않은가? 진리를 앞세운 이성의 보무당당한 행진을 보면서 무엇을 생각하는가? 이 행진을 따라갈 것인가, 아니면 다른 길을 택할 것인가? 우리가 이 길에서 멀리 벗어나 있다고 믿어서는 안 된다. ●어떤 이들은 우리의 이성이 아직 비판받고 그 모순을 얘기할 정도로 발전된 상태가 아니기 때문에 그런 기이한 문제가 충분하게 성숙할 때까지 이성 비판이나 이성 거부에 신중해야 한다고 주장한다. 그렇다면 우리는 '나중에' 그들이 그런 문제 앞에서 충분하고 진지하게 고민할 기회가 생기기를 바랄 뿐이다. 우리 역시 이런 행진에 발을 맞추고 있고, 그 뒤를 따르면서 자연 정복의 꿈으로 행복한 기래를 그린다.

자연을 굴복시킨 인간의 이성적 꾀가 인간에게 어떤 부정적인 결과를 만들까? 자연을 지배하려는 이성적인 전략은 진리의 사냥에서 눈에 띄는 것을 모조리 잡아들인다. 그것이 자연이라는 양이든 가장 근대적인 형식으로 살아가는 인간이든 사냥감은 위태롭다. 자연을 향한 화살이 그것을 쏘는 인간 자신에게 향하지 않으리라는 보장은 없다. 교묘한 게임 전략이 확실한 승리를 보장한다고 해서 그 결과가 우리에게 바람직하리라는 보장은 없다. 모든 것을 파괴할 수 있는 진리-무기의 위력 앞에서 자연에 대한 지배력에 경탄하는 동안, 인간의 삶 자체도 위협받는다. 사자는 주변에 뛰어다니는 얼룩말들 가운데 필요한 정도만 사냥한다. 배가 부를 때는 얼룩말을 쳐다보지도 않는다. 신기하게도 얼룩말들은 여전히 자기들을 잡아먹는 사자 근처에서 살고 있다. 만약 인간이 이 초원에서 사냥을 시작한다면, 늑대의 전략을 써서 말들을 잡아먹을 수밖에 없음을 정당화하는 재판정을 연다면 어떻게 될까? 과연 말들이 남아 있을까?

법에 따른 판결의 이름으로, 게임에서 패한 자라는 이유로 사라진/지워진/어떤 작품도 남기지 않았던/존재하지만 표상되지 않았던 양들은 지금은 어떤 형태로 다시 나타나고 있을까? '양들의 침묵' 뒤에서 그 무엇이 들리지 않는 비명들을 삼키며 숨죽이고 있을까?

이 책 263쪽의 용어들을 잘 이해하려면 약간 딱딱해 보이는 수학적 설명이 필요하다. 수학 기호만 보면 어지러운 이들은 이 부분을 훌쩍 건너뛰어도 좋지만……

순서를 특징으로 하는 관계로 이루어진 공간을 순서 구조라고 한다. 먼저 관계를 정의하기 전에 순서쌍ordered pair을 보자. 순서쌍은 두 집합 X, Y 사이에서 정의되는 데카르트 곱Cartesian product을 말한다. X×Y라는 두 집합의 원소들이 순서쌍이다. 집합 X의 원소를 1, 2, 3이라고 하고, 집합 Y의 원소를 a, b라고 할 때, X×Y의 원소는 (1, a), (1, b), (2, a), (2, b), (3, a), (3, b)이다.

그러면 이 관계를 정의해보자. 집합 X에서 집합 Y에 대한 관계 R을 정의하자. R:X ⇒ Y. 이때 집합 X에 속하는 임의의 원소 x와 집합 Y에 속하는 임의의 원소 y의 두 항 사이의 관계를 x R y로 표현하고, 그 결과를 순서쌍 (x, y)로 표현할 수 있다. 이때 관계를 나타내는 두 요소를 보면,

① 두 집합 X, Y.
② R이라는 관계를 표현하는 진술 P(x, y)이다.

예를 들어보자. 집합 X= {-1, 0, 1}, 집합 Y= {2, 3, 4, 5}가

있고, 관계 R = {(x, y)|x+y=3}일 때, 이 관계를 만족하는 집합은 {(-1, 4), (0, 3), (1, 2), (-1, 4)}이다. 여기에서 -1과 4, 0과 3, 1과 2, -1과 4는 R이라는 관계가 있고, 이것을 각각 -1R4, 0R3, 1R2, -1R4로 표현한다.

그러면 우리는 주어진 집합 X 안의 임의의 두 원소 사이의 관계를 정의할 수 있다. 따라서 어떤 특정한 관계를 지닌 구조를 생각할 수 있다. 다음과 같은 관계를 보자.

정의: R을 집합 X에서의 관계라고 하자.

① 만약 x∈X이고, (x, x)∈R면 R은 반사적reflexive이다.

만약 x∈X이고, (x, x)∉R면 R은 비재귀적irreflexive이다.

② 만약 (x, y)∈R이고, (y, x)∈R이면 R은 대칭적symetric이다.

만약 (x, y)∈R이고, (y, x)∉R이고, x=y이면 R은 반대칭적antisymmetric이다.

[만약 (x, y)∈R이고, (y, x)∉R이면, R은 비대칭적asymmetric이다.]

③ 만약 (x, y)∈R이고, (y, z)∈R일 때, (x, z)∈R이면, R은 추이적transitive이다.

만약 (x, y)∈R이고, (y, z)∈R이고, (x, z)∉R이면, R은 비추이적intransitive이다.

이것을 이해할 수 있는 예를 하나 보자. 집합 X = {a, b, c}가 있을 때, R = {(x,y)|x=y}라는 관계를 만족시키는 순서쌍의 집합

은 R{(a, a), (b, b), (c, c)}이다. 그러면 이것은 어떤 특징을 지닐까?

① 재귀적이다. X에 속하는 모든 원소 x에 대해서 관계 ' = '의 집합에 (x, x)라는 순서쌍이 모두 존재한다. (a, a), (b, b), (c, c)는 모두 R을 만족시킨다.

② 대칭적이다. (x, y)∈R (y, x)∈R이다.

③ 추이적이다. (x, y)∈R이고, (y, z)∈R이고, (x, z)∈R이다.

이처럼 재귀적, 대칭적, 추이적인 관계를 동치관계equivalence relation라고 한다.

다른 예로 부등호 '〈'의 관계를 보자. 집합 X = {1, 2, 3}일 때 〈를 R이라고 하면, R의 집합 원소는 (1, 2), (1, 3), (2, 3)이다. 이것의 성질을 보면,

① 이 관계는 비재귀적이다[(1, 1), (2, 2), (3, 3) 같은 원소를 포함하지 않는다].

② 비대칭적이다(1 〈 2는 참이지만 2 〈 1은 참이 아니다).

③ 추이적이다(1 〈 2와 2 〈 3에서 1 〈 3이 참이다).

이처럼 비재귀적이고, 비대칭적이고, 추이적인 관계를 진 순서 관계strict order relation로 부른다.

하나만 더 얘기하자. '〈' 관계는 자신의 앞, 뒤에 올 수 있는 항들의 성격을 규정한다. 자연수 1, 2, 3, 4, 5를 일렬로 배열하는 경우를 생각해보자. 이때 가능한 경우의 수는 모두 5!, 곧 5×4×

3×2×1로 120가지다. 그런데 관계 '<'를 만족시키는 경우는 오직 한 가지, 곧 {1, 2, 3, 4, 5}뿐이다. 이런 배열은 일정한 순서를 갖는다. 양과 늑대의 힘을 비교할 때 '<'를 만족시키는 집합은 {양 < 늑대}이고, 늑대가 우기듯이 양치기나 보호견의 힘을 나타내면 {늑대 < 양치기}, {늑대 < 보호견}이다. 이들의 관계를 {양 < 늑대 < 양치기}로 나타낼 수 있다.

이 장은 오이디푸스를 읽는 몇 가지 독해를 참조해서 오이디푸스 비극과 신화를 다양하게 조망하고자 한다.

오이디푸스는 누구/무엇인가? 그리스 고전학자인 베르낭은 오이디푸스 왕의 수수께끼 구조와 희생양의 성격에 주목한다. 오이디푸스는 처음에 사냥꾼이지만 신탁의 명령에 따라 살인자를 찾는 과정에서 자기가 자기를 쫓고 스스로를 사냥감의 자리로 내몬다. 찾는 자가 바로 찾는 대상이고, 질문하는 자가 질문의 답이다.

이런 오이디푸스는 사회질서를 가능하게 하는 차이를 없애고 혼란을 불러들인다. 그의 범죄는 도시의 규칙에서 각자가 자기에게 주어진 정확한 자리를 지켜야 하는 기본 규칙을 위반한다. 누가 아버지이고 누가 아들인가, 누가 어머니이고 누가 아내인가? 오이디푸스는 오염된 자, 비정치적인 자apolis로서 다른 누구와도 공약 가능하지 않다. 도시와 인간 집단에서 내쫓긴 오이디푸스는 괴물 같은 존재가 된다. 그래서 수수께끼를 푼 자가 바로 괴물이며, 수수께끼의 형상을 한 인간임이 드러난다.

오이디푸스처럼 인간이 자신이 누구인지를 탐색하고 이것을 추구한다면, 그 자신이 수수께끼 같고, 어떠한 일관성도 없으며, 정해진 본질도 없이 동요하게 된다. 이런 규정 불가능한 상황에서 인간은 자기에게 질문을 던진다. 나는 누구인가?

비평가 르네 지라르는 오이디푸스 신화가 그를 박해한 자의 텍스트라는 점에 주목해서 오이디푸스의 범죄를 희생양의 구조로 파악한다 — 근친상간 없는 오이디푸스. 그리고 그는 주체가 자신의 전범이 욕망하는 것을 모방하는 존재라고 보는 모방 욕망의 틀로 근대 소설을 설명하고 유형화할 수 있다고 주장한다. 그리고 이런 틀을 원시 공동체에서 모방욕망의 전염에 따른 폭력의 악순환과 그것을 해소하기 위한 성스러운 폭력이란 문제 틀로 주제화하면서 오이디푸스 신화를 이런 사례의 하나로 본다.

구스는 『철학자 오이디푸스』에서 오이디푸스의 철학자적 특성에 주목하는데, 이런 측면을 오이디푸스 신화의 기이함에서 찾는다. 그는 남성 영웅에 관한 신화들 — 페르세우스, 벨레로폰, 이아손의 신화 등 — 에 나타난 공통적인 원형적 플롯과 오이디푸스 신화에는 상당한 차이가 있다고 지적한다. [예를 들어서 신화에서 괴물 살해는 '어머니 살해'를 의미하는데, 성숙한 인간이 되기 위해서 남성 주체는 (아버지 살해 대신에) 결혼으로 결합하는 길을 여는 어머니 살해라는 욕망의 난제를 극복해야 한다. 그런데 오이디푸스 신화는 이런 남성적 욕망의 문제를 왜곡하고 회피한다.]

구스는 오이디푸스의 모험에서 개인의 정체성이 전통과 전승을 벗어나는 새로운 주체의 전형을 본다. 오이디푸스는 자신의 지성만으로 지배자가 되고, 비판적 정신과 이성적 지혜가 신비적 지혜의 자리를 대신한다. 오이디푸스 신화는 새로운 존재와 사고 형식을 고안하고, 전통적인 양식을 대신해서 철학을 고안하고, 정치, 개인, 법적 주체, 자유롭고 평등한 시민들 간의 민주적 토론을 마련하는 지점에 있다.

구스는 그리스 회화에 나타난 관점적 perspective 태도에서 세계를 '탈주술화하는' 합리적 관점, 인간이 모든 사물의 중심이자 유일한 척도가 되는 사고를 찾는다. 사물들의 수수께끼 같은 불투명성을 제거하고 자기 자신과 이성이 제시하는 증거에만 의지한다. ("인간은 만물의 척도이다.") 이런 오이디푸스는 죄와 파멸의 나락으로 떨어진다.

그런데 「콜로노스의 오이디푸스」에서 추방된 늙은 오이디푸스는 가장 깊은 바닥까지 굴러 떨어진다. 이런 오이디푸스가 성자로 변형되고 축복의 원천이 된다 — '신성하고 경건하고 시민들에게 복을 가져오는 자.' 노년의 오이디푸스는 가르침을 청하고 신의 명령에 복종하고 겸손하게 자신의 운명을 받아들인다.

구스는 늙은 현자의 비관점적 태도와 철학자 오이디푸스의 관점적 태도를 하나로 모으는 '아우르는 관점 transpective'이 필요하다고 본다. '인간'을 중심에 두는 태도로는 괴물 스핑크스를 억제할 수 없다. 그 요소는 내면화되어서 의식되지 않은 채로 남는다. 따라서 관점을 아우름trans-pective은 자기중심적 주체를 구성하면서도 '무의식'에 자리 잡은 환원 불가능한 힘을 인정한다. 이런 무의식은 의식의 밝음을 전제하는 어두움이다. 주체가 자신을 자기의식으로 구성할 때 동시에 그 밑바닥에 있는 무의식이 나타난다. 주체는 자신 안에 '다른 것'을 함께 구성한다. 그러므로 개체화 과정은 두 얼굴을 드러낸다. 자아는 처음에는 자기를 강화함으로써 고립되고 배제되고 모든 것을 잃고 추방당하고 고독에 내몰린다. 개체화 과정에서 고된 시련을 겪으면서 모호함과 죽음을 받아들여서 보다 깊은 내면화를 추구한다.

7
지혜의 그림자와 어두움의 지혜
— 소포클레스의 「오이디푸스 왕」 읽기:
베르낭, 지라르, 구스의 경우

1. 오이디푸스라는 문제

오이디푸스는 누구인가?

우리는 그리스 신화의 비극적 주인공인 오이디푸스를 잘 알고 있다. 오이디푸스는 누구인가? 인간으로서 입에 담기도 어려운 부친 살해와 근친상간의 죄를 범한 자가 아닌가?

소포클레스는 이 주인공을 '비극'의 무대에 올려놓는다. 디오니소스 축제의 부대 행사로 열리는 비극 제전에서 「오이디푸스 왕 Oidipous tyrannos」이 상연된다.

물론 관객들은 오이디푸스 '신화'의 내용을 이미 알고 있다. 그런데 그런 관객들에게 어떻게 이 '비극'이 긴장감을 유지할 뿐만 아니라 비극적 감동을 불러일으킬 수 있을까?

신화를 재해석한 비극 「오이디푸스 왕」은 독특한 구조를 갖는다. 비극의 첫머리에 큰 위기가 닥친 테바이의 위기를 해결하고자 탄원자들이 오이디푸스 왕에게 몰려온다. 신탁에 의해서 이 위기가 라이오스 왕을 죽인 자를 처벌하지 않았기 때문이고, 그를 처벌하라는 명령이 주어진다. 오이디푸스 왕은 이 살인자를 찾아서 테바이를 위기에서 구하려고 한다. 그 살인자를 향해서 쏜 화살이 바로 자신에게 돌아올 것을 모르는 오이디푸스는 지칠 줄 모르는 열정으로 살인자 찾기에 나선다.

이 극은 표면적으로는 아무것도 모른 채, 운명에 이끌려서 아버지를 죽이고 어머니와 결합한 오이디푸스를 내세운다. 이때 오이디푸스는 모르지만 관객은 알고 있다.

누가 살인자인가? 이 질문은 극이 진행되면서 (영화 필름을 거꾸로 돌리듯이) 오이디푸스의 주변을 맴돌다가 결국 질문을 한 자 자신에게 그 질문이 되돌아온다. 그래서 이 범인 찾기는 결국 오이디푸스의 자기 정체성을 확인하는 과정이 된다. '살인자는 누구인가?'라는 질문이 '나는 누구인가'라는 질문으로 바뀐다.

살인자 찾기는 자기 찾기가 되는데, 타인이 있어야 할 자리에 자기가 서 있다. 아니 자기가 바로 그 타인이었던 것이다. 이것은 오이디푸스 스스로 파멸하는 과정이자 그의 과거와 현재가 결합되고 그의 무지와 지식이 결합되면서, 오이디푸스라는 문제적 개인이 자기 존재를 스스로 부정하는 과정이다. 가장 뛰어난 지혜를 지닌 자가 자기 스스로를 보지 못하고, 자기에 대한 앎은 자기 파멸을 초래한다. 이 과정을 거치면서 그는 '나는 누구인가'에 답한다. 이 비극이 열려 있는 질문을 던지는 것이라면 그 질문은 '오이디푸스는 누구인가'보다는 '오이디푸스를 얘기하는 '나는 누구인가'가 아닐까? 우리는 자기가 누구인지 말할 수 있는 자라고 주장하는 지혜의 주인공이 아니라 자기가 누구인지 말할 수 없는 자가 걷는 길을 따라가고자 한다. 이 질문은 내가 하는 질문이고, 내가 나에게 묻는 것이고, 그 답의 자리에 있는 것도 나이다. 그렇다면 나의 질문이 나 자신을 그리고, 그렇게 그려진 내가 묻는 자를 그리고 있는 것은 아닐까?

2. 「오이디푸스 왕」의 장면들

먼저 「오이디푸스 왕」에 나오는 몇 구절을 보면서 극의 흐름을 간략하게 정리하자.

테바이의 재앙을 겪는 탄원자들이 오이디푸스 왕에게 탄원하러 오고 신탁의 명은 라이오스를 죽인 자를 벌하라고 한다. 오이디푸스는 이 살인자를 찾을 것을 약속한다.

> * **오이디푸스**: 나는 먼 친구를 위해서가 아니라 바로 나 자신을 위하여 그 더러운 것을 쫓아버릴 것이오…… 그 분을 돕는 일은 곧 나 자신을 위한 일이오. (137~41)
> * 만일 내가 알고도 그자를 내 집 안의 화롯가에 받아들인다면 내게도 방금 그들에게 내린 것과 같은 저주가 내리기를! (250~51)
> * 마치 친아버지의 일인 양 이 일을 위하여 싸울 것이며 살인범을 찾아내기 위하여 무슨 일이든 할 작정이오. (266~67)

예언자 테이레시아스가 온다.

* **오이디푸스**: 말할 수 있는 것이든 말할 수 없는 것이든, 하늘의 일이든 땅위의 일이든,/ 오 모든 것을 통찰하는 테이레시아스여. 그대 비록 보지 못하나 어떤 재앙이 이 도시를 덮쳤는지 알고 있을 것이오. (300~303)

오이디푸스를 살인자로 지목하자 오이디푸스는 화를 내며 음모라고 몰아붙인다. 테이레시아스는 오이디푸스의 비밀을 알린다. 이제 답은 주어졌고 그 답에 이르는 과정이 펼쳐진다.

* **테이레시아스**: 그대와 동거하고 있는 그대 자신의 것은 보지 못하시는구려. (337)
　내가 침묵으로 감싼다고 하더라도 올 것은 저절로 옵니다. (341)
　바로 그대가 이 나라를 더럽히는 불경한 자이기 때문이오. (353)
　그대는 그분의 살해자를 찾고 있으나 그대가 바로 그분의 살해자란 말이오. (362)
　그대는 부지중에 그대의 가장 가까운 핏줄과 가장 가까운 인연을/ 맺고 살면서도 어떤 불행 속에 빠졌는지 보지 못하고 있단 말이오. (366~67)
　그대는 귀도 지혜도 눈도 멀었으니까. (371)
　크레온이 아니라 그대 자신이 그대의 재앙이오. (379)
　그대는 눈이 있어도 보지 못하고 있소. 어떤 불행에 빠져 있는지도,

어디서 사는지도, 누구와 사는지도. (412~13)

그대는 지하와 지상에 있는 그대의 혈족에게는 원수요./ 그리하여 어머니와 아버지의 저주라는 이중의 채찍이 언젠가는/ 그대를 무서운 발걸음으로 뒤쫓으며 이 나라 밖으로 몰아낼 것이오./ 그리고 지금은 올바로 보는 그 눈도 그때는 어둠만을 보게 될 것이오. (416~18)

수수께끼를 푸는 데는 그대가 가장 능한 사람이 아니던가요? (440)

오이디푸스: 나의 위대함을 보여주게 될 바로 그 일로 나를 조롱하는구나! (441)

테이레시아스: 하나 바로 그 행운이 그대를 파멸케 한 것이오. (440~42)

죽어야 할 인간들 중에 앞으로 그대보다 더 비참하게 마멸磨滅될 자는 달리 아무도 없을 테니 말이오. (427)

그리고 그는 같이 살고 있는 그의 자식들의 형제이자 아버지이며, 그를 낳아준 여인의 아들이자 남편이며, 그의 아버지의 침대를 이어받은 자이자 그의 아버지의 살해자임이 밝혀질 것이오. (457~60)

코러스: 대지의 배꼽에서 나온 운명의 말씀을 벗어나려고 하면서 (480)

이오카스테: 그 신탁이란, 운명이 그를 따라잡아 그와 나 사이에서 태어난 아들의 손에 그가 죽게 되리라는 것이었어요./ 그런데 라이오스는 소문대로라면 마차가 다닐 수 있는 세 길이 만나는 곳에서/ 어느 날 다른 나라의 도둑들에 의해서 살해되었다는 거예요./ 그리고 아들은 태어난 지 사흘도 안 되어 라이오스가 두 발목을/ 같이 묶은 뒤 다른 사람들의 손을 빌려 인적 없는 산에/ 갖다버렸어요. ……그러니 예언의 말씀들에 관해서는 걱정하지 마세요. (712~24)

오이디푸스: 아아 나야말로 불행하도다! 방금 나 자신을 무서운 저주 속에／ 내던져놓고도 그것을 모르고 있었던 것으로 생각되니 말이오. (744~45)

나의 아버지는 코린토스의 폴뤼보스였고, 〔……〕／ 연회석상에서 잔뜩 취한 어떤 사내가 술잔을 들며／ 내가 나의 아버지의 진짜 아들이 아니라고 말했던 것이오.

그것은 줄곧 내 마음을 괴롭혔소／〔……〕 포이보스께서는 〔……〕 나는 나의 어머니와 몸을 섞을 운명이고／ 사람들에게는 차마 눈뜨고 보여줄 수 없는 자식들을 보여주게 될 것이며,／ 나를 낳아준 아버지의 살해자가 되리라는 것이었소. (774~93)

오이디푸스는 그 갈림길에서 자기를 밀치는 전령을 때리고 가시 막대기로 자기 머리를 친 노인을 비롯해서 일행을 죽인다.

이제 나보다 더 불행한 자가 어디 있을 것이며
나보다 더 신의 미움을 받는 자가 또 어디에 있겠소?
나를 어떤 이방인도 어떤 시민도 집 안에 받아들여서는 안 되고
나에게는 어느 누구도 말을 건네서는 안 되며
나를 모두 집 밖으로 내쫓아야만 하니 말이오. 그리고 이러한 저주를 나에게 내린 자는 다른 사람도 아닌 나 자신이었던 것이오.／ 나는 또한 죽은 사람의 침대를 그를 죽인 이 두 손으로 더럽히고 있소. 나야말로 사악하지요? 〔……〕

그러한 운명의 오욕이 나를 찾는 것을 보기 전에／ 차라리 사람들 사이에서 내가 흔적 없이 사라져버렸으면! (815~32)

이오카스테: 오오 왕이여, 라이오스의 죽음이 예언에 꼭 들어맞는다는 것을 결코 보여줄 수 없을 거예요. 록시아스께서는…… 그런데 그 가엾은 애는 라이오스를 죽이기는커녕/ 제가 먼저 죽고 말았어요. 그러니 나는 앞으로 예언 때문에 좌고우면하지는 않을 거예요./ (853~57)

코러스(좌): 오! 법도에 맞는 온갖 말과 행동 속에서/ 경건한 정결을 지키는 것이/ 나의 운명이 되었으면! (863~65)

(우): 오만은 폭군을 낳는 법. 오만은/ 시의에 맞지도 않고 유익하지도 않은 부로/ 헛되이 자신을 가득 채우고는/ 꼭대기로 기어 올라갔다가/ 가파른 파멸 속으로 굴러 떨어지느니, (873~77)

(좌2): 정의의 여신을 두려워하지 않고/ 신상神像들을 어려워하지 않고/ 행동이나 말에서 교만의 길을 걷는 자가 있다면/ 그의 불운한 교만 때문에/ 사악한 운명이 그를 붙잡아 갈지어다./ 그가 이익을 정당하게 얻지 않고/ 불경한 짓을 삼가지 않고/ 신성한 것들에 더러운 손을 얹는다면/ 누가 감히 그런 짓을 하고도 신들의 화살로부터/ 목숨을 지킬 수 있다고 호언장담하리오?/ 그런 짓들이 존경받을진대/ 무엇 때문에 내가 춤을 추어야만 하는가? (883~96)

마지막 사실을 확인하는 작업이 남아 있다. 코린토스의 사자가 와서 좋은 소식/나쁜 소식을 전한다. 사자가 코린토스 왕의 죽음을 알리고 오이디푸스를 왕으로 모시기로 했다는 소식을 전한다.

오이디푸스: 새들의 가르침에 따르면 나는 나의 아버지를 죽일 운명이라고 하더니…… 그, 신탁은 일고의 가치도 없는 것이오. (956~72)

오이디푸스: 하나 어찌 어머니의 침대를 두려워하지 않을 수 있겠소?

이오카스테: 인간은 우연의 지배를 받으며 아무것도 분명히 내다볼 수 없거늘
　　그러한 인간이 두려워한다고 해서 무슨 소용이 있겠어요?
　　그저 되는대로 그날그날 살아가는 것이 상책이에요.
　　그러니 그대는 어머니와의 결혼을 두려워하지 마세요.
　　이미 많은 사람들이 꿈속에서 어머니와 동침했으니까요.
　　하나 이런 일들을 아무렇지도 않게 여기는 자라야
　　인생을 가장 편안하게 살아가는 법이에요. (976~83)

사자는 폴뤼보스가 친아버지가 아님을 밝히고 산에 버려진 아이에 관한 이야기를 들려준다. 이제 오이디푸스의 정체를 확인하는 마지막 작업이 남는다.

　　키타이론의 주름 많은 골짜기에서 그대를 발견했습니다.
　　그대의 두 발목에 구멍이 뚫려 있기에 내가 그 묶인 것을 풀어드렸습니다.

이제 마지막 절차가 남은 셈이다. 이오카스테는 만류한다.

　　이오카스테: 제발 부탁이니 그대 자신의 목숨을 소중히 여기신다면/ 이 일일랑 추궁하지 마세요. (1060)
　　오이디푸스: 이 일을 분명히 밝혀내지 말라는 부탁을 들어줄 수가 없어요. (1065)
　　이오카스테: 오오 불행한 분, 그대가 누구인지 결코 알게 되지 않기를!

(1068)

오이디푸스는 이 탐색을 멈추지 않고 이오카스테의 말을 자신의 혈통의 문제로 오해한다.

설사 내 혈통이 미천하다 하더라도 그것을 알고 싶은 내 소원은 변함이 없을 것이오./ ······ 하나 나는 나 자신을, 좋은 선물을 주는 행운의 여신의 아들로 여기그 있는 터라 치욕을 당하지는 않을 것이오. (1076~81)

사자와 목자 사이의 마지막 확인이 이루어진다.

사자: 이 친구야, 바로 저분이 그때의 그 어린애란 말이야.
목자: 파멸 속으로 꺼져버려라! 당장 입 닥치지 못하겠느냐! (1145~46)

목자: 그것은 라이오스 가의 어린애였습니다······ 그분의 아들이라고 했습니다····· (1167)
그 애가 부모를 죽일 것이라는 말이었습니다. (1177)

이제 모든 것이 확인되고, 오이디푸스의 살인자 찾기는 바로 자기 확인이 되면서 완결된다. 이제 무엇이 남아 있을까? 진실은 그 진실의 독기를 먹고 사는 이들을 파멸의 구렁텅이로 길어 넣을 것이다. 하지만 여기에서 비극이 완성되지는 않는다. 아직 비극의 갈 길은 멀다.

* **오이디푸스**: 아아, 모든 것이 이루어졌고 모든 것이 사실이었구나! 오오 빛이여, 내가 너를 보는 것도 지금이 마지막이 되기를! 나야말로 태어나서는 안 될 사람에게서 태어나서 결혼해서는 안 될 사람과 결혼하여 죽여서는 안 될 사람을 죽였음이라. (1182~85)

코러스(좌1): 아아 그대들 죽어야 할 인간의 종족이여./ 내 헤아리건대 그대들의 삶은 한낱 그림자에 지나지 않도다./ 그 누가 행복으로부터/ 행복의 허울 뒤의 몰락보다도/ 더 많은 것을 얻고 있는가?/ 그러니 내 그대의/ 오오 불행한 오이디푸스여,/ 그대의 운명을 본보기로 삼아서/ 죽어야 할 인간들 중에서 어느 누구도 행복하다고 가리지 않으리라. (1186~96)

(우2): 모든 것을 보는 시간은 그대도 모르는 사이에/ 그대를 찾아내어 오래전부터/ 아들을 아버지로 만드는/ 결혼 아닌 결혼을 심판하시네./ 아아 그대 라이오스의 아들이여,/ 내 그대를 결코 보지 않았더라면 좋았을 것을!/ 내 마치 입술에서 만가挽歌를 쏟는 사람처럼/ 울고 있도다. 하나 사실대로 말하면 나는/ 그대 때문에 숨을 돌렸고 내 눈을 잠재웠나이다. (1212~22)

  * **사자**: 부인께서는 이렇듯 남편에게서 남편을, 자식에게서 자식을 낳게 한 이중의 결혼을 슬퍼하셨습니다. (1248)

  * **사자**: 아내가, 아니 아내가 아니라 자신과 자신의 자식들을 낳은/ 이중의 어머니의 밭이 어디 있느냐고 물으셨습니다. (1256) 〔……〕 그것으로 자신의 두 눈알을 푹 찌르며 대략 이렇게 말씀하셨습니다. "이제 너희들(두 눈)은 내가 겪고 저지른 끔찍한 일들을 다시는 보지 못하리라.

너희들은 보아서는 안 될 사람들을 충분히 오랫동안 보았으면서도
내가 알고자 했던 사람들을 알아보지 못했으니
앞으로는 어둠 속에 있을지어다!"(1269~64)

그분들의 대대로 내려온 지난날의 행복은/ 과연 진정한 행복이었습니다./ 하나 오늘은 비탄과 파멸과 죽음의 수치와/ 온갖 이름의 재앙이 그분들의 몫입니다. (1283~85)

오이디푸스: 하나 이 두 눈은 다른 사람이 아니라 가련한 내가/ 손수 찔렀소. 보아도 즐거운 것은 아무것도 보지 못할진대/ 무엇 때문에 보아야 한단 말이오! (1331~35)

친구들이여, 무엇을 내가 볼 수 있고/ 무엇을 내가 사랑할 수 있으며/ 어떤 인사가 내 귀에 반갑게 들릴 수 있겠소!…… 어서 나를 나라 밖으로 데려다주시오/ ……완전히 몰락하고 가장 저주받고/ 하늘의 신들에게도 가장 미움 받는 인간인 나를!

코러스: 그대야말로 자신의 운명과 운명에 대한 시력 때문에 불행해지셨나이다/ 내 차라리 그대를 알지 않았더라면 좋았을 것을! (1337~48)

오이디푸스: 신들에 의하여 부정한 것으로 밝혀지는 자는 설사 그 자가/ 라이오스의 친족이라고 하더라도 모두들 그 불경한 자를 내쫓아야 한다고/ 내 스스로 명령을 내림으로써 이런 것들을 나 자신으로부터 손수 빼앗았기 때문이오. (1381~83)

너희들은 내 손에서 내 자신의 피인 아버지의 피를 마셨으니……
오오 결혼이여, 결혼이여, 너는 나를 낳고는
또다시 네 자식의 자식들을 낳아줌으로써
아버지와 형제와 아들, 신부와 아내와 어머니 사이에 근친상간의 혈

연을 맺어주었으니

　이것이야말로 인간들 사이에 일어난 가장 더러운 치욕이로다……
(1400~408)

　내 고통으로 말하면, 나 말고는 어느 누구도 감당할 수 없을 테니까요. (1415)

　* **오이디푸스**: 너희들의 아비는 제 아비를 죽이고 저를 낳은 여인에게 씨를 뿌려서

제가 태어난 바로 그 밭에서 너희들을 거두었구나.

이러한 비난이 너희들에게 퍼부어질 것이다. (1496~99)

　* **크레온**: 만사에 지배자가 되겠다는 생각일랑 버리십시오.

그대가 지배했던 것조차도 평생 그대를 따르지 않았습니다. (1524)

　* **코러스**: 보시오, 그러한 그가 얼마나 무서운 고뇌의 풍파에 휩쓸렸는지!

우리의 눈이 그 마지막 날을 보고자 기다리고 있는 동안에는

죽어야 할 인간일랑 어느 누구도 행복하다고 기리지 마시오,

삶의 종말을 지나서 고통에서 해방될 때까지는. (1527~30)

3. 「오이디푸스 왕」에 대한 해석들

오이디푸스라는 수수께끼 ─ 베르낭의 해석

　이제 「오이디푸스 왕」을 수수께끼 구조로 해석하는 장-피에르 베르낭 Jean-Pierre Vernant의 논의를 살펴보자. 그는 그리스의 신화와 비극을 해명하는 그의 글 「모호성과 전복: 오이디푸스 왕의 수수께끼 구조에

관하여」(『고대 그리스의 신화와 비극』)에서 오이디푸스를 정신분석학적으로 해석하는 것에 반대한다.

베르낭은 비극에서 모호성의 문제를 제기한다. 이것은 보통 같은 말을 다르게, 혹은 모순되게 해석하는 경우와 관련된다.* 그런데 「오이디푸스 왕」이 보여주는 모호성은 의미상의 갈등이나 '성격/배역'의 이중성의 문제와는 다르다. 극에서 오이디푸스는 희생물이다. 오이디푸스는 라이오스 왕을 죽인 범인 찾기를 자기 의무로 보고 어떠한 희생도 불사한다. 테이레시아스, 이오카스테, 양치기가 모두 그를 만류하지만 소용이 없다. 그는 적당하게 타협하는 것으로 만족할 수 없는 사람이다. 그는 멈추지 않고 끝까지 달려간다.

이런 범인 찾기(자기 찾기) 과정에서 오이디푸스의 말들이 지닌 모호한 성격은 그의 모호한 지위를 반영한다. 오이디푸스가 말할 때 그는 그가 말한 것과 다른 것, 또는 그 반대의 것을 말한다.

오이디푸스는 이중적 존재double고, 그 자신이 바로 수수께끼다. 그가 생각한 자신의 과거 모습과 그가 생각한 현재의 모습은 정반대다. 오이디푸스는 그가 말하는 것의 핵심에 숨어 있는 말들을 이해하지 못한다. 오이디푸스의 말은 전도된 메아리처럼 자신의 등 뒤에 있고 왜곡되거나 뒤틀린다. 그는 자신이 의미 없이 말하고 이해하지 못한 채

---

* 단적인 예로 「안티고네」에서 안티고네와 크레온은 '법 규범nomcs'을 다르게 해석하고 대치한다. 안티고네는 법을 신들의 종교적인 규칙으로, 크레온은 국가의 법으로 해석한다. 이 해석상의 차이는 좁힐 수 없고, 같은 말이 지닌 모호성이 그들 사이에 넘을 수 없는 장벽을 만든다. 각 성격에서 세계는 하나의 유일한 의미를 갖는다. 그래서 다른 세계, 다른 의미와 대립하고 갈등을 일으킨다. 물론 이 세계는 당사자에게 되튀어서 그가 인수할 수 없었던 의미를 쓰라리게 경험하게 된다. 이런 말과 의미의 대립에서 불투명성과 공약불가능성이 두드러진다. 이로써 세계에 대한 문제투성이의 관점이 비극적 의식을 얻는다.

말하는 것을 알지 못한다.

　사실 오이디푸스는 진리를 알지도, 말하지도 못한다. 오이디푸스의 언어는 신의 담론과 인간의 담론이라는 상이한 유형이 뒤섞인 것으로서 서로 갈등한다. 처음에는 그것들이 잘 구별되는 것처럼 보인다. 그런데 모든 것이 밝혀졌을 때 인간적 담론은 물구나무선 것처럼 뒤집어지고 만다. 두 가지 담론이 하나가 되면서 수수께끼는 풀린다(관객들은 특권적인 자리에서 무대에서 대립된 두 유형의 담론을 파악한다).

　아리스토텔레스가 지적하듯이 비극적 이야기의 두 근본 요소는 재인식anagnorisis과 급전急轉, peripeteia(행위가 반대로 전복됨)이다. 이 비극은 특히 후자를 가장 잘 보여준다. 주인공이 마지막에 자기를 확인하는 순간에 행위는 완전히 전복된다. 즉 오이디푸스의 지위는 과거의 지위와 정반대가 되고, 오이디푸스의 행위는 그가 의도했던 것과 반대가 된다.

　코린트에서 온 이방인이 수수께끼를 푸는 자, 테바이의 구원자가 되어 도시의 최정상을 차지했다. 그는 지식과 공무에 헌신하는 점 때문에 신처럼 존경받았다. 그런데 여기에 선왕의 죽음이라는 문제가 나타난다. 누가 왕을 죽였는가? 테바이를 위기에 빠뜨린 불순한 자는 누구인가?

　극의 첫 부분에서 오이디푸스는 탄원자들에게 모든 희생을 무릅쓰고서라도 범죄자를 찾아낼 것이며, 그 추적이 성공하리라고 자신만만해한다. '누가 라이오스를 죽였는가'라는 질문 뒤에는 '오이디푸스는 누구인가'라는 다른 질문이 있다. 물론 오이디푸스는 이것을 나중에야 알게 된다.

　오이디푸스는 '내가 밝히리라ego phano'라고 말하는데, 사실 이 말은

"범인이 누구인지를 밝힐 자는 바로 나이다"일 뿐만 아니라, 또한 "나는 나 자신이 범인임을 찾아낼 것이다"이기도 하다.

그러면 오이디푸스는 무엇/누구인가? 베르낭은 오이디푸스가 double이고, 수수께끼라고 본다. 이렇게 본다면 문제는 심리학이나 도덕과 관련된 것이 아니다. 심리학적으로나 도덕적으로 본다면 그는 처음부터 끝까지 동일하다.* 그런데 오이디푸스는 자기가 생각한 자기와 정반대임이 밝혀진다. 코린트의 이방인이 사실은 테바이의 토박이며, 수수께끼를 푼 자- 스스로가 풀 수 없었던 수수께끼고, 정의의 수호자가 죄인이고, 가장 현명하고 잘 보는 자가 사실은 눈먼 자고, 도시를 구원한 자가 몰락을 가져온 자다. 그는 인간 가운데 가장 훌륭한 자, 권력자, 지성, 명예, 부를 지닌 자였지만 마지막에는 가장 불행한 자, 인간 가운데 가장 추악한 자, 범죄자, 오염물, 두려운 존재, 신에게 버림받은 자, 거지로 추방당하는 자가 된다. 그는 가장 높은 자였다가 가장 낮은 자로 굴러 떨어진다.**

이러한 행위의 전복과 언어의 모호함은 인간 조건의 이중성을 반영한다. 이런 이중성 때문에 상반된 해석이 생긴다. 그는 다른 누구보다도 화살을 멀리 쏘는 뛰어난 자이지만, 불멸의 존재가 볼 때 가장 높이 오른 자는 가장 낮은 자이기도 하다. 드높은 행운은 깊디깊은 불행을 불러들인다.

「오이디푸스 왕」은 그 초점이 단순히 수수께끼라는 점에 모아지지

---

* 그는 행위하고 결단하는 자, 용기 있는 자, 지배적인 지성을 지닌 자이다. 그는 도덕적 결함이나 의도적인 실패로 추궁당할 수 없다.
** 인간의 관점에서 보면 오이디푸스는 지도자이고 신들과 같지만, 신들의 관점에서 보면 그는 눈먼 자이고 무와 같다.

않고 그 제시, 발전, 해소에서 극 자체가 수수께끼로 이루어져 있다. 모호성, 인정, 급전peripeteia이 모두 '작품의 수수께끼 구조'에 통합된다. 비극적 구조의 시금석은 바로 전복이다. 긍정적인 것이 부정적으로 바뀐다. (수수께끼가 화해할 수 없는 것들을 하나로 결합하는 것처럼) 비극은 인간적인 수준과 신적인 수준을 통합하고 또 대립시킨다.

그러면 이런 전복의 논리적 도식은 관객에게 무엇을 드러내는가? 인간은 뚜렷한 본질을 지닌 것으로 서술되거나 규정될 수 있는 존재가 아니라는 점인가? 그렇다면 인간은 문제problema이자 수수께끼다. 따라서 그 이중적 의미를 남김없이 펴낼 수는 없다. 이런 점에서 이 작품의 의의가 심리학적인 것이나 도덕적인 것에 있는 것은 아니다. 부친 살해와 근친상간은 오이디푸스의 성격, 에토스에 상응하는 것이 아닐 뿐만 아니라 도덕적인 결함adikia(불의)도 아니다.

오이디푸스가 아버지를 죽인 것은 그를 미워해서도 아니고, 어머니와 동침한 것은 그녀를 사랑해서도 아니지 않는가? 그가 라이오스를 죽인 것은 자기를 죽이려는 자에 대한 정당방위였고, 이오카스테와 결혼한 것도 사랑의 결합이 아니라 테바이가 그에게 보상으로 부과한 (원치도 않은) 것일 뿐이었다.

그가 부친을 살해하고 근친상간을 했다고 해서 그의 인격soma, 그의 행위erga가 비난받아야 하는가? 오히려 그가 행위를 했을 때 그 의도와 의미는 전복되고 말았다. 정당방위는 부친 살해가 되고, 그의 영예에 대한 봉헌은 근친상간이 되고 말았다. 그가 알지도 못한 채, 악의나 범죄 의도도 없이 행한 것이 신성한 질서를 거스르는 가장 무서운 범죄가 되고 말았다.

●여기에서 운명의 위대한 힘, 필연성의 위력을 찬양할 수 있을지도 모른

다. 하지만 이런 해석은 의도하지 않은 행위의 필연적 파멸을 보여줄 뿐이다. 이것은 오이디푸스의 운명인가, 아니면 그 자리에 있을 수 있는 누군가의 운명인가?

정체가 드러난 오이디푸스는 사회로부터 격리되고 인간들로부터 거부당한다. 물론 이때에도 오이디푸스의 의미가 단순히 부정적인 것만은 아니다. 이 의미도 이중적이다.

고독에 내몰린 그는 어떤 인간보다 더 낮지만(야생동물이나 야만적 괴물), 두려운 종교적 성질 때문에 다이몬처럼 더 높기도 하다. 그는 오염된 자이지만, 또한 축성 받고 성스러운 자이기도 하다. 도시에 대해서 그는 가장 큰 축복을 보장하기 때문이다(그가 추방당하자 테바이의 모든 문제 상황은 해소된다). 이런 점에서 그는 희생양이다.

전복의 형식

이런 전복의 틀을 사냥에 비유하면, 오이디푸스는 처음에 사냥꾼으로서 사냥감을 추적한다. 그런데 자기가 쫓는 사냥감의 자리로 내몰리는 것은 바로 사냥꾼 자신이다.

이처럼 찾는 자(탐색자)가 탐색 대상이고, 사냥꾼이 사냥감이기도 하다. 질문을 던지는 자가 그 질문의 답이기도 하다. 오이디푸스는 찾는 자이면서 동시에 찾는 대상이다.

이런 전복의 다른 형식은 오이디푸스의 위대함이 무로 추락하는 것에서 분명하게 나타난다.

오이디푸스의 이름이 바로 전복의 효과를 갖는다. 오이디푸스 자신이 모호하다. 오이디푸스는 '발이 부은oidos 자'이다(부모에게 버림받은 아이로서 자연 속에 죽도록 버려진 자이다). 그렇지만 오이디푸스는 스핑크스가 제시한 '발의 수수께끼'를 '아는 자oida'이기도 하다. 바로 이 지식으로 그는 이방인이면서도 테바이의 왕이 되었다.

오이디푸스의 이중 의미는 이름 자체에서 찾을 수 있다. oida(I know)란 음절은 승리자 오이디푸스, 왕 오이디푸스를 가리킨다. pous(foot)는 그의 운명이 동물처럼 그의 발로 도망쳐야 하는 존재, 그의 발이 그를 다른 사람들로부터 고립시키고, 신탁을 벗어나려고 몸부림치지만 그의 발은 그의 불운으로부터 도망치지 못하는 자의 낙인이다. 이 비극 전체가 이 이름의 수수께끼를 푸는 것처럼 보이기도 한다.

오이디푸스가 스핑크스의 수수께끼를 풀었을 때, 그의 지혜는 그 자신과 관련이 있다. 질문은 바로 "동시에 두 발di-pous로 걷고, 세 발tri-pous로 걷고, 네 발tetra-pous로 걷는 존재는 무엇인가"이다. oi-dipous에게 그 문제는 낯선 것도 아니고 어떠한 신비도 담고 있지 않은, 너무 분명한 것이다. 그 답은 바로 자기 자신, 인간이다.

그러나 그의 답은 분명해 보일 뿐 참된 것은 아니다. 답을 했지만 아직 문제가 풀리지 않았다면 이상하지 않은가? 참된 질문은 여전히 가려져 있다. 어떤 질문이 남아 있을까? 인간이란 무엇인가, 오이디푸스란 무엇/누구인가? 오이디푸스는 이 질문에 답해야 한다. 그는 이 질문과 함께 자기를 찾고/잃는다. 그 질문에 스스로 답하면서 자기의 이중성을 깨닫게 된다.

어쨌든 테바이는 스핑크스를 물리친 오이디푸스의 (유사한) 답 때문에 그의 지혜를 높이 사고, 그를 왕으로 섬겼다. 하지만 바로 그것이 그의 참된 정체성을 오도했고, 그를 부친 살해와 근친상간으로 이끈다—그는 결국 괴물이 되고 말았다.

현자 오이디푸스는 모든 사람들 위에 있는 자리를 차지하고, 최고 정의의 지배자였다가, 끝에는 그 대립물로 뒤집어지고 만다. 세계의 모든 불순함이 집중된 혐오스러운 오염물, 부은 발의 오이디푸스라는 최하 존재가 되고 만다. 그가 희생양pharmakos처럼 추방되자 도시는 그 순수함을 되찾고 구제된다.

비극의 한가운데에서 오이디푸스의 운명은 반신半神과 희생양의 양극단에 아슬아슬하게 놓여 있다. 코린토스에서 사자가 오고 오이디푸스가 코린토스 왕가의 자식이 아님을 밝히고, 이오카스테가 범인 찾기를 그만둘 것을, 자기가 누구인지 알지 않기를 요구한다.

이때 오이디푸스가 그것을 거절하고 계속 탐구하는 까닭은 무엇일까? 오이디푸스는 그가 우연tuche의 자식임을 선언하고자 한다. 버림받은 아이의 운명을 버림받고 구원되는, 거부되고 되돌아오는 익숙한 신화적 영웅 상으로 해석하고자 한다. 그는 그의 혈통이 아니라 그 자신의 자질에 의해서 지배자가 되었다. 그는 그 자신의 업적의 아들이고, 행운의 아들이라고 여긴다.

희생양으로 본 오이디푸스

오이디푸스의 다른 면, 전적으로 반대되는 면은 희생양의 역할이다. 그때 테바이에서는 모든 풍요로움의 원천(땅, 가축, 여성)이 고갈되고 역병이 만연한다. 도시를 오염시킨 범죄자를 찾아야 한다. 그를 제거함으로써 악을 제거해야 한다.

그리스의 다른 도시들을 비롯해 아테네에서는 매년 지난해의 오염을 주기적으로 추방하기 위해서 의식을 베푼다. 두 희생양은 마른 무화과로 만든 목걸이를 걸고 마을 한가운데로 끌려 다니며 행진한다. 행렬이 지나가는 동안 길가에 섰던 마을 사람들이 싸릿대로 희생양을 후려치고(희생양의 성기 부분을 후려친다) 그들을 추방한다. 초기에는 희생양을 돌로 쳐서 죽이고 시체를 불태워서 바람에 날려 보내기도 했다.

그러면 이런 희생양들을 어떻게 뽑는가? 대개 죄 지은 자, 못생긴 자, 열악한 처지에 있는 자들 가운데에서 고른다(가난한 자의 경우에는 이렇게 뽑혀서 공동체로부터 일정한 보상을 받기도 했다고 한다). 그래서 이들은 마을을 한 바퀴 돌면서 공동체의 모든 오점을 상징적으로 짊어지고 추방된다. 그래서 이것은 마을을 정화하고, 오염으로부터 벗어나고, 희생양을 추방한다.**

이런 의식을 오이디푸스가 추방되어야 할 오염된 자agos로 제시되는 것과 연결시킬 수 있다. 오이디푸스가 탄원자들에게 이야기하는 첫 장면에서 희생양을 환기시키는 대사가 나온다.

그러면 왜 희생양이 왕과 연결되는가? 신성한 왕과 희생양이 바로 오이디푸스를 수수께끼로 만드는 두 측면이다. 오이디푸스는 이 두

---

* 이 의식의 기원은 안드로가이우스의 불순한 살해이고, 죄를 씻기 위해서 파르마코스들로 정화를 반복하는 관습을 마련했다. 첫날은 타르겔리아의 축제로 시작한다(타르겔리온 달의 여섯번째 날).
** 아테네의 타르겔리아에는 아폴론에 바쳐진 일곱번째 달에 희생양을 추방하는 다른 의식이 있다. 대지의 첫 과일들을 신에게 봉헌한다. 이 축제의 핵심은 에이레시오네(양털과 함께 올리브 가지로 만든 화환으로 과일과 케이크, 기름과 포도주 병으로 장식)의 행진이다. 어린 소년들이 이 '5월의 나무'를 들고 마을을 가로질러 아폴론 사원의 문턱에 일부를, 사람들의 집 대문 바깥에 나머지를 걸어둔다. 아티카, 사모스 등의 에이레시오네와 테바이의 케포는 봄의 재탄생을 상징한다. 노래를 함께 부르고 선물들을 모으면서 하는 이런 행진은 낡은 절기의 마지막과 증여, 풍요, 건강의 징후와 함께 젊고 새로운 해가 옴을 축성한다. 이런 아테나의 의식은 사회집단이 다산성(풍요)의 힘을 새롭게 하려는 것임을 보여준다. 이러한 갱신이 상징하는 바는 집단, 대지, 사람들로부터 모든 오염을 추방하고 사람들을 다시 순수하게 하려는 것이다.

인물이 결합된 자이다. 그런데 소포클레스는 오이디푸스의 전도를 통해서 영웅을 인간 조건의 모델로 제시한다. 물론 그가 왕과 희생양의 양극성을 고안한 것은 아니다. 그것은 이미 고대 그리스의 종교적 실행과 사회적 사고의 일부이다. 시인은 그것에 새로운 의의를 부여해서, 인간과 그의 근본적인 모호성을 상징화했을 뿐이다. 그가 왕과 희생양의 짝을 고른 것은 전복의 주체를 보여주기 위한 것이다. 이 두 형상은 대칭적이고 서로 교환할 수 있기 때문이다. 이 둘은 집단의 구제에 책임을 지고 있는 개인들이다. 신들의 응징으로 집단이 위기에 빠질 때, 정상적인 해결책은 왕을 희생시키는 것이다. 왕이 풍요의 지배자인데 집단이 불모성에 시달린다면, 그의 주권자로서의 권력은 뒤집어진다. 그의 정의는 범죄가 되고, 그의 덕은 오염이 되고, 가장 뛰어난 자는 가장 못난 자가 된다.

베르낭은 파르마코스의 본질을 카니발과 연결시킨다. "카니발의 왕은 왕의 짝패double이지만 뒤집어진 짝패이다. 이 왕은 모든 질서가 뒤집어지고 사회적 위계질서가 완전되는 축제 기간 동안만 왕이다. 이 동안에 성적 금기들은 해제되고, 도둑질은 합법적인 것이 되며, 종이 주인의 자리를 차지하고 여자들은 남자들과 옷을 바꿔 입는다. 이 상황에서 왕좌에 앉는 자는 공동체의 가장 미천한 인간, 가장 추악한 자, 가장 우스꽝스런 자, 가장 고약한 범법자이다. 그러나 축제가 끝나면 카니발의 반왕은 추방되거나 죽는다. 그는 추방되고 죽음으로써 그가 구현했던 모든 무질서들을 함께 짊어지고 간다. 그의 죽음으로 공동체는 정화된다."

오염을 구현했던 반격적인 인물은 국가를 희생시켰다. 그의 오염은 종교적인 자격 상실을 가져오고 오염된 자는 정화자로 바뀐다.

베르낭은 파르마코스와 왕의 대칭성에서 오스트라시즘을 이해할 수 있다고 본다. 아테네에서 6세기 말경에 실시되었던 이 제도는 독재자를 추방하기 위한 제도였다. 오스트라시즘은 독재자에 가까워진 지배자를 도시로부터 제거하기 위한 것이다(10년간의 잠정적인 추방 기간을 부과한다). 이것은 재판정이 아니라 공동 집회에서 실행된다. 집회를 열기 위해서 어떤 이름을 언급하지도 않고 어떠한 토론도 하지 않는다. 일단 집회가 열리면 아고라에서 투표를 한다. 투표에서 질그릇 조각에 추방할 사람의 이름을 적는다. 이 경우에도 토론을 하지 않고 이름을 언급하지 않는다. 어떤 질책이나 반론도 이루어지지 않는다. 자발적으로 만장일치를 통해 민중적 정서를 확인한다. 솔론의 말처럼, "한 도시는 그 도시의 가장 위대한 사람들을 파멸시킬 수 있다."

아리스토텔레스는 오스트라시즘과 관련하여, 덕과 정치술에서 통상적이고 공통적인 수준을 넘어서는 개인은 다른 시민들이 받아들일 수 없다고 지적한다. 이것은 예술과 과학에서도 마찬가지인데, 합창단의 지휘자는 다른 단원들보다 월등히 아름다운 목소리를 지닌 가수를 받아들일 수 없을 것이다.

오이디푸스는 '그의 화살을 다른 누구보다도 멀리 쏘았기' 때문에 '신과 같은 자isotheos'가 되었다. 오스트라시즘은 지나치게 높은 자나 높은 곳으로부터의 악을 구현하는 자를 추방한다. 파르마코스는 가장 천한 자와 아래로부터의 악을 구현하는 자를 추방한다. 이런 이중적 거부를 통해서 위에 있는 것이나 아래에 있는 것에 고유한 한계가 설정된다. 이것은 인간다움의 척도를 한편으로는 신성한 것, 영웅적인 것에, 다른 한편으로는 동물적이고 괴물적인 것에 대립시킨다.

아리스토텔레스는 정치 이론에서 인간을 정치적 동물이라고 했다. 본성상 비정치적인 자apolis는 인간 이하의 열등한 존재이거나 인간보다 강하고 인간 위에 있는 자이다. 이런 틀로 오이디푸스가 지닌 지위의 이중적이고 모순된 본성을 이해할 수 있다. 그는 인간 이상이자 인간 이하이며, 인간보다 강한 영웅으로서 신들과 같은 자이고, 동시에 야생으로 추방된 동물이기도 하다.

아리스토텔레스의 정의를 좀더 진전시켜보면, 신들과 같은 자이자 아무것도 아닌 자가 결합된 오이디푸스가 저지르는 두 가지 범죄, 즉 부친 살해와 근친상간의 역할을 이해할 수 있게 된다. 두 가지 범죄는 도시라는 체스 판에서 각자가 자기에게 주어진 정확한 자리를 지켜야 하는 기본 규칙을 위반한다. 이 범죄들로 오이디푸스는 카드, 자리, 말 들을 뒤섞는다. 부친 살해와 근친상간으로 그는 아버지의 자리를 차지하고, 이오카스테에게 어머니이자 아내의 역할을 맡긴다. 그는 자신을 라이오스(이오카스테의 남편)와 동일하게 할 뿐만 아니라 자신을 자기 자식들(그들에게 아버지이자 형제인)과 동일하게 만들어서 세 세대를 뒤섞는다.

달리 표현하면, 그는 '차이'를 없앤다. 차이가 질서를 만든다면 차이를 없앰으로써 질서를 교란시키고 혼란을 초래한다. 누가 아버지고, 누가 아들인가, 누가 어머니고, 누가 아내인가? 소포클레스는 분리되어야만 할 것들을 동일하게 만드는 이런 혼란을 강조한다.*

오이디푸스는 자신의 아버지와 동일하게 되고, 또한 자식과 동일하

---

* 소포클레스는 homos(유사한)와 isos(같은)란 말의 놀이로 이것을 표현한다. 오이디푸스와 라이오스는 같은 침대를 공유하고, 같은 부인을 갖는다. 같은 여인에게 씨를 뿌린다. 티레이시아스는 오이디푸스에게 그가 아버지의 살해자이자 그의 homosporos, 즉 공동의 수태자임을 발견할 것이라고 얘기한다. homosporos(같은 혈족이나 형제 출신을 말하거나 두 사람에게 공통되는 부인을 뜻한다)는 보통 같은 씨앗에서 태어난 것을 말한다. 티레이시아스는 오이디푸스에게 '당신이 당신을 당신 자식들과 같게 만드는' 불행의 주인공임을 알린다.

게 되며, 어머니를 부인으로 만들어서 스스로 오염된 자agos, 비정치적인 자apolis로서 다른 누구와도 공약 불가능한 자가 된다. 그는 자신이 신과 같은 자라고 믿었으나 결국 아무것도 아닌 자임을 알게 된다.

야생 동물과 다를 바 없는 자, 신과 같은 독재자는 인간의 도시에서 벌어지는 게임의 규칙을 인식하게 된다. 신들 사이에서는 근친상간이 금지되지 않는다(제우스와 헤라의 관계, 우라노스와 가이아의 관계를 보라). 또한 야생 동물들도 근친상간 금지를 모른다. 그들은 차이도 같음도 모른다.

이런 범죄로 도시와 인간 집단에서 내쫓긴 오이디푸스는 수수께끼가 지적했던 괴물 같은 존재가 된다. 스핑크스의 질문은 '하나의 목소리로 두 발, 세 발, 네 발을 지닌 존재는 무엇인가'였다. 이 질문은 인간의 연속적인 단계들을 뒤섞은 것이다. 자신을 그의 어린 자식들과 늙은 아버지와 동일화한 오이디푸스는 세대 간의 장벽을 무너뜨린다. 이 장벽은 아버지를 자식과 할아버지로부터 구별해서 각 세대가 시간의 연쇄와 도시의 질서에 따라 정해진 자리를 차지하도록 하는 것이다. 이 장벽이 무너지면서 마지막 비극적 전복이 초래된다.

스핑크스에 대한 오이디푸스의 승리는 문제 해결이 아니라 문제 제기로 바뀐다(오이디푸스는 다른 사람들과 같은 사람이 아니고 혼돈과 혼란의 피조물, 땅, 하늘, 물에 사는 모든 생물 가운데 자기 본성을 바꾸는 유일한 피조물이다). 스핑크스가 정식화한 '인간에 관한 수수께끼'는 해답이 있지만, 그것은 수수께끼를 푼 자에게로 되튀는 것이어서 결국 괴물이 승리한다. 그래서 수수께끼를 푼 자가 바로 괴물이며, 수수께끼의 형상을 한 인간임이 드러난다. 이번 수수께끼에는 해답이 없다.

이런 분석을 매듭지으면서 베르낭은 몇 가지 결론을 내린다. 먼저 이 작품은 모든 수준(언어, 문체, 구조)에서 재인식과 급전peripeteia이 일치함을 보여준다. 그런데 이것은 전복으로 작용하는 도식과 모호한 논리 규칙이라는 형식을 취한다. 비극이 이 형식에 내용을 부여한다. 오이디푸스의 경우에 이중적 인간의 패러다임, 전복된 인간, 신성한 왕을 희생양으로 바꾸는 전복으로 구현되는 규칙이 그 예이다.

두번째로 독재자와 희생양 간의 대립이 고대 그리스의 제도와 정치 이론을 제시한다면, 비극은 기존 사회와 공동체의 사고 구조를 반영하는 것에 지나지 않는가? 베르낭은 이것이 도리어 문제 제기라고 본다. 뛰어난 인간과 인간 이하의 존재라는 양극 사이에서 규범에 따라서 규정된 인간 영역의 특수한 측면이 제시된다. 인간은 '이상'과 '이하' 사이에서, 인간의 경계를 정의하는 두 선 사이에 있을 뿐이다. 소포클레스는 경계 너머에 있는 두 극단이 마주치고, 같은 인물 안에서 뒤섞여서 혼돈을 일으키도록 한다. 만약 이런 인물이 인간의 모델이라면 어떻게 되는가? 어떠한 모호함도 없이 인간의 지위를 정하게 하는 경계조차 지워질 것이다. 오이디푸스처럼, 인간이 자신이 누구인지를 탐색하고 이것을 철저하게 추구한다면, 그는 그 자신이 수수께끼 같고, 어떠한 일관성도 없으며, 고유한 영역이나 고정된 지점도 없고, 정해진 본질도 없고, 신들과 같은 존재와 아무것도 아닌 자 사이를 동요함을 발견하게 된다.

만약 이런 규정할 수 없는 상황에서 인간이 위대하다고 한다면, 그것은 그의 수수께끼 같은 본성과 그것을 표현하는 점 때문일 것이다. 바로 그의 '질문하기' 때문에, 규정할 수 없는 자기에게 질문을 던지기 때문에 인간다움, 또는 인간의 위대함을 얘기할 수 있다. 나는 누구인가? 이 질문은 시작은 있지만 그 끝은 없을 것이다. 왜 이런 질문에 해답이 없을까? 이 질문에 대해서 다양한 시대에 걸쳐 다양한 답들이 제시된다. 소포클레스 역시 이 질문을 던지고 있지 않은가? 이 비극을 읽고 있는 당신은 누구인가? 우리가 오늘날에도 이 비극을 의미 있는 것으로 읽고 있다면 우리도 이 질문에 동참하려는 것은 아닐까?*

오이디푸스에 관한 '그들의' 이야기 — 지라르의 분석

박해하는 자들이 주장하는 오이디푸스의 근친상간?

이제 오이디푸스를 비극이 아니라 신화적 맥락에서 살펴보자. 르네 지라르René Girard는 오이디푸스 신화를 (문학 텍스트나 정신분석학적인 텍스트가 아니라) 박해의 텍스트로 해석한다. 그는 오이디푸스 신화(또는 비극)를, 박해받는 주인공이 아니라 오이디푸스를 박해한 자들이 그들의 박해를 정당화하려는 것이라고 본다. 과연 오이디푸스는 '박해하는 자들이 주장하듯이' 근친상간을 범한 자인가?

그는 16세기 시인 마쇼의 작품에 나타난 박해 상황을 참조한다. 1349년경에 프랑스 북부에 돌림병(페스트)이 만연할 때 유대인들이 독약을 풀었다는 소문이 돌면서 광분한 군중들이 그들을 학살한다.

---

* 인간은 스스로가 무엇인지/누구인지 질문하는 존재다. 신도 동물도 스스로에 대해서 질문하지 않는다. 인간은 질문하는 동물이다. 질문함으로써 동물을 넘어서지만 여전히 그 질문을 벗어날 수 없기에 신이 될 수도 없다.

그 후에 악한 이들이 나타났는데/ 거짓말쟁이, 배덕자, 유대인 들이었다./ 사악하게도 신을 섬기지 않는 그들은/ 모든 악을 좋아하고/ 금과 돈을 주면서/ 사람을 바보로 만들다가,/ 강이고 샘이고/ 곳곳에 독을 풀어/ 곳곳에서 사람들이 죽어갔도다./ 거듭해서 죽어가니/ 들판에도 마을에도/ 곳곳에 시체가 널렸다네./

이를 굽어보신/ 만물을 다스리는 전지전능하신 하늘은/ 이를 폭로하시어 모두에게 이들의 만행을 알게 하시도다./ 유대인들은 모두 사형에 처해졌는데,/ 어떤 이는 교수형으로 능지처참되고/ 어떤 이는 익사당하고 또 어떤 이는 참수형으로/ 머리가 효수되었다./ 수많은 이들이/ 치욕스럽게 죽었노라.

지라르는 집단적 폭력을 기록하는 자료들에 흔히 나타나는 공통점이 있다고 지적한다. ① 사회 문화적 위기, 곧 전면적인 무차별화(혼돈), ② 무차별화하는 범죄, ③ 범죄용의자들이 희생물로 선택될 징후나 무차별화의 지표, ④ 뒤이은 폭력 행사.

여기에서 지라르가 주목하는 것은 희생물을 선택하는 문제다. 어떤 희생물이 선택되는가? 이때의 희생물은 실제로 비난받을 만한 범죄 때문이라기보다는 희생물의 징후, 곧 집단이 위기와 관련해서 혐의를 둘 만한 점 때문에 선택될 뿐이다. 집단은 위기의 책임을 그 희생물에 덮어씌워서 그 희생물을 처형한다. 집단은 그 희생물을 없애거나 공동체로부터 추방함으로써 위기에서 벗어나려고 한다.

이런 관점에서 오이디푸스를 다시 살펴보자. 페스트가 테바이를 뒤덮는다. 오이디푸스는 페스트의 용의자로 지목된다. 왜냐하면 그는 아버지를 죽이고 어머니와 결혼했기 때문이다. 이 위기의 원인이 되는 죄인을 추방하라는 신탁이 내려온다. 아버지를 살해하고 어머니와 결합하는 행위, 곧 무차별화의 범죄가 전 공동체에 영향을 미치고 있다.

그러면 오이디푸스에게서 어떤 희생물의 징후가 나타나는가? 불구의 측면이 있다—그는 절름발이다. 또한 그는 낯선 자, 이방인이다—실질적인 이방인이거나 법적인 이방인(사실은 왕의 아들이며 라이오스의 합법적인 후계자이지만). 또한 그는 업둥이다. 업둥이의 숙명은 그 사회로부터 추방되는 것이다(일시적으로 구조되는 것은 잠시 그의 운명을 연기할 뿐이다). 이런 점에서 그는 외적·내적인 소외의 특징을 두루 갖추고 있다.

이때 개인이 희생물의 징후를 많이 지닐수록 집단의 비난을 살 확률은 높아진다. 오이디푸스는 불구, 업둥이, 그의 과거, 이방인이라는 신분, 갑자기 왕이 된 점 등을 볼 때 마치 희생물의 징후를 모아놓은 표본인 듯하다. 지라르는 오이디푸스가 그들이 비난하는 전형적인 범죄 때문에 희생물로 선택된 것이 아니라고 본다. 그는 실제로 누구에게도 페스트를 옮기지 않았다. 하지만 그가 페스트 때문에 불안에 빠진 군중들의 의심을 살 만한 희생물의 특징들을 지닌 까닭에 희생물로 선택된다. 이때 박해하는 자들은 자신들이 정한 희생물이 실제로 범죄를 저지르고 바로 그 범죄 때문에 그를 선택했다고 '믿는다.' 그들은 집단적 재난 때문에 어쩔 수 없이 그 희생물을 선택했다고 '믿는다.'

근친상간 없는 오이디푸스

박해하는 자들의 주장과 그들의 상상에는 부분적인 진실과 거짓이 뒤섞여 있을 것이다. 오이디푸스의 경우에 친부 살해와 근친상간에 대해서는 거짓말일 가능성이 없지 않다.

지라르는 오이디푸스 신화를 '근친상간의 범죄 없이도' 박해의 텍스트로 재구성할 수 있다고 본다.

> 수확은 보잘것없어지고, 암소들은 유산을 하고, 사람들은 서로 말이 통하지 않아서 대립한다. 마치 누군가가 마을에 주술을 건 것 같다. 그 절름발이가 충격을 준 것이 분명하다. 어디서 왔는지 모르는 그는 어느 날 갑자기 나타나서는 마치 자기 집인 양 자리 잡는다. 심지어 그는 감히 마을에서 유산이 가장 많은 여자와 결혼도 하고 네 아이까지 낳는다. 그에게는 어떤 색깔도 필요 없는 것 같다. 사람들은 이 이방인이, 말하자면 지방 군주인 여인의 첫 남편을 살해했다고 의심한다. 이상하게 그 군주가 사라지고 나서 그 군주의 역할이 이 낯선 자에게로 넘어가고 말았다. 어느 날 마을 사람들은 쇠스랑을 들고서 그 마을에 불안을 일으킨 그 사람을 내쫓는다. ——지라르, 『희생양』

이 이야기는 오이디푸스 신화와 기본 구조가 같다. 이런 이야기에서 희생물은 사람들이 비난하는 것과 아무 상관이 없지만 그가 지닌 모든 속성은 사람들의 불안과 분노가 집중될 만하다.

이처럼 페스트나 정체 불명의 장애물과 같은 두려운 재앙과 싸우던 다수는 박해의 메커니즘을 통해 집단의 욕구불만과 불안을 희생물에 집중시켜서 대리 만족을 얻는다. 이 희생물은 집단과 잘 어울리지 않는 소수자이기 때문에 집단은 희생자를 박해하기 위해서 쉽게 단결할 수 있다.

박해의 텍스트에 나타난 '희생물은 일종의 희생양이다.' 이렇게 보아야 희생물의 무고함과 희생물에 대한 집단적 폭력을 이해할 수 있다.

이 경우에 박해하는 자들 모두가 희생물에 폭력을 행사하는 데 한결같은 믿음을 갖는다. 이것이 가능하려면 희생물 혼자서 공동체의 관계를 오염시키는 모든 의혹과 긴장과 복수의 대상이어야 한다. 희생물에게 폭력을 행사함으로써 공동체는 모든 오염을 순화시키고 공동체 구성원들은 서로 화해할 수 있다. 그들 상호간의 폭력과 상호적 적대감은 희생물에 대한 적대감으로 배출되면서 해소된다.

지라르는 많은 신화의 결말이 위기 때문에 위협받던 질서가 재건되거나, 시련에 의해서 공동체의 일체감이 더 굳건해지고 새로운 질서가 생겨나는 것으로 매듭지어지는 점에 주목한다. 희생양에 의해서 없어지거나 위태로워진 질서는 신기하게도 바로 그 주인공을 통해서 다시 세워지곤 한다(오이디푸스의 경우에는 오이디푸스가 추방당하자 신기하게도 테바이에서 재앙이 사라진다. 보다 분명하게「콜로노스의 오이디푸스」에서 눈멀고 늙은 채로 방랑하는 오이디푸스는 신성한 존재로 여겨진다. 그가 묻힌 곳은 외적의 침입을 막는 신성한 장소가 되므로, 그를 추방한 자들까지도 그의 도움을 받아서 테바이를 지키려고 한다).

희생물은 집단적 불행의 원인 제공자이지만 이 희생물을 제거하면 새로운 질서가 세워지는 점에서 질서의 회복자(또는 질서의 설립자)로 바뀐다. 이때 범죄자가 사회질서의 지지자로 바뀌는 역설이 나타난다. 이렇게 의미가 바뀌면 선/악의 구분이 불명확해진다.

이런 까닭에 지라르는 희생양 효과가 박해하는 자와 희생양의 관계를 역전시킨다고 본다. 그래서 성스러움이나 건국 시조의 상이 만들어진다.

어떤 집단에서 (외적이거나 내적인 원인 때문에, 집단적인 질병 때문에) 악화되었던 집단 내부관계가 그들 모두가 증오를 집중시킨 희생물 덕분에 재건된다면, 공동체를 치유한 그 희생양이 전능하다는 환상적인 믿음이 생긴다. 질병을 가져온 자에 대한 만장일치적 증오가 병을 낫게 해준 자에 대한 만장일치적 찬양과 겹쳐진다. 폭력에 희생된 자는 이후에 성스러운 존재의 지위를 갖는다. 폭력과 성스러움의 기묘한 관계.

희생은 왜 필요한가?

모든 것을 파괴하는 욕망, 무차별화와 대립의 극한에서 파멸의 위험에 직면한 공동체 구성원들을 어떻게 구할 수 있는가? 위기에서 벗어날 수 있는 유일한 길은 이 폭력을 하나의 희생물에 집중시키는 것이다.

희생물은 그것에 저항할 수 없는 자 가운데 선택되는데, 이처럼 희생자가 복수할 수 없기 때문에 복수의 연쇄는 끝날 것이다. 만약 이런 대상을 찾지 못한다면 폭력은 자의적으로 원하는 대상을 만들어낼 것이다.

지라르는 원시 종교와 신화에 나타나는 희생을 신과 제물을 바치는 자 사이의 관계에서 보지 않고 사회적인 것으로 해석한다. 희생은 관리된 대체 폭력이다. 이것은 위기에 빠진 집단에 만연한 공격성의 배출구를 마련함으로써 그들을 정화한다. 이런 희생은 공동체 전체를 파멸시킬 복수의 연쇄관계, 악순환을 벗어나게 한다.

지라르는 인간의 욕망이 모방 욕망이고 이것이 폭력을 전염시킨다고 본다(이에 대해서는 욕망의 구조를 설명하면서 보충할 것이다). 인간의 모방 욕망과 연결된 폭력은 인간의 벗어날 수 없는 조건이다.

하지만 희생물에 대한 폭력은 이와 다른 의미를 갖는다. 보통의 폭력은 무질서를 낳고 공동체를 분열시키지만, 희생물에 대한 폭력은 '질서를 낳는 폭력'이다. 이것이 비록 폭력이라고 하더라도 공동체를 화해시키기 때문이다. 따라서 문제는 폭력이 아니라 폭력의 방향이다. 그것이 어디를 향하는가? 폭력 자체를 없앨 수 없다고 하더라도 폭력이 모두의 평화를 가능하게 하도록 행사될 수 있다.

지라르는 이런 희생 폭력을 행사하는 공동체 구성원들이 희생의 (숨겨진) 의미를 알지 못한다(몰라야 한다)고 지적한다. 테바이 사람들은 오이디푸스가 '실제로' 아버지를 죽이고 근친상간을 범했다고 '생각한다.' 그들을 위기에 몰아넣은 페스트는 그들 간의 분열, 경쟁의 응결체이다. 그들은 자신의 왕을 희생물로 삼아서 그것을 제거할 수 있다. 이런 희생은 공동체의 조화와 통일성을 회복시킨다. 이렇게 본다면 사회질서는 죄 없는 희생물의 피에 기반을 두고 있는 것이 아닌가?

희생물은 고대 그리스에서 파르마코스pharmakos로 불린다(5세기 아테네에서도 재난이 닥칠 때 제물로 바치기 위해서 제물을 자기 손으로 부양했다. 투피남바 인디언들은 전쟁 포로들을 제의상의 식인풍습의 제물로 바친다. 멕시코의 아스텍인들이 전쟁을 하는 까닭은 그들의 태양신에 바칠 희생 제물을 얻기 위해서다). 아가멤논의 딸 이피게니아는 희생물이었고, 고대 아프리카 왕국의 신성한 왕들도 제물로 바쳐진다. 그들은 즉위할 때 근친상간, 살인들의 죄를 저지르게 되는데, 일정 기간 동안 신처럼 대우받다가 결국 제물로 바쳐진다. 그러면 오이디푸스나 욥도 전형적인 희생물은 아닌가?

그러면 이런 희생물들은 어떤 특징을 갖는가? 그것이 효과적으로 정화 기능을 하기 위한 특징이 필요하다. (복수의 악순환을 벗어나려면) 희생물은 복수할 수 없는 자여야 하고 누구도 그의 입장을 지지할 수 없어야 한다. 곧 공동체에 속하면서도 완전하게 속하지 않아야 한다. 예를 들면 동물, 전쟁 포로, 노예, 어린이, 성인식을 거치지 않은 청소년, 불구자, 왕 들이다.

원시 종교와 신화 등의 기원에 폭력이 있더라도 그것의 기원은 은폐되어야만 한다. 제물을 바치는 자나 희생을 믿는 자나 폭력이 하는 역할을 모른다. 그들은 희생물이 죄가 있다고 확신한다.

그들은 신이 희생물을 요구한다고 여기고 그들이 바친 제물이 신의 분노를 가라앉힌다고 여긴다. 희생물의 메커니즘은 이중적인 효과를 노린다. 공동체 전체가 만장일치를 이루어 그들 간의 폭력을 억누르고, 구성원들 자신의 폭력을 숨기고, 그 폭력이 외적인(초월적인) 것 — 신의 명령이나 신이 원하는 바 — 이라고 생각한다면 폭력의 진실은 드러나지 않는다.

신화는 이처럼 신과 영웅의 이야기를 통해서 희생물을 변형시킨다.* 희생물은 이중적인 성격을 갖는다. 그것은 죄를 짓고 해로운 존재여서 혼란의 책임을 지고 제물로 바쳐진다. 그다음에는 바로 그 희생물이 이로운 것이 되면서 신격화된다. 그런 희생이 공동체의 질서를 회복시키기 때문이다. 지라르는 희생자 sacrifié의 의미가 양의적이라고 지적한다. 제물로 바쳐진 sacrifiées 희생물은 나중에 신성화된다 faites sacrées. 이처럼 성스러움의 기원에는 폭력이 있다. 이는 성스러움이 사회적 위기에서 비롯되고, 집단 살해에 의거하며, 신성한 것들은 희

---

* 지라르는 신화 속의 박해는 희생물을 박해하면서 희생물을 숭배하지만, 중세와 근대의 박해자들은 희생물을 숭배하지 않고 증오할 뿐이라고 지적한다.

생물들이 형태를 바꾼 것이기 때문이다.

이처럼 지라르는 모방 욕망이 폭력을 낳고, 폭력은 희생물의 메커니즘을 낳는다고 지적한다. 그러면 앞에서 미루어두었던 욕망의 모방적 성격에 대해서 잠시 살펴보자.

욕망의 삼각형

보통 욕망을 한 주체가 스스로 어떤 대상을 선택하는 틀로 설명한다. 그런데 지라르는 욕망에 전범paradigme이란 제3자의 매개가 개입한다고 본다. 그는 욕망을 주체-대상의 틀로 보지 않고 주체→전범→대상의 삼각형으로 대체한다. 곧 욕망은 곧바로 대상을 향하지 않고 우회한다.

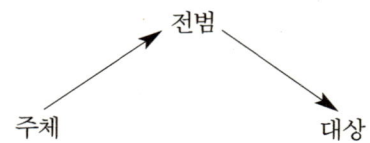

예를 들어서 돈키호테는 전설적인 기사 아마디스 데 가울레를 모방한다. 전설적인 기사의 욕망이 곧 자신의 욕망이 된다. 보바리 부인은 파리 사교계 여인들의 욕망을 모방하고, 『적과 흑』의 주인공 소렐은 나폴레옹을 모방한다.

돈키호테는 자신의 욕망이 아니라 아마디스가 선택한 것을 욕망한다. 그는 기사도 모델에 의해서 그에게 결정된 대상을 따르는데, 독자에게는 그것이 희극적인 모습으로 나타난다. 이때 욕망의 대상은 매개자에 이르기 위한 수단일 뿐이다. 주체는 매개자가 되고자 한다.

보바리 부인은 자신의 상상력을 채워주는 이류 소설의 낭만적인 여주인공을 통해서 욕망 대상을 선택한다. 그녀는 자신을 현재 상태와 다르게 보이도록 하기 위해서 모델의 욕망을 추구한다. 그녀는 외적인 모든 것, 제스처, 억양, 옷 등을 통해서 타자가 되려고 한다.

스탕달의 주인공도 마찬가지다. 소렐은 나폴레옹을 모방하려고, 레날 가문에서 하인의 식탁이 아니라 주인의 식탁에서 함께 식사하고자 한다. 『파르마의 수도원』의 주인공 파브리스는 루이 14세를 모방한다. 이런 주인공들의 허영심은 경쟁과 패배의 순환에 들어선다. 『적과 흑』의 첫 장면에서 레날이 가정교사를 구할 때도 그의 경쟁자인 발르노가 가정교사를 구하기 때문에 경쟁에서 이기기 위해 가정교사를 구하는 것일 뿐이다(아이들을 위하거나 지식욕은 부차적인 문제이다). 그것을 눈치 챈 소렐의 아버지는 경쟁자를 들먹이며 더 좋은 조건을 요구한다. "이미 더 좋은 제안이 있었는뎁쇼." 소렐은 마틸드를 차지하려고 할 때도 데르바크를 자극해 마틸드의 욕망을 움직이게 한다(이처럼 허영심이 강한 자는 욕망 대상을 찬양하는 다른 인물이 그것을 욕구한다고 확신할 때 바로 그 대상을 원한다. 이때 매개자는 허영에 투사된 라이벌이 되고, 이 허영은 그의 패배를 낳지만 이 경쟁에서 물러설 수는 없다).

이 주인공들은 자신의 욕망을 타인에게서 배우고 전범의 욕망이 선택한 대상을 선택한다. 인간은 그 자체로 바람직한 대상이나 자신이 바람직한 것으로 선택한 대상을 자발적으로 욕망하지 않는다. 또한 자기 스스로, 혼자서 욕망하지도 못한다. 욕망은 제3자에 의해서 지시되어야 한다. 사람들은 다른 사람이 원하는 대상을 원한다.

매개자는 제자리에 있지만 주인공은 위성처럼 그 주변을 돌고 있다.

그는 매개자를 통해서, 매개자 안에서만 바람직한 대상을 찾는다. 이처럼 욕망이 모방 욕망임을 인정한다면, 욕망의 자율성(욕망을 주체가 대상을 선택하는 것으로 봄)은 환상일 뿐이다. 자율적인 주체와 자연발생적인 욕망이란 없다.* 매개자는 제자리에 있지만 주인공은 위성처럼 주변을 돌고 있다.

이런 까닭에 욕망의 대상은 별로 중요하지 않다. 욕망 대상이 바랄 만하기 때문에 주체가 그것을 바라는 것이 아니기 때문이다. 인공 태양인 매개자가 내뿜는 신비스러운 빛은 대상을 엉뚱한 찬란함으로 빛나게 한다. 상상력으로 빚어낸 찬란한 궁전에는 실제로 무엇이 있을까? 주체는 자신이 바라던 대상을 움켜쥐는 순간에 그것이 터진 풍선처럼 그저 객관적인 것에 지나지 않음을 깨닫는다. '이게 전부인가?' '아니, 겨우 '이것/이 사람'을 얻기 위하여 지금까지 그 많은 희생을 치렀단 말인가?' 주체는 실망하고 새로운 대상을 찾는다. 그 길은 매개자가 안내하는 신기루 같은 덧없는 희망에 이끌리는 길이다. 이처럼 바라던 대상을 소유하자마자 대상이 그 가치를 잃는 까닭은 "대상에 대한 충동은 결국 전범, 중개자에 대한 충동"이기 때문이다.

• 『잃어버린 시간을 찾아서』의 주인공 화자는 베르고트의 사소한 말까지도 법으로 여긴다. 그가 샹젤리제를 산책해야 했을 때 아무도 그에게 그곳을 미리 지적한 바가 없었다. "만약 베르고트가 그의 책에서 그곳을 묘사했더라면 나는 틀림없이 그곳을 알고 싶어 했을 텐데." 또한 마지막 부분에서 공쿠르의

---

* 주관주의와 객관주의, 낭만주의와 사실주의, 관념론과 실재론의 대립은 이런 매개자의 존재를 은폐한다. 이것들은 내적 매개의 특수한 세계관을 미적·철학적으로 해석한 것에 지나지 않는다.

기록을 읽으면서 베르뒤랭 부부의 살롱을 회고할 때를 보자. "나는 무엇을 책에서 읽고 이미 그것을 바라는 마음이 생기지 않았다면 그것을 볼 수 없었을 것이다. 〔……〕 이윽고 그런 것이 일단 예술가에 의해서 그려져서 내가 외롭게 앉아 있을 때 그것을 대면하면 나는 그 사람들을 만나기 위해서 죽음을 무릅쓰고 천리 길을 달려갔을 것이다." 그리고 화자는 베르고트를 모방하기 위해서 작가가 되기를 원한다(돈키호테는 아마디스를 모방하기 위해서 기사 수업을 했다). "나는 내 생각을 지워버렸기 때문에 내가 그의 책에서 내 생각에 떠올랐던 것을 찾게 되었을 때 마치 신이 무한한 자비로 그것을 내게 되새겨주고 그것이 아름답고 올바른 것이라고 선언한 것처럼 내 가슴은 감사와 자랑스러움으로 부풀어 올랐다. 〔……〕 뒤에 내 스스로 글을 쓰게 되었을 때 내 문장들이 너무 마음에 들지 않아서 그 일을 계속해나갈 결심을 할 수 없었는데 나는 베르고트의 문장에서 내 문장과 같은 무게를 지닌 것을 찾고 싶었다."*

외적 매개와 내적 매개

지라르는 욕망의 삼각형을 두 유형——외적 매개와 내적 매개——으로 나눈다.

외적 매개는 돈키호테의 예에서처럼 매개자가 접근할 수 없는 먼 곳에 있는 경우이다. 스탕달의 주인공들은 내적으로 매개되므로 매개자가 가까운 곳에 있다(매개자가 하늘에 있는가, 지상에 있는가? 물론 이때의 거리는 물리적 거리가 아니라 정신적인 거리이다. 돈키호테와 산초

---

* 지라르는 모든 소설이 (낭만적 허구에 비해서 욕망의 진실을 보여주는 데) 서로 연결되어 있으며, 서구 소설의 모든 이념은 『돈키호테』의 싹에서 차란 것이라고까지 얘기한다.

판자의 경우는 물리적으로 항상 가까운 곳에 있지만 사회적·지적 거리를 좁힐 수는 없다).

외적 매개의 경우에 주인공은 욕망을 소리 높이 외친다. 돈키호테는 자신의 모델을 공공연하게 숭배한다(보바리 부인에게 레옹은 서정시적 고백을 한다).

이처럼 외적 매개는 욕망 주체와 전범 사이의 거리를 뛰어넘을 수 없는 경우를 가리킨다. 매개자가 주인공 바깥에 있기 때문에 욕망 대상을 두고 갈등이 생길 위험은 없다. 아마디스의 세계와 돈키호테의 세계는 서로 만나지 않으며 그들 사이에 경쟁이란 있을 수 없다. 타자에 이끌리는 돈키호테의 욕망은 유쾌한 광기에 머문다.

이와 달리 내적 매개에서는 욕망의 주체와 매개자가 가까이 접근한다. 매개자는 (주체가 원하는) 대상을 바라거나 소유하고자 한다. 따라서 그는 경쟁자가 된다. 매개자가 장애물로 바뀌고 이들 사이에 경쟁이 벌어진다. 형이 바라는 바를 뒤쫓는 동생의 경우에 둘은 같은 목표, 대상을 추구하는 경쟁자가 된다.

내적 매개의 경우에 주체는 모방하려는 노력을 눈에 띄지 않게 감춘다. 대상에 대한 충동이 매개자에 의해서 제지되기 때문이다. 이때 모델에 대한 경외감은 격렬한 증오를 낳는다(매개자 자신이 불러일으킨 주체의 욕망을 매개자가 만족시키지 못하게 하기 때문이다). 주체는 매개자를 장애물로 여긴다. 원한, 질투, 선망이 욕망을 부채질한다.

프루스트의 경우에 화자(마르셀)의 욕망은 항상 빌려온 욕망이다. 주인공은 경쟁자의 존재에 종속되고, 속물은 타인이 욕망하는 대상만을 욕망한다. 이런 주인공에게서 사랑은 질투, 라이벌의 존재에 굴복한다. 매개자의 특권이 분명하게 드러난다. "사랑을 할 때 〔……〕 라이별은 적임에도 불구하고 후원자가 된다." 속물은 다른 사람이 바라는 대상만 바란다. 그는 상류 사교계의 노예이다. 이런 매개자는 은폐되어 있지 않다. 미적인 즐거움, 지적 생활, 옷, 음식 등에서 속물이 될 수 있다. 사랑에서 속물이 되는 것은 자신을 질투에 내맡겨서 파멸하는 것이다.

도스토예프스키의 주인공들은 경쟁자와 다투는 불행한 이들이다. 경쟁자는 주인공에게 개혹적인 존재인 동시에 분노하게 만든다. 흥분과 절망, 경쟁자에 대한 열렬한 우정과 증오 사이를 오가는 주인공은 사랑하면서 불행에 빠지고 경쟁자에게 이기기 위해 무엇이든 하려고 한다. 자기와 타인이 분신, 쌍둥이 관계rapport de doubles에 이를 정도로 가까워진다. "각자는 자신의 욕망이 보다 중요하고 시기적으로 앞선다고 주장하면서도 타인을 모방한다. 각자는 타인에게서 지독하게 잔인한 박해자를 본다. 〔······〕 적대적인 형제는 극도로 분노하면서도 항상 같은 길에 들어선다."

도스토예프스키는 매개자가 너무 가깝게 접근하여 적개심이 증가하는 예를 보여준다. 이 경우에 양가감정이 일어나고 대상에 대한 열정은 증오와 함께 들끓는다. 질투 없는 사랑, 선망을 불러일으키지 않는 우정, 반발 없는 매력이란 없다. 매혹은 항상 증오와 짝을 이룬다.

『미성년』에서 (돌고루키와 베르실로프 사이의 관계를 이런 매개로 설명해야 하는데) 아들과 아버지가 같은 여인을 사랑한다. 장군의 부인에 대한 아들(돌고루키)의 열정은 아버지의 것을 모방한 것이다.*

---

* 『영원한 남편』에서 파블로비치는 벨차니노프에게 자기 약혼녀의 집으로 가자고 유혹한다. 매개자에게 바람직한 선택을 닿기려는 것이다. 우정이 경쟁심을 동반한다. 파블로비치는 벨차니

지혜의 그림자와 어두움의 지혜 341

어른의 눈으로 본 아이의 위험한 욕망?

지라르는 프로이트가 이런 욕망의 모방성을 알고 있으면서도 이 점을 강조하지 않는다고 지적한다. 프로이트는 오이디푸스 콤플렉스를 설명하면서 다음과 같이 지적한다. "아이는 아버지에게 큰 관심을 보인다. 그는 아버지처럼 되고 싶으며, 모든 점에서 아버지를 대신하고 싶다. 말하자면, 그는 아버지를 자신의 이상으로 삼는다." 여기에서 아버지가 전범이 되고 아버지의 욕망을 향한 아이의 모방 욕망이 나타난다.

지라르는 오이디푸스적 경쟁을 모방으로 설명한다. 아이는 경계하지 않고 전범의 대상을 지향한다. 물론 자신이 위협이 되리라고는 생각할 수 없을 것이다. 그런데 어른은 이것을 침해로 생각할 수 있다. "아버지를 죽이고 근친상간을 원하는 욕망은 아이의 생각일 수 없고 분명히 어른의 생각, 전범의 생각이다. 신화에서 그것은 오이디푸스가 무엇인가를 욕망할 수 있기 전에 신탁이 라이오스에게 알리는 생각이다." 아이는 전범(아버지)의 적대감의 표적이 되면서도 여전히 그 전범에 관심을 집중한다. 그러면서 자신이 잘 모르는 이유 때문에 비난받을 만하다고 여길 것이다. 자신이 왜 비난받는지도 모르면서 죄의식을 지닐 것이다. 자신이 욕망 대상을 가질 자격이 없다고 생각하는 경우에 대상은 더욱 탐나는 것이 될 것이다.

지라르는 프로이트처럼 욕망이 대상(어머니)에 근거를 두고 있고 아이에게 아버지를 죽이고 근친상간하려는 욕망이 있다고 볼 필요는

노프에게 그의 약혼녀에게 줄 보석을 골라달라고 한다.

없다고 주장한다. 그런 욕망이 있다면 그것은 전범인 아버지의 욕망에서 비롯되는 것이고, 바로 아버지에게서 배운 것이 아닌가?

무차별화의 위기

이렇게 볼 때 욕망이 타자의 욕망 대상을 붙잡으려고 하면 어쩔 수 없이 상대 욕망의 폭력에 직면한다. 같은 대상을 향하는 두 욕망은 서로 장애물이 된다. 자유로운 모방은 경쟁하는 욕망의 장애물에 맹목적으로 달려든다. 이 모방에서 실패할 때 이 실패는 모방 경향을 더욱 강화시킨다. 신봉자, 욕망의 제자discipline는 (타자가 욕망하는 것을 욕망함으로써) 상대방 욕망의 폭력에 부딪힌다. 이제 폭력과 욕망이 결합된다.

이처럼 모방 욕망에서 전범은 장애물이 되고 장애물은 전범이 된다. 이렇게 해서 차이가 지워지고, 폭력이 고개를 든다. 개인들 간의 관계에서 어떤 일이 벌어지는지를 도스토예프스키가 잘 보여주는데, 차이가 없어진 적대자들이 짝패가 되어서 서로 다툰다.

공동체의 수준에서 무차별화indifférenciation는 치명적이다. 문화의 질서는 동일성이나 유사성이 아니라 차이에 바탕을 둔 것이다. 개인이 자신의 자리를 찾을 수 있으려면 차이가 유지되어야 한다. 이런 차이가 사라질 때 공동체 성원들은 서로 교환 가능한 존재가 되고 혼란에 빠진다(오이디푸스는 이런 무차별화의 전형적인 예이다).

지라르는 이런 폭력이 감염될 수 있고 전파될 수 있다고 본다. 이는 폭력이 모방적이기 때문이다. 제동장치가 개입하지 않으면 타자의 방해가 폭력을 부른다. 공동체는 끊임없는 폭력의 악순환에 빠지고 만다. 복수는 항상 새로운 복수를 부른다.

따라서 모방 폭력으로부터 문화질서를 지키기 위해서는 욕망이 같은 대상에 집중되지 않도록 해야 한다. 원시 사회에서 갖가지 규칙과 금지는 욕망의 대상을 안전하게 지정하고 그것이 중복되거나 경쟁관계를 마련하지 않도록 한다. 지라르는 원시 종교의 희생제의가 욕망이 공동체를 파괴시키지 않도록 하는 장치라고 본다.

● 알바니아의 산악 지방을 배경으로 한 카다레의 『부서진 4월』은 죽음에 대해서는 반드시 죽음으로 되갚도록 규정된 잔인한 카눈을 다룬다. 한 사람의 피를 회수하는 것은 그가 회수한 피 때문에 상대방 역시 피를 회수한 자의 피를 회수하도록 요구한다. 따라서 한 죽음은 다른 죽음을 부르고 그 죽음은 다시 죽음으로 이어진다. 언제 이 대칭, 악순환이 끝이 날 것인가? 언제 이 죽음의 경작이 황폐해져서 복수의 씨앗이 싹을 틔우지 못하게 될 것인가? 언제 모두가 삶의 주인공이 되는 평화의 날이 올 것인가?

철학자 오이디푸스 — 구스의 해석

영웅 신화의 기본 구조에서 어긋난 오이디푸스 신화

구스Jean-Joseph Goux는 다양한 문화들에 나타난 남성 영웅에 관한 신화들의 유사성에 주목한다. 그는 페르세우스, 벨레로폰, 이아손의 신화 등에는 공통된 원형적 플롯이 있다고 가정한다. 그는 이러한 단일 신화mono-mythe와 오이디푸스 신화를 비교하면서 후자의 특징적인 논리를 찾는다(오이디푸스 신화는 표준 신화와 거리가 멀어서 파생적인 신화라고 할 수 있다).

먼저 표준이 되는 단일 신화의 구조를 정리해보자.

① 왕은 아직 어리거나 태어나지 않은 자가 자기 자리를 차지할 것을 두려워한다—신탁의 예언. 그는 어린이의 탄생을 방해하거나 예정된 침입자를 미리 제거하고자 한다.
② 미래의 영웅은 왕의 살해 의도를 벗어나서 살아남는다. 그리고 다른 두번째 왕이 미래의 영웅이 생명을 잃을 만한 위험한 과제를 맡긴다—파견자 왕이 부과하는 시련.
③ 영웅의 시련은 괴물과 싸우는 형태로 부과된다. 이때 영웅은 자신의 힘이 아니라 신이나 현자(또는 미래의 약혼자)의 도움을 받아서 괴물을 물리친다.
④ 괴물에게 승리한 영웅은 왕의 딸과 결혼한다.

이런 영웅 이야기에서 두드러진 측면은 주인공이 괴물에게 승리함으로써 영웅의 칭호를 얻는 것이다. 페르세우스는 고르곤을, 벨레로폰은 키마이라를, 이아손은 황금양털을 지키는 불사의 괴물을 죽인다. 오이디푸스도 스핑크스를 (스스로 죽이지는 않지만 괴물이 자살함으로써) 물리친다. 이아손과 맞선 콜키스의 용을 제외하고는 괴물이 모두 여성(고르곤, 키마이라, 스핑크스)이고 모두가 뱀-여성인 에키드나의 자식들이다.

그리고 페르세우스는 안드로메다와, 벨레로폰은 필로노에와, 이아손은 메데아와, 오이디푸스는 이오카스테와 결혼한다. 이런 점에서 이 신화들은 '왕위 수여'의 의미를 갖는다. 그런데 오이디푸스는 왕의 딸이 아니라 왕의 부인과 결혼하는 점에서 이런 결혼 주제와 어긋난다.

그리고 오이디푸스 신화에는 왕에 의해서 부과되는 시련이라는 주제가 빠져 있다. 주인공은 자발적으로 스핑크스와 만난다.

오이푸스 신화에서는 두번째 왕이 영웅에게 위험한 시련을 부과하는 대신에 죽으며, 왕의 딸 대신에 어머니와 결혼하는 점 또한 다른 신화와는 어긋난다.

영웅들은 시련을 겪을 때 신의 도움을 받는다. 페르세우스는 아테나의 도움으로 메두사를 물리친다. 페르세우스는 메두사를 정면으로 보지 않고 번쩍이는 방패에 반사된 상을 보면서 싸운다. 헤르메스는 그를 날카로운 쇠 낫으로 무장하게 한다. 벨레로폰은 하늘을 나는 페가수스의 도움을 받는데, 아테나는 황금 고삐를 마련해서 키마이라를 물리칠 수 있도록 한다. 이아손은 메데이아의 도움을 받는다.

고대 그리스인들은 신의 도움 없는 승리는 오만함이나 광기를 낳는다고 본다―신성모독. 그런데 오이디푸스가 신의 도움 없이 자기 지혜만으로 스핑크스에게 승리하는 점은 특이하다. 날카로운 지성으로 피비린내 나는 싸움도 없이 승리한다. 오이디푸스의 스핑크스에 대한 승리는 '이성의 승리'라고 할 수 있다.

오이디푸스는 용감한 전사가 아니라 지성적인 인간, 수수께끼를 푼 지혜로운 자sophos이다. 그는 새의 점이나 하늘의 기호, 신이 보낸 언어에 의지하지 않는다. 젊은 지성의 힘이 신성한 기호를 해독하는 조상의 지식을 이긴다.

이를 정리해보자. 먼저 오이디푸스 신화에는 왕이 부과하는 시련의 모티브가 없다. 도리어 왕의 죽음이 있다. 그리고 여성-괴물과의 위험한 대결에서 누구의 도움도 받지 않으며, 물리적 힘 대신에 지성으로 승리한다. 그리고 왕의 딸이 아니라 그 어머니와 결혼한다.

어머니-괴물 죽이기: 남성 주체의 욕망에 대한 장애물

그러면 신화에서 괴물 살해가 어떤 의미를 갖는가? 구스는 여성-괴물을 죽이는 것이 '어머니 살해matricide'라는 의미를 갖는다고 해석한다. '아버지 살해patricide'가 아니라 '어머니 살해'가 더 어려운 과제이고, 영웅을 완전한 인간으로 만드는 주요한 공적이다(물론 어머니 살해가 실제의 어머니를 살해하는 것은 아니다).

프로이트는 구의식을 가족 드라마로 이해하므로 '어머니 살해'라는 주제를 오해한다. 영웅이 대결하고 승리해야 하는 것은 부성적父性的 차원이 아니다. 남성에게 어머니에 대한 욕망은 치명적인 욕망이다. 그는 여성적 요소로부터 해방되어야만 신부와 결합하는 길을 열 수 있다. 그는 어두운 어머니 요소에서 밝은 결혼적·여성적 요소로 넘어가야 한다. 어머니 요소에 대한 싸움은 (어머니 아닌 여성을 선물로 제공하는) 결혼에 의해서 보상받는다.

프로이트처럼 아버지적 요소를 금지의 수행자로 볼 필요는 없다. 이 요소는 영웅 신화에서 영웅에게 위험한 시련을 부과하는 파견자 왕의 역할로 나타난다. 이 왕은 (금지하는 법이 아니라) 권위에 의해서 시련을 부과한다. 그는 젊은 영웅이 위험하고 불가능해 보이는 시련에 도전하도록 하여 경쟁심, 명예욕을 자극한다.

그런데 오이디푸스 신화에서는 아버지나 어머니 차원의 역할이 다르다(오이디푸스 신화에서는 부친 살해가 근친상간으로 이어지지만, 단일 신화는 어머니 살해가 결혼으로 이어진다).

남성 주체가 부딪히는 욕망의 난제는 (어머니와 근친상간하게 하는 아버지 살해 대신에) 결혼으로 결합하는 길을 여는 어머니 살해라는 장애와 관련된다. 이것은 어머니 아닌 여성에 이르게 한다. 그런데 오이디푸스 신화는 이런 남성적 욕망의 문제를 왜곡하거나 회피한다.*

잘 알려져 있듯이, 프로이트는 아버지를 거세 위협의 수행자로 본다. 이 경우에 남성적 욕망의 진리를 드러내는 보다 근본적인 형식, 사물과 고통스럽게 대면할 의무가 면제된다.**

프로이트는 아버지를 법의 대변자로 본다. 아버지는 어머니를 금지하고 근친상간적인 상상을 금지한다(그는 분명히 드러난 아버지적인 금지가 아버지나 어머니 같은 인간의 얼굴을 한 것이 아님에 주목하지 않는다). 그런데 (아버지가 아니라) 스핑크스를 통해서 청년의 부정적이고, 어둡고, 동물적인 여성성에 대한 위험한 욕망이 나타난다. 그는 자신이 완전히 소멸되고 말 위험하고 두려운 일치를 추구한다.

스핑크스는 청년이 소멸될 위험을 지닌 '성과 죽음의 신비'를 상징한다. 청년은 어머니를 원하는 어두운 욕망과 대결해야 한다. 이런 대결을 거치면서 '상징적으로' 죽은 다음에 새로운 정체성을 지닌 영웅이 재탄생할 수 있기 때문이다.

---

* 프로이트는 오이디푸스 콤플렉스에서 아버지 살해와 근친상간의 관계에만 주목한다. 하지만 오이디푸스 신화를 구조적으로 이해하기 위해서는 ① 영웅이 여성적 요소와 맺는 관계, ② 영웅이 남성적 요소와 맺는 관계, ③ 이 두 유형의 상관관계를 파악할 필요가 있다.
   먼저 영웅과 여성의 관계를 보면, 영웅은 여성-괴물을 피비린내 나는 싸움으로 죽여야 한다. 그렇게 하지 않은 주인공은 자신의 어머니와 결혼한다. 영웅과 남성의 관계에서 그런 시련을 겪지 않는 주인공은 자신의 아버지를 죽인다. 근친상간과 부친 살해는 왜곡되었지만 여성적 요소와 남성적 요소의 결합이 일정한 규칙에 따름을 보여준다. 그리고 이런 두 결합이 교차하는 지점에서 왕이 준 시련을 거치지 않은 주인공은 여성-괴물을 죽이지 않는다.

** 프로이트는 거세 위협을 분노하는 강한 아버지에 귀속시킴으로써 아들의 근친상간적인 욕망을 금지하는 단절의 원인을 인간적인 요소로 이해한다. 그는 전인간적인, 초인간적인, 비인간적인 필연성을 박탈한다. 근친상간적인 욕망은 내재적으로 고통스러운 것이다. 어떤 규약적인 금지도 그렇지는 않다. 청년은 자신의 충동에서 그의 욕망 자체가 무섭고 고통스러운 괴물을 창조한다.

영웅은 괴물에 맞서서 투쟁함으로써 자신의 남성성을 드러내야 한다. 유아적인 의존 상태에서 벗어나 투쟁적인 남성다움을 갖추어야 한다. 그런데 오이디푸스 신화에서는 남성다움이 동원되지 않는다. 가슴의 용기가 아니라 머리의 지성으로 괴물을 물리친다. 따라서 오이디푸스의 성적 충동은 시험받지 않았으므로 극복되지 않은 채로 남아 있다.

(표준 신화와 달리) 어머니 살해라는 시련을 회피했기 때문에 오이디푸스는 여전히 어머니에 사로잡혀 있다. 그의 운명은 여전히 어머니에 의해서 통제된다. 오이디푸스 비극에서 이런 욕망이 시련을 통해서 철저하게 불태워지고 변형되지 않았기 때문에 오이디푸스는 어머니에 대한 욕망을 벗어나지 못한다.

입문initiation 의식

이렇게 보면 정신분석학에서 스핑크스는 해석 불가능하거나 '사고되지 않은 것'impensé으로 남는다. 그러면 스핑크스의 수수께끼란 무엇인가? 스핑크스의 의미는 무엇인가? 오이디푸스와 프로이트가 풀었다고 생각하는 수수께끼는 어떤 의미를 숨기고 있는가?

구스는 이 문제를 원시 사회의 일반적인 입문initiation 의식에 연결시킨다. 사춘기 소년이 성인의 자격을 부여받고 어른 공동체로 들어가는 입문이나, 영웅이나 왕가의 입문 의식을 통한 왕위 수여 의식을 어떻게 이해할 수 있는가?

입문 의식의 핵심은 입문자가 다시 태어나기 위해서 죽음을 거치는 과정이다. 그는 상징적인 죽음(혼돈이나 지옥, 대지의 내장, 원초적 자궁 등으로 복귀함)을 거친 뒤에야 산 자들에게 되돌아오고 '두번째로 탄생'한다. 그는 의식 과정에서 죽음을 상징하는 다양한 고통을 받는다—이를 뽑거나 신체를 절개하거나 고문에 가까운 고통을 받거나 정신적인 공포를 느끼게 하는 것 등. 이 과정에서 입문자는 괴로움에 의해서 삼켜지고 조각나고 불태워진다(고 여겨진다). 그는 신체상의 고통, 고문, 호된 시련을 겪으면서 '상징적으로' 죽는다. 이 죽음 이후에 그는 새로운 정체성(이름, 옷 입는 형식, 특수한 의무 등)을 얻는다.*

다른 각도에서 보면 이런 입문은 통과이자 단절이다. 입문자들은 어머니들의 세계로부터 (폭력적으로) 뿌리 뽑힌다. 그리고 아버지들(조상들)의 결사에 상징적으로 합체되어서 남성다움의 지위를 얻는다. 또한 결혼은 친밀한 어머니 세계로부터 벗어나서 여성과 (근친상간적이지 않은 방식으로) 결합하는 것이다.

입문에 요구되는 다양한 폭력들은 어떤 것을 잘라내는데, 이것은 그를 어머니적인 차원과 융합된 상태로부터 떼어놓는 것이다.

이런 점에서 입문적인 시련은 입문자를 희생자이자 암살자로 만드는 셈이다. 한편으로는 고통스러운 분리를 요구하면서 동시에 이런 호된 시련이 입문자를 감싸고 있는 것을 능동적으로 죽일 것을 요구한다(이것은 청년의 성장을 방해하는 부분으로서 그를 과거에 묶어두고 그

---

* 입문은 새로운 생으로 옮아가는 과정이다. 성인 사회, 비밀 결사, 비교적 종교 단체에 들어가는 길이다. 이것은 죽음을 거쳐서 새로운 삶을 향하는 길이다. "소년들은 곧이어 다시 태어나기 위해서 죽은 조상이 있는 관목 숲에서 잡아먹힌다."(옌첸 족) 카메룬의 부족에서는 무서운 가면을 쓴 자(죽은 자들의 상징)들이 노리는 땅굴을 지나가게 한다. 셀크남 족은 어머니와 이별하고 귀신의 형상을 한 사람들과의 싸움에서 상징적인 죽음을 거친다. 할례, 생식기 절개, 이 뽑기 같은 제례적 수술과 고문을 받는데, 이런 희생을 거쳐서 성인 사회에서 새로운 이름을 얻고 공동 식사에 참여한다.

의 활기찬 발전을 지연시키는 어머니와 관련된 부분이다). 입문자는 그를 묶고 있는 것을 죽이면서 그 자신(의 일부)이 죽는 고통을 당한다.

어머니 죽이기는 죽이는 자 자신의 고통이기도 하다.* '어머니 요소 죽이기'와 '아들의 희생'은 같은 사건에 대한 두 가지 상징적 표현이다. 그를 모성적 뿌리로부터 고통스럽게 잘라내는 떼어냄에서 어머니-괴물이 죽는 것은 그것과 연결된 어머니의 아들이 죽는 것이기도 하다. (뱀) 어머니로부터 분리하기는 무서운 괴물에 대한 암살이자 어머니-아들의 피 흘리는 희생이다. 영웅은 살해자이자 동시에 희생자이다. 죽는 자와 영웅이 죽이는 자는 같은 인물이다. 영웅이 용을 죽이는 것은 자기 자신의 한 부분을 죽이는 것이다. 이런 이중적 죽음으로 그의 승리, 재탄생의 길이 열린다. 괴물에 대한 영웅적 승리와 그에 따른 '패배'가 영웅의 모험이다.**

스핑크스의 의미

스핑크스는 다의적인 의미를 갖는다. 그녀는 어렵고 풀 수 없는 수수께끼를 제출하는 괴물이자, 잔인한 살해자이고, 위험한 성적 유혹자이다.

이런 점을 신화학자 조르주 뒤메질Georges Dumézil의 인도-유럽 신화에 대한 분석과 연결시킬 수 있다. 그는 세 가지 시련, 곧 성적인 욕망, 신체적인 힘, 지성에 관련된 시련을 지적한다.

---

* 입문식에 포함된 분리 절차를 거세로 설명하는 것은 적절하지 않다.
** 괴물 죽이기는 영웅적·입문적인 작업의 결정적인 국면인 젊은 여성의 해방을 가능하게 한다. 표준 신화에서 괴물에게 승리하는 순간의 입문적인 재탄생은 젊은 여성이 해방되면서 결혼하는 것으로 나타난다.

영웅은 유혹자에 저항함으로써 인내의 덕을 제시하면서 쾌락적 경향을 극복한다. 또한 사나운 공격에 맞서 싸워서 용기와 육체적인 강함을 표현하고, 질문에 답하면서 자신의 지성을 제시한다.

뒤메질에 따르면 이런 덕을 얻는 절차는 삼중의 시련으로 의식화된다. 입문의 세 수준은 신성함, 전쟁, 풍요의 세 기능에 상응한다.

● 이 시련들은 사회를 이루는 세 가지 기능에 연결된다. 이렇게 보면 시련은 세 기능으로 특징 지어진 세 가지 덕에 호소한다.

사춘기 청년이 성인이 되는 경우나 왕위 수여를 위한 입문 의식은 완성된 인간을 목표로 삼는다. 세 기능——신성함, 전쟁, 농업적 풍요——에 상응하는 성질들을 상징적으로 통합하는 완전한 인간 teleois anthropos을 추구한다.

앞서 본 스핑크스를 이루는 세 부분인 여성의 머리, 사자의 몸, 독수리의 날개는 뒤메질이 제시한 세 기능에 상응한다고 볼 수 있다. 여성적 부분은 성적 시련에 상응하는 유혹하는 요소이고, 사자 부분은 호전적 힘을 나타내고, 독수리는 하늘과의 친근성, 또는 제우스와 연결된 동물이란 점에서 신성함의 상징으로 볼 수 있다.

스핑크스의 세 측면에 대항하려면 세 성질이 필요하다. '인내'는 주인공이 여성의 감각적 도발에 굴복하지 않게 하고, '용기'는 전사의 분노로 사자에 맞서 싸우는 힘을 요구하고, '지성'은 신성한 지식을 이해할 수 있게 한다. 이런 요소들을 갖추어서 완전한 인간, 세 기능에 상응하는 성질들을 통합한 자가 되어야 한다.

전형적인 신화에서 입문자는 항상 보다 현명한 전수자로부터 답을 배워야 한다. 그는 답을 스스로 고안하지 않는다. 전통적 태도는 지식을 신성한 대가大家로부터 수용해야 한다고 본다. 만약 근대인이 이와 달리 스스로의 지성을 갖는 것을 바람직하다고 본다면, 이는 입문적인 전수를 무시하는 신성모독에 해당된다.*

구스는 오이디푸스 신화의 특성이 일탈적 입문, 또는 입문의 회피에 있다고 본다. 만약 입문이 조화를 세우고 필요한 세 가지 덕의 균형을 마련하는 것이라면 오이디푸스의 일탈은 불균형과 타락에 이른다. 파국에 이르는 그의 입문은 세 가지 범죄와 그에 따른 재난을 겪어야 한다―부친 살해, 근친상간, 눈먼 상태.

• 뒤메질은 헤라클레스의 세 가지 오류를 지적했다. 헤라클레스는 제우스의 명령 앞에서 주저했기 때문에 광기라는 처벌을, 적을 배반한 살해는 신체적인 병을, 간통은 불태워지고 (자발적인) 죽음이란 처벌을 받는다.

오이디푸스의 세 가지 죄 역시 세 가지 기능에 대한 범죄에 대응된다. 그는 (간통을 저지르는 데 만족하지 않고) 그의 어머니와 잔다. 그는 (배신으로 적을 죽이는 데 그치지 않고) 그의 아버지를 죽인다. 그는 (신의 명령 앞에서 주저하는 데 그치지 않고) 스핑크스를 신이나 현자의 도움 없이 물리친다. 특히 이 점이 오이디푸스가 저지른 죄의 가장 수수께끼 같은 측면이다.

영광스러운 승리로 보이는 오이디푸스의 승리는 신성모독 때문에 범죄, 타락, 도착에 빠지고 신의 분노를 산다. 이처럼 이 신화가 영웅의 파행적 입문이거나 전형적인 입문 의식을 회피한 점을 고려하면 오이디푸스가 겪는 윤리적 파국을 이해할 수 있다.

* 니체는 오이디푸스를 '아버지의 살해자, 어머니의 연인, 스핑크스의 수수께끼를 푼 자'로서 삼중적 운명을 지녔다고 보면서, 이런 운명의 무서운 삼중성은 자연질서의 신성함에 도전하는 것이라고 본다. 오이디푸스의 답은 비자연적 지혜와 신성모독을 드러낸다. 이런 모독의 대가는 그의 세 범죄에 대한 응징이다. 그의 지혜는 눈먼 상태라는 대가를 치러야 한다.

그러면 이런 입문의 실패를 '그 나름의 틀'로 제시하는 오이디푸스 신화는 표준 신화를 어떻게 변형시키는가? 또 그것은 어떤 배경에서 그런 변형을 시도하는가? 이것이 소포클레스 비극의 종교, 정치적 배경과 관련되는가, 아니면 그리스에 특유한 이성을 모호하고 상징적으로 표현한 것인가?

전통적 권위에 맞서는 새로운 태도

오이디푸스의 모험을 새로운 시대, 개인의 정체성이 전통과 전승에 의해서 규정되지 않는 시대를 알린다고 볼 수는 없을까? 구스는 이런 새로운 주체성을 기존의 3분적tripartite 위계의 틀에서 벗어나려는 것으로 본다.

오이디푸스는 새로운 주체의 전형을 보여준다. 곧 이 신화는 기능적 3분 체계의 이데올로기, 당시의 사제司祭들이 지닌 권위와 선조들의 속박에서 벗어나려는 시도를 '상징적으로' 보여준다.*

철학이 탄생하면서 지혜는 더 이상 신성함의 전문가들에 의해서 전승되던 전통의 사슬에 매이지 않는다. 이성이 최고의 자리를 차지한다. 마찬가지로 오이디푸스는 자신의 지성만으로 지배자가 된다. 그는 사제적인 기능을 대변하는 테이레시아스에 맞서서 통치한다.

이것을 세대와 연결시킨다면, 철학적 사고로 무장한 '아들'은 아버

---

* 부정적으로 묘사되고 있는 오이디푸스의 모습은 이런 전통을 위반한 점을 잘 보여준다. 그의 삼중의 죄는 각각 세 가지 기능적 죄에 대응한다. 입문적인 신비를 세속화하는 것보다 더 큰 신성모독죄는 없다. 이는 신성함에 대한 불경죄이다. 그리고 자신의 아버지를 죽이는 것보다 더 큰 폭력죄는 없을 것이다. 이것은 전사의 죄에 해당하는 것으로 불경스러운 행동을 보여준다. 그리고 자신의 어머니와 근친상간하는 것보다 더 큰 성적 죄는 없다. 이것은 성적 강탈자의 죄이다.

지들의 권위에서 벗어나려고 한다. 철학자는 '아들'의 사고다.

그러면 오이디푸스의 지혜는 어떤 것인가? 아폴론은 빛, 순수한 과학, 이론적 지식의 신이다. 아폴론이 선물하는 순수한 시선(이론에 대한 사랑, 공평무사한 지식)은 사물을 밝게 비춘다. 곧 진리와 아름다움으로 세계와 영혼을 밝힌다.

그런데 오이디푸스는 이런 지혜를 '지나친' 열정으로 추구한다. 그의 지혜는 불경에 이를 정도로 극단적이다—그는 너무 멀리까지 간다. 그는 신이 부여한 빛으로 신의 영광을 드러내기보다는 자신을 빛낸다. 그는 '모든 것'을 밝히려고 한다. 자명하고 투명한 시선으로 어떠한 그림자나 신비도 남기지 않으려고 한다. 그래서 신성한 모호성의 공간을 위협한다. 이런 지성은 신성한 빛의 귀한 선물이지만, 오이디푸스가 그것을 '한계 없이' 사용하는 까닭에 파괴적인 도구가 되고 만다.

그는 스스로의 힘으로 사물을 파악하고 모든 전통을 파괴한다. 원래 입문은 전승이어서, 스스로의 힘으로 자기를 완성하는 것은 아니었다. 입문 의식은 신성함과 권위를 받아들이는 것이다. 그런데 철학자는 진리를 자기 힘으로 발견한다(헤라클레이토스, 파르메니데스, 아낙사고라스, 프로타고라스, 데모크리토스 등은 신화적 설명 대신에 세계에 대한 새로운 설명 방식을 고안한다).

이런 오이디푸스에게서 비판적 정신의 이미지, 아테네적인 지성의 이상형을 찾을 수 있다. 이성적 지혜가 신비적 지혜의 자리를 대신 차지한다. 공적 영역, 시장, 광장에서 대등한 질문자들 간의 투명한 토론과 참여자들이 나름의 관점을 제시하고 그것을 방어하는 자유로운 대화가 나타난다.

이렇게 본다면 오이디푸스 신화는 새로운 존재와 사고 형식을 고안하기 위한 그리스적 이성을 주제로 삼는다. 이것은 3분 체계의 이데올로기에 따르는 전통적인 양식을 대체한다. 철학의 고안, 자유롭고 평등한 시민들 간의 민주적 토론을 중시하는 정치의 형성.

비관점적인 태도에서 관점적인 태도로 de l'aspective à la perspective

구스는 인간이 자신의 특질들을 외부 세계에 투사하여 인간의 동기, 감정, 의도를 존재에 귀속시키는 태도를 오이디푸스적인 태도에 연결시킨다. 곧 그런 투사를 재인식하고 투사된 것에서 '인간'을 되찾아서 인간을 중심에 두는 anthropo-centrement 태도에 주목한다.*

예를 들어서 크세노파네스는 신들이 인간을 투사한 것일 뿐이라고 지적했다. 신들이 지닌 특성들은 인간들에게서 빌린 것이다. 곧 신들은 인간들이 고안한 것이다. "에티오피아인들은 그들의 신이 코가 납작하고 피부가 검다고 믿으며, 트라키아인들은 신들이 푸른 눈과 빨간 머리를 하고 있다고 주장한다."

이런 투사로부터 물러서서 이전에 초감각적인 것으로 보였던 존재들이 인간의 상상의 산물임을 재인식할 필요가 있다. 구스는 오이디푸스가 이런 인간이 중심이 되는 문화로 이행하는 출발점에 서 있다고 본다. 오이디푸스는 스핑크스의 수수께끼에 '인간'이라고 답함으로써, 모든 신과 괴물들 같은 초자연적인 존재가 단지 인간 상상력의 산물에 지나지 않음을 밝힌다. 그는 그것들이 인간 없이 나름의 힘으로 존립

---

* 그는 이런 태도가 인간 중심주의 anthropocentrism와 다른 것이고 그 방향이 반대라고 본다.

할 수 없음을 드러낸다. 곧 모든 불가해한 수수께끼를 인간에게 환원시켜서 인간을 유일한 원천으로 세운다.*

이 점을 고대 그리스 회화의 (준)원근법적 요소와 연결시켜보자. 메소포타미아, 고대 중국, 파라오 시기의 이집트 등에서 화가들은 그들이 '본 것'이 아니라 본다고 '생각한 것'을 그렸다. 미술사가 곰브리치가 지적하듯이 이집트인들의 예술은 인식에 바탕을 둔 것이었다.

고대 그리스 이전의 회화는 '기억'을 바탕으로 삼아서 그린 것이다. 대상이 정신에 남긴 이미지를 바탕에 둔 것이었다. 그들은 나무와 새가 아니라 (종합되고 단순화된) 나무 자체와 새 자체를 그렸다.** 이런 예술적 태도를 비관점적인 태도 aspective (브루너-트라우트 Brunner-Traut의 용어)라고 부를 수 있다.

이집트 회화에는 깊이 효과가 없고, 모든 것은 단일한 평면에 정돈된 것처럼 평평하다. 인간이나 동물의 몸을 전견에서 본 것처럼 제시한다. 그려진 상들은 (어떤 각도에서 보여진 것이 아니라) 항상 정면을 바라보거나 대상을 쉽게 알아볼 수 있는 측면상側面像으로 나타난다―몸이 정면임에도 불구하고 사람의 발은 항상 측면상이다. 이는 모든 대상을 최적의 가시성에 따라서, 가장 쉽게 확인할 수 있도록 그리기 때문이다. 따라서 형태가 판에 박은 듯하고, 같은 대상은 항상 같은 양식으로 표현된다. 그것은 대상을 마주하고 있는 주체의 가변적 상

---

* 오이디푸스는 인간이 중심이 되는 문화로 이행하는 길을 연다(이를 그리스인들이 이룩한 신화에서 이성의 세계로 옮아가는 것으로 볼 수 있다. 여기에서 자율적 수행자들이 합의를 추구하고 민주적 논쟁을 벌인다).
** 그리스의 회화는 '자연으로부터' 그린 것으로서, 특정한 나무의 형태는 그것을 그리는 개인의 관점에 따라서 표현되었다.

지혜의 그림자와 어두움의 지혜 357

황에 영향을 받지 않은 듯이 항상 일정하다. 따라서 이집트 회화의 상들은 고정되고 부동적이다.*

그런데 고대 그리스 화가는 발을 그릴 때 그 측면상이 아니라 본 각도에 따라서, 본 모습대로 그린다. 개인 관찰자에 의해서 지각되는 각도를 고려한다. 따라서 대상의 형태는 시선의 각도에 따라서 바뀐다 (물론 고대 그리스인들이 원근법적 양식을 도입했다고 해서 르네상스 이후에 나타난 기하학화되고 체계화된 양식을 고안했다는 얘기는 아니다).

예를 들어서 파르테논 신전을 완전한 수평과 수직선을 이루도록 짓는다면 건물 바깥에서 볼 때 꼭대기가 더 넓고 밑 부분으로 갈수록 좁아지는 것처럼 보일 것이다. 건축가는 이런 시각적 착각을 계산된 변형을 통해서 교정한다. ●「다비드 상」도 밑에서 보는 사람이 보기에 적절한 균형을 취한 것으로 보이도록 조각된 것이다.

이런 고대 그리스적 태도를 앞의 비관점적 태도와 대비시켜서 '관점적인perspective' 태도라고 할 수 있을 것이다. 또는 이것이 '관점적인 주체'를 구성한다고 볼 수 있다. 곧 현상을 보는 주체의 관점을 중시하고 주체를 대상을 장악하는 위치에 둔다. 상, 이미지들은 (주체에게 강요하지 않고) 항상 어떤 주체를 위해서/마주보고 있다.

이때 표상/재현은 대상 자체가 아니라 일정한 관점에 의해서 상대화된다. ●그래서 항상적인 모델, 절대적이고 끊임없이 반복할 수 있는 형태, 어떤 개인적 지각도 왜곡시키거나 변형시킬 수 없는 비관점적인 태도와 다르다.

이런 '시각적 리얼리즘'에 따라서 관점적으로 구성한 세계에서 인간

---

* 이집트인들이 '누군가on'가 보는 것을 그린다면, 그리스인들은 '내 je'가 보는 것을 그린다.

358

이 그 중심에 자리 잡는다. 고대 이집트인이 대상이 마치 주체와 독립적인 것으로 존재하듯이 '똑바로 앞에 있도록' 자리 잡게 하는 것과 달리, 고대 그리스인은 자신을 가운데에 두고 모든 시선視線을 모은다. 고대 그리스인은 자기 눈 안에 있는 대상에서 시작하고, 광선 역시 눈에서 출발한다. 관찰자 인간의 관점이 능동적인 중심을 차지한다.

구스는 이처럼 회화에서 '비관점적인 태도에서 관점적인 태도로 이행함de l'aspective à la perspective'이 정치적 민주주의와 철학의 발달과 상응한다고 본다. 그리스 신화가 비극으로 변형되는 것도 이런 맥락에서다. 오이디푸스 비극은 신화의 비관점적인 태도를 관점적인 태도로 바꿔놓은 것이다.*

이런 관점 변경에 의해서만 세계에 대한 인간학적 관점이 가능한 조건이 마련된다. 오이디푸스는 모든 인간학의 (초보적인) 바탕을 마련한다(페리클레스의 예를 보자. 태양의 일식을 본 배의 키잡이는 공포에 질린다. 이때 페리클레스는 자기 옷을 그의 눈앞에 쳐든다. 그리고 일식이 이런 옷 같은 불투명한 것이 태양을 가리는 것에 지나지 않는다고 설명한다. 이런 태도는 해나 별을 신성한 기호로 보지 않는다).

관점적인 태도는 어둠에 가려져 있는 신성한 공포에 맞서서 인간의 합리적 관점을 내세운다. 인간은 모든 사물의 중심이자 유일한 척도가 된다(스핑크스 같은 상징적이거나 상상적인 존재는 주체가 자신을 가시적인 것의 중심에 두지 않을 때에만 의미를 지닌다. 인간은 모든 수수

---

* 오이디푸스가 스핑크스에게 승리하는 것이 세계를 '관점적'으로 보는 태도에 상응한다고 볼 수 있다. 스핑크스 같은 상징적이거나 상상적인 존재는 주체가 자신을 가시적인 것의 중심에 두지 않을 때에만 의미를 갖는다. 따라서 (모호하게 투사된 이미지와 대결하는 것에 바탕을 둔) 입문적인 시련이 공허해진다.

께끼를 풀고 공포를 잠재우고 스핑크스를 심연으로 내쫓는다). 인간을 중심에 두는 태도는 사물들의 수수께끼 같은 불투명성을 제거한다. 달, 해, 별 들은 더 이상 숨겨진 의미를 갖지 않으며 신비한 기호가 아니다. 인간은 더 이상 초자연적인 공포에 떨지 않으며, 보다 높은 힘에 의존하거나 모호하고 다의적인 신성한 명령에 예속되지 않는다. 그는 신성한 힘들의 도움/위협에서 벗어난다. 그는 자기 자신과 이성이 제시하는 증거에만 의지한다("인간은 만물의 척도이다"). 이처럼 관점적인 태도는 세계를 '탈주술화한다.'*

물론 이런 시도는 신성모독의 위험과 그에 따른 죄를 짊어져야만 하리라! '너 자신을 알라'는 요구는 오이디푸스로 하여금 자기인식을 요구하는 아폴론적 태도를 왜곡시킨다.

어떤 점에서 왜곡하는가? 신탁이 요구하는 것은 추상적 반성에 의해서 자기인식을 얻고 진리의 원천을 자기에게 돌리는 태도가 아니다. 이런 자기중심적 태도를 강화하는 것은 신들을 부정하고 모든 신성한 가르침을 거부한다. 여기에서 오이디푸스의 '오만함hubris'이 드러난다.

'나'는 모든 것에 빛과 명료함을 던지는 유일한 원천이 된다. 자아가 전면적으로 장악하는 공간에는 어떠한 초개인적 타자성도 있을 수 없다.

● 구스는 소포클레스의 언어들에서 '나' '나의' '나 자신' 같은 구절이 자주 눈에 띈다고 지적한다. 이것이 '자기 논리적인autologique' 태도에 연결된

---

* 고대 그리스인에게 유일신과 다신 간의 선택은 중요한 문제가 아니다. 만약 그들이 신성함을 단일한 것으로 여긴다면 유일하고 배타적인 신에 대한 믿음 때문이 아니라, 단일화하는 관점이 신이 아니라 인간과 함께 출발하기 때문이다.

다고 본다.

"설사 내 혈통이 미천하다고 하더라도 그것을 알고 싶은 내 소원은 변함이 없을 것이오…… 하나 나는 나 자신을 행운의 여신의 아들로 여기고 있으니."

오이디푸스는 첫머리에서 라이오스의 죽음에 대해서도 "내가 밝히리라ego phano"라고 말한다(이 말을 두 가지로 해석할 수 있다. 나 자신이 수수께끼를 밝히리라! 또는 내가 내 자신에게 빛을 던질 것이다. 나는 나 자신을 발견하고, 나 자신을 밝은 빛 속에 드러내리라').

비극은 오이디푸스의 '자기 논리적' 태도를 드러낸다. 그는 자신을 스스로 지시하고, 스스로 반성하고, 스스로 자기 존재를 확보하고자 한다. 그는 혼자 힘으로 테바이의 구원자가 되고, 수수께끼에 대한 답을 자신의 성찰만으로 찾아낸다. 수수께끼는 발이 몇 개인가와 관련된다. 오이디푸스의 이름('부은 발'이란 뜻)의 뿌리가 되는 이 내용은 바로 그 자신과 관련된다. 그것에 답하려면 자기인식, 자기 확인이 필요하다(「오이디푸스 왕Oidipous tyrannos」에서 tyrannos는 오늘날의 독자와 다르다. 이 말은 왕족의 혈통에 따라서 적법하게 상속받은 것이 아니라, 스스로의 힘으로 권력을 획득한 왕—독재군주autocrat—을 가리킨다).

그리고 테바이를 위기에 빠뜨린 새로운 수수께끼는 라이오스의 죽음의 신비와 관련된다. 그는 자신이 살해자를 밝히겠다고 자부한다. 자신의 추적으로 자기의 출생, 참된 주체성을 찾고자 한다.

근친상간의 죄도 이런 자기 논리적인 측면을 갖는다. "너희들의 아비는…… 저를 낳은 여인에게 씨를 뿌려/ 제가 태어난 바로 그 밭에서 너희들을 거두었구나." 오이디푸스는 자신을 homo-genes라고 하는데, 이는 자신과 같은 조상을 갖는 자를 뜻한다.

그리스어에서 '근친상간적'이란 말은 auto-gennetos인데, 여기에 자기 자신auto이 들어 있다. 또한 오이디푸스는 마지막에 자기를 스스로 심판한다. '자기 손으로autocheir' 눈을 찌른다. autocheir는 '자신을 죽이는 자'라는 뜻을 지니기도 한다.

이처럼 오이디푸스의 운명의 다양한 국면에는 '자기 힘으로'라는 기호가 새겨져 있다.

다른 입문, 입문의 회피

그러면 오이디푸스가 안내하는 '새로운 주체'가 갖는 부정적인 함의를 살펴보자.

그가 신의 도움 없이 스핑크스에게 승리할 때부터 파국을 맞는 순간까지 겪는 비극적 궤도는 자기반성, 자기인식으로 나타난다. 그는 상승과 하강의 모든 국면에서 자율적으로 행하고 스스로에게 처벌한다—자율적인 개체화.

비극의 전복은 모든 행위를 '스스로의 힘으로' 하는 것이 어떠한 결과를 초래하는지를 보여준다.

오이디푸스는 입문적인 이행을 회피하려고 한다. 그는 스스로의 힘에 의지하여 입문의 전승, 상징적 재생산의 메커니즘에 도전한다. 입문의 이행 의식은 전승된 가르침을 수용하라고 요구하는 신성한 교육 과정이다. 어떠한 신참자도 존경받는 스승 없이 새로운 정체성을 형성, 도야할 수 없었다. 그런데 오이디푸스는 희생의 대가 없이 인식의 힘만으로 그것을 해결하고자 한다. 그는 세대에서 세대로 전해지는 전통을 (다른 이로부터 받아들이지 않고) 스스로의 힘으로 사고하고자 한다.

그는 아버지들과 현자들뿐만 아니라 신들의 도움도 거부한다. 이처럼 모든 권위를 거부하는 태도는 부친 살해라는 상징으로 나타난다. 또한 이 점은 스핑크스에 대한 대답의 신성모독적인 성격에서도 잘 나타난다. 그의 범죄들은 이런 '자기 논리적' 태도와 연결된다.

오이디푸스는 '자기 논리'로 타자성alérité을 회피한다. 환원할 수 없는 타자성(왕의 권위, 신성함의 낯선 점, 여성적 요소의 타자성)을 인정해야 하는 순간에도 그는 그것과 부딪히지 않는다.

입문 의식에서 '시련'의 의미는 세속적인 가족에 의존하는 상태로부터 벗어나는 것이다. 아들은 (상징적인) 고통스러운 죽음을 거쳐서 새로운 의존을 인정받는다. 이를 거쳐서 신들과 선조들에 대한 보다 깊고 더 내면화된 의존 상태를 확보한다. 이 과정의 목표는 (타율성에서 자율성으로 가는 것이 아니라) 새로운 타율성, 의존으로 나아가는 것이다.

입문은 폭력적인 분리를 통해서 미숙한 주체가 새로운 정신적인 공동체의 구성원이 되게 하려는 것이다. 입문자는 신성한 법에 복종하고 그 자신에게 상징적인 친자관계를 새겨야 한다. 그는 죽은 조상들과 신성한 초월성으로 연결되어야 비로소 새로운 정체성을 얻는다. 원초적인 유아적 타율성(실제의 부모에 예속된 상태)에서 보다 높은 타율성으로 옮아가서 신들과 죽은 아버지들의 불문법과 연대한다.

영웅들의 표준 신화도 새롭고 더 우월한 타율성을 목표로 삼는다. 이때 강요된 시련보다는 영웅이 시련을 거칠 때 신과 현자에게 '의존하는' 점이 중요하다. 영웅은 때때로 오이디푸스처럼 실제 부모로부터 버려지기도 한다. 이는 그가 부딪힐 상황을 적절하게 표현하는 방식이다. 그는 그 자신으로부터 멀어져야 한다. 신성한 동맹에 의해서 부모와의 친자관계가 대체되어야 한다.

이처럼 소포클레스는 '자기 논리적 원' 안에 갇힌 주인공에게 재난이 예정되어 있다고 보고, 이것을 모든 것을 상실하는 비극적 귀결로 표현한다.

플라톤의 오이디푸스 비판——자기 입문에 숨겨진 위험

철학자 소크라테스는 자신의 권리와 진리를 혼자서, '자신 안에서' 발견한다. 그는 전통적인 입문자가 아니며 새로운 입문 형식을 도입한다. 자기의 자기에 대한 관계, 곧 자신의 고유한 지식에 근거를 둔다(물론 그는 자신 안에서 안내자를 발견하면서도 그것을 신성한 타자, 다이몬이라고 부르는 점에서 전통의 형식을 어느 정도 보존한다).

소크라테스의 철학은 스스로 입문하는 형식auto-initiation을 마련한다('너 자신을 알라!'). 그는 자격을 갖춘 사제에 의해서 이루어지는 외적이고 사회화된 신의 신비에 의지하지 않는다. 이런 자율성을 지닌 소크라테스는 자유사상가이다. 그는 전통적인 입문을 철학적인 자기-입문으로 대체한다.

자신 안에서 모든 의미의 기초를 찾는 점에서 소크라테스와 오이디푸스의 친근성을 찾을 수 있다. 스핑크스에 대한 답변과 '너 자신을 알라'는 명령을 동일시할 수 있다면, 헤겔이 이 '테바이의 영웅'을 철학자의 전형으로 보는 것도 무리는 아니다. 그런데 플라톤은 오이디푸스의 이런 근본주의를 비판한다.

고대 그리스의 국가 체계는 일정한 기능에 따른 3분적인 위계로 조직되었다. 이런 틀은 개인의 신체와 정신, 덕, 쾌락, 계급 사회의 모든 것을 3분적인 위계로 파악한다. 이런 틀에서 도시 국가와 개인의 영혼은 같은 구조를 갖는다.

도시 국가는 생산하고 부를 교환하는 계층, 방위 계층, 통치 계층으로 구성되고, 각 요소들은 나름의 덕을 지닌다. 생산 계층의 덕인 '절제,' 방위 계층의 덕인 '용기,' 통치 계층의 덕인 '지혜'에 이들 간의 위계적 조화를 보장하는 '정의'가 더해지면 완전해진다. 따라서 개인의 영혼도 이런 미덕을 지녀야 한다.

예를 들어서 철학자-왕과 독재자를 구별해보자. 철학자-왕은 고귀하고 철학적인 영혼으로서, 가장 완전한 정의를 구현한 자, 곧 세 부분을 위계적으로 조화롭게 구성한 자이다. 크세노폰은 이런 자질을 갖춘 왕을 선을 완전하게 구현한 자aner agathos pathelos로 본다. 곧 노동에서 인내를, 전쟁에서 용기를, 숙고에서 판단력과 지성을 지닌 자로 본다. 이와 달리 독재자의 영혼은 혼란에 빠져 있다. 그는 자신의 욕망을 이성에 예속시키지 않고 제한 없는 쾌락을 추구한다.

그러면 성급함 때문에 아버지를 살해하고(용기의 덕이 부족함) 갈피를 잡을 수 없는 성적 충동에 사로잡힌(절제의 덕이 부족함) 경우를 어떻게 보아야 하는가? 플라톤은 세 가지 기능적 덕을 두루 갖추지 못하고 세 가지 죄를 범한 점을 비난한다. 물론 오이디푸스의 행위는 '자발적인 것이 아니므로' 독재자의 경우와 동일시할 수는 없지만 바람직한 철학자-왕의 모습은 아니다(테바이의 영웅은 의도하지 않은 채 두 가지 극단적인 범죄를 저지른 계몽된 독재자다).*

---

* 이렇게 볼 때 비극의 가르침은 계몽된 독재자는 자신의 이성을 전적으로 신뢰하고 전통적인 미신적 공포뿐만 아니라 입문자 신들에 관한 모호한 가르침을 거부하는데 이 점이 왜곡된 독재자와 겹쳐진다. 이것은 두 극단을 보여주는데, 한쪽은 지성의 우위를 최고 지점에 두고, 다른 쪽은 저열한 쾌락의 불명예에 빠진다. 갑작스러운 전복으로 계몽된 군주는 왜곡된 독재자의 범

지혜의 그림자와 어두움의 지혜

플라톤은 전통에 대한 완전한 단절을 인정하지는 않으면서 오이디푸스가 참된 지혜를 갖춘 것도 아니라고 본다. 이 점을 인간 영혼에 대한 이해에 비추어보자.

플라톤은 인간 영혼에 대한 독특한 상을 그린다. 이런 영혼의 상을 키마이라에 비유할 수 있다. 이 괴물은 세 부분으로 이루어져 있다. 첫번째 가장 큰 부분은 동물의 머리나 여러 머리를 지닌 형태고, 그다음이 사자 형태고, 가장 작은 부분이 인간의 형태다. 이런 복합체로 이루어진 인간은 셋 또는 다수의 자율적인 부분들이 뒤섞여 있으면서 마치 하나의 존재인 것처럼 보인다.

이때 ① 여러 머리 모양을 한 부분은 감각적 욕망을 가리킨다. 이것은 절제하지 못하는 호색적이고 탐욕적인 요소다. ② 사자는 성급한 요소로서 지배와 승리를 추구하는 사납고 용감한 부분이다. ③ 인간 부분은 현명하고 합리적인 요소다. 이것은 진리를 인식하면서 즐거움을 얻는다. 이런 상이하고 이질적인 세 부분을 적절하게 종합해야만 고귀한 영혼을 이룰 수 있다.

그러면 가장 약한 합리적인 인간 부분이 어떻게 자기보다 강한 것들을 이길 수 있을까? 합리적인 요소가 사자의 힘과 대담함을 이길 수는 없다. 하지만 이런 공격성과 분노를 잘 조절할 수 있다면 영혼의 가장 모호하고 가변적이고 탐욕스러운 요소를 지배할 수 있다. 사자의 힘을 빌려서 그것에 의존하여 이성을 행사할 수 없는 사람은 괴물

죄를 범한다. 비극은 이 두 대립항이 하나로 수렴하도록 한다.
다른 측면에서 철학자-왕과 오이디푸스가 모두 감각적 쾌락에 빠지고 무익한 분노와 화려함에 대한 갈망을 갖는 왜곡된 독재자와 대립된다. 오이디푸스와 철학자-왕은 모두 지혜를 통해서 주권을 얻기 때문이다.

의 부분인 강력하고 갈피를 잡을 수 없는 힘에 압도당한다. 인간적인 요소는 사자의 요소와 결합하지 않으면 보다 저열한 힘들에 의해서 위협받고, 무법 상태의 야수성에 이끌릴 수밖에 없다.

이처럼 현명한 자가 되려면 영혼 안에 있는 동물적 요소와 맞서 싸워야 한다(탐욕스럽고 지배욕과 잔인함을 지닌 감각적인 향유, 고삐 풀린 욕망을 어떻게 할 것인가?).

그러면 오이디푸스는 이런 이질적인 영혼을 어떻게 파악하는가? 그는 스핑크스의 수수께끼가 제기하는 신비에 인간적인 요소로만 맞선다. 초점이 스핑크스의 수수께끼가 지닌 신비한 측면에서 지성과 언어의 영역, 인간의 고유한 현명함으로 옮아간다. 그렇다면 그 수수께끼에 맞서는 답은 '인간'이 될 것이다(단일 신화에서는 이런 시련이 투쟁과 성적 유혹의 시련으로 주어진다. 이것은 인간 안에 있는 비인간적인 요소, 타자성과 대면한다. 이성으로는 이것에 대항할 수 있더라도 그것을 완전하게 물리치거나 극복할 수 없다).

이처럼 '인간'이란 답은 다른 두 이질적인 요소를 무시한 것이다. 이런 점에서 오이디푸스의 승리는 순전히 지성적인 승리다. 이런 오이디푸스의 '인간주의'는 인간 안에 있는 모든 것을 인간적 요소로 축소시킨다. 영혼에 있는 다양한 형태를 띤 괴물을 단순히 인간의 얼굴로, 이성이라는 우월한 요소를 지닌 자로 환원시킨다. 오이디푸스가 단순히 인간적 요소나 이성에만 주목하지 않고 다른 구성 요소인 탐욕적인 괴물의 심층과 사자 같은 강렬함까지 보려고 했다면, 그는 '인간'이 수수께끼에 대한 최후의 답이 아님을 알았을 것이다. 하지만 그는 인간주의적인 환상에 빠져 있다.

인간과 내적 인간ho entos anthropos은 같을 수 없다. 인간은 자기 안에 어둡고 그를 혼란에 빠뜨리는 요소와 바닥을 알 수 없는 본능적 힘들을 지니고 있다. 이런 요소는 인간성을 회피하고 동물성의 위험한 어둠 속에 남아 있다. 영혼의 인간적인 부분은 단지 그 일부에 지나지 않는다. 영혼의 복합적인 구조를 간과해서는 안 된다.

테바이의 영웅이 스핑크스에게 승리한 것은 인간의 형상으로 모든 것을 해석한 것anthropomorphisation이다. 이 때문에 그는 자신 안에 있는 '자기와 다른 것'과 만날 수 없다. 인간이 오로지 인간일 뿐이라면 그는 혼란스럽고 적대적인 힘에 의해 사로잡히거나 침범 당할 리가 없을 것이다.*

영혼의 이성적인 요소를 다른 두 요소와 떼어놓는 것은 위험하다. 공격성, 용맹스러움, 승리 의지를 지닌 사자 같은 열정의 힘을 상실하면 합리적 요소는 무력하거나 전도되고, 괴물적인 부분의 열정이 지닌 한계를 모르는 감각적 욕망을 장악할 힘마저 놓친다.

오이디푸스는 순전히 이성과 자기의식으로 승리한다. 그는 그가 통제하고 통합해야 할 힘들을 인정하지 않는다. 그는 이성적 요소가 다른 요소들을 지배하게 하기보다는 이 합리적 요소만 떼어내어서 그것에 자율성과 독립성을 부여한다. 부친 살해와 근친상간은 (비록 자발적으로 한 것은 아니지만) 이런 시도가 실패한 결과라고 할 수 있다.

이를테면 오이디푸스가 화난 상태에서 라이오스를 죽일 때 머리에 반기를 든 것은 사자의 요소다. 오이디푸스가 왕비의 침대에 들어갈

---

* 헤겔은 오이디푸스의 승리를 열정의 위험한 다형성에 대한 통일성의 승리(단일하고 유일한 이성)라고 본다. 인간은 저열하고 다형적인 영역을 파괴하고 그의 고유한 본성인 이성 안에서 자기를 세울 수 있는 자족적인 존재다.

때 은밀하게 만족된 것은 탐욕적인 요소다. 그는 표준적 신화의 영웅들처럼 이런 힘들에 맞서 싸우는 훈련, 교육을 거치지 않았다. 오이디푸스의 (비자발적인) 죄들은 스핑크스의 숨겨진 부분들이 되돌아온 것이다. 영혼 자체의 괴물적인 성격을 표현하는 스핑크스의 괴물적인 것이 그를 사로잡고 있었다.

플라톤은 영혼의 이질적인 요소를 조화시키는 것이 교육paideia, 입문, 철학에 부과된 목표라고 본다.* 이것은 각 요소들로 표현된 세 기능들을 위계적으로 종합한다. 그가 볼 때 인간 안에 살고 있는 모든 요소가 인간적인 것은 아니다. 휴머니즘은 위험한 환상이다. 그런 사고 때문에 영혼의 합리적 부분이 비합리적이고 열등하지만 강력한 힘을 지닌 요소들로부터 끊임없이 위협받는 점을 망각한다.

이런 까닭에 플라톤은 오이디푸스적인 시도가 위험하다고 경고한다. 물론 이런 비판에 불만을 품은 근대인이 플라톤의 시대적 한계나 그의 체계 자체의 한계를 문제 삼을 수도 있을 것이다. 하지만 오이디푸스에 대한 찬성과 반대에 매달리기보다는 이런 태도가 갖는 특성과 의미를 다각도로 살필 필요가 있다.

근대적 사고에 비추어 본 오이디푸스의 지성

이제 인간의 이성을 전면에 내세우는 근대적 사고와 오이디푸스를

---

* 교육paideia 과정이 철학적 영혼의 도야를 이끈다. 이것은 고대적인 입문 전통이 보존한 사회적 틀이 소멸한 뒤에 나타난 새로운 형식이라고 할 수 있다. 플라톤의 경우에 이런 교육의 전형적인 예는 동굴의 우화에 나오는 비유(그림자만 보이는 동굴에서 벗어나서 힘겹게 바깥세상으로 나아가서 태양이 비치는 참된 현실 세계를 보고 다시 동굴로 내려오는 과정에서 겪는 고난과 전회)라고 할 수 있다.

연결시켜보자. 먼저 근대 철학의 바탕을 마련한 것으로 평가받는 데카르트의 사고로 이 문제를 어떻게 볼 수 있을까?

데카르트의 '생각하는 나'는 모든 불확실하고 모호한 사고를 해소하고자 한다. 나는 부정할 수 없는 자명함과 자기에 대한 확신을 내세운다(나아가 나는 자연의 소유자, 주인의 자리를 넘본다).

"나는 생각한다cogito, 그러므로ergo 나는 존재한다sum"에서 생각하는 나Cogito는 자기를 입증하는 데 어느 누구/어느 것의 도움도 받을 필요가 없다. 나는 나의 존재를 스스로의 힘으로 확보한다. 이런 나는 의심할 수 없는 진리의 원천이다.

나는 전승된 지식을 거부하면서 의심의 심연에 빠지지 않고 더 단단한 지반을 마련한다. "나는 생각한다. 나는 존재한다"는 승리의 선언이자 성공적인 부친 살해의 외침이다. '아들'은 스스로의 힘으로 설 수 있으므로 더 이상 선조들에 의존하지 않는다.

이런 데카르트의 부친 살해적인 태도가 원리적이고 추상적인 오이디푸스를 극명하게 보여준다고 할 수는 없을까? 그는 아버지 요소를 부정하고 그런 요소 없이 진리를 세우려고 한다.

이렇게 보면 오이디푸스 신화에서 나타나는 영웅적 모험은 주체성을 정초하려는 시도가 될 것이다. 이 영웅은 인간이 주체, 자기의식임을 발견하고 그 확실성에 의존한다. 그는 이성과 자기의식을 무기로 삼아서 괴물성을 물리친다. 곧 모호하고 혼돈스러운 개념을 제거한다.

이런 주체는 자기와 맞선 객체와 근본적으로 대립한다. 주체는 합리적이고 단일한 중심을 지닌 관점을 마련하고 자신을 중심에 두고 다른 모든 것을 체계화한다.

오이디푸스가 스핑크스의 수수께끼에 '인간'이라고 답함으로써 괴물적인 요소에 맞서듯이 데카르트는 모호하고 혼돈스러운 개념들에 '나의 존재'를 대립시킨다. 나를 모든 확실성의 확고한 기초로 내세운다. 그는 존재하는 모든 것들을 자신의 표상으로 만드는 까닭에 그런 표상들의 근거이던서 중심에 선다. 이런 순수한 자기중심성은 오로지 논증적 이성의 분명한 자명성에만 의지한다. 그래서 외적 세계의 그림자를 제거하여 투명한 체계를 재구성한다.

이런 지성은 자기 바깥의 물질적 우주를 정복하기 위해서 법칙을 통해서 그 비밀을 드러내고 그 모든 신비를 제거한다. 곧 자신을 '자연의 주인이자 소유자'로 세운다. 이런 아들은 선조의 유산, 가부장 지배, 전통을 딜치고 '어머니-자연'을 소유한다.

헤겔은 이런 해석을 보다 분명하게 대변한다. 그는 오이디푸스가 정신 발전 단계에서 극적인 전환을 이룬다고 평가한다. 스핑크스와 마주 선 오이디푸스, 수수께끼를 제출하는 모호한 괴물과 자신만만하게 '인간'이라고 말하는 자가 대면하는 장면은 바로 철학의 '원 장면'이다. 오이디푸스는 새로운 태도를 고안한 자, 새로운 정신의 단계로 들어선 자다. 그는 주관성을 상징적으로 표현하는 데 그친 단계를 넘어서서 철학적인 단계로 상승한다.

헤겔은 스핑크스를 동물성과 인간성이 혼합된 고대 이집트적인 상징으로 본다. 수수께끼를 푼 오이디푸스는 괴물성을 해소해서 모든 모호성에 맞설 수 있는 자이다.

헤겔은 고대 이집트를 상징의 땅으로 본다. 여기에서 정신은 여전히 이미지이 사로잡혀 있다. 상징물은 상징호하는 대상에 얽매여 있고 그것에 봉사한다. 상징 자체는 명석하고 판명한 개념의 자율성을 지니지 못한다.

고대 이집트가 무의식적 상징체계를 가리킨다면, 그곳에서 모든 것은 신비, 모호함에 머물러 있다. 숨겨진 의미가 암시하는 바와 그것이 환기시키는 바를 드러내는 것이 과제가 된다. 고대 이집트 예술작품들은 객관적 수수께끼다. 정신은 아직 개념적 사고에 이르지 못했기에 자각되지 못한 채로 있다. 곧 객관적 상징물에 소외된 상태다. 스핑크스는 이런 상징체계의 최고 상징이자 하나의 상형문자다. 인간 정신은 신체의 반이 동물적 물질성에 뒤섞인 상태에 머물러 있어서 스스로를 인식하지 못한다. 자유롭고 명백한 주체성에 이르지 못한 상징체계에서 모호성에 예속된 채로 있다.

이제 오이디푸스가 이런 상징과 대결한다. 그는 수수께끼의 답— 인간—을 발견한다. 이것은 하나의 수수께끼가 아니라 모든 수수께끼에 답하는 것이다. 이로써 (무의식적인) 상징체계의 괴물성이 사라진다. 오이디푸스는 인간이 모든 의미의 원천이라고 답한 것이다.

헤겔은 오이디푸스의 답이 아폴론적, 소크라테스적인 정식('너 자신을 알라')과 같은 선상에 있다고 본다. 여기에서 의식의 빛은 수수께끼 가득한 모든 타자성의 어둠을 내쫓는다.

이런 까닭에 헤겔은 스핑크스에 맞서는 오이디푸스의 답을 '철학의 시작'으로, 그를 철학을 정초한 자로 본다. 철학은 휴머니즘, 인간 중심주의에 바탕을 둔 새로운 태도이다. 오이디푸스는 타율성이 지배하는 위계적 체계(정신이 소외된 부자유스러운 상태), 신성한 세계로부터 벗어나는 길을 개척했기 때문이다.

플라톤은 정신이 이질적 성격을 지닌 복합체여서 그것들을 조화시켜야 한다고 보므로 '정신을 인간화함'이 위험한 오류라고 본다. 이와 달리 헤겔은 합리적·인간적인 요소가 괴물성을 물리치는 반성 행위를 통해서 자율성을 마련한다고 본다.

　이런 해석의 연장선에서 포이어바흐Feuerbach는 신의 영광을 인간에게 되돌려주는 인간학을 제시한다. 그는 신학적 수수께끼를 해결하는 명료한 정식을 제시한다. "새로운 철학은 신학을 인간학으로 환원시키는 것이다." 그는 인간이 두려워하고 찬양하는 신성한 존재를 인간의 자기 소외로 본다.

　포이어바흐는 유한하고 불완전한 개별적 인간과 무한하고 완전한 종적 인간을 구별한다. 예를 들어서 개인은 손이 두 개밖에 없고 두 눈으로만 보도록 제한되지만, 인간은 수많은 손과 눈을 지니고 있으니 할 수 없는 일이 없고 보지 못하는 것이 없다. 또 개인은 죽더라도 인간은 죽지 않는다. 이런 점에서 죽는 개인과 달리 인간은 불멸성을 지닌다.

　그런데 개인은 자기 안에 있는 이런 종적 본질Gattungswesen의 완전성을 자신의 것으로 보지 못하고 '저 너머,' 이를테면 하늘에 있다고 생각한다. 이런 까닭에 개인들은 자신의 종적 본질을 자기와 분리된 것으로 여기고 그것이 불완전한 자기를 넘어선 곳에 자기와 독립된 힘으로 존재한다고 생각한다. 이리하여 천상에 있는 완전한 존재가 태어난다.

　이렇게 본다면 신적 존재는 인간이 자신의 본질을 하늘(초월적 영역)에 투사한 것이다. 유한한 인간은 자신 위에 군림하는 무한한 신성을 갖는다. 이처럼 원래 자신의 산물이던 것, 인간 스스로 만든 것이 자신에게서 독립된 힘을 갖고 인간 위에 군림하는 현상을 종교적 영역에 나타난 소외라고 볼 수 있다. 이런 상태에서 신이 인간을 지배하고, 인간은 자기에 대한 사랑을 신에 대한 사랑으로 바꾸고, 정작 인간 자신을 경멸한다. 하늘에 대한 찬양은 지상에 대한 평가절하와 짝을 이룬다. 드높고 찬란한 하늘의 빛은 낮고 어두운 지상을 배경으로 삼아야 한다. 이것을 뒤집어 표현하면 지상을 빛이 넘치고 의미 있는 세계로 만들려면 하늘의 찬란함과 영광 때문에 빛을 잃고 무의미로 전락한 지상을 긍정할 수 있어야 한다.

이렇게 볼 때 신적 본질은 인간이 자신의 종적 본질을 천상에 투사한 것, 자기 본질을 소외시킨 것에 지나지 않는다. 사실 신적인 본질은 인간의 본질이 지닌 것 이상을 갖지 않는다. 따라서 인간은 이런 소외를 자각하고 신적 본질이 인간적 본질에 지나지 않음을 재인식함으로써 자신의 잃어버린 본질을 되찾을 수 있다. 이것이 바로 신학의 비밀이 인간학인 까닭이다. 이런 전도를 다시 전도시킴으로써 인간은 다시 자기를 긍정하고 신성한 존재의 근거와 중심에 자리 잡을 수 있다.

이러한 자기 회복, 인간적 본질을 되찾는 시도를 오이디푸스의 시도에 연결시킬 수 있다. 이렇게 본다면 포이어바흐는 '너 자신을 알라'는 명령에 따라서 (소크라테스가 멈춘 지점을 넘어서서) 모든 신성한 타자성을 부정하고 인간이 신성함으로 소외시켰던 자신의 본질을 재전유하도록 촉구한다.

포이어바흐는 신화적 언어를 통해서 형상적으로 표현된 것을 가장 명료한 철학적 설명으로 바꾼다. 이것은 신화적 언어로 표현된 것, 곧 '아버지를 죽이다' '스핑크스에 답하다' '어머니와 근친상간하다'에 숨겨진 의미를 개념적으로 표현한다. 아들의 아버지 살해는 자신의 이성을 사용하여 모든 신비에 맞서서 아버지의 자리를 차지하고, 자신의 만족을 위하여 세계를 소유하며, 장악하기를 요구한다. 데카르트가 지적했듯이 아버지를 축출한 인간은 자신을 전면에 내세우고 어머니인 대지를 소유한다.

포이어바흐는 인간을 정신적 존재가 아니라 (살과 피를 지닌) 자연적인 존재로 본다. 이런 자연적 유물론을 노동의 존재론으로 바꾸어 인간을 노동하고 생산하는 존재로 본 마르크스의 경우에도 물질의 변증법을 통해서 노동하는 인간이 자신을 주체적으로 실현하는 세계를 추구하는 점에서 이런 사고 방향을 잇는다.

• 물론 이런 노력들과 다른 맥락에서 무의식에 주목하는 프로이트의 논의에도 주목할 필요가 있다. 헤겔은 (이집트적인) 무의식적 상징체계에서 의식적 상징으로, 나아가 (그리스적인) 순수한 개념으로 이행할 때 어떤 잔여도 남기지 않는다고 본다. 정신의 역사에서 새로운 운동은 지양을 통해서 이전의 운동을 흡수한다.

물론 프로이트는 무의식적 상징체계가 어떤 흔적도 없이 사라진다고 보지 않는다. 곧 프로이트는 환원시킬 수 없는 잔여가 있다고 본다. 무의식적 상징체계는 이미지와 상징성을 지니고 비유적 언어로 '다른 무대'에 남아 있다.

이런 상징화가 근대 주체들의 의사소통 방식에 나타나지 않는 까닭은 그것이 가라앉아서 인지되지 않은 채로 무의식에서 떠들기 때문이다. 곧 의식이 분열되고 무의식의 공간이 마련된다. 심리 활동, 꿈의 일차 과정은 고대적 상징의 수수께끼처럼 작용한다. 이것은 무의식이라는 '다른 무대'에서 의식의 밝은 빛과 단절된 채로 작용한다.

어떻게 보면 프로이트는 플라톤이 제시한 영혼의 위상학을 재발견한 것이다. 물론 프로이트 쪽이 더 체계적이라고 할 수도 있다. 그는 플라톤이 알았고 헤겔이 인식하지 못했던 점, 자기의식에 가하는 스핑크스의 지속적인 억압에 주목한다. 오이디푸스는 아직 자신이 누구인지 답하지 않은 채로 스핑크스 괴물을 내쫓았을 뿐이다. 그녀는 억압된 것으로서 다시 찾아올 것이고, 한시도 오이디푸스를 떠나지 않고 그 안에 머물고 있지 않은가?

이렇게 볼 때 의식과 무의식의 상호작용은 스핑크스의 소멸과 그녀의 되돌아옴으로 볼 수 있는데, 이런 되돌아옴은 지워지고 망각된 가운데 여전히 이중적인 충동이 존속함을 알리는 것이기도 하다.

프로이트는 무의식과 오이디푸스적인 충동을 동시에 발견한다. 근대 주체의 자기의식이 모호함을 버리고 오이디푸스적인 명료함으로 제시한 것과 오이디푸스의 운명을 결정하는 결코 소멸될 수 없는 두 가지 충동은 새로운 짝이 된다.

만약 의식이 스핑크스에 대한 답으로 이루어진 것이라면 무의식은 그 답이 비켜나간 모호하고 충동적인 측면으로 이루어진 것이다. 프로이트는 무의식이 오이디푸스적인 메커니즘에 내포되어 있다고 본다. 그는 오이디푸스의 승리에서 (헤겔이 간과한) 오이디푸스의 두 죄(운명적 필연성)에 주목한다.

'무의식적 충동'은 오이디푸스의 답이 가리고 있는 절대적 분열에서 비롯된다. 영혼의 인간적 요소와 다른 두 요소는 단절된다. 프로이트는 이런 '무의식적 충동'이 죽음을 건 공격성과 성적 리비도라고 본다. 이것은 플라톤이 사자와 머리 여럿의 괴물이라고 부른 것이다. 무의식은 오이디푸스적이다.*

---

* 여기에서 프로이트적 관점을 앞서 본 단일 신화와 비교해보자. 오이디푸스가 단일 신화를 대표하는 것이 아니라 하나의 변형인 점에 주목한다면 이런 프로이트의 해석을 일반화할 수 있을까?

프로이트의 틀로는 오이디푸스 신화가 휴머니즘, 자아 중심성, 민주주의적 주체, 의식-무의식의 균열과 갖는 관계에 주목하기 어렵다. 이것은 부친 살해와 근친상간의 두 충동으로 근본적이고 희생적인 괴물 살해 의식을 대체한다.

프로이트는 거세 위협을 인간의 얼굴을 한 아버지에게 귀속시킨다. 하지만 가장 근본적이고 이름 붙일 수 없는 위협은 여성 괴물에게서 온다. 정신분석학의 오이디푸스적인 성격은 괴물을 살해하고 희생을 통한 위협을 극복해야 하는 영웅의 신화적 보편성과 모순된다. 프로이트

두 명의 오이디푸스? ─ 젊은 오이디푸스와 늙은 오이디푸스

아직 해결되지 않은 문제가 남아 있다. 「오이디푸스 왕」의 다른 모습인 「콜로노스의 오이디푸스」를 어떻게 설명할 수 있는가?

앞서 보았듯이 오이디푸스는 입문적인 시련을 회피할 수 있다고 여기고 그것을 다룬다. 그는 신들에 대한 믿음보다는 스스로의 힘으로 모호한 제약들로부터, 이성의 빛으로 낯선 것들로부터 벗어날 수 있다고 보았다. 그러나 그는 계속되는 파국과 불운의 대가를 치러야 했다.

추방된 오이디푸스는 모든 것을 잃었다. 젊음, 권력, 조국, 눈, 힘, 자존심을 잃었다. 젊은 오이디푸스가 가장 높은 곳에 이르렀다면 늙은 오이디푸스는 가장 깊은 바닥까지 굴러 떨어졌다.

그런데 콜로노스에 온 오이디푸스는 죽음을 앞두고 수많은 고통을 겪은 자로서 제우스에 의해서 성자로 변형되고 축복의 원천이 된다. '신성하고 경건하고 시민들에게 복을 가져오는 자'(286)가 된다.

이제 오이디푸스는 가르침을 청한다. 신의 명령에 복종하고 겸손하게 그의 운명을 받아들인다. 그는 모든 것을 신성한 권한 아래 두고 모든 의식儀式에 따르고, 하늘의 의지에 복종한다(이런 오이디푸스는 한 걸음씩 입문의 길로 들어서고 있지 않은가?). 이를 통해서 신성모독

는 오이디푸스 신화의 특수성에 주목하지 않는다. 이것을 보다 깊이 뿌리내린 보편적인 단일 신화와 연결시키지 못한다.

프로이트는 인간화의 계기를 의식-무의식, 아들-아버지, 아들-어머니 등의 관계로 본다. 그러나 여성 괴물을 피를 흘리면서 죽임으로써만 극복될 수 있는 보다 근본적인 전前-인간적인 위협을 묻지 삼지 않는다. 이것 때문에 남성적 욕망을 인식하는 데 실패한다. 물론 이런 비판은 프로이트의 이론을 곧박하고 무의식 개념이나 그 내용을 부정하려는 것은 아니다. 오이디푸스 신화와 입문 의식의 상관성에 주목하려는 것이다.

의 불순함과 위반을 정화시킨다. 가장 타락한 자는 순수하고 신성한 에우메니데스의 숲에 받아들여진다. 인간들에게서 철저하게 배제당한 자가 역설적으로 (새로운) 그를 받아들인 아테네를 축복하는 원천이 된다. 오이디푸스는 극한적 파멸에서 벗어나서 영속적인 보물이 된다. '도시를 위하여 세월을 타지 않는 보물'(1518)이 된 그는 새로운 정체성을 얻는다.

만년의 오이디푸스는 비밀스러운 지혜의 언어를 되찾는다. 입문을 회피하고 미루던 삶은 '뒤늦은' 입문을 거친다.

(입문 의식에서 신참자는 상징적으로 죽을 뿐이지만) 오이디푸스는 실제의 죽음으로 그 과정을 거친다. 그는 오랜 고통을 겪으면서 신성한 힘을 배운다. 처음에 그가 현자의 가르침, 신의 도움을 비롯한 모든 타율성을 거부했다면 이제는 아버지의 지식에 들어 있는 진리를 다시 발견한다.*

오이디푸스는 정화 의식을 수행한다. 그는 신의 부름(천둥소리와 번개)을 받고 눈먼 채로 눈뜬 그의 딸들을 이끈다. 자신이 묻힐 신성한 곳을 홀로 찾아내고 테세우스에게 그 장소를 알리지 말라고 한다. 그 비밀 장소는 "수많은 방패보다도 더 훌륭하게, 도우러 온 이웃들의 창보다도 더 훌륭하게" 아테네를 지켜줄 것이다. 그는 죽음을 통해서 '진정한 기적thaumastos'을 낳는다.

늙은 오이디푸스는 뒤늦은 입문 의식으로 그의 권위를 되찾는다. 그

---

* "오직 신들만이 늙지도 죽지도 않고/ 나머지는 모두 전능한 시간이 파괴해버리지요/ 대지의 힘도 쇠퇴하며/ 신의는 죽고 불신이 생겨나지요/ 그리하여 친구들 사이에도 같은 마음가짐이 오래 버티지 못하며, 도시와 도시 사이에도 마찬가지요/ 이 사람에게는 오늘, 저 사람에게는 내일/ 즐거움이 쓰라림으로, 그러다가 다시 사랑으로 변하니까요."(608~15)

가 되찾은 권위와 자율성은 보다 높은 의존성, 새로운 타율성에 자기를 내맡기는 것이다. 그는 죽음의 문턱에 이르러서야 그의 중심을 되찾는다. 죽음, 이국의 땅, 비밀 덕분에 자기 논리를 무너뜨린다. 낯설고 알려지지 않은 곳에서 그의 몸은 사라지고 무덤은 비밀에 묻힌다. 그는 새로운 전통을 세운다(그는 테세우스를 잇는 왕들의 계보를 축복하는 자가 되고, 새로운 계보의 창설자이자 왕위 입문의 의식을 정초하는 자가 된다).

구스는 늙은 현자의 비관점적 태도와 철학자 오이디푸스의 관점적인 태도를 하나로 모으기 위해서 '아우르는 관점trans-pective'이 필요하다고 본다. 이것은 두 가지 상반된 태도를 모두 인정하는 것이다. 관점적인 태도가 비관점적 태도에 대해서 승리한다고만 볼 수는 없다. 관점적인 태도 안에 자기 전복의 요소가 들어 있다. 이 태도는 보다 성숙한 태도로 그 한계를 인정한다.

그러면 어떻게 이 상반된 태도를 아우를 수 있단 말인가? '인간'을 중심에 두기 위해서 괴물 스핑크스를 억제한 것만으로는 그것을 영구히 몰아낼 수 없다. 그 요소는 내면화되기 때문이다. 그것은 영혼 안으로 되돌아오고 의식되지 않은 채로 남는다. '관점적인' 주인공은 자기의식의 방식으로 얻은 승리 이후에 새로운, 내면화된 스핑크스와 만난다. 이 상대에게는 투명함과 확실성(관점적인 자기의식)만으로 승리할 수 없다.

관점을 아우르는transpective 태도는 의식적 요소를 바탕으로 삼으면서도 무의식적 요소를 배제할 수 없음을 인정한다. 곧 자기중심적 주체를 구성하면서도 내면화되고 '무의식'에 자리 잡은 환원 불가능한 힘을 인정한다. 이런 의식과 무의식의 공존을 프로이트처럼 무의식만으로 환원시킬 필요는 없다. 이런 무의식은 의식의 밝음을 전제하는 어두움이다. 의식 없이는 무의식도 없다. 따라서 의식으로 무의식을 가리거나 무의식으로 의식을 지우려는 것은 일면적이다.

이처럼 주체는 괴물적이고 불가해한 낯선 요소를 '타자성'의 형식으로 경험한다. 이런 대상은 자기 '안에' 있지만 '자기와 다른 것'이다 (스핑크스에 대한 공포는 누군가/무엇에 대한 공포였는데 이것이 억압되면서 알 수 없는 것이 된다). 이런 얼굴 없는 내적 타자성은 (공포가 아니라) 고뇌의 대상이다.

주체가 자신을 자기의식으로 구성할 때 '동시에' 그 밑바닥에 있는 무의식이 출현한다. 오이디푸스적, 데카르트적 시기를 거친 뒤에야 비로소 의식-무의식의 분열을 받아들일 수 있다. 오이디푸스적인 승리는 이런 타자성을 인정할 때에만 그 의미를 보존, 연장할 수 있다. 주체는 자신 안에 '어떤 다른 것'을 함께 구성한다.

만년의 오이디푸스는 무의식이 존재하고 신들이 내재적임을 인정한다. 이와 달리 테바이의 오이디푸스는 (아버지-왕과 다투고 전적인 타자—여성적인 것, 신성한 것, 죽음—와 마주침을 회피함으로써) 권력과 지배력을 확보한 자아를 보여주었다. 그러나 자아는 모든 초월적 타자성을 배제하는 관점적인 태도가 패배할 수밖에 없음을 인정해야 한다. 이것을 완전한 패배라고 하기보다는 내적 목소리의 어두움을 통합하는 더 큰 의식으로 다시 태어나기 위한 과정이라고 할 수 있다.

이제 두 얼굴을 지니는 개체화의 드라마는 단순하거나 일면적이지 않다. 자아는 처음에는 자기의 자아를 강화함으로써 고립되고 배제되고 모든 것을 잃고 추방당하고 고독에 내몰린다. 개체화 과정에서 고된 시련을 겪고 모호함과 죽음을 자신에 통합하여 더 깊은 내면화를 추구한다.*

　헤겔은 스핑크스에 대한 답이 무의식적 상징체계에서 의식적 명료함으로 이행하는 계기이며, 자기의식이나 자기에 대한 순수한 반성이 신들의 초월성을 대체한다고 보았다. 곧 무의식의 차원을 소멸시킨 사건으로 본다. 하지만 헤겔은 의식이 자기를 인식하는 투명함이 무의식의 차원을 정립하는 점을 보지 않았다. 그는 오이디푸스처럼 (의식에 내재하는 무의식에) 눈먼 상태다.

　이처럼 오이디푸스 비극이 무의식의 측면을 정립한다면 무의식과 오이디푸스의 결합은 프로이트가 인식한 것보다 더 근본적이다. 무의식 자체도 오이디푸스적이다. 이런 무의식은 자신을 오이디푸스적인 태도로 구성한 주체에 대해서만 나타날 수 있다. 무의식이 구성되려면 의식이 전제되어야 하기 때문이다.

　무의식은 '자기'가 독자적 지위를 차지하도록 자신을 구성한 주체에게만 가능하다. 무의식과 의식의 균열로 구성되는 주체성의 틀은 절대적 자율성에 대한 욕망의 산물이다. 오이디푸스적인 방식으로 형성된 주체성과 무의식은 동일한 주체성의 두 얼굴이다.

　●그런데 프로이트는 무의식과 오이디푸스 콤플렉스만 발견할 뿐이다. 하지만 의식에 대해서 무의식의 우위를 주장하거나 의식을 무의식의 표면으로 보면서 무의식의 계기만을 본질적인 것으로 내세울 필요는 없다.**

---

* 이처럼 아우르는 관점은 무의식을 인정하고, 그것이 의식과 환원 불가능한 관계를 갖는다. 물론 무의식이 구성되려면 의식이 전제되어야 한다. 이런 점에서 비극은 무의식을 재구성한다. 자아와 '다른 무대' 간의 간극이 (더 이상 신성한 초월성이 아니라) 개인 안에 자리 잡는다. 에로스는 외부에 있는 신이 아니라 열정pathos이고 열정은 '신의 죽음' 이후에도 살아남는다. 물론 영혼이 자기 자신의 열정적/병리적pathologique인 힘과 소통하기는 더욱 어렵고 게다가 간접적이다.

전통에서 벗어난 근대인과 오이디푸스

구스는 오이디푸스적 태도와 관련하여 근대 사회의 개인이 오이디푸스적 태도에서 벗어나기 어려운 처지에 있다고 본다. 그는 프로이트가 오이디푸스 콤플렉스에 매달리는 것에 머물지 않고 단일 신화와 그것의 변형된 형태를 고려할 때에만 '오이디푸스 너머'에 있는 것을 파악할 수 있다고 본다. 단일 신화는 남성적 욕망을 근본적으로 드러낸다. 이것은 본래적인 어머니 살해가 지닌 해방적 측면에 주목한다. 물론 전통과 단절하고 역사 속에 사는 근대인에게 이런 욕망에 대한 접근법은 문제로 남는다.

그러면 조상의 권위를 거부하는 부친 살해, 대지를 정복하고 무제한의 만족을 얻으려는 근친상간 앞에서 비극의 자리는 어디인가? 민주적이고 개인주의적인 사회의 인간이 단일 신화의 영웅이 될 길은 없다. 단지 지연된 입문으로 괴로워할 수 있을 뿐이다(오이디푸스가 콜로노스에서 앞서 테바이에서 회피했던 것의 진리를 재발견한다면 그는 입문에 따르는 이행을 다시 시작할 수는 없고, 단지 새로운 양식을 고안할 수 있을 뿐이다. 그는 결코 다시 이아손이나 페르세우스가 될 수 없다).

근대인은 영웅 신화의 주인공이 되지 못한다. ●뱀-엄마와 뒤얽힌 상태를 분리시키기 위하여 파견자 왕의 명령에 의해서 주어지는 피비린내 나는

** 무의식과 오이디푸스 콤플렉스의 발견이 동시적인 까닭은 의식-무의식의 분열이 오이디푸스적이기 때문이다. 이 균열이 거세를 회피하는 메커니즘을 구성한다. 이는 다른 측면과 심연(어머니 살해)을 개방하여 수수께끼적인 심층을 포착하는 것을 방해한다. 개인은 그 균열을 데카르트적 사회를 특징 짓는 주체성의 양식에 접근하기 위하여 산출해야 한다. 자기중심화된 '나의 반란'을 통해서 스핑크스에 답해야 한다. 그것의 위험한 차원을 억제하고 관점적인 진리에 접근한다.

시련의 문턱을 혼자와 신의 도움을 받아서 넘어서지 못한다. 근대인은 시련을 유보한 채 죽을 때까지 신참자로 남는다. 반성적 지성을 발전시키고 상징체계의 스핑크스를 물리치는 방식으로 우회함으로써 의식을 무의식과 떼어낸다.

오이디푸스는 역사 없는 사회, 곧 세대에서 세대로 전통을 반복적으로 전승하는 사회에서 의미를 갖는다. 근대에 이르러 선조들의 지혜는 더 이상 주체들을 안내하지 않고 모두가 오이디푸스적인 용기와 혼란에 내몰린다. 역사를 통해서 반복을 깨뜨린 사회, 진보, 영속적 혁신을 겪는 사회는 오이디푸스적이다.

이렇게 볼 때 서구인에게 오이디푸스 신화는 허구가 아니다. 그들은 개방되고 전통을 벗어난 사회에서 스스로를 목적으로 여기는 주체들이다. 휴머니즘과 개인주의를 중시하는 틀에서 자기 생산이 주체를 구성하는 한 오이디푸스는 바로 서구인의 운명이 된다.

서구 문명은 부권적인 것이 아니다(그렇다고 모권적인 것도 아니다). 아버지로부터 아들이 해방되는 것은 개인들 자체가 조상들의 명령으로부터 떨어져 나오는 것이다. 부권제와 모권제는 모두 전통에 바탕을 둔다─과거에 대한 존중, 조상을 모방함, 권위에 바탕을 둔 진리.

'아들의 사회'는 행위와 사고가 신성한 명령에 의해서 통솔되고 신들과 선조들의 권위에 따르는 그러한 양식을 택하지 않는다. 근대인은 자기 자신의 법을 창조한다. 자율적이고 독자적이고 자체가 목적인 공동체에서 사회적인 것을 스스로 제도화하는 길을 연다. 이런 바탕에서 '자율적인 개인'이 나타난다. 오이디푸스적인 이야기는 자유로운 사고와 자기를 목적으로 삼는 시도의 초기 사건을 예시한다.

완전하게 자율적이 되는 것은 신화적 언어에서 아버지의 자리를 차지하는 것이다. 자율적 의지에 의해서 움직이는 민주적인 주체는 어려움에 부딪힌다. 플라톤은 그의 아버지에게 평등을 요구하는 민주적 아들이 아버지 자리를 차지하고 그를 억압하는 독재자적인 아들로 바뀐다고 경고한다. 정신분석은 민주적 주체의 자율적 의지가 창조할 수밖에 없는 무의식이란 짝 때문에 생긴 주체의 내적 갈등을 주제화한다.

구스는 근대가 입문 과정이 소멸된 것이라기보다는 누구도 전통적인 입문을 거치지 않은 세계라고 지적한다. •또는 입문이 한편으로는 자유롭고 개인적이고 자기 발생적인 형태로, 다른 한편으로는 지연되고 영속적이고 불확정적인 자기 입문으로 바뀌는 세계다.

이처럼 타율에서 자율로 나아가고 전승된 것으로부터 자신을 자유롭게 근거 짓는 의지는 비극적 위험을 짊어지고 한계의 문제에 부딪힌다. 오이디푸스적인 비극은 자율적 의지를 추구하는 근대 주체가 치러야 할 대가다. 이 근대 주체는 균열 때문에 테바이의 오이디푸스가 얻었던 승리와 콜로노스의 오이디푸스가 얻은 새로운 지위(한때 무시했던 타자성을 보존하고 자기 논리를 포기하는) 사이에 서 있다. 어떻게 이 두 오이디푸스를 통합할 것인가?

오이디푸스에 관한 이야기는 아직 끝나지 않았다. 우리는 다음 기회에 계속해서 프로이트와 라캉의 오이디푸스 이야기와 그에 대한 다양한 반대들을 보충하면서 오이디푸스에 관한 끝없는 이야기들을 이어갈 생각이다. 그전에 여러분들이 오이디푸스에 관해서 어떻게 생각하고 해석하는지 한번 물어보고 싶다.